基于市场营销理论的留学生教育服务

——来自上海高校的实证调查

丁笑炯 著

图书在版编目（CIP）数据

基于市场营销理论的留学生教育服务/丁笑炯著. —北京：北京大学出版社，2012.6
ISBN 978-7-301-20702-4

Ⅰ. ①基… Ⅱ. ①丁… Ⅲ. ①留学教育—服务水平—对比研究—中国、国外 Ⅳ. ①G649.1

中国版本图书馆 CIP 数据核字（2012）第 109301 号

书　　　名：	基于市场营销理论的留学生教育服务——来自上海高校的实证调查
著作责任者：	丁笑炯　著
策划编辑：	姚成龙
责任编辑：	赵学敏
标准书号：	ISBN 978-7-301-20702-4/G · 3426
出版发行：	北京大学出版社
地　　　址：	北京市海淀区成府路 205 号　100871
电　　　话：	邮购部 62752015　发行部 62750672　编辑部 62754934　出版部 62754962
网　　　址：	http://www.pup.cn
电子邮箱：	zyjy@pup.cn
印　刷　者：	三河市北燕印装有限公司
经　销　者：	新华书店

787 毫米×1092 毫米　16 开本　22.25 印张　450 千字
2012 年 6 月第 1 版　2012 年 6 月第 1 次印刷

定　　价：48.00 元

未经许可，不得以任何方式复制或抄袭本书之部分或全部内容。
版权所有，侵权必究
举报电话：010-62752024　电子邮箱：fd@pup.pku.edu.cn

致 谢

首先要感谢所有参加访谈和问卷调查的留学生、留学生管理人员和留学生教师，他们的参与为本书提供了丰富、鲜活的资料。他们有趣的经历和故事、风趣而有见地的评论，以及与他人分享自身感受的意愿，让我有机会了解留学生，并给予我一个观察留学生教育的新视角。对我来说，与他们对话，整理访谈和问卷数据，是一件十分快乐的事。还要感谢有关高校留学生管理部门的工作人员，他们为安排访谈以及发放和回收问卷，作了大量繁琐的基础工作。遗憾的是，由于本次调查遵循匿名的原则，所以我无法一一提及他们的名字，只能在此致以最衷心的感谢。

感谢上海师范大学校长张民选教授，是他把我引入了国际教育这个研究领域，让我对留学生研究产生了浓厚的兴趣。2007年，在他的带领下，我参加了教育部国际合作与交流司的课题"主要教育输出国国际学生政策与实践比较研究"，整理了澳大利亚和新西兰的政策与实践。这让我对我国的相关政策与实践产生了好奇，了解我国的留学生教育现状，并与其他国家进行系统比较，便成为我此后的研究重点。

感谢我的同事董秀华博士和方建锋博士，以及香港大学教育学院的占盛丽博士。从我的留学生研究申请立项的那一刻起，他们就不厌其烦地接受我的打扰，与我一起探讨研究理论、框架和方法的设计，提供各种备选方案，阅读初撰的章节，并提出批评。我的其他同事——房欲飞博士、宋懿琛和史雯婷，以及研究伙伴——上海大学的曾龙和浦东新区行政学院的唐悦，参与了我的研究。在他们的建议下，我修改了书稿的结构，使之条理更加清晰。

本书的出版得到2008年度上海市浦江人才计划项目"留学生管理与利益保障的制度研究"、2008年度上海市教育科学研究重点项目"上海市完善留学生管理与利益保障的对策研究"和上海市教育科学研究院高等教育研究所重点科研团队建设资助金的资助。

目录

绪论	1
研究目的	2
已有研究回顾与反思	4
理论框架：留学生教育产品分类	9
研究方法	12
章节安排	16
第一章 留学生教育概论	**18**
第一节 留学生定义的多样性	18
第二节 留学生教育目标的演变	20
一、维护世界和平与国家利益：第二次世界大战至1978年	20
二、开发教育出口产业：1979年至20世纪末	22
三、多元化时代的到来：20世纪末至今	26
第三节 八国留学生教育政策的转变	32
一、政策转变的缘起：深刻的危机意识	32
二、政策的转向：从数量扩张到产品扩展	39
第二章 关于一般产品	**45**
第一节 院校质量建设	46
一、院校准入与评估	46
二、国家品牌的创设	55
第二节 招生标准与经费资助	58
一、招生标准	58
二、经费资助	67
第三节 教学过程：以中国为主的论述	82
一、教学语言	83

二、学习年限　　100
　　三、课程开发　　103
　　四、教学方法　　106
　　五、教学设施　　108
　　六、学业评价标准　　111
　　七、学业监控　　119
　　八、小结与反思　　124

第三章　关于期望产品　　127

　第一节　入学前的信息提供　　128
　　一、其他国家：多渠道发布留学信息　　128
　　二、中国：信息的苍白　　140
　　三、小结与反思　　146

　第二节　入学后的适应辅导　　148
　　一、入学教育　　148
　　二、与当地人的互动　　154
　　三、心理辅助　　162
　　四、课余活动与学生团体　　166
　　五、小结与反思　　174

　第三节　行政与教学管理　　175
　　一、管理模式的选择　　175
　　二、入学申请程序的设定　　183
　　三、管理规则的稳定性与透明度　　185
　　四、管理人员的能力建设　　186
　　五、小结与反思　　192

　第四节　申诉机制　　194
　　一、澳大利亚等国家：依法建立申诉机制　　194
　　二、中国：申诉机制的局限性　　197
　　三、小结与反思　　198

　第五节　学生费用保护：其他国家的经验　　199
　　一、退费与替代课程　　200
　　二、保险、托管与延期付款　　203
　　三、小结与反思　　205

第四章 关于附加产品 　　207

第一节 医疗保险 　　208
第二节 住宿 　　213
　　一、住宿方式 　　213
　　二、给予留学生的帮助 　　221
　　三、小结与反思 　　223
第三节 人身安全 　　224
第四节 签证 　　228
　　一、其他国家：国土安全与门户开放 　　228
　　二、中国：管理与服务的简陋 　　235
　　三、小结与反思 　　237
第五节 在学期间打工 　　238
　　一、美国等国家：实施工作许可制度 　　239
　　二、英国等国家：取消工作许可制度 　　241
　　三、中国：法规与现实的冲突 　　243
　　四、小结与反思 　　252
第六节 毕业后的居留与就业 　　253
　　一、日本：严格的管制 　　255
　　二、澳大利亚和新西兰：开放的门户 　　256
　　三、美国等国家：在管制与开放间谋取平衡 　　258
　　四、小结与反思 　　262
第七节 职业咨询 　　263
　　一、设立留学生职业咨询岗位和机构 　　264
　　二、开设工作坊 　　265
　　三、利用现代通信技术 　　266
　　四、开展教师和企业培训 　　267
　　五、小结与反思 　　268
第八节 校友会 　　269

第五章 结论与建议 　　274

第一节 我国留学生教育的国际竞争力 　　274
第二节 提升留学生教育产品质量的政策建议 　　290
　　一、明确目标，准确定位留学生教育产品 　　291
　　二、整合资源，在各有关机构间形成合力 　　296

三、开展调查，提供消费者所需的产品	299
四、设立基准，明确留学生教育产品的基本质量	310
五、提高能力，填补留学生教育产品中的空白	311

参考文献　　　　　　　　　　　　　　　　　　　　314

附录　上海高校留学生问卷调查结果　　　　　　　338

第一部分：背景信息——请介绍一下你自己　　　　338

第二部分：留学上海　　　　　　　　　　　　　　339

图表目录

图1　来华留学生增长趋势 ……………………………………………………… 2
图2　留学生教育产品分类 ……………………………………………………… 11
图3　上海市留学生发展状况 …………………………………………………… 12
表1　访谈对象分布 ……………………………………………………………… 14
图4　留学生来源分布 …………………………………………………………… 16
图5　留学生年龄分布 …………………………………………………………… 16
图1.1　德国留学生规模增长状况（1997—2008） …………………………… 19
图1.2　美国留学生教育的经济收益 …………………………………………… 24
图1.3　澳大利亚留学生教育的经济收益 ……………………………………… 25
图1.4　世界主要留学生接收国留学生增长趋势 ……………………………… 33
图1.5　世界主要留学生接收国流入率 ………………………………………… 34
表2.1　院校准入和评估制度一览 ……………………………………………… 54
图2.1　美国留学生主要经费来源 ……………………………………………… 69
图2.2　日本政府奖学金生占留学生总数比例 ………………………………… 74
图2.3　上海奖学金生的分布与比例 …………………………………………… 77
图2.4　留学生对奖学金的看法 ………………………………………………… 77
表2.2　各国留学生资助政策的主要特征 ……………………………………… 81
图2.5　是否希望与中国学生一起上课 ………………………………………… 87
图2.6　用目前的教学语言学习是否困难 ……………………………………… 94
表2.3　教学语言与学习难度 …………………………………………………… 94
表2.4　汉语学习、专业与学习难度 …………………………………………… 95
图2.7　留学生期望的教学语言 ………………………………………………… 95
表2.5　专业与期望的教学语言 ………………………………………………… 96
图2.8　学习汉语对选择来中国留学的影响 …………………………………… 96
图2.9　"我希望在学习专业之前用更多时间学习中文" …………………… 98
图2.10　"我对自己在汉语学习方面的进步并不满意" …………………… 99
图2.11　如何应对学习困难 …………………………………………………… 100
图2.12　"我从不无故缺课" ………………………………………………… 116
图2.13　"我全力以赴地学习" ……………………………………………… 116

图 2.14	"我希望老师降低对留学生的要求"	117
图 2.15	对汉语教学的评价	125
图 2.16	对专业教学的评价	125
图 2.17	"我对自己在专业学习方面的进步并不满意"	126
图 2.18	"在这所学校学习没什么难度"	126
图 2.19	"在这所学校学习物有所值"	126
图 3.1	他人推荐对留学选择的影响	145
图 3.2	对各种信息渠道的评价	147
图 3.3	对入学教育的评价	152
图 3.4	"我没有几个中国朋友"	156
图 3.5	"我不需要与中国同学有更多的接触"	156
图 3.6	"我希望学校提供专业的心理咨询服务"	165
图 3.7	对课余活动的评价	167
图 3.8	"我希望成为学生团体的一员"	174
图 3.9	对入学适应辅导的评价	175
图 3.10	对留学生管理的评价	192
图 3.11	"学校行政管理简明有效"	193
图 3.12	如何应对生活困难	193
图 3.13	对高校教学或服务不满时的做法	199
表 3.1	教育部制定的高校留学生收费项目与标准	206
表 4.1	八国留学生医疗保险制度概要	211
图 4.1	住宿方式分布	216
图 4.2	对目前住宿的评价	223
表 4.2	留学生签证制度概要	237
图 4.3	留学生打工情况	244
图 4.4	留学生经费来源	244
图 4.5	留学生打工目的	246
图 4.6	毕业后在中国就业对选择来上海留学的影响	254
图 4.7	留学生毕业后的打算	254
表 4.3	外国毕业生居留与就业政策概要	262
表 5.1	留学生教育产品概览	275
图 5.1	"总体而言,我对这所学校感到满意"	288
图 5.2	"总体而言,我对在上海留学感到满意"	288
图 5.3	"我会把上海作为留学目的地推荐给祖国的朋友"	288

绪　　论

　　学生的国际流动古已有之。早在公元11世纪，意大利的博洛尼亚大学就被划分成两个分部：一个是由伦巴第人、托斯卡纳人和罗马人组成的意大利分部；另一个是由来自阿尔卑斯山另一边的法国人、英国人和西班牙人等组成的分部。到了13世纪，学生的国际流动更加活跃，像博洛尼亚大学那样把接受留学生视为日常事务的欧洲大学增加到了8所。它们与博洛尼亚大学一起，被称为"*Stadium Generale*"（Klafter，2008：56），即"一个接纳来自世界各地的学生的地方"。

　　20世纪80年代以来，随着全球化的兴起，留学生数量的大增已成为不争的事实。联合国教育科学及文化组织（以下简称教科文组织）从2003年开始出版年度报告《全球教育概要》（*Global Education Digest*），内含专章讨论学生的国际流动。它最初只罗列留学生人数超过1000人的国家及相关数据，2006年起，开始演算全球留学生的数量，指出在2004—2007年的短短三年中，全球留学生总量从245.5万人上升至280.0万人（UNESCO，2006：130；UNESCO，2009：140），增加了14.1%。约四分之一的留学生修读商务管理专业，15.0%的留学生修读科学专业，14.4%修读制造与建筑专业，另有13.9%修读人文科学，四项相加共占66.3%。与当地学生相比，留学生的学习层次更高，攻读本科、硕士和博士学位的占91%，而当地学生的相应比例为66%（UNESCO，2009：44—45）。

　　不过教科文组织提醒说，留学生的绝对数量虽然大幅上升，但其相对数量基本没变，即占学生总数的比例一直保持在1.9%左右（UNESCO，2009：37）。这是因为在留学生人数激增的同时，全球高等教育的规模也在迅速扩大。不过，在有些国家，留学生的增长速度确实超过当地学生的增长速度。1998—2001年，经济合作与发展组织

(以下简称经合组织)国家的当地学生增幅为12%,而留学生的增幅达到16%(Naidoo,2006:327)。到了2004年,与当地学生相比,经合组织国家留学生的增长速度更加惊人,两者的递增速度分别为15%和41%,后者几乎是前者的三倍(UNESCO,2006:35)。

无论如何,留学生数量(至少是绝对数量)的快速增长,一方面促使各留学生接收国积极开展相关研究,以便在调查分析的基础上,为留学生提供更多、更好的教学与服务,巩固其在留学生市场中的地位,另一方面激发了其他国家的研究热情,以期加强制度建设,吸引外国学生来本国留学。

研 究 目 的

与其他国家一样,我国的留学生规模也呈高速递增之势。根据教育部网站信息,2003—2007年,来华留学生从7.8万人上升至19.6万人(图1)。绝大多数留学生来自亚洲国家(2007年占72.5%),特别是韩国和日本(2007年占42.3%)(中国教育部,2008)。

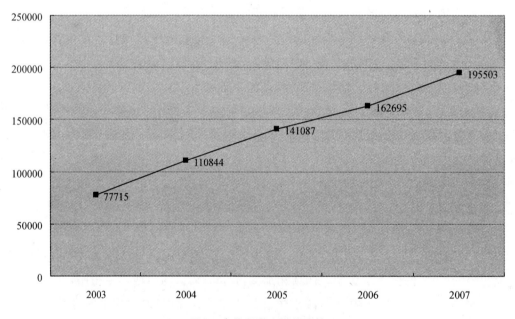

图1 来华留学生增长趋势

目前,发展留学生教育已得到我国政府的高度重视。2010年,我国制定《国家中长期教育改革和发展规划纲要(2010—2020年)》,将"进一步扩大外国留学生规模"作为留学生教育发展的首要目标。教育部2010年出台的"留学中国计划"也提出,到

2020年,要将我国建设成为"亚洲最大的留学目的地国家"。但与此同时,我国的留学生教育无论在规模还是层次上,与世界主要留学生接收国相比都差距颇大。就规模而言,2008年,教科文组织开始在《全球教育概要》中收录来华留学生数据。这份报告指出,当年来华留学生仅36386人,2009年虽比上一年增长15.8%,但也只有42138人,远低于我国政府公布的数字。① 就层次而言,在其他国家,留学生的学习层次一般高于当地学生。我国的情况有所不同,来华留学生主要修读汉语(2006年占60.7%),非学历生占留学生总数的比例虽逐年略有下降,但2007年仍高达65.11%(中国教育部,2008)。②

当前,留学生市场的竞争日趋激烈。我国要实现扩大留学生规模、提高留学生层次的目标,就必须深入了解留学生的想法,同时借鉴其他国家的成功经验,在符合我国法律框架的前提下,制定具有吸引力的政策与制度。目前,以此为目的开展的研究还很少。1999年,中国高等教育学会成立了外国留学生教育管理分会,并出版专业刊物《外国留学生工作研究》,就招生、汉语言教学、师资建设、留学生文化差异、打工和留学生管理等问题开展交流与研讨。在其他学术刊物上,有关来华留学生的论文渐趋增多。若在《中国期刊全文数据库》中,以"留学生"为"篇名"查询,会发现第一篇涉及来华留学生的学术论文发表于1980年,这篇名为《外国留学生在方位词使用上的几个问题》的文章刊于《语言教学与研究》第一期。同年,另有8篇有关留学生的论文刊登在《外国教育研究》和《人民教育》等杂志上。至今,有关留学生的文章已超过3000篇。但是,如同下文将要指出的那样,这些研究仍处在我国教育研究的边缘,数量依旧较少,实证研究更加鲜见,而且极少从留学生的视角进行思考,对政策制定鲜有影响。

本研究采用实证调查和比较分析的方法,一方面通过访谈和问卷,了解留学生在中国学习和生活的经历与感受,分析相关教师和管理人员对留学生的看法及遇到的困难,为决策提供第一手的数据支撑;另一方面选取八个主要的留学生接收国,把握其政策走向,以便因地制宜地借鉴其成功经验。

需要说明如下两点。第一,不少国家、国际组织和研究者将留学生称为"外国学生"、"国际学生"、"流动学生"或"国际流动学生"。本研究使用"留学生"这一称谓,因为这既是我国的习惯用法,也被普遍用于我国的政策文件。但在引用或介绍外国文献时,本研究可能根据文献的本意,使用其他称谓。第二,本研究中的留学生仅指在高等教育机构学习的外国学生,不包括中小学阶段的外国学生。此外,根据我国

---

① 这主要是因为我国采用的留学生人数统计方法与教科文组织差异甚大,具体论述见第一章。

② 2005年和2006年,留学生中非学历生的比例分别为68.21%和66.28%(中国教育部,2006;中国教育部,2007a)。

教育部规定，我国的留学生不包括大陆地区招收的港澳台学生和华侨学生，也不包括港澳台地区招收的外国学生。

已有研究回顾与反思

留学生数量的上升推动了留学生研究的兴起，但至今，国内外学术刊物上登载的相关文献数量并不算多，议题也较为狭窄。本部分回顾已有研究的主要内容与发现[①]，进而提出研究中存在的三点不足。

国内外已有的留学生研究，主要从心理学视角，探讨留学生在新环境中的跨文化适应，少量研究还分析了入学前的信息提供和入学后的院校管理。

有关留学生跨文化适应的研究一致发现，留学生比当地学生遭遇更多的社会和心理障碍。这些研究进一步采用定量方法，分析影响留学生跨文化适应的因素。2007年，两位学者对美国某大学的198名留学生和241名当地学生作了对比，结果显示，留学生比美国学生更加想家，而年龄和英语熟练程度等因素决定了留学生的思乡程度，年龄较小、英语较差的留学生比其他学生更加想家（Poyrazli & Lopez, 2007: 263）。我国的一些学者借用国外的这种模式，了解来华留学生的心理状态及影响因素，得出了与国外同行不尽相同的结论。他们认为，来华留学生遇到的跨文化适应问题并不严重（雷龙云、甘怡群，2004: 729），不同年龄的留学生在适应性上的差异也不显著（陈慧、朱敏、车宏生，2006: 29）。

为帮助留学生尽快适应新环境，国外很多院校提供心理咨询和志愿者活动等服务，问题是留学生很少使用这些服务。美国某高校对2004届的551名外国研究生和2570名当地研究生作了问卷调查，发现在过去一年中，这两类学生遭遇情绪问题的几率不相上下，分别为44%和46%，但对学校心理健康服务的知晓程度和使用程度却存在统计学上的显著差异。61%的留学生知道学校提供心理咨询，在当地学生中，这一比例达到79%；33%的留学生曾打算寻求心理咨询，当地学生的比例为56%；而真正使用了心理咨询服务的留学生只有17%，比当地学生低11个百分点（Hyun, Quinn, Madon & Lustig, 2007）。来自美国另一所大学的三位学者也作了类似调查，了解该校留学生使用校内资源的情况。他们发现，留学生使用较少的不仅仅是心理咨询，还有大学提供的其他各种服务。83.3%的留学生从不参加学生志愿者活动，51.7%的留学

[①] 虽然留学生研究在学术刊物上占有的篇幅不多，但近年来，一些留学生接收大国开始委托研究机构，对留学生及其他相关群体（如企业、院校、行政人员、职业咨询师与社区）进行调查。这些对政府决策有着重大影响、却未在学术刊物上发表的研究报告，将在以后的章节中作详细介绍。

生未参加留学生社团,还有45.0%的留学生从未去过医疗保健中心(Abe, Talbot, & Geelhoed, 1998:543)。研究者归结为,留学生有独特的跨文化适应问题,需要学校提供不同于当地学生的心理和文化服务,目前留学生的这方面需求没有得到满足,必须为他们设计专门的相关服务。

留学生不仅与当地学生之间存在差异,而且不同类型的留学生也各不相同。比如,外国研究生与外国本科生在社会交往方面遇到不同的困扰,研究生更需要了解怎么与导师建立亲密的关系(Olaniran, 1996:85)。再如,国别因素会影响留学生的适应性。有研究发现,在加拿大留学的法国、英国和中国学生中,中国学生感受到的文化差异最大,文化适应的压力最大,身心健康状况最差(Poyrazli & Lopez, 2007:265)。我国的研究也发现,来华留学生中,欧美学生对新环境的适应能力比亚洲学生强(陈慧、朱敏、车宏生,2006:29)。基于这些研究发现,有人提醒说,为留学生提供的服务应该因人而异,避免一刀切。

除开展上述各项服务外,留学生管理人员也可以为留学生提供信息和帮助,辅助他们顺利渡过最初的适应期。研究发现,管理人员的优质服务与留学生的心理健康成正相关(Hyun, Quinn, Madon & Lustig, 2007)。国外院校多设有留学生办公室或其他相应机构,为留学生提供住宿和财务等方面的信息与建议。这些机构的工作人员非常了解留学生会遇到哪些问题,非常乐意帮助学生解决这些问题,并有合适的相关制度与程序(Hall, Hamilton, Hall, & Pitcairn, 1998:35)。爱尔兰的一项调查指出,约40%的留学生曾使用过留学生办公室提供的服务,其中近三分之二的学生认为这些服务"相当出色"或"很好"(Bourke, 2000:127)。但即便如此,阻碍依然存在。首先,院校在留学生事务上一般分工明确,留学生办公室仅负责招生,学生入学之后,相关职责便转入其他机构和院系,而各机构和院系之间缺乏合作与交流。其次,管理人员一般只关照那些前来寻求其帮助的留学生(Hall, Hamilton, Hall, & Pitcairn, 1998:29),而60%的留学生在遇到困难时未与管理人员联系(Bourke, 2000:127)。最后,留学生虽然对管理人员较为满意,但更希望管理人员将其视为个体,得到个别化和人性化的服务(Rosenthal, Russell, & Thomson, 2007:79)。

我国院校与国外院校一样,一般也设有留学生办公室等机构,但工作效果不尽如人意。北京的一项调查显示,对高校留学生管理工作"满意"和"非常满意"的留学生仅为27%(陈慧、常悦珠,2007:65)。另一项全国性调查发现,当留学生遇到困难时,想到寻求管理人员帮助的仅占3.49%(沃国成、张锡九、黄浩、杨增祥,2007:15)。

加强留学生与当地学生的联系,也可以帮助留学生克服适应问题,因为留学生结交的当地朋友越多,感受到的文化冲击就越少,满意度也越高(Poyrazli & Lopez, 2007:265; Andrade, 2006:136)。美国的一项研究指出,留学生的跨文化适应程度,与其同当地学生一起度过的闲暇时间高度相关（Abe, Talbot, & Geelhoed, 1998：539）。另一些研究也指出，那些与当地人建立了良好关系的留学生，对自己的学习和社会适应都更加满意。不过更多的研究发现，留学生与当地学生的交往，对其异国经历没有太大影响，因为留学生虽然很希望结交当地朋友（Hall, Hamilton, Hall, & Pitcairn, 1998：45），但与当地学生鲜有互动机会，能与当地朋友结为密友的屈指可数。这一方面是因为留学生在与当地学生的交往中，往往遇到语言障碍，另一方面是因为留学生常被贴上语言能力差和学术水平低的标签，受到当地学生的歧视（Sam, 2001）。所以留学生更多地与其他留学生待在一起，特别是来自其同一个国家的留学生。他们在学习上相互帮助，并在"留学生"这一共同的身份认同中，提升自尊，对抗当地人的歧视（Poyrazli & Lopez, 2007：267）。事实上，几乎所有的研究都认为，留学生和当地学生是两个物理距离很近、心理距离很远、社会交集极少的群体。

在我国，留学生与中国学生相互隔离的问题同样存在，甚至可能更为严重，因为不少高校将留学生安排在专门的学院（如国际交流学院）和宿舍楼里，有时专业课也单独开设，令其无论是教学还是生活，都与中国学生截然分开（艾忻，2007：35；于富增，2007：14；张立军；2007：45）。有学校甚至将此作为解决人才培养过程中"保密问题"的有效手段（张卓立；2008：87）。一些研究发现，尽管超过80%的留学生希望结交中国朋友（陈慧、常悦珠，2007：65），却通常与来自自己祖国的学生组成小圈子，用母语交流，并保持原有的生活习惯（孟蕾；2007：77）。

与留学生跨文化适应研究相比，有关入学前的信息提供和入学后的管理的学术文献数量极少。就入学前的信息提供而言，研究一致发现，留学生倾向于选择那些信息充足、准确、即时、清晰的国家（Bourke, 2000：126）。问题是，几乎所有国家在信息提供方面都存在这样或那样的缺陷。

不少留学生接收大国通过政府和非政府组织，设立留学生教育的门户网站，统一发布院校和招生信息。其目的是方便学生查询，减少可能存在的市场欺骗。不过，澳大利亚和英国的研究都发现，尽管留学生认为这些网站上的信息非常有用，却很少利用它们查找院校信息。研究者提醒说："院校应该研究是否要将其市场营销经费投入教育门户网站。"（Gomes & Murphy, 2003）

国外的绝大多数院校开发了自己的网站，提供比门户网站更加丰富、细致的信息，但这仍然无法满足留学生的需求。澳大利亚的调查指出：每20名想赴澳留学的学生中，只有一名认为院校在网站上提供了充足的信息；大约三分之一的学生通过电子邮件向院校索要信息，但五分之一的院校从不给予回复（Pimpa, 2006）。

在许多国家，留学生一旦被接收，便会收到院校寄来的邮包，内含各种信息。但在苏格兰的留学生说，他们记得自己收到了很多资料，却忘记里面写了些什么。澳大利亚的留学生希望得到更多的课程信息；英国的留学生希望了解有关住宿、生活开支、院校周边环境和设施设备的详细信息（Hall, Hamilton, Hall, & Pitcairn, 1998：39；54）；爱尔兰的留学生希望自己在离开祖国之前，能得到更多与健康检查和签证等相关的信息（Bourke, 2000：129）。

由于从门户网站和院校那里难以得到自己需要的全部信息，学生在选择留学目的地时，较多凭借亲友的口头介绍。例如，对苏格兰的研究发现，大多数留学生选择到苏格兰学习，是因为朋友的推荐（Hall, Hamilton, Hall, & Pitcairn, 1998）。

与国外院校不同，我国院校很少在留学生正式入学前，为其邮递资料。我国的国家留学基金管理委员会开通了"国家留学网"（http://www.csc.edu.cn/），教育部留学服务中心也开设了"留学中国网"（www.cscse.edu.cn）。这两个网站的使用率如何？对学生选择来华留学有多大的影响？留学生对网站上的信息满意吗？他们希望通过哪些渠道，得到哪些信息？我国的相关研究屈指可数。2007年，有人对53名非洲留学生作了问卷调查，并选取9名学生作了访谈，发现与其他国家一样，留学生由于很少从院校那里得到有用的信息，所以大多依靠亲友的推荐选择就读院校（安然、张仕海、吴招胜，2007：112—113）。

与国外学者相比，我国研究者更关注住宿和打工等与管理有关的议题。就住宿而言，有人分析到，由于大量留学生住在校外，使得住宿管理成为留学生管理中"最困难也是最薄弱的一环"（宫兴林，2007：42），学校在"监控环节出现了严重问题"（陈慧、常悦珠，2007：68）。就打工而言，研究者指出，《中华人民共和国外国人入境出境管理法》和《中华人民共和国入境出境管理法实施细则》明令禁止留学生非法就业，而《高等学校接受外国留学生管理规定》允许留学生勤工助学。这种政策法律上的冲突使得人们在判断留学生打工是否合法时大费周章。现实生活中，留学生打工是一种颇为普遍的现象，天津市对350名留学生的问卷调查显示，近五分之一的留学生曾经或者正在打工，多数留学生未向学校报告打工情况，令学校无法掌握其在校外可能遇到的安全问题（天津市公安局出入境管理局、天津市教育委员会、天津市高校外国留学生教育管理学会：2007）。为解决这些管理问题，有人建议设立班主任制度，"时时刻刻紧密联系"留学生，全面负责留学生的思想、学习和生活（于险波，2010：1）。

总体而言，20世纪80年代以来，随着全球留学生人数的增长，有关留学生教育的理论与实证研究开始出现。多数研究以心理学为基础，探究留学生的心理需要与跨文化适应。不过与教育领域的其他主题相比，留学生研究的数量还不够多，理论还不成系统。借用一位美国学者的话："虽然留学生数量持续上升，但他们一直是……校园里最安静、最隐蔽、得到的服务最不周到的一个群体。"（Mori, 2000）

具体而言，已有的留学生研究主要存在三个问题。第一个问题是研究方法亟待完善。虽然国外的研究多采用实证方法，收集各类数据，但我国大多数研究仍以"思辨"为主，缺少强有力的数据支撑。而且国内外关于留学生的实证研究，绝大多数使用定量研究的方法，通过发放问卷，了解留学生的现状与想法。虽然定量方法在某些方面具有优势，但访谈等定性研究方法同样重要。与定量研究相比，定性研究更有利于挖掘现象背后的影响因素。另外，已有的定量研究多采用便利抽样，局限于参加某一活动、来自某一地区或就读于某一院校甚至某一专业的学生，如在曼谷参加澳大利亚教育展的150名泰国学生（Pimpa, 2006），英国某大学服务管理学院主修接待和旅游学的93名留学生（Russell, 2005），美国某大学的102名留学生（Olaniran, 1996），广西2所医学院来自东盟的48名留学生（莫雪妮、邓远美，2010）以及53名来我国留学的非洲学生（安然、张仕海、吴招胜，2007）。这样的定量研究不仅样本量较小，而且代表性较差。少数实证研究样本充足，但所有参加调查的学生均来自同一院校，如美国对某大学3121名研究生（其中留学生551名，当地学生2570名）的网络调查（Hynn, Quinn, Madon, & Lustig, 2007），以及澳大利亚对某大学979名留学生的问卷调查（Rosenthal, Russell, & Thomson, 2007），其研究发现的普遍性有待论证。不过在留学生教育研究的起始阶段，这些实证调查积累了最初的原始数据，提出了有待深入探究的课题。

第二个问题与研究主题有关。已有的绝大多数研究受心理学的局限，集中于留学生的跨文化适应性，研究内容和研究成果颇多重复，且忽略了其他诸多重要议题。例如，留学生之所以愿意承受经济、心理和语言上的压力，求学异乡，一个很重要的原因是希望毕业后能谋求一份好的职业，令教育投资得到合理的回报。那么，留学生希望得到什么样的教育？他们对所受的教育满意吗？他们对未来职业有什么样的期望？留学真的为他们带来更好的职业前景吗？在国外，虽然一些国家已经着手调查这些问题，但它们尚未引起学术界足够的重视。在我国，这些仍是留学生研究中的处女地。

第三个问题主要针对我国。我国的留学生研究多从管理者的视角出发，以住宿管理和打工管理等为主要议题，以预防各类突发事件为主要目的，较少考虑留学生的需求，在一定程度上脱离了留学生面对的真正困境与挑战。在这些研究基础上制定的政策，不一定符合留学生的需要，难以吸引外国学生来我国留学。

为解决上述问题，本研究首先提出一个新的留学生研究的理论框架。它以市场营销学大师、哈佛商学院教授西奥多·莱维特（Theodore Levitt, 1925—2006）的产品分类为基础，将留学生教育涉及的方方面面划分成不同的产品类别，并将这些产品有机地结合成一个整体。借此，决策者、院校和研究者能够清楚地看到某一产品在留学生教育的整个系统中占有什么样的位置，目前的留学生教育提供了哪些产品，还有哪些产品有待开发。本研究亦根据此框架，开展访谈和问卷调查，从留学生与一线工作者那里收集第一手数据，了解他们对留学生教育的各类产品有什么样的期望，目前提供的产品是否满足了这些期望，以及他们对改进产品质量有哪些建议。

理论框架：留学生教育产品分类

对留学生及留学生教育的研究，可以采用多种理论视角，如从心理学理论出发，探查留学生的跨文化适应，从经济学理论出发，计算留学生教育能够带来的经济收益。本研究从市场营销学出发，分析留学生教育中的各项服务。无论我们是否认同，越来越多的政府和研究者倾向于将留学生视为"消费者"，因为不管是自费留学生还是得到政府或其他机构资助的留学生，高昂的学费和生活费使他们成为"精明的消费者"，希望得到物有所值的"客户服务"（Hall, Hamilton, Hall, & Pitcairn, 1998: 2; 46）。就此而言，借鉴市场营销学的相关理论来研究留学生教育，或许是一条可行之路。

西奥多·莱维特对"行业"的兴衰有过精辟的见解，他说："每一个重要的行业都曾经是迅速发展的行业"（Levitt, 1960: 1），它们后来之所以会衰退或停滞，不是因为市场饱和了，而是因为对"产品"的界定缺乏深谋远虑。以铁路行业为例，19世纪末，这一行业的股票价格一路高涨，欧洲王室亦投入巨资，可到了20世纪五六十年代，该行业却迟滞不前，陷入了困境。这不是因为乘客和货物的运输需求下跌了，也不是因为汽车和飞机等其他交通工具得到不断开发，而是因为铁路行业没有满足人们的运输需求：它将自身的"产品"设定为狭隘的"铁路生意"，而非含义更为丰富的"运输"（Levitt, 1960: 1—2）。所以莱维特认为，一个行业或者一家企业要想持续发展，就必须把握机遇，适时调整其产品。

在莱维特看来，"产品"不是一个单数，而是一个复数，也就是说，一个行业或企业提供给消费者的，不是一件产品，而是一整套产品。其中，最基本的是"一般产品"（generic product），它是企业参与市场必须达到的底线。仍以铁路行业为例，其一般产品就是将乘客或货物从甲地运往乙地。但是，单纯的一般产品难以在市场上出售，因为消费者购买的是能够满足其一系列相关需求的产品。而这一系列相关需求，就表现在莱维特所说的"期望产品"（expected product）、"附加产品"（augmented product）和"潜在产品"（potential product）中。

"期望产品"中包含"一般产品"，但又不限于"一般产品"，它代表了消费者最起码的需求：消费者不仅要从甲地抵达乙地，还要求发车和抵达的时间较为合理，若在清晨和深夜发车（或抵达），则在票价上给予折扣，车厢要清洁卫生，乘务员的服务要热情周到，误点时最好能提供充分的关照等。"附加产品"是由行业或企业自愿提供、超出消费者通常期望之外的产品（Levitt, 1980: 85），例如铁路公司开发网上订票和电话订票系统，提供上门送票服务，设计铁路换乘优惠礼包和铁路里程积分卡。"潜在产品"是能够吸引和留住消费者的一切事物，只要有充足的资金和丰富的想象力，潜在产品的可能性无穷无尽，比如提高列车行驶速度的新技术。从事同一行业的各家企业，其一般产品或期望产品大同小异，但附加产品和潜在产品决定了其特定的市场定位和销售能力。

莱维特的产品分类一经提出，就引起了学术界和商业界的强烈共鸣。不少学者借鉴其理论精髓，提出了自己的产品分类，如核心产品与辅助产品，核心产品、有形产品与附加产品，核心产品、便利产品和支持产品等（Binsardi & Ekwulugo, 2003：319；Cubillo, Sánchez, & Cerviño, 2006：103；Goyal, 2006：180—181）。无论何者，人们一致认为：行业或企业出售的是一整套产品，这些产品组合在一起，构成了最终的总产品；期望产品（包括一般产品）之外的其他产品是市场竞争的焦点，它们不仅可以提高总产品的品质与价格，还有助于企业树立有别于竞争对手的产品形象，提高消费者的忠诚度（Goyal, 2006：181）。

近年来，一些实证研究运用问卷和访谈等方法，证实了以上观点。比如，有研究者利用结构式问卷，对印度的720名信用卡消费者作了调查，发现94.72%的消费者在选择信用卡时，会考虑期望产品之外的其他产品。这项调查还发现，54.03%的消费者视这些其他产品为选择信用卡的前提条件，换句话说，在这些消费者看来，这些其他产品变成了期望产品。相反，未将这些其他产品视为信用卡必要组成的仅占10.33%。该调查最后指出，今天被消费者"习以为常"了的附加产品，必将成为明天的期望产品，生产商必须开发更多的潜在可能性，将之作为新的附加产品（Goyal, 2006）。

以莱维特为代表的产品分类理论中，有三点值得关注。第一，这种分类不是站在生产者的角度，而是以消费者的需要为出发点，激发企业生产消费者所需的产品。它提醒我们，制定留学生教育的制度与政策，应该把留学生放在首位，而不仅仅侧重于管理者的需要。第二，附加产品和潜在产品的存在是市场成熟的表现，也在一定程度上反映了消费者的成熟度（Levitt, 1980：86）。一般而言，市场或消费者越是成熟，对附加产品和潜在产品的需求就越高。不过，莱维特提醒说，并不是所有人都认为期望产品、附加产品和潜在产品越多越好，因为这类产品越多，售价有时也越高。所以行业和企业需要进行系统的产品开发，控制其成本和价格。有鉴于此，留学生教育制度的设计，一方面要尽可能满足消费者各方面的需求，另一方面要研究其他留学生接收国的做法，并结合来华留学生的特点，分清各类产品的轻重缓急。第三，各种不同类型的产品相互之间可以转换。如果大多数铁路公司提供上门送票服务，那么剩余的少数铁路公司为了不被排挤出市场，也必须提供此种服务。于是，上门送票这种附加产品就变成了期望产品甚或一般产品。就留学生教育而言，这要求我们不断调查和分析留学生市场的变化，了解留学生怎样使用各类产品，现有产品满足了哪些市场需求，还有哪些产品有待开发和提高。

若将市场营销学的产品分类理论运用于留学生研究，就会发现，与莱维特对"产品"的界定一样，"留学生教育"也是一个复数。留学生求学异乡，除了学习之外，还需要得到生活和情感上的关照。留学是一种昂贵的消费，学生在选择留学目的地时，通常会小心谨慎地查询相关专业、院校、城市或国家的信息。此外，留学生需要的不仅仅是一张文凭，他们真正期待的，是文凭所能带来的更好的就业前景、更高的社会地位和更体面的生活。所以，学生购买的不仅仅是教育这个一般产品，还有从入学前的信息提供到毕业后的就业在内的一系列期望产品、附加产品和潜在产品。借用三位外国学者的话："所以，当潜在学生选择到哪个国家留学的时候，他们不只是在购买教育服务，还要求与核心服务一起，提供一系列的重要服务。"（Cubillo, Sánchez, & Cerviño, 2006：102—103）只有当留学生拥有了这一整套产品，感受到愉快的学习和生活经历时，才会把他们的留学目的地推荐给自己的亲友（Bourke, 2000：113）。

借用莱维特的产品分类，本研究把留学生教育的产品分为四类（图2）。留学生教育与对当地学生的教育一样，其核心都是优质的教学，所以与教学直接相关的内容便构成了留学生教育的一般产品。不过，留学生与当地学生也有诸多不同之处，例如他们需要获得签证，才能进入某个国家；由于他们对国外院校并不熟悉，所以需要获得更多的信息，才能作出明智的选择。这种种不同之处及其相关的产品需求，便体现在

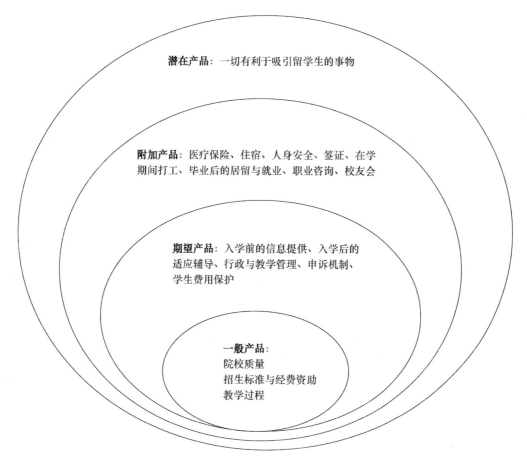

图2　留学生教育产品分类

期望产品、附加产品和潜在产品中。其中,期望产品是与教学间接相关、能促进学习的产品;附加产品是与教学没有太多关联,但能帮助留学生更好地生活和实现文凭价值的产品。潜在产品有多种多样的可能性,比如优质的留学生教育研究、友好的市民以及多元的文化氛围。成熟的潜在产品可以转变为附加产品,比如对市民开展多元文化教育,营造良好的留学氛围。

研究方法

对来华留学生的研究可以采用两种不同(但并不相互排斥)的方法:一是对留学生进行普查或抽样调查,了解其总体特征、需求与体验;二是选择某一地区或若干地区进行个案调查,深入分析该地区出台了哪些政策,为留学生提供了什么样的服务与教学,以及留学生对这些政策、服务与教学与有什么样的看法。本研究选择第二种方法,把上海作为研究个案。上海是除北京之外留学生最为集中的地区,在来华留学生教育中的地位不可忽视。2005年,在北京和上海求学的留学生分别占全国留学生总数的30%和18%,而位居第三的天津仅占6%(贺向民,2007:23)。1996年以来,上海高校的留学生人数从3810人猛增至2008年的36723人,占上海高校在校生的比例从2003年的3.7%上升至2008年的7.3%。期间除个别年份外,学习年限超过6个月的长期生一直保持在73%左右(图3)。

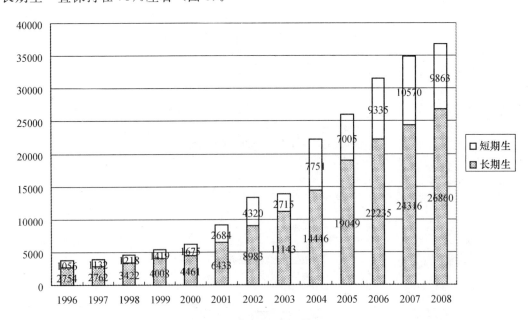

图3 上海市留学生发展状况

上海市政府高度重视留学生教育的发展，2004年的上海市教育工作会议明确提出，积极发展留学生事业是上海教育国际化的重要突破口，2010年全市留学生规模要达到6至7万人。2010年发布的《上海市中长期教育改革和发展规划纲要（2010—2020年）》指出，上海将大力发展留学生教育，扩大学历教育留学生的规模和比例，到2020年，普通高等学校在校生中留学生所占比例要达到15%左右。要实现这些目标，上海尚面临不少挑战，至少，留学生占高校在校生的比例要翻一番。而且上海的留学生中，学历生比例一直较低。2006年，外国本科生、硕士生和博士生分别占上海留学生总数的21.3%、2.9%和0.9%，2007年分别为21.1%、3.4%和1.0%，低于全国总体水平。

总之，上海是一个留学生教育发展很快，政府对相关工作极为关注，但留学生规模和层次都需要进一步提高的城市。以上海为个案开展研究，对其他省市具有一定的借鉴意义，在此基础上引申出的政策建议，亦可推广至全国。

本研究在上海采用的研究方法，与研究目的密切相关。前文提及，本研究的目的主要有二。第一，了解来华留学生的学习和生活经历，以及相关人员（如留学生管理人员和教师）的看法。为此，本研究采用定量与定性相结合的实证方法，先根据留学生教育的产品分类，为留学生、留学生管理人员和教师设计了不同的访谈问题，在四所高校选取相关人员进行访谈。然后根据访谈数据，参考国外的问卷调查，设计了留学生调查问卷，在未参加访谈的四所高校发放。最后再根据问卷调查结果，修改访谈问题，在另三所高校和市教委作了访谈。

本研究的第二个目的是分析世界上主要留学生接收国的政策与经验，结合实证调查数据，提取可供我国决策者借鉴之处。为此，本研究采用比较分析的方法，选择了美国、英国、澳大利亚、新西兰、法国、德国、日本和新加坡这八个具有代表性的国家。这些国家占据了全球留学生市场的大多数份额，在留学生规模的急速扩张中获益匪浅。但它们都清醒地意识到自身因发展速度太快而面临的巨大挑战，意识到今天的留学生市场正走向成熟，市场份额正在重新分配。为了在竞争中战胜对手，这八个国家都在不断充实和提高自己的留学生教育总产品，以便为留学生提供更加丰富、性价比更高的一揽子服务。下文主要介绍访谈和问卷调查的设计与实施过程，有关这八个国家的留学生教育发展状况及政策导向，将在第一章中作详细论述。

2009年3—11月，我们在上海的七所高校开展访谈。这七所高校的留学生规模各不相同，其中一所高校可以说是上海的领头羊，留学生人数超过5000人，一所高校则处于末端，留学生人数长期迟滞不前，目前仅一百多人。另五所高校的留学生人数在2000—3000人，代表了上海留学生教育的主体。由于留学生规模不同，这些高校采用的留学生管理体制及提供的服务各有差异。可以说，它们展现了一幅丰富多彩的上海市留学生教育图景。

我们在这七所高校共作了65个访谈，此外还访问了市教委负责留学生事务的工作人员（表1）。所有访谈均在受访者学校或工作单位进行，访谈语言为中文或英文。每次访谈的时间大约为1小时。有时候，受访者非常愿意讲述其所见所闻，访谈时间延长到近3个小时。也有个别时候，由于受语言限制（如受访者来自日本，英文和中文都不太流利）或受访者临时有其他安排，访谈仅进行了半个小时就匆匆结束。

表1 访谈对象分布

留学生	28
留学生教师/导师	19
留学生管理人员	18
市教委主管人员	1
总计	66

访谈开始前，我们根据留学生教育的产品分类，为不同受访者设计了不同的访谈问题。对留学生的访谈主要涉及以下几个方面：

- 选择来上海及所在高校留学的理由；
- 对学校提供的各类留学生教育产品的体验与看法；
- 留学过程中遇到的困难与解决办法；
- 毕业后的打算；
- 对留学上海的整体满意度；
- 对所在高校和上海市留学生教育的建议。

对留学生教师的访谈主要围绕教学，包括：

- 留学生的学习情况；
- 教学过程中遇到的困难与解决办法；
- 对留学生教育的满意度；
- 对所在高校和上海市留学生教育的建议。

对上海市和高校留学生管理人员的访谈问题主要包括：

- 上海市或该校留学生教育的发展历程与现状；
- 上海市或该校提供的各类留学生教育产品；
- 在管理中遇到的困难与解决办法；
- 对国家和上海市有关政策的看法和实施效果；
- 对上海市及所在高校留学生教育的建议。

所有访谈都在征得受访者同意后，用录音笔作了记录，并在访谈结束后一字不变地转录为书面文字。访谈数据是令人满意的，因为我们最终体验到了"数据饱和"，即随着研究的推进，受访者提供的新信息越来越少。

对访谈资料的引用一般有两种处理方法。一种是"保护主义",即尽可能精确地再现录音里的声音,包括间歇、重复、沉默、不标准的语法与用词等。这种方法能够准确地反映受访者的情感,比如激动和犹豫,但读起来可能比较支离破碎和乏味。另一种是"标准法",即在保持原有语词和语义的同时,对文字略作编辑,令引用的内容简单明了,便于阅读。问题是,它把受访者都变成了语法标准的谦谦君子(Weiss, 1994)。为了避免引文太过冗长,本研究采用第二种方法,同时尽可能保持受访者原有的用词、句法和语义。引文截取的只是一个片段,其中的用词有时需要根据上下文进行理解。这时,我们会在括号中增加几个字,令句子的含义更加明确。为了真实地再现受访者的情感,凡是其语气加重的部分,我们都在对应的词下面加上重点号。

访谈开始前,我们均向受访者保证,其姓名和工作单位将得到保密。所以在引用受访者原话时,我们用编码表征其身份。每个编码包含四个部分:第一部分是学校编号,字母 A、B、C、D、E、F、G 分别代表七所高校;第二部分表明受访者身份,"student"代表留学生,"teacher"代表留学生教师或导师,"administrator"代表留学生管理人员;第三部分是受访者的序列号;第四部分是引文页码。例如,"D/student/02/p.9"表示引用了 D 校受访的第二名留学生访谈记录第 9 页上的话,"Shanghai/administrator/01"则专指市教委负责留学生事务的人员。对访谈数据中可能透露高校身份的内容,例如特色专业名称或机构成立时间,我们以符号"××"代替。

访谈法能够深入了解受访者的感受及其背后的原因,但受访者的代表性和访谈结果的可推广性有时会受到质疑。为验证访谈数据的有效性,本研究在未参加访谈的另外四所高校作了问卷调查,以便在访谈和问卷数据之间进行交叉检验,即方法论中所称的"三角测量"(triangulation)。

在完成了四所高校的访谈后,我们对上海的留学生教育有了一些初步印象。以此为依据,同时结合留学生教育的产品分类,并参考国外的留学生调查问卷,我们设计了中英双语的《上海高校留学生问卷》。问卷分三个部分:第一部分收集留学生的背景信息,包括年龄、性别、国籍和所学专业等;第二部分调查他们在上海的学习和生活经历,如对各类留学生教育产品的评价,以及对在上海留学的整体满意度;第三部分由三个开放式问题组成,征询其留学上海的最佳体验和最糟糕体验,以及对留学生教育的建议。通过四所高校的留学生管理部门,我们共发放问卷 1000 份,回收有效问卷 457 份,其中 210 名留学生对开放式问题作了回答。

回答问卷的留学生来自 55 个国家,特别是亚洲国家,年龄集中于 18—25 岁(图 4、图 5),性别则男、女持平,分别占 49.2% 和 50.8%。留学生修读的专业有文学、经济学、法学、管理学、理学、工学和医学。为便于分析,我们将这些专业分为三大类,即语言类文科专业、非语言类文科专业、理工科与医学。修读这三类专业的留学生分别占37.5%、30.9%和31.6%。若按学习层次分,则非学历生占38.9%,本科生与研究生分别占49.1%和12.0%。

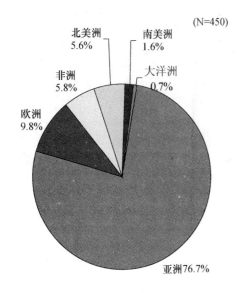

图4 留学生来源分布

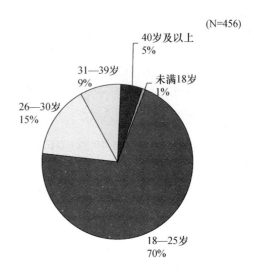

图5 留学生年龄分布

需要注意的是,不是每一名留学生都回答了问卷中的所有问题。在以下分析中,我们只对回答了有关问题的留学生进行统计。为了保证数据呈现的准确性,我们将在括号中标明回答问题的学生数。如图4中的"N=450"表明,在完成问卷的457名留学生中,有450名学生回答了有关国籍的问题。但有时候,我们在一张图表中呈现了来自若干个问题的数据,如图2.1综合了学生对九个问题的回答结果。此时,我们便不再标明回答每一个问题的学生数。

章 节 安 排

本书除绪论外,共分五章。第一章是关于留学生教育的简要介绍,包括不同国家和国际组织对"留学生"的界定,各国招收留学生的目的变化,以及本研究中八个国家的留学生教育发展状况与政策导向。其目的是描绘一幅全球学生流动的简图,为那些对留学生教育感兴趣,但又较少接触相关研究与实践的读者提供背景知识。对这些内容已有所了解的读者可以跳过这一章,直接进入此后的研究发现。

第二章至第四章根据留学生教育的产品分类,详细陈述了本研究通过访谈、问卷调查和比较分析所得的发现,并借鉴他国的成功之处,为我国开发和提高各个具体产品提供政策建议。其中,第二章围绕留学生教育的一般产品,分析与教学直接相关的院校质量、招生标准、经费资助以及教学过程。第三章以能够促进学习效能的期望产品为主题，探讨入学前的信息提供、入学后的适应辅导、行政与教学管理、申诉机制和学生费用保护。第四章聚焦于附加产品，即旨在帮助留学生更好地生活和实现文凭价值的产品，包括医疗保险、住宿、人身安全、签证、在学期间的打工、毕业后的居留与就业、职业咨询与校友会。对每项产品的论述均可分为两个部分：第一部分以事实描述为主，介绍我国与其他国家的不同做法；第二部分以"小结与反思"为标题，通过国际间的比较，反思我国实践，并在必要时提出相关政策建议。

对于不同的产品，我们根据各国产品设计的异同和相关研究的详略程度，采用不同的陈述方式。就产品设计的异同而言，当各国对某一产品的设计及相关服务较为相近时，我们从中提取若干共同点，将各国的实践与经验融合在一起，如入学前的信息提供和入学后的适应辅导。当某些国家的产品设计与另一些国家差异较大时，我们将做法相似的国家归为一组，分别阐述不同国别组合的经验，如质量保障机制和学业监控方式。当各国的实践纷呈差异、各具特色的时候，我们按照国别一一进行介绍和分析，如对留学生的经费资助。很多时候，我国的留学生教育产品与其他国家大相径庭，所以我国的实践往往出现在专门的小标题下，与其他国家分而述之。

就相关研究的详略程度而言，这三章均承担着两项任务：一是展示实证研究的结果，即根据访谈和问卷调查的结果，分析我国的政策、做法和实际效果；二是展示比较分析的结果，即总结八个留学生接收大国的实践，进而比照我国留学生教育的优势和缺陷。由于各国对不同产品的关注和研究程度有所不同，而且我国的留学生教育产品有时具有一定的独特性，有时又未能提供其他国家普遍提供的产品，所以在对各项产品的论述中，实证研究与比较分析的篇幅往往并不平衡。例如，第二章有关"教学过程"的大量产品，颇具"中国特色"，其他国家较少遇到类似问题，所以相关章节主要展示实证研究的结果。但在学生费用保护、毕业后的居留与就业以及校友会等方面，我国缺少相关的产品与制度设计，所以有关章节以比较研究为主，目的是为我国的政策制定提供参考。

第五章呈现了本研究的结论。它参照留学生教育的产品分类，总结前三章的主要发现，分析我国留学生教育的国际竞争力，并对改进我国留学生教育制度的总体设计提出若干建议。

本书最后将留学生问卷调查的结果收录在附录中，括号中的数字是选择相应选项的学生人数。有兴趣的读者可以自行开展分析。

第一章 留学生教育概论

本章的目的是对留学生教育作一简要介绍，帮助读者熟悉相关的基本概念与背景知识。它包含三个部分：一是介绍不同国家和国际组织采用的留学生定义，这也告诉我们，不同机构发布的留学生数据，统计标准时有差异，因此在进行国际比较时，需小心谨慎。二是分析留学生教育发展的目标变化，描绘一幅留学生由"受助者"转变为能带来多种裨益的"贡献者"的历史简图。三是概括八个留学生接收大国的相关政策，突显其从关注数量扩张到全面提升留学生教育产品质量的政策转向。

第一节 留学生定义的多样性

留学生人数的增长虽不是什么新现象，但其数量激增却是 21 世纪之后才出现的新趋势，相关研究也刚刚起步，所以对于何谓留学生，不同的国家和国际组织目前尚未给出统一的界定。

教科文组织最初将留学生界定为"在一个本人为非永久居民的国家注册入学的学生"（UNESCO，2005：145）。但它很快发现，在全球化不断加速的时代，许多人一生都住在某个国家，却不考虑成为该国的永久居民。以永久居民身份来判别留学生，可能人为地夸大了留学生的数量。这种情况在一体化进程快速推进的欧洲尤为明显。有研究发现，一些欧洲国家中，长期居住于该国却非其永久居民的学生，约占"留学生"总数的 33%（Verbik & Lasanowski，2007：3）。相反，在南美洲的一些国家，外国人只要逗留很短时间，便可取得公民资格（UNESCO，2009：35）。如此这般，留学生的数字又被人为地减少了。鉴于各国移民政策等国情差距颇大,教科文组织于2006年修改了留学生定义,提出判定留学生的三种标准,供各国自主选择:

➤ 公民身份:留学生不是留学目的国的公民;
➤ 永久居民:留学生不是留学目的国的永久居民;
➤ 先前的教育经历:留学生在另一个国家获得入读当前课程的资格证书。

同时,教科文组织对留学生的学习年限作了规定,只有修读一年或一年以上课程的外国学生,才可被计为"留学生"(UNESCO,2006:33)。

虽然教科文组织对"留学生"一词给出了较为明确的界定,但一些国家在提交数据时,却不完全依照这一定义。也有一些国家虽按此定义递交数据,但在国内发布相关数据时,则使用另一种定义。这在某种程度上降低了留学生数据的国际可比性。例如,德国从1997年开始把留学生分为两类:非流动性外国学生和流动性外国学生。非流动性外国学生是在德国长大的移民(Federal Ministry of Education and Research,2008:6),他们可能很小就随父母来到德国,接受德国的教育,但未取得公民或永久居民身份。流动性外国学生是在外国接受教育之后,再来德国求学的学生。虽然流动性外国学生才是教科文组织所说的留学生,但德国提供给教科文组织的留学生数据中,也包含非流动性外国学生。2008年,非流动性外国学生占德国留学生总数的近四分之一(23.87%)(图1.1),说明该国招收的真正的留学生,可能并不像其数据显示的那么多。法国亦是如此,它所统计的留学生包括未取得该国公民身份的长期居民及

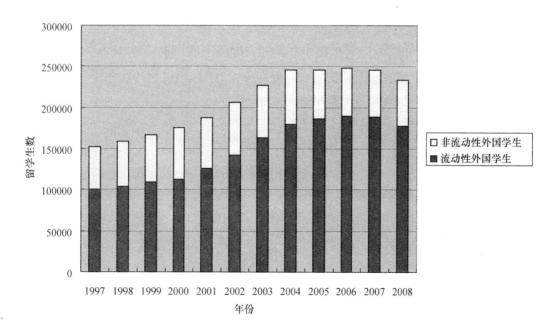

图1.1 德国留学生规模增长状况(1997—2008)

数据来源:http://www.wissenschaft-weltoffen.de/daten/1/1/2? lang=en

永久居民，此外还有来自瓜德罗普岛、留尼汪岛和马提尼克岛等法属海外领土的学生。澳大利亚政府于2001年改变了留学生统计方式：以前，修读多门专业（如在修读管理学学士学位的同时，修读文学学士学位）的留学生，只被计算为1个人次；现在，留学生修读几门专业，就被计算为几个人次。有时候，国与国之间的外交协定也会影响留学生的统计方式。例如，澳大利亚和新西兰相互免除了对方公民入境所需的签证，因此这两个国家在计算留学生数量时，均未纳入来自对方的学生。

我国的留学生定义与日本相同，都将学习年限不足一年的短期生计算在内。不过2007年，日本的短期留学生仅占其留学生总数的7.1%（文部科学省高等教育局学生支援科，2008：36），而在我国，该比例高达78.47%。

由于各国对"留学生"的界定尚未统一，所以在不同报告中，同一国家在同一时期的留学生数据可能互有差异，有时还差距颇大。比如，根据我国教育部网站信息，2007年我国共招收留学生19.55万人，而教科文组织在去除了大量学习时间不满一年的短期生后，公布的数字仅为42138人。本研究在引用各项数据时，都将注明数据来源，供读者自行判断相关的统计标准。在对中国高校留学生的实证调查中，本研究采用我国的官方界定，将学习年限不足一年的短期生也纳入其中。

第二节　留学生教育目标的演变

留学生的持续增加以及各国招收留学生的热情，很大程度上源自留学生能够为接收国带来的政治、经济和文化等方面的裨益。当然在不同时期，各国招收留学生的目的不尽相同。有时候，即便是处于同一时期的同一国家，招收留学生也出于多种考虑。不过总体而言，各国发展留学生教育的目的，大致经历了从单一到多元的演变。

一、维护世界和平与国家利益：第二次世界大战至1978年

许多世代以来，高校招收留学生主要是为了实现知识的自由传播与交流。不过那时，留学生的数量并不多。以澳大利亚为例，其每年的留学生人数很少超过500人（Harman，2004：106—107）。这种情况一直持续到第二次世界大战之后（Federal Ministry of Education and Research，2005：4）。这场肆虐五十多个国家的战争使人们意识到，无知和贫穷是人类灾祸的源头。为避免更多冲突，各国必须共同努力发展教育，增进相互理解，建设未来世界的新秩序。发达国家对发展中国家的教育援助由此兴起，内容之一便是为来自发展中国家的留学生提供入学机会和经费资助。这方面，最典型的例证是富布赖特计划和科伦坡计划。

1946年，美国阿肯色州参议员J·威廉·富布莱特（J. William Fulbright）提议设立一项"教育与文化交流项目"，通过加强相互理解，避免世界大战再次爆发（Larsen，2004：54）。这项提议得到了美国国会的认同。当年，富布莱特参议员起草了《富布赖特法案》（Fulbright Act），把美国与其他国家之间的教育与文化交流，作为美国外交政策的有机组成，其中包括资助外国学生到美国高校或研究机构攻读硕士和博士学位。在国会的扶持下，富布莱特计划已由最初每年资助35名留学生和1名教授赴美以及65名美国人赴他国交流的小型项目，发展成当今世界上最有影响的教育交流项目之一，每年有140个国家（包括美国）的4400位学生和学者获得资助。自成立至今，参与此计划的学生和学者共计25万名。[①]

科伦坡计划的发起者是英联邦国家。1950年，英联邦国家外交部长首次聚集于锡兰岛西南岸的科伦坡，召开英联邦外交事务会议（Commonweath Meeting on Foreign Affairs），商讨经济发展、地区事务和国际政治问题（Auletta，2000：47）。会议制定了科伦坡计划，通过成员国之间的双边协议，开展资金援助、技术援助、教育和培训，促进成员国的社会和经济发展，进而推动地区和平与稳定（Harman，2004：107）。当时接受科伦坡计划资助的留学生，不能自己选择专业，而由"提名国"和"资助国"共同决定所学科目，学成之后须返回自己的祖国（Auletta，2000：54）。科伦坡计划原定六年，后经多次延长，于1980年成为无限期计划。澳大利亚和新西兰这两个留学生接收大国，都是科伦坡计划的签约国，亦都根据此计划，为来自亚太地区的留学生提供经费资助。

不过，通过教育维护世界和平，不是战后发达国家开展留学生教育的唯一理由，甚至不是其主要理由。从某种意义上，它们考虑得更多的是提高新兴独立国家的生活水平，抵御共产主义思想的滋生与扩散（Oakman，2000：67）。瑞吉尔·伯克曾撰文剖析第二次世界大战之后澳大利亚的留学生政策，指出澳大利亚发展留学生教育，一方面是为了提供人道主义援助，另一方面是出于国家的自身利益。诸多亚洲国家在经济萧条和社会动荡之时获得了独立，其极度的贫困被视为滋养共产主义的肥沃土壤，亦是威胁地区稳定的潜在因素。一份非官方报告称，澳大利亚北部适宜种植粮食，这引发了澳大利亚民众的极大关注。各种媒体连篇累牍地分析人口密集、土地匮乏、经济落后的亚洲对本国的不利影响，警告说西北杳无人迹的宝贵领土是危险之地，东方邻国正虎视眈眈（Burke，2006：335—336）。正是在此背景下，澳大利亚签署了科伦坡计划，1950—1985年间给予约20万名留学生经费资助。

那一时期，除向留学生提供免费的或主要由政府出资的学位外，发达国家还招收了一部分自费留学生，并对其实施与当地学生相同的收费政策，旨在发展与其他国家的友好关系。在澳大利亚，这意味着留学生只需支付教育成本的10%～15%，其余均

---

① 资料来源：http：//chinese. usembassy-china. org. cn/fulbright _ history. html。

由国家和地方政府承担（Megarrity，2007：40）。

政府的资助计划和优惠的学费政策促进了学生的国际流动，20世纪50至70年代，全世界留学生人数（特别是接受政府资助的留学生人数）的增长可谓史无前例。

二、开发教育出口产业：1979年至20世纪末

20世纪七八十年代，石油危机两次爆发，世界经济陷入长期萧条。留学生教育异军突起，成为能够带来巨大经济收益的新兴产业，被浓墨重彩地写入国家政策。

1979年，英国保守党执政，大力推行私有化，减少公共开支。在教育领域，它宣布取消对留学生的经费资助，从1980年起对来自欧盟以外的留学生实施全成本收费，并根据各校的学费收入，削减政府拨款。此政策一出台就遭到各方的严厉批评，直接导致英国的留学生人数在五年内减少了38%。为扭转这一局面，英国外交大臣弗朗西斯·皮姆（Francis Pym）提出了一个一揽子计划，在高校拨款中划出一部分，资助优秀留学生，还为那些留学生人数下降的高校提供过渡性资金（UK Council for International Student Affairs，2008a：15；17）。不过，英国向留学生谋取经济利益的初衷并未改变，非欧盟国家的留学生每年平均比英国学生多交3000英镑学费，政府对高校的生均支出也削减了50%。1990年，非欧盟国家留学生交纳学费6.4亿英镑，到2004年，这一数字上升至11.2亿英镑，占高校总收入的8.1%（Higher Education Policy Institute，2006）。

英国在获取经济收益方面的成功经验引起了全世界的关注，其他一些同样饱受滞涨之苦的国家也开始仿效。紧随其后的是澳大利亚。1983年，以霍克为首的工党政府上台，秉持与英国保守党相近的新自由主义思想。1985年，杰克逊委员会（Jackson Committee）递交了一份报告，称政府未向自费留学生全成本收费，造成纳税人每年损失7000万澳元。委员会建议政府充分利用留学生对澳大利亚教育日益增长的需求，在发展中国家宣传其教育服务，使之成为本国一项重要的出口产业（Megarrity，2007：42）。霍克政府采纳了委员会的建议，决定在三年内逐步推广全成本收费政策，所收费用由各院校自行支配（McGuire，1997：63）。政府对高校招收留学生不设名额限制，却根据专业等因素，对当地学生人数定了配额（Gomes & Murphy，2003：117）。1986年，澳大利亚政府又出台新政策，为留学生提供方便。以前，留学生要获得签证，必须证明自己在国内无法学到将在澳大利亚学习的专业；新政策取消了这一限制，只要留学生入读的是政府认可的高校，并已支付了所需费用，就能学习任何想学的专业（Megarrity，2007：42）。

随着全成本收费的推行，澳大利亚留学生中，获得奖学金的学生比例越来越小。20世纪80年代中期，得到经费资助的留学生占了大半，如今该比例不足2%（Department of Foreign Affairs and Trade，2005：12）。而且澳大利亚政府提供的奖学金，现在主要针对修读研究性课程的学生，覆盖面大为缩小。与此同时，政府大幅度削减

对高等教育的拨款,使招收留学生成为高校的一个主要财政来源(Deumert, Marginson, Nyland, Ramia & Sawir, 2005)。1983—1993年,政府承担的高等教育成本从90%降至56%(McGuire, 1997:64)。到2005年,留学生的学费已占高校收入的15%(Department of Foreign Affairs and Trade, 2005:47),远高于经合组织国家7%的平均水平(Council for Educational Research, 2008)。有人在总结澳大利亚这一时期的教育政策变化时称:"20世纪60至80年代,澳大利亚政府对基础研究的设施建设负有主要财政义务,但此后便一边倒地转向了商业化。"(Marginson, 2007:21)

新西兰是继英国和澳大利亚之后,又一个对留学生实施全成本收费的国家。与英国和澳大利亚一样,20世纪七八十年代的新西兰公共经费有限,政府对教育投入不足。为缓解财政压力,新西兰政府把留学生与当地学生区分开来,又在留学生中进一步区分接受政府资助的学生和全成本收费的学生。《1989年教育法》要求院校按照不低于全成本的标准,向留学生收取学费,标志着留学生教育成为新西兰一项新的出口产业。该法出台后,新西兰院校积极响应,大量招收全付费留学生(New Zealand Ministry of Education, 2001:19)。2003年,新西兰共有公立大学八所,留学生所交学费占其经费总额的比例高达21%(Smith & Rae, 2006:30)。

如今,全成本收费的概念已得到广泛认同,并开始波及一些长期实行免费教育的欧洲国家。瑞典政府最近起草了一项提案,建议从2010年开始,向来自非欧盟国家(冰岛、挪威和列支敦士登除外)的留学生全成本收费。无独有偶,芬兰出现了一份内容相近的法律提案,要求来自欧盟和欧洲经济区之外的留学生支付学费。不过,芬兰的收费面较窄,只针对指定的硕士专业,特别是用外语授课的专业和国际化取向较强的专业(Anonymous, 2008a:10)。

全成本收费时代,留学生的增长势头更胜于从前。首先,政府拨款的减少迫使高校更加积极地招收留学生,通过高额收费,填补经费缺口。其次,学生开始把留学当做对未来的投资,其流动超出了从殖民地流向宗主国的地域限制(Bain & Cummings, 2005:20),学习领域也更加多样化。最后,如同将在以后的章节中详述的那样,政府和高校为了吸引留学生,纷纷出台有力措施,极大地刺激了留学生市场的膨胀。

留学生的激增给一些国家带来了巨大的经济收益。为衡量此收益幅度,美国、英国、澳大利亚和新西兰都专门开展定期测量。一般而言,它们把留学生带来的经济收益分为两类:直接经济收益和间接经济收益。前者指留学生的学费收入,后者多种多样,包括留学生的食宿与娱乐开支,购买学习用品和书籍等的学习开支,亲属的陪读与探亲费用,以及为了给留学生提供各类服务而创造的就业机会。除此之外,澳大利亚副总理兼教育部长茱莉亚·杰拉德(Julia Gillard)最近还提出了一项新的间接经济收益,即留学生毕业后能够在全球化经济中发挥的作用。2009年4月,澳大利亚教育就业和劳动关系部国际教育处行业论坛(AEI Industry Forum)在墨尔本召开,杰拉德在论坛上发言,阐明招收留学生的经济意义。她说,留学生教育是澳大利亚的第三大出口产业,对财政和就业至关重要。她接着指出,留学生教育对国际贸易也很重要,澳大利亚有一百多万名学成后归国的国际校友,目前还有45万名在校留学生,他们都可以在全球供应链中扮演重要角色(Dessoff,2009)。也许随着全球化的演进,留学生所能带来的经济收益还将进一步丰富和扩大。

先看美国怎样计算留学生教育的经济收益。美国国际教育工作者协会①从2003年起发布题为《国际教育带给美国的经济利益》(*The Economic Benefits of International Education to the United States*)的年度报告,计算留学生的学费收入、生活费开支、陪读家属开支、美国政府及其他组织和机构颁发的奖学金。它发现2003—2004学年,美国的57.3万名留学生共交纳学费73.6亿美元,支付生活费100.1亿美元和陪读家属生活费4.9亿美元。这三项相加,再减去美国发放的49.9亿美元奖学金,留学生为美国经济贡献了128.7亿美元,成为当年的第五大出口产业(Tremblay,2005:222;Rhee & Sagaria,2004:84)。到2008—2009学年,这一收益上升至176.6亿美元(图1.2)。

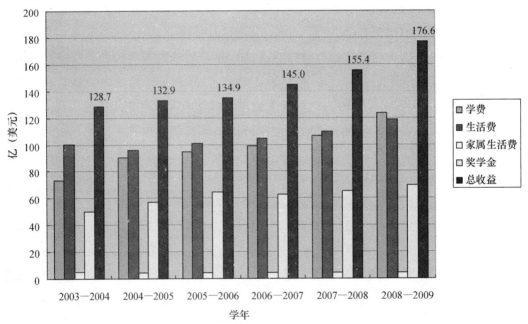

图1.2 美国留学生教育的经济收益

数据来源:http://www.nafsa.org/_/File/_/usa.pdf;http://www.nafsa.org/_/File/_/eis2005/usa.pdf;http://www.nafsa.org/_/File/_/eis2006/usa.pdf;http://www.nafsa.org/_/File/_/eis07/usa.pdf;http://www.nafsa.org/_/File/_/eis08/usa.pdf;http://www.nafsa.org/_/File/_/eis09/usa.pdf

---

① 美国国际教育工作者协会(Association of International Educators,NAFSA)成立于1948年,旨在促进各高校留学生工作者的专业发展。

澳大利亚在计算留学生教育的经济收益时，不仅包含高校的留学生，还纳入了接受澳大利亚离岸教育①的学生和中小学留学生，计算的项目涉及学费、生活费和教育咨询费。其中，赴澳留学生贡献的经济收益占了96%以上，远远超过离岸教育。这是因为接受离岸教育的学生通常不需要支付住宿和生活费，而且为了使离岸教育在当地更具吸引力，其学费往往低于澳大利亚本校。数字表明，1982年以来，澳大利亚留学生教育经济收益的年均增长率约为14%，占出口产业收入的比例从不足1%上升到近6%，成为除煤炭和铁矿石之外的第三大出口产业，并取代旅游业，成为最大的服务出口产业（Australian Government，2008：87）（图1.3）。此外，澳大利亚著名经济预测机构"走进经济学"（Access Economics）估算说，来自留学生的学费、生活费和其他各种收入，为澳大利亚创造了超过12.5万个工作岗位（Ruby，2009：5）。难怪澳大利亚政府在《无国界教育：国际教育贸易》中称，教育是"一个重要的服务部门"，"教育已成为一项全球产业。"（Department of Foreign Affairs and Trade，2005）

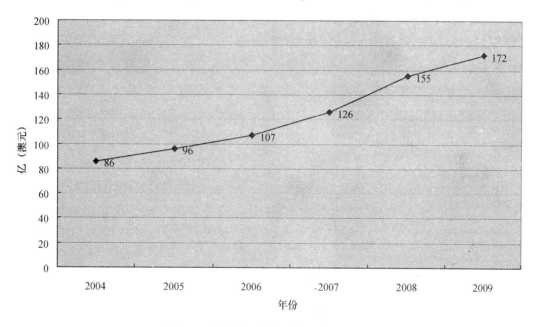

图1.3 澳大利亚留学生教育的经济收益

数据来源：Education, Employment and Workplace Relations References Committee，2009：7；
Australian Government，2009：iii.

与澳大利亚相同，新西兰在计算留学生教育的经济收益时，也将接受离岸教育的学生和中小学留学生纳入其中，且离岸教育收益占留学生教育经济收益的比例也不高，仅4.0%（Infometrics，NRB & Skinnerstrategic，2008：12）。1999年，来自留学

---

① 即澳大利亚在海外开设的分校、专业与项目。

生教育的收入为5.5亿新西兰元,占国内生产总值(以下简称GDP)的0.5%。当年,捕鱼业产值占GDP的比例为0.3%,油气探测占0.7%,园艺占0.9%(Infometrics Consulting,2000:3)。2001年,留学生教育的收入翻了一番,为13亿新西兰元,2004年首次超过20亿新西兰元,占GDP的1.5%。当年,油气探测及制造业收入共占GDP的1.0%,林木业加工业也只占2.0%(Informetrics,2006:6)。2008年,到新西兰留学的学生人数虽有减少,但对新西兰的经济贡献却达到23亿新西兰元(Infometrics,NRB & Skinnerstrategic,2008:1;3)。2000年,留学生的到来为当地创造了1万个全职工作岗位(Infometrics Consulting,2000:3),到2008年,这一数字上升至3.2万(New Zealand Visa Bureau,2009)。虽然新西兰留学生教育的绝对收入与美国和澳大利亚不可同日而语,但新西兰是个小国家,人口仅400万,陆地面积只有日本的四分之三,而留学生教育收入占GDP的比例却高于澳大利亚(New Zealand Visa Bureau,2009)。所以新西兰政府认为,"国际教育是我们最成功的出口产业之一"(New Zealand Ministry of Education,2005a),"国际教育已经成为新西兰经济的重要贡献者。"(National Operations Division of Ministry of Education,2007:iv)

在英国,2004—2005学年,高校留学生(不包括离岸教育和继续教育)的学费和其他开支共37.4亿英镑,超过了当年酒类(28亿英镑)、纺织品(28亿英镑)、服装(25亿英镑)、出版(23亿英镑)和文化媒体产业(37亿英镑)的产值(Vickers & Bekhradnia,2007)。2008年,这一经济收益上升至56亿英镑(British Council,2008:3)。

当然,并不是所有国家都希望从留学生那里获得经济利益,德国和法国便是典型的例证。这两个国家的留学生与当地学生一样,在公立院校接受免费教育。近年来,两国相继废除了禁止公立院校征收学费的规定,但这些院校的学费很低,每学期一般不超过550欧元,政府仍然直接承担学生(包括留学生和当地学生)的绝大部分教育成本。而且这一收费不仅针对留学生,当地学生也须交纳等额学费。

三、多元化时代的到来:20世纪末至今

留学生教育的发展,从来都受多种因素的促动。虽然维护世界和平与国家利益以及开发教育出口产业在过去的两个阶段作用显著,但开展国际合作研究、促进跨文化交流等在当时也占有一席之地。20世纪末以来,留学生市场以及世界局势急速变迁,各国从自身需要出发,确立了留学生教育发展的新理念,使得招收留学生的目的呈现出多元化趋势。这一时期,开发教育出口产业仍是诸多国家发展留学生教育的目标之一,但维护国家利益又重返决策者的视野,特别是在"9·11"事件之后。与此同时,

其他目标的重要性日益显现。美国的国际教育协会①曾对欧洲、亚洲、澳大利亚、加拿大和新西兰的五百多所院校作了调查，发现它们招收留学生的主要目的不是收取学费，而是实现自身的国际化使命（Ruby，2009：1）。即便是开启全成本收费先河的英国，也称国际教育"不只是一项出口产业。它帮助我们与世界各地的人们建立友谊，让我们更加了解各国的文化，还为开展更多的贸易与投资、施加更多的政治影响打开了大门。通过教育供给的国际化，英国可以吸引智力资本，提升英国的研究、技术开发与创新能力。"②不过很多时候，大众和媒体过分看重经济利益，忽略了多样化目标的存在。正如澳大利亚政府所言："澳大利亚的国际教育部门是一个不显眼的成功者，公众没有看到它为我们的教育机构和多元文化社会带来的益处。"（Australian Government，2009：iii）英国也批评说，人们多年来津津乐道于留学生教育带来的巨大经济利益，却轻而易举地忘记了其长期的政治利益、社会利益和外交利益，而后者代表了英国对未来的长期投资（British Council，2003：29）。

（一）维护国家利益

如前所述，现代社会留学生教育的发展，源自"二战"。当时发达国家制定学生交流和资助计划，主要是为了传播自身的意识形态，维持地区稳定，保护国家利益。2001年"9·11事件"之后，打击和消灭恐怖主义成了世界各国的共同话题，一场新的反恐战争拉开了帷幕。用美国国际教育工作者协会常务董事兼执行总裁马林·M·约翰逊（Marlene M. Johnson）的话来说："这主要是一场有关不同思想、价值观念、社会观念、治理观念和人权观念的战争。"（Johnson，2004）留学生教育再次成为维持地区稳定、保护国家利益的有力武器。在深受"9·11"之害的美国，留学生教育承担着传播美国制度与意识形态，培养亲美人士的重任。让美国引以为豪的是，许多在其他国家担任重要工作的领袖曾在美国学习。美国国务院专门编撰过一本题为《昨日留学生，今日世界领袖》的小册子，列出曾留学美国的三百多位身居要职的各国官员，其中包括中国前最高人民法院副院长、审判委员会委员万鄂湘（耶鲁大学），格鲁吉亚总统米哈伊尔·萨卡什维利（哥伦比亚大学），菲律宾前总统格洛丽亚·马卡帕加尔·阿罗约（乔治敦大学），联合国前秘书长科菲·安南（马卡莱斯特学院和麻省理工学院）和约旦国王阿普杜拉·本·侯赛因。③主管美国领事事务的助理国务卿莫拉·哈蒂（Maura Harty）说："美国的最佳广告就是美国，体验美国的最佳方法之一是在这

---

① 第一次世界大战之后，国际教育协会（Institute of International Education，IIE）于1919年成立，力图通过国际教育交流，实现国与国之间的相互理解，谋求长久的世界和平。

② 引自 http://www.britishcouncil.org/eumd-pmi2-overview.htm。

③ 资料来源：http://www.educationusa.info/files/a3a66aa0-e2d5-4745-9eaa-43d3a8df11e9/Foreign%20Students%20Yesterday,%20World%20Leaders%20Today.pdf。

里学习。当今世界的许多领袖曾在美国学院和大学学习。如果不欢迎下一代世界领袖，我国的损失将不可估量。"（Harty，2007：34—35）除这些重要人物之外，其他留学生也被视为"外交财富"（Association of International Educators，2003：5），可以在政府间关系紧张时，成为非正式外交的有效通道。

与美国一样，希望通过留学生教育维护国家利益的还有英国、德国、日本和新加坡。英国视留学生为"文化外交"（cultural diplomacy）或"巧实力"（smart power）外交的使者。[①] 外交部门每年向英国文化协会[②]拨发巨资，供其在海外推广英国教育与文化交流，其2010年的拨款额达到1.93亿英镑。[③] 英国文化协会首席执行官大卫·格林指出："从长远来看，在更广阔的世界中，留学生是英国及其就读学校的长期拥护者"（British Council，2003：2）。德国外交部于2009年发出"研究与学术关系倡议"（research and academic relations initiative），把教育和科学作为外交政策的关键组成（German Academic Exchange Service，2009a：2），计划加强对国际学术交流的支持。德国的官方学术交流机构"德意志学术交流中心"（German Academic Exchange Service，DAAD）在其2008—2011年行动计划中称，将为伊拉克、伊朗、阿富汗和高加索地区提供更多奖学金，加强与冲突国家的关系（German Academic Exchange Service，2009a：56）。日本文部科学省提出，接收留学生的意义之一在于形成人际网络，"这些人际网络关系是我国构筑安定的国际关系的基础"（文部科学省高等教育局学生支援科，2006：3）。新加坡则积极招收亚太地区的青年俊才，以尽早培养其对新加坡的忠诚度。它制定了"陪读妈妈"（study Momma）政策，为年轻学生的陪读妈妈颁发签证，每年还接待20名短期留学生，开展文化和体育方面的交流（Rubin，2008：56）。

（二）缓解人口压力

与世界人口持续增长的总体趋势不同，一些国家人口快速下降，威胁到高等教育机构的生存甚至国家稳定。大量招收留学生，填补国内生源的不足，成为这些国家发展留学生教育的动因之一。

作为一个多民族国家，新加坡的459万人口中，77%为华人，14%为马来族，8%为印度族，还有1%为欧亚族等其他种族。[④] 多年来，该国生育率一直不高，还屡屡创

[①] 资料来源：http://www.britishcouncil.org/new/articles/our-work/。
[②] 英国文化协会（British Council，BC）是一家非营利性公共机构，任务之一是向其他国家宣传英国教育，增加英国在留学生市场上的份额。
[③] 资料来源：http://www.britishcouncil.org/new/Documents/7.1.2.4%20Corporate%20Plan%20-%20vision,%20purpuse%20and%20values%20-%20Who%20we%20are%20-%20British%20Council.pdf。
[④] 资料来源：http://www.singaporeedu.gov.sg/cn/doc/res/Studying_Living_Chinese.pdf。

下历史最低纪录。2005年，新加坡每名妇女生育1.24名儿童，2009年跌至1.23名。若要保持目前的人口规模，新加坡每年必须多出生1.4万名婴儿（Yeoh，2007）。而且，华人是新加坡精英的主体，但华人的生育率远低于马来族和印度族，2009年仅1.09。一些研究者称，吸引年轻华人来新加坡留学，最终赋予其公民身份，是政府保持华人精英地位的举措。事实上，负责推广新加坡教育的新加坡旅游局在中国设立了许多办公室，处理中国学生签证的速度比处理印度学生签证的速度快（Rubin，2008：59）。

日本、美国和大多数欧洲国家同样面临生育率低的问题，高等教育适龄人口持续下降。这些国家积极争夺留学生，维持高校的生存。1992年，日本18岁人口达到顶峰，为210万，之后便逐渐降低，减幅达到三分之一。日本高等教育的普及程度很高，超过50%的18岁人口入读高校和大专，如果加上其他高等教育机构，该比例超过70%（Higher Education Bureau, Ministry of Education, Culture, Sports, Sciences and Technology, 2009a）。所以日本很难通过进一步提高普及率来维持高等教育的规模。2007年，日本进入"大学全入时代"，即大学实际报考人数等于甚至少于计划招生数。一些高校不得不想方设法吸引留学生，填补当地学生的空缺（Otake，2008）。福冈经济大学为住宿学生新建了温泉、游泳池和卡拉OK房；成蹊大学则邀请若干首席建筑师，设计了一座最先进的图书馆，内设266间带空调的私人书房（McNeill，2008）。美国和欧洲的情况与日本相似。在美国，如果没有足够的留学生，某些科学和工程学专业就可能因人数不足而无法开设（Anderson，2005）。在欧洲，几乎所有国家都难以招到足够的当地学生。而且这些国家的高等教育入学率也很高，只能依靠留学生维持现有高校的生存。

（三）促进经济发展

通过留学生教育促进经济发展，首先表现为留学生带来的巨大经济收益。这在前文已经论及，此处不再赘述。除此之外，留学生是知识经济不可或缺的人力资源。随着人口出生率的降低和老龄化的加速，一些国家出现了劳动力短缺的情况。特别是20世纪末，信息技术飞速发展，科学研究不断向前推进，高端技术人员成为各国争抢的稀缺资源。留学历来与移民关系密切，招收留学生便成了引入外国技术工人的捷径。

澳大利亚长期面临劳动力短缺的困境，而且这种短缺不受经济发展状况的影响。即便在经济不景气的时期，无论是管道工和卡车司机，还是医生和工程师，所有类型的劳动力都供不应求。据政府估计，该国很快将有20万个工作岗位无人问津（Verbik & Lasanowski，2007：2）。移民是解决这一问题的最佳途径。2008年5月，总理陆克文宣布，澳大利亚下一年吸纳的移民将上升25%，达到19万，此外还有10万名短期移民。澳大利亚移民部长克里斯·埃文斯（Chris Evans）也称，移民将在澳大利亚的劳动力结构中占据更大比例。① 不少移民原本是澳大利亚的留学生，学成毕业后留在当地寻找工作机会。过去，留学生毕业后若想在当地就业，必须回到自己的祖国，重新申请签证，且需具备一定的工作经验。20世纪末，澳大利亚放松了这方面管制，凡是就读工程、计算机和会计等技术紧缺专业的留学生，毕业后可直接在澳大利亚申请永久居民身份，工作经验也不再是申请就业的必备条件。2001年中期至2004年1月，23万名留学生毕业后取得了永久居留权（Megarrity，2007：49—50）。

美国的科学、技术、工程学和数学类研究生中，留学生占据半壁江山（Armstrong，2003：23），且毕业后有一半留在美国（Borjas，2004：56）。英国高校留学生中授课式硕士生（taught master）的比例达到50%，占博士生和研究式硕士生的比例为44%，其中绝大多数来自欧盟以外国家（House，2010：13）。2000—2007年，法国博士生总数增加了12%，而外国博士生的增幅达到63%。2008年，法国共有博士生6.7万名，其中2.5万名（占37.3%）是留学生。② 外国研究生对美国、英国和法国的科学与技术发展贡献卓著：一方面，他们分担了高校大量的教学和实验室工作（Katz，2006：55）；另一方面，几乎所有的高科技研究、开发和制造公司都高度依赖外国研究生（Armstrong，2003：23）。以美国为例，有研究发现，自1990年以来，四分之一的上市贸易公司由外来移民投资，市场价值超过5000亿美元。移民还创立了美国87%的创新科技公司，业务涉及高科技制造业、信息技术和生命科学等。这些移民创业者中，46%先前以留学生身份赴美（Anderson，2007a：6）。此外，美国大学每毕业100名科学或工程学博士留学生，国家就多获62项专利申请（Anderson，2005）。留学生在科技进步中的重要角色，使得这些国家的高校和高科技公司忧心忡忡，担心留学生人数一旦减少或者选择去其他国家读书，许多重要的技术和研究工作将后继乏人（Grose，2007：14）。

人口迅速老化的德国，近年来也益发认识到留学生对提高国家经济和科技竞争力的作用。德国联邦教育与研究部在《高等教育国际化》中指出，吸引他国的专业技术人员比德国自己培养专业人员难，所以大力招收留学生可以解决专业技术人员不足的燃眉之急（Federal Ministry of Education and Research，2005：4—5）。

留学生毕业后留在当地工作，不仅有助于当地的人力资源建设，而且可以直接增

---

① 资料来源：http://find.galegroup.com.eproxy1.lib.hku.hk/gtx/retrieve.do?contentSet=IAC-Documents&resultListType=RESULT_LIST&qrySerId=Locale%28en%2CUS%2C%29%3AFQE%3D%28JN%2CNone%2C16%29%22Economist+%28US%29%22%3AAnd%3ALQE%3D%28DA%2CNone%2C8%2920080531%3AAnd%3ALQE%3D%28VO%2CNone%2C3%29387%24&sgHitCountType=None&inPS=true&sort=DateDescend&searchType=PublicationSearchForm&tabID=T003&prodId=ITOF&searchId=R1&currentPosition=27&userGroupName=hku&docId=A179498084&docType=IAC.

② 资料来源：http://editions.campusfrance.org/chiffres_cles/brochure_campusfrance_chiffres_cles_mai09.pdf；http://editions.campusfrance.org/guides/choisir/choisir_en.pdf。

加当地的经济收入,因为他们虽然可以享受当地政府提供的各种免费福利,但他们支付的税收超过了其消费的福利。英国两位学者根据留学生毕业后在英国工作的年限,以及政府公共开支占税收的比例,估算了留学生对政府收入和开支的影响。他们说,如果留学生毕业后在英国工作一年,政府公共开支占税收的三分之一,则留学生可以为英国带来2700万英镑的净收益;如果他们工作十年,政府公共开支占税收的三分之一,则英国获得的净收益超过3亿英镑(Vickers & Bekhradnia,2007)。再者,留学生年龄一般较轻,可以降低当地的老年抚养比率(Department of Education, Employment and Workplace Relations & Department of Immigration and Citizenship,2009:18)。

(四) 开拓国际视野

一个拥有留学生的课堂,是多元文化的课堂;一座拥有留学生的校园,是多元文化的校园。利用留学生,开拓当地学生的国际视野,为其进入全球化市场作好准备,是众多高校发展留学生教育的重要推动因素(Forrest,2008:90;Bain & Cummings,2005:19),也得到当地学生的普遍认同与支持。2004年,一位美国研究者在八所国际化程度较高的院校回收了9279份问卷,了解当地学生对留学生的看法。88%的美国学生说,留学生丰富了自己的学习体验,他们喜欢课堂上有留学生,喜欢留学生住在他们周围,喜欢与留学生交往(Green,2005)。

除了解当地学生的看法之外,美国还调查了普通市民对留学生的看法。2005年,美国国际教育工作者协会向当地各行各业人士发放1000份问卷,发现不论性别、种族、年龄、教育程度、收入水平和所处地区,美国人对国际教育的支持度都高于以往。90%的美国人认为,拥有全球化所需的技能与知识对学生来说是重要或非常重要的;86%的美国人认为,子女与留学生一起上学、相互交流是重要的(Association of International Educators,2006a:1—2)。

在英国,前首相布莱尔说,留学生为英国"打开了一扇通往世界的窗"。之后,英国留学生协会①发布一系列题为"开拓我们的视野"的报告,详细描述留学生为英国带来的多种益处。

总之,20世纪末以来,各国发展留学生教育的目的趋于多元化,留学生教育在维

---

① 英国留学生协会(Council for International Students,UKCOSA)是专为留学生和留学生工作者服务的咨询机构,2007年7月4日正式更名为英国留学生事务委员会(UK Council for International Student Affairs,UKCISA)。目前共有会员525名,包括所有的大学、大多数学院、所有积极参与国际化进程的继续教育学院,以及部分私立院校、语言学校、独立学校、学生会以及对留学生教育感兴趣的志愿组织、法人组织和个人。2009年,共有50万人次访问了留学生事务委员会的网站(UK Council for International Student Affairs,2008c:1;6;http://www.ukcisa.org.uk/files/pdf/about/annual_review.pdf)。

护国家利益、缓解人口压力、促进经济发展和开拓国际视野等方面的贡献得到越来越多的认可。在此背景下，一些国家开始向留学生提供更多的经济奖励，使那些为谋取经济收益而减少奖学金的国家受到了挑战。有学者预言，争夺留学生的战斗将愈演愈烈（Cemmell & Bekhradnia，2008）。

第三节 八国留学生教育政策的转变

本研究选择美国、英国、澳大利亚、新西兰、法国、德国、日本和新加坡这八个国家作为比较研究的对象，一方面是因为它们在全球留学生规模的扩张中因势利导，占据了大多数市场份额，更重要的是因为它们都在与其他国家的比较中，看到了自身留学生教育可持续发展的局限性，从而树立了强烈的危机意识。为了巩固和扩大市场份额，它们不约而同地选择了丰富留学生教育服务、提高服务质量的道路。目前，它们已经将留学生学习与生活的方方面面都纳入了政府的政策考量。这种做法既符合本研究留学生教育产品分类的框架设计，也为我国制定相关政策提供了参照。

一、政策转变的缘起：深刻的危机意识

如果说美国和英国是传统上留学生教育最为发达的国家，那么法国和德国便是欧洲一体化进程加快、高校证书"可流通性"增强后，崛起速度最快的留学生教育大国。澳大利亚的留学生人数虽不及美国、英国和法国，但留学生占本国在校生总数的比例高居经合组织成员国之首。日本和新加坡同处亚洲，都希望成为该地区留学生教育的领头羊。20世纪80年代，这两个国家相继制定了留学生教育的国家规划，为留学生教育发展注入了强心剂。新西兰的留学生人数并不多，2007年仅3.3万人，不及中国的4.2万人（教科文组织数据），但新西兰的人口总数仅400万，留学生占在校生生的比例可与英国媲美。

这八个国家中，除新加坡之外，其余七个国家都向教科文组织递交留学生数据。根据《全球教育概要》的记述，2001年以来，美国、英国、法国、澳大利亚和日本的留学生人数基本保持持续增长。新西兰的留学生规模一直在扩大，只是在2007年突然减缩了19.0%。德国是留学生人数下降较为明显的国家，2004年留学生人数超过26万，排名世界第三，之后便连年下跌，到2007年不足21万人，落到法国和澳大利亚之后，排在世界第五位（图1.4）。2007年，这七个国家招收的留学生占世界留学生总量的63.4%。

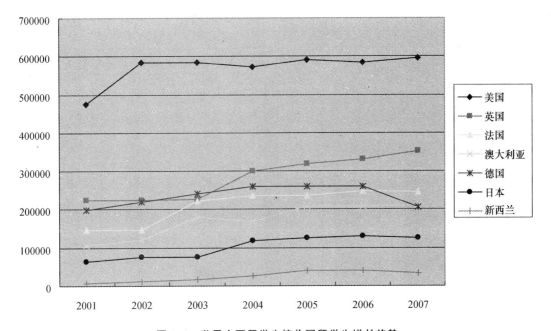

图 1.4 世界主要留学生接收国留学生增长趋势

数据来源：UNESCO，2003：92—93；UNESCO，2004：109—110；UNESCO，2005：106—107；UNESCO，2006：130；UNESCO，2007：134—137；UNESCO，2008：116—119；UNESCO，2009：138—141.

新加坡很少公开留学生人数。根据新加坡统计局的数据，该国2001年有留学生5万人（Singapore Department of Statistics，2002：1）。之后有研究者称，该国2005年的留学生人数为6.6万人，占在校生总数的10%（Yeoh，2007），2006年进一步上升到8万人，比上一年增长了11%（Council on Education，2009：10）。不过一些外国研究者批评说，新加坡的留学生数据有夸大之嫌，因为其中包含了许多中小学阶段的留学生（Rubin，2008：56—57）。

就留学生的相对数量而言，2006年，教科文组织在《全球教育概要》中新增了一个名为"流入率"（inbound mobility rate）的指标，即一个国家接收的留学生占其学生总数的比例，以便更好地比较各国的留学生规模及分布态势。根据这一指标，澳大利亚是世界上留学生教育最发达的国家之一，流入率约为20%，英国和新西兰的流入率都接近15%。美国的留学生人数虽位居世界第一，且远远超过排在第二位的英国，但因其高等教育规模庞大，所以流入率不到3.5%，只与日本相近（图1.5）。德国虽未向教科文组织递交流入率数据，但其官方报告称，2006年该国留学生流入率为11.5%（Federal Ministry of Education and Research，2008：3），与英国和法国相若。

尽管这八个国家的留学生数量（或流入率）令人瞩目，但每个国家都对自身留学生教育的未来发展深感担忧。它们都发现，留学生市场的竞争日趋激烈，其他国家正迎头赶上，而各国留学生教育结构的单一化倾向加剧了市场风险。此外，这些国家的

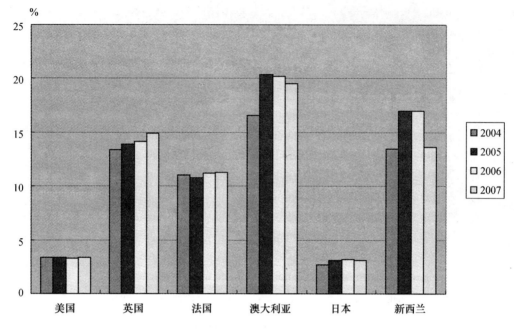

图 1.5 世界主要留学生接收国流入率

资料来源：UNESCO，2006：130；UNESCO，2007：134—137；UNESCO，2008：116—119；UNESCO，2009：138—141.

留学生教育都面对着进一步提高质量的挑战，部分国家留学生的层次亦有待改善。

（一）数量危机

今天的留学生市场正悄然改变，美国和英国这两个传统的留学生接收大国已不再能想当然地在市场中独占鳌头。新的竞争对手正在涌现，并通过积极的政策与措施，缩小与英美之间的差距。这当中既有努力推动博洛尼亚进程的欧洲，也有正打算从留学生输出大国转变为留学生接收大国的新加坡和日本。同时，一些发展中国家正尽力扩大自身的高等教育，以便把本国学生留在国内。所以，今天的学生无论是在自己的祖国还是在其他国家，都有了更大的选择空间。2009 年，教科文组织设计了一项新指标——离散指数（dispersion index），测量来自某一国家的留学生究竟是集中到少数国家读书，还是分散到了更多国家。那一年的《全球教育概要》写道，留学生的目的国"已经变得多样化了"（UNESCO，2009：41）。

美国虽然仍是世界上留学生规模最大的国家，且留学生人数远超其他国家，但它在全球留学生市场上占有的份额，却从 2001 年的 23.3% 下跌至 2007 年的 21.3%，与 1982 年的 39.2% 差距更远（Association of International Educators，2003：7）。美国的留学生教育研究者和工作者对此深表担忧，他们纷纷指出：

> 1999 年以来，全球留学生规模的扩张速度（57%）是美国留学生增长速度

（27％）的两倍。同期，英国的留学生增加了77％，澳大利亚留学生的增幅则高达183％（Johnson，2009：6）。

- 2000年到英语国家留学的中国学生中，81％的学生选择了美国；三年后，此比例急速下滑至46％。期间，到美国留学的中国学生只增加了不到2000人，而去英国和澳大利亚留学的中国学生分别增加了3.7万人和2万人（Anonymous，2005：14）。
- 2003—2005年，来自阿联酋、沙特、苏丹、印度尼西亚、巴基斯坦和马来西亚的留学生减少了7.2％至20.4％，但在菲律宾、丹麦、意大利和希腊，来自以上国家的留学生分别增长了158％、68％、62％和48％（Council on Education，2006：5）。

一些学者还提醒人们关注欧盟，它于1987年投入巨资，启动"欧洲共同体大学生流动行动计划"（European Community Action Scheme for the Mobility of University Students），即著名的伊拉兹马斯（Erasmus）计划，目前已经吸引了超过1500万学生（Forrest，2008：88）。这一计划的成功"使得欧洲学生主要流向英国、法国和德国等欧洲目的国。事实上，统计资料表明，2002年在所有流向国外的欧洲学生中，74％在欧洲学习。"（Naidoo，2006：330）2009—2013年，伊拉兹马斯计划进入第二阶段，目标是把留学生人数从17万提高到300万，欧盟对此计划的拨款也增加了4倍（Ruby，2009：7）。

在此情形下，主管美国助理国务卿莫拉·哈蒂警告说："我们以为（留学生）肯定会选择来美国读书的日子已经过去，其他国家积极地争夺留学生，留学生也越来越愿意四处物色最好的教育交易。"（Harty，2007：35）美国教育理事会[①]也指出："留学生市场的变化为学生提供了更多选择，过去可能会来美国的学生现在去了其他国家。"（American Coucil on Education，2006：4）

美国把英国作为自己的主要竞争对手之一，但英国并不沾沾自喜于自己77％的留学生增长率，因为1998年，英国在全球留学生市场上还占有16％的份额，最近几年却一直停留在12％左右（Cemmell & Bekhradnia，2008）。而且，它虽是欧盟的一员，但博洛尼亚进程意味着其他欧洲国家将逐步销蚀英国的竞争优势。至于来自欧洲之外的留学生，由于受到各国高校的追捧，所以他们是否会来英国留学是"不可预测的"（Bone，2008：2）。与美国一样，英国文化协会警告说："1999年以来，国际教育领域已经有了发展，英国教育供给的独特性正在被其他国家渐渐蚕食"。[②]

---

① 美国教育理事会（Coucil on Education）是美国各类高等教育机构与高等教育协会的组织。要加入此理事会，高校必须经过认证，并能够颁发学位。

② 资料来源：http://www.britishcouncil.org/eumd-educationuk-brand-what-is.htm。

日本是新兴的留学生接收国，并因其"10万留学生接收计划"、"30万留学生接收计划"和一系列相关措施而备受瞩目。① 但让日本最为不满的是其远低于经合组织国家6.5%的流入率。日本文部科学省指出，该国留学生仅占高校在校生的3.3%，"尚未达到国际高标准"（文部科学省高等教育局学生支援科，2006：4）。日本的大学教授也纷纷抱怨自己所在的大学太过保守，缺乏种族更为多元的美国高校的那种激励精神(Craft, 2007：19)。

再来看因欧洲一体化而迅速崛起的德国和法国。1999年，欧洲教育部长会议签署《博洛尼亚宣言》，目的是协调成员国的高等教育系统，提高学位和文凭的"透明度"，促进资格互认，创造一体化的欧洲高等教育区域。② 目前加入此进程的国家已从最初的29个扩大到46个，覆盖了世界上近四分之一的国家（Foley, 2007：3）。

博洛尼亚进程对其他国家的留学生教育产生了巨大威胁。澳大利亚教育就业和劳动关系部在《博洛尼亚进程与澳大利亚》中写道："博洛尼亚改革可能使欧洲成为比澳大利亚更有吸引力的留学目的国。尤其是，欧洲协调一致的结构意味着，在某一欧洲国家获取的资格（或开展的学习）将在整个欧洲得到认可，用于今后进一步深造或就业……加上欧洲的学费具有竞争力，后博洛尼亚的欧洲高等教育可能为许多外国学生，特别是澳大利亚曾占有巨大市场的国家，提供极富吸引力的一揽子计划。"（Department of Education, Science and Training, 2006：9—10）

非但如此，为了帮助留学生克服语言障碍，不少欧洲国家积极开发英语授课专业。2008年法国编撰的第五版《英语授课课程目录》共列出550个学位专业，并称开发这些专业的目的是吸引说英语的学生来法国留学。③ 1997年，德国教育部鼓励高校建设用英语授课的国际学位专业，吸引那些可能会到英语国家留学的学生。据德意志学术交流中心估计，2008年这类国际学位专业超过400个（German Academic Exchange Service, 2008：39），一年之后迅速增加到约1000个（German Academic Exchange Service, 2009a：59）。

英美等国家对德国和法国的留学生教育发展羡慕不已，但这两个国家却自觉危机

---

① 这些计划和措施将在下文中详述。

② 博洛尼亚进程的措施之一是推进"欧洲学分转换系统"（European Credit Transfer System, ECTS）。该系统规定，一门每年1500～1800小时的全日制课程，可获得60个学分，从而为国家之间的学分互认提供了依据。措施之二是实施"文凭补充"（Diploma Supplement），即注明获得某一文凭所要掌握的内容与达到的标准、文凭持有者的资质、该资质的功能等。措施之三是最近施行的"资历框架"（Qualification Frameworks），即用同一套术语界定高校颁发的各种资历（van der Hout, 2007：7—9）。德国和法国的高等教育体制以前不同于国际上较为通行的本科、硕士和博士三级制度，本科生在学的时间较长，毕业时可直接获取硕士学位。现在，这两个国家都对学位制度进行了改革，用国际通用的"学士"和"硕士"体系取代了原有的本硕连读。

③ 资料来源：http://www.campusfrance.org/en/b-agence/agence02.htm。

重重。以德国为例，它在全球留学生市场上的所占份额从 2002 年的 11.6% 下滑到 2007 年的 7.4%。而且许多学生没有把德国当做留学的首选之地，而是因为去不了美国、英国和澳大利亚才来到德国。根据德国联邦教育与研究部的统计，2000 年德国留学生中，有 52% 的学生把德国作为首选的留学目的地，到 2006 年，这一数字下降了 9 个百分点（Federal Ministry of Education and Research，2008：43）。不少留学生选择德国，是因为它学费便宜，他们说如果自己当时有钱，就会去其他国家读书（Federal Ministry of Education and Research，2005：60）。这就是说，德国的留学生教育前景难测，因为它很大程度上受制于其他国家的留学生教育政策（如是否扩大对留学生的经济资助）和留学生来源国的经济发展程度。

（二）结构危机

除数量危机外，这八个国家还面临着留学生教育结构单一的问题。

该问题的第一个表征是留学生来源国过于集中。印度和中国作为留学生输出大国，2008 年和 2009 年分别为全世界输送了 39.2% 和 41.2% 的留学生，[①] 而这些学生在某些国家的集中程度相当惊人。

在英国，来自中国的学生占留学生总数的四分之一（Sliwa & Grandy，2006：9）。在澳大利亚，亚洲学生占留学生总数的比例超过 80%，其中仅中国学生便占 21%（Education，Employment and Workplace Relations References Committee，2009：13）。美国最大的留学生来源国是中国、韩国和印度，其中来自中国和韩国的留学生均超过 10 万名，印度紧随其后，远远超过位居第四的日本（3 万名）（Student and Exchange Visitor Program，2010：6）。在新西兰和日本，中国学生占留学生总数的比例均高达 40%（New Zealand Ministry of Education，2006：2）和 58.8%。[②]

留学生来源过于单一，造成这些国家对主要生源国的依赖性过强。一旦后者的生源或经济情况发生变化，就可能对留学生接收国造成较大损害。新西兰的留学生教育在 1997 年和 2003 年经历了两次起落，原因就在于来自中国的留学生人数骤减。新西兰劳动部承认："中国学生数量下降对留学生总数影响显著。"（Department of Labour，2007：10）2006 年，到日本留学的中国学生比上一年减少了 7.8%，尽管来自美国和蒙古的留学生有所增加，但日本的留学生总数还是下降了 3.2%（Verbik & Lasanowski，2007：14）。澳大利亚的中央昆士兰大学是该国开拓留学生市场的急先锋，但自从其印度学生急剧减少后，州政府便警告说，该大学到 2011 年可能面临 2600 万

---

① 资料来源：http://opendoors.iienetwork.org/file_depot/0-10000000/0-10000/3390/folder/78747/Fast+Facts+2009.pdf。

② 资料来源：http://www.jasso.go.jp/study_j/sgtj_chi.html。

澳元的财政赤字（Maslen，2009）。

现在，一些国家和高校认识到这一问题的严重性，开始控制来自特定生源国的学生人数，并积极开发新的生源国。但这些措施既会影响其在传统生源国中的市场份额，又需要额外的海外推广经费，所以时至今日，留学生来源国缺乏多样性的状况没有得到太大改变。

结构危机的第二个表征，是留学生修读的专业单一。虽然各国的优势科目不尽相同，但在每一个国家，留学生大多集中于一两门专业。例如，澳大利亚半数以上的留学生主修管理与贸易（Education，Employment and Workplace Relations References Committee，2009：13）。美国主修商务专业的留学生占了约四分之一，位居第二的工程学占了约17%，其余专业均未超过10%（Student and Exchange Visitor Program，2010：6）。在日本，社会与人文科学吸引了超过60%的留学生。[①] 与生源国单一的危险相似，单一的专业种类使留学生接收国过度依赖学生对相关专业的需求。而且大量留学生涌入一两门专业，可能造成这些专业教学资源匮乏（New Zealand Ministry of Education，2001：26），威胁本国学生的受教育权利。正如澳大利亚政府在政策宣言《通过教育融入世界》中所言，迄今为止，澳大利亚的教育国际化集中在少数国家、少数专业和有限的教学模式上，这可能有损于教育贸易的整体利益（Australian Government，2003：iii）。

结构危机的第三个表征，是知识经济时代，高端人才是各国竞相争夺的宝贵资源，但在部分国家，留学生攻读的学历层次较低，难以满足接收国劳动力市场的需要。2008年3月，澳大利亚政府对高等教育进行了审查，以便为未来改革提供指引。在其发布的《澳大利亚高等教育审查》报告中，它指出2007年，在澳大利亚攻读博士学位的留学生只有8513人，占当年留学生总数的3.1%，低于该国博士生占高校在校生4%的比例，也低于其他经合组织国家的水平（Australian Government，2008：99）。政府在这份报告中坦承："澳大利亚擅长的是提供本科教育。但时势已经改变，学术人员的短缺迫在眉睫，兴建国际研究网络势在必行，该考虑如何激励优秀留学生来攻读硕士和博士学位了。"（Australian Government，2008：12）即便是在外国研究生规模较大的英国，英国文化协会也提醒说："英国面对的一个重大挑战，是吸引更多的研究式硕士生和博士生……这些学生对英国的研究与创新至关重要。"（Böhm, Follari, Hewett, Jones, Kemp, Meares, Pearce, & Van Cauter, 2004：71）

（三）质量危机

留学生教育的质量问题已是老生常谈，中国曾多次就澳大利亚、新西兰和新加坡

---

① 资料来源：http://www.jasso.go.jp/study_j/sgtj_chi.html。

等国的院校倒闭发布留学预警。近年来又出现了一种新情况,即由资源短缺造成的质量下滑,因为一些国家的留学生规模扩张得如此迅速,以至超出了高等院校的容量,给教学带来很大的困扰。

人口仅400万的新西兰,留学生人数却超过3万名,顶峰时期甚至达到4万名。为了解留学生规模是否超出高校能够容纳的限度,亚洲—新西兰基金会[①]于2004年对八所高校作了问卷调查,发现其中四所高校设法将留学生数量减少12%~20%,以解决某些专业留学生过于集中、班级人数太多、研究生导师不足等问题。但这四所高校都发现,减少留学生影响了学校的财政收入(Smith & Rae,2006)。

在澳大利亚,政府对高等教育的生均拨款减少了30%,在校生人数却增加了31%,其中四分之一是留学生。由于大量资源被用来为留学生提供各种必需的咨询和后勤服务,高校只能减缩教学和研究开支。在那些留学生过度集中的专业,留学生有时甚至找不到实习机会,无法得到必需的学分。例如,实习是医学训练的重要组成,不完成实习,学生毕业后就不能注册行医。在新南威尔士,由于医学专业的学生太多,政府承诺当地学生都能在公立医院实习,但留学生被排斥在外。这种做法引起了留学生的忧虑(Robinson,2009)。有研究者认为:"留学生可能已经使澳大利亚高等教育的容量达到饱和。"(Verbik & Lasanowski,2007:8)与新西兰一样,澳大利亚的不少高校开始对留学生规模的持续扩大提出质疑,并设定了留学生的招生限额(Dessoff,2009)。

即便在素以严谨和高质量著称的德国和英国,资源紧缺的情况同样存在。德国联邦教育与培训部的报告称:"已有迹象表明,高等教育机构及学生服务几乎不能应对外国学生的巨大需求"(Federal Ministry of Education and Research,2005:5)。英国文化协会在预测了2020年的留学生市场后写道:"英国面对的一个最大问题,也许是为预测到的需求提供足够的学位。"(Böhm, Follari, Hewett, Jones, Kemp, Meares, Pearce, & Van Cauter,2004:69)

二、政策的转向:从数量扩张到产品扩展

面对留学生教育的数量、结构和质量危机,这八个国家都意识到,在留学生市场竞争异常激烈的今天,要想保持或扩大市场份额,就必须改革传统的留学生教育,提供比竞争对手更好、更多的服务。

日本、英国和新加坡出台了留学生教育的国家规划。刚开始,这些规划只集中于

---

① 亚洲—新西兰基金会(Asia-New Zealand Foundation)是一个帮助新西兰人了解亚洲的非政府组织。

数量目标。后来它们都发现，要保持或增强自己的竞争优势，就必须为留学生提供从入学前的信息提供，到毕业后的就业在内的全方位优质服务。澳大利亚和新西兰是最早出台相关法律、全面保障留学生权益的国家，其中新西兰的法律还得到经合组织的表扬（Australian Government，2008：98）。德国、法国和美国虽没有这方面的国家规划和法律，但在以后的章节中可以看到，它们都成立了行业领导团体，努力为留学生提供从入学前到毕业后的所有相关服务，政府也积极采取举措，改进留学生教育服务的质量。例如，德国在 2005 年的《高等教育国际化》报告中提出："除与学习有关的各种改进之外，创设各种有利于留学生日常生活的社会和跨文化环境也必不可少……确保基本的生活需要对留学生学业成功的影响，常常大于学习难度本身的影响。"（Federal Ministry of Education and Research，2005：6）所以德国近年来投入巨资，为留学生提供各种心理咨询、支持服务和建议（German Academic Exchange Service，2009a：62）。下文着重介绍日本、英国、新加坡、澳大利亚和新西兰留学生教育的政策取向。

日本也许是最早提出留学生数量发展目标的国家之一。20 世纪 70 年代末、80 年代初，赴日留学的学生不足 1 万名，与欧美差距甚远。日本深感这一数字与它在国际上经济称雄的地位极不相称，因此前首相中曾根康弘于 1983 年发布《21 世纪留学生政策建议》（*Recommendations for a Foreign Student Policy for the Twenty - First Century*），提出到 2000 年，日本的留学生要增加 9 倍，达到 10 万人（Japan SIG，2008），故此政策建议也被称为"10 万留学生接收计划"。该计划出台后，日本政府没有制定相应的实施细则（参见 Kazuko，1989：412），致使计划进展缓慢，比原定时间推迟三年才实现既定的数量目标。

2008 年 1 月，前首相福田康夫在国会发言中提出"30 万留学生接收计划"，即为了建设"面向世界的日本"，进一步扩大留学生规模，到 2020 年留学生达到 30 万名（Higher Education Bureau，Ministry of Education，Culture，Sports，Science and Technology，2009a）。当年 8 月，该计划得到内阁会议的批准（Japan SIG，2008）。与"10 万留学生接收计划"不同，此次日本认识到，要实现招收 30 万留学生的目标，就必须"系统实施从来日本之前到毕业后帮助学生寻找工作的各项措施"（Higher Education Bureau，Ministry of Education，Culture，Sports，Science and Technology，2009a），包括入学考试、入境签证、学校及社会接纳、住宿、生活咨询、就业以及校友会建设等。①

认识到必须为留学生提供全面、系统服务的不只有日本，还有老牌的留学生接收大国——英国。20 世纪末，由于新兴留学生接收国的兴起和亚洲金融风暴的影响，英

---

① 资料来源：http://www.cn.emb-japan.go.jp/jihua.pdf。

国丧失了可观的留学生市场份额。1999年,英国前首相布莱尔启动"首相行动计划"(Prime Minister's Initiative,PMI),目标是到2005年,高校留学生增加5万名,每年赢取5亿英镑的收入,继续教育学院的留学生增加2.5万名,每年赢取2亿英镑的收入(British Council,2003:14),使英国成为全球留学生教育的领袖。当时,英国的注意力完全集中于这些数量目标,而在短期内实现数量增长的捷径是加大海外宣传。所以"首相行动计划"拨款500万英镑,用于强化英国高等教育的海外宣传。此外,英国还简化了签证手续,把政府奖学金名额从2000名增加到3000名。这些措施在当时效果显著,2005年英国的留学生人数超过预定目标4.3万名(British Council,2008:2),留学生增长数是同期美国的两倍(Association of International Educators,2006b:4)。

那时,英国也开展了一些有关留学生的研究,多数研究配合"首相行动计划"的数量目标,分析学生怎样选择留学目的地。不过,英国知名市场调研公司Ipsos MORI的一项调查着重分析了留学生抵达英国后的感受,发现这些学生的某些期望没能得到满足。例如(British Council,2003:17):

> 留学生在来英国以前,觉得到英国读书物有所值,但真的到了英国以后,却觉得留学的成本太高。这说明英国在作海外宣传时,没有提供清晰的有关生活和学习成本的信息。

> 留学生难以与英国学生融为一体。

> 到英国读书后,留学生对英国教育质量的评价下降了,转而认为美国更有创意和活力。

> 有些留学生觉得美国高校与商业和企业界的联系更多,能提供更多的工作机会。

这促使英国意识到,只关心招生而忽略其他,给留学生太多期望却没能真正实现,会让人觉得英国只对留学生的钱包感兴趣。这种感觉一旦根深蒂固,便会损害英国教育的国际形象(British Council,2008:1),留学生也不会把英国推荐给自己的亲友。英国要巩固和扩大在留学生市场上的竞争优势,不仅要作好市场营销,而且必须关注留学生的学习和生活体验(UK Council for International Student Affairs,2009a:9)。持这种理念的人强调:"如果我们要保持在留学生招生上的成功,那么学生的留学体验必须超过营销带给他们的期望。""全付费留学生希望得到与其投资相匹配的回报,还有很高的期望。我们必须不断改进英国留学生的体验,确保我们了解这些期望,并能对这些期望作出回应。"(Council for International Students,2004:14;British Council,2008:8)

在此情形下,布莱尔于2006年4月宣布拨款3500万英镑,实施为期五年的"首相行动计划第二期"(Prime Minister's Initiative 2,PMI2)。与第一期计划一样,第二期计划也确立了明晰的数量目标,即到2011年,高校留学生增加7万人,继续教育学院留学生增加3万人,每年向英国输送1万名以上留学生的国家增加一倍。① 不过,数量目标只是第二期计划的一部分,该计划还希望让人们看到英国对留学生福祉的关心及对世界教育的贡献,确保所有赴英学生对各个方面都有好的印象。所以它要求全面改善留学生在英国的体验,提高留学生的就业能力,开拓与其他国家的战略伙伴关系,最终确保英国在留学生市场上的领先地位。为了表彰那些从招生到学习结束的各个阶段,都为留学生提供优质服务的院校,英国近年来开始颁发"留学生优质服务奖"(Beacon Award for International Student Support)。②

新加坡曾是留学生输出大国,不少政府官员是英联邦国家科伦坡计划的资助对象(Sidhu,2005:60)。但20世纪90年代末,缺乏自然资源的新加坡决心发展知识经济和服务产业,留学生教育被视为教育服务产业的重要组成。1999年,新加坡宣布了到2015年实现留学生人数达到15万人的目标(Council on Education,2009:10)。此目标公布之前,新加坡的留学生主要来自马来西亚和印度尼西亚;目标公布之后,来自其他国家和地区的留学生亦纷纷涌入。

2001年,刚渡过亚洲金融风暴的新加坡为了重振经济,成立了以总理李显龙为首的经济检讨委员会③,为新加坡经济的全球化和多样化发展出谋划策。委员会下设七个分委员会,其中之一便是服务行业分委员会(Services Sub-Committee)。2003年,服务行业分委员会教育工作组发表了题为《发展新加坡教育产业》的报告,预测未来10—15年,新加坡将多招收10万名全日制留学生和10万名平均受训时间为1周的外国行政人员。这不仅可以创造22000个工作机会,而且可以把教育产业占GDP的比例从1.5%提高到3%—5%(Education Workgroup of the Economic Review Committee's Services Sub-Committee,2003a:10)。

与日本和英国一样,新加坡不仅提出了留学生教育发展的数量目标,而且为实现这些目标设立了"环球校园计划"(Global Schoolhouse Project),旨在满足留学生对优质教育的需求。"环球校园计划"的基本设想是鼓励世界顶尖大学来新加坡办学,以此吸引全球的优秀学生。为了表彰为留学生提供丰富而难忘的留学经历的个人与机构,新加坡旅游局从2007年3月开始颁发年度奖章(Rubin,2008:57)。

澳大利亚虽然没有留学生教育发展的全国性规划,但从21世纪开始,其官方文件和报告都把提升质量视为发展留学生教育的首要条件。例如,外交与贸易部在《无国界教育》中写道:"质量保障在教育贸易中扮演重要角色"(Department of Foreign Affairs and Trade,2005:14)。《通过教育融入世界》也反复强调:"澳大利亚政府的主

---

① 资料来源:http://www.britishcouncil.org/eumd-pmi2-overview.htm。
② 资料来源:http://www.britishcouncil.org/british_council_role_in_visas_and_immigration.pdf。
③ 经济检讨委员会(Economic Review Committee)成员包括20名政府、工会和私人企业界代表。

要政策目标……是质量和多样化";"澳大利亚国际教育服务的优质声誉,是获取长期贸易与外交利益的基础,也是让国内民众接纳不断增长的教育服务贸易的必要措施。"(Australian Government,2003:17;29)这里的"质量",不仅指教学质量,还指各类生活和社会服务的质量。澳大利亚政府意识到,质量问题存在于留学生教育的方方面面,"一个领域的失败会损害澳大利亚教育的整体声誉"(Australian Government,2003:15)。2009年可能是澳大利亚制定国家留学生教育规划的开端。1月14日,澳大利亚政务院①召开第27次会议,集中讨论五个问题,其中之一便是留学生教育。与日本、英国和新加坡一样,政务院承诺全面提升留学生的教育质量和其他福祉,并要求在2009年底之前制定一份国家留学生战略(National International Students Strategy),为澳大利亚国际教育提供可持续发展的基础。这份战略将囊括从留学生赴澳前到赴澳后的各个方面,包括信息提供、与当地社区的融合、文化理解和毕业后的移民等。

在国家规划尚未出台之前,为了保障留学生教育的整体质量,澳大利亚颁布了《2000年留学生教育服务法》(Education Services for Overseas Students Act 2000,以下简称《教育服务法》),之后又根据此法,相继出台《2001年留学生教育服务法规》(Education Services for Overseas Students Regulations 2001)、《招收留学生的教育与培训机构及注册审批机构的国家行业规范》(The National Code of Practice for Registration Authorities and Providers of Education and Training to Overseas Students,National Code,以下简称《国家规范》)和《留学生教育服务保障基金法案》(Education Services for Overseas Students Assurance Fund Act),形成了世界上第一个涵盖留学生教育方方面面的法律框架。其中,《教育服务法》除对教育教学质量作了规定外,还涉及入学前的信息提供、入学后的申诉、转学与退费安排,以及毕业前的职业咨询等。《2001年留学生教育服务法规》规定了教育机构的注册条件和责任等。《国家规范》对这两项法令给予具体说明,以便联邦和州政府用统一的标准,管理招收留学生的院校和有关人员(Department of Education, Science and Training,2007)。

新西兰虽然在1996年就制定了《关于对留学生的指导与照顾之行业规则》(The Code of Practice for the Pastoral Care of International Students,以下简称《行业规则》),但当时《行业规则》的施行是自愿的。一些院校不愿与政府签署遵守《行业规则》的协定,留学生教育质量得不到有效保障。后来,澳大利亚强制实施《教育服务法》和《国家规范》,令新西兰政府深感不安,它在《新西兰教育出口:发展教育出口

---

① 政务院(Council of Australian Governments)是澳大利亚的政府间组织,成员包括总理、各州和区政府领袖以及澳大利亚地方政府协会主席,目的是发起和监测教育培训、医疗、住房、能源和水资源等方面的国家政策改革。

业的战略途径》中说道:"澳大利亚在 2001 年初引入强制性的国家规范。新西兰如果不给予外国学生类似的保护,就可能把市场份额输给澳大利亚。"(New Zealand Ministry of Education,2001:33)所以 2002 年 3 月 31 日,新西兰政府要求所有招收留学生的院校都与政府签订协议,成为"行规签署学校"。

与《国家规范》不同,《行业规则》不涉及课程质量和教师资格,而是完全集中于院校及其代理机构应该为留学生提供的最起码的非学业方面的照顾。政府认为:"新西兰要在国际市场上维持其地位,关键是给留学生一个安全、富于关照的环境,包括对他们校内与校外生活的关照。"(New Zealand Ministry of Education,2001:33)至于教育质量的保障,则由新西兰学历评审局和大学校长委员会[①]负责。《行业规则》的内容涉及留学生可能会遇到的各种困难,包括语言准备、文化适应、住宿、旅行、医疗、社会福利、学业进展监控,以及如何对付骚扰和歧视,如何进行申诉等。

2003 年 8 月,新西兰政府总结各院校的成功经验,公布了《〈关于对留学生的指导与照顾之行业规则〉指南》(Guidelines to Support the Code of Practice for the Pastoral Care of International Students,以下简称《行业规则指南》),详细解释如何遵循《行业规则》。《行业规则指南》规定:"从学生踏入新西兰的那一刻起,直到学习合同到期或学生转学,院校有责任照顾其生活的方方面面。"(New Zealand Ministry of Education,2003:81)所有行规签署学校都必须采取适当措施,依照《行业规则指南》,为留学生提供生活上的关照(National Operations Division of Ministry of Education,2007:iv)。

从产品分类的角度讲,以上国家的政策转变说明,随着市场竞争的加剧,这些国家都在很大程度上扩展了留学生教育的总产品。一方面,它们积极提供其他国家正在生产的产品,以免被市场淘汰。于是,许多原先未被纳入留学生教育范畴的事物,如毕业前的职业咨询,现在成了留学生教育总产品的一部分。另一方面,为了在市场竞争中胜出,它们各自在期望产品中增加了一些原先被视为附加产品和潜在产品的内容,以更好地满足留学生的需要,新的附加产品和潜在产品也不断得到开发。留学生教育总产品的扩展提高了学生对海外留学的期望,令"他们对客户服务提出了更高的要求"(British Council,2003:7),而这些要求反过来又进一步促使各国提供更加丰富和完善的教育产品。时至今日,留学生教育总产品已经将留学生活的方方面面均囊括在内。虽然就各项具体产品而言,各国的侧重点与做法有时各不相同,不过留学生教育总产品的扩展,以及一般产品之外其他产品的渐趋成熟,对我国留学生教育制度的总体设计不无启示。

[①] 学历评审局和大学校长委员会是新西兰两个主要的教育质量保障机构。

第二章 关于一般产品

　　本章及此后两章根据本研究的理论框架——留学生教育产品分类,分别阐述我国及其他国家留学生教育的一般产品、期望产品和附加产品。本章的主题是与教学直接相关的一般产品,它是留学生教育的核心。具体而言,一般产品可以分为三类。一是院校质量,它是留学生教育可持续发展的基础,也是决定留学生教育产品价格与吸引力的第一要因。实证研究一致发现,学生在选择留学目的地时,首先考虑院校的声望与质量。2002年,澳大利亚对879名高校留学生作了调查,发现影响留学生院校选择的最重要因素,是院校的质量与所授证书的含金量(Russell,2005:66)。同样,英国的一项调查指出,44%的留学生把国际声望作为选择留学目的地的首要因素(Binsardi & Ekwulugo,2003:321)。在英国的另一项调查中,因教育质量而决定留学英国的学生比例达到56%(Council for International Students,2006:9)。二是招生标准与经费资助,它决定了留学生教育的生源质量,对教育教学的实际效果具有一定的影响。本研究中的八个国家都设定了严格的留学生入学标准,并为优秀学生提供各类经费资助,以吸引本国经济发展所需的高端人才。相比之下,我国的招生标准较为宽松,奖学金的竞争性不强。三是教学过程,它直接影响留学生的学习体验,对学业成败至关重要。例如,严格的学业监控有助于提高学业成功可能性,从而减少因重读或重修而增加的留学成本。

第一节 院校质量建设

影响院校质量的因素很多,如院校的学术与行政管理模式以及教师聘任制度。下文从两方面分析我国及八个留学生接收大国保障和提高院校质量的措施。第一项措施是对想招收留学生的院校设定必须达到的标准,规范市场准入行为。当然,院校进入留学生市场并非一劳永逸,它们在市场运作中还需遵循一套基本规则,并接受定期评估。只有评估合格的院校,才能在市场中继续生存。第二项措施是创设留学生教育的国家品牌,以提升国家在留学生市场上的形象和国际知名度,因为"品牌代表了供应商出色的行为与产品质量"(Ruby,2009:10)。为确保品牌的优越性,一些国家对使用这一品牌的院校提出了更高要求,另一些国家则积极行动,全面提升院校的教育教学水准。

一、院校准入与评估

在院校正式提供教学之前,设定最基本的准入条件,据此开展院校评估,为质量可靠的院校颁发准入证明,是许多国家保障教育教学质量的有效措施。这些国家一般也会定期对已有院校进行评估,了解其教学情况,确保其符合相应法规与质量要求,促进其提高教育水平。

就留学生教育而言,美国、英国、澳大利亚和新西兰都在现有院校准入与评估制度的基础上,针对招收留学生的院校,增设了更为严格的质量标准。新加坡的准入制度只针对私立院校,因为这些院校历史较短,却在留学生教育中扮演重要角色。在这五个国家,只招收本国学生的院校有时可自愿参与评估,评估标准也没有那么严格。就此而言,这些国家都为留学生提供了比本国学生更有力的保护,因为它们认为,依靠院校自律的时代已经一去不返,留学生教育产生的巨大利润使院校更倾向于采用不道德的行为(Education, Employment and Workplace Relations References Committee,2009:88)。与上述国家相反,德国、法国和日本(语言教育机构除外)都没有为留学生设计专门的质量保障制度,而是依靠与国内教育同等的准入与评估机制。我国的情况比较特殊,虽然像英美那样,为留学生出台了一些特殊政策,但这些政策有时含义模糊,有时覆盖面又太小,较难取得理想的成效。

(一) 美国和中国等国家:专为留学生增设的准入与评估制度

本部分首先依次介绍美国、英国、澳大利亚、新西兰和新加坡为招收留学生的院校设计的市场准入和评估制度,然后分析中国的相关政策。

美国历来是一个实施教育分权的国家,联邦政府并不鉴定院校是否合格,而是依靠非政府组织对院校进行评估。评估有两种形式:院校评估与专业评估,前者针对院校整体,后者针对某个学习项目、系科或学院。联邦政府虽不干涉专业评估,但会对院校评估机构进行认可。至于专业评估机构,只要是高等教育认证理事会(Council for Higher Education Accreditation)或专业与职业认证机构协会(Association of Specialized and Professional Accreditors)的成员,便可被视为"得到认可"的评估机构。成功通过评估的院校和专业必须每年递交报告,并至少每五至十年接受一次审查。①

评估结果虽是衡量教学质量的一个主要指标,但美国院校和专业参加评估是自愿的,联邦政府对此不作强制规定。不过从2003年1月30日起,院校和专业若要招收留学生,就必须被纳入"外国学生和访问学者计划"(Student and Exchange Visitor Program, SEVP),该计划由国土安全部下属的移民与海关执法局管理(Hindrawan, 2003)。要参加此计划,院校首先要出示得到认可的评估机构的评估证书,并已有学生就读于准备招收留学生的专业。除此之外,移民与海关执法局会派专员去院校(Student and Exchange Visitor Program, 2006:2—3),视察校园、宿舍、食堂、图书馆、办公室和其他设施,有时还会听一堂课(U.S. Immigration and Customs Enforcement, 2007a:1)。成为SEVP的一员之后,院校可以开设多门专业,但每一门有留学生参与的专业都必须得到评估(Student and Exchange Visitor Program, 2010:6)。SEVP的成员身份不是永久性的,每年都有大约200所院校和专业或自动退出留学生市场,或被吊销了SEVP证书(U.S. Immigration and Customs Enforcement, 2007a:1)。目前,美国绝大多数院校是SEVP的成员,名单公布于移民与海关执法局(www.ice.gov)网站上,供人们免费查询。

与美国一样,澳大利亚联邦政府一般不干涉各州的教育事务,院校的质量主要由地方政府管理。而地方政府对留学生教育质量的监控,在一定程度上依赖既有的准入和评估制度:它按照国内教育的质量标准,对申请招收留学生的院校进行评估,其中至少包含一次实地考察,并将合格者推荐给联邦政府(Australian Government, 2009:6)。不过,被推荐的院校不一定能获得招收留学生的资格,因为联邦政府进一步设立了专门面向留学生的市场准入要求,即院校必须遵守《国家规范》,能够为留学生提供全方位的优质服务。由于《国家规范》的部分条款涉及教学质量,所以联邦政府也会对院校的师资和教学设施等作适当考察。只有当院校既符合了地方既有的准入标准,又满足了联邦政府《国家规范》的要求,才能被列入"联邦政府招收留学生院校及课

---

① 资料来源:http://www.educationusa.info/faq.php?id=1&iq=412&language=7#formgo;http://www.educationusa.info/pdf/study/chinese3.pdf。

程注册登记"（Commonwealth Register of Institutions and Courses for Overseas Students，CRICOS）系统，获得招收留学生的权力。

CRICOS是一个包含一千二百多所澳大利亚院校注册信息的网上数据库。同一院校无论是在同一地区开设不同专业，还是在不同地区开设同一专业，抑或在不同地区开设不同专业，都需为每个地区的每一门有留学生入读的专业进行注册登记（Department of Education，Science and Training，2007）。在CRICOS注册登记的每所院校及每门专业，都有一个CRICOS代码。想赴澳大利亚留学的学生可以方便地通过CRICOS的官方网站（http：//cricos.deewr.gov.au/）查找代码，验证有关院校和专业是否有权招收留学生。

注册登记后的院校在办学过程中必须严守《国家规范》以及国家和地方的相关法律。对于违法和违规院校，联邦政府有权进行制裁，如减少院校招收留学生的名额，禁止院校招收新生或提供某一专业，或禁止其与指定的招生中介合作（Khan & Hancock，2005：217）。

在审查院校是否遵守《国家规范》时，联邦政府根据院校的性质和风险程度，采取不同的程序。就性质而言，澳大利亚高等教育机构分为两类：自我认证院校（self-accrediting provider）和非自我认证院校。自我认证院校包括所有的大学（37所公立大学和2所私立大学），它们依法享有高度自治，可以在政府的授权下，认证自己颁发的文凭和证书。非自我认证院校多为私立院校，规模参差不齐，专业性较强，如商学院、自然疗法学院、法学院和会计学院。自我认证院校每年需发表遵守《国家规范》的声明，每五年接受一次外部独立评估，地方指定部门或联邦政府可以在必要时视察这些院校（Department of Education，Science and Training，2007：10）。非自我认证院校则由各地指定部门或联邦政府进行评估。就风险程度而言，对质量较高、遵纪守法的院校，政府的评估较为简单，实地探访较少。反之，对质量较差、违法倾向较高的院校，政府会经常派员视察，评估标准也相应提高。2007—2008年，联邦政府评估了48所招收留学生的院校，要求其中6所院校重新注册登记，并取消了1所院校的注册资格（Australian Government，2009：12）。

英国作为欧洲经济区的一员，支持区域内成员国之间学生的自由流动。但院校如欲招收来自区域以外的学生，则需向英国边境署申请许可证。2008年，英国借鉴澳大利亚CRICOS的设计，启用了"经许可的举办者"系统（Licensed Sponsors）。与CRICOS一样，这也是一个网上信息系统，只有获得许可证的院校才所能被列入其中，得到招收留学生的权力。对申请许可证的院校，英国也在一定程度上依靠了已有的准入与评估机制，即对由政府资助并因此接受政府督查的院校，以及其他有权颁发英国学位的院校，边境署对其不另设准入标准，但要求其必须接受得到认可的质量保障机构的评估。至于其他院校，尤其是私立院校，则需由得到边境署认可的机构进行评估。

除此之外，边境署对留学生的专业设置作了规定。无论是公立还是私立院校，所有招收留学生的专业必须至少达到国家资格框架（National Qualifications Framework）的三级水平，语言学校的课程至少要达到欧洲英语语言教学与评估共同纲领（Common European Framework of Reference for Language for English Language）的 A2 级水平。如果专业学习中包含工作实习，那么工作时间不得超过专业学习总时数的 50%。达不到上述要求的院校将被取消招收留学生的资格。[1] 获得许可证的院校在整个办学过程中均须恪守国家法律，边境署随时派员查访院校，与教师和留学生访谈，检视院校是否履行了应尽的职责。[2] 目前，得到许可的 1983 所院校和被吊销许可的院校名单都罗列在边境署网站上（http://www.ukba.homeoffice.gov.uk/studyingintheuk/）。

与美国和澳大利亚相比，英国的独特之处在于对可招收留学生的院校进行分级：A 级许可证颁发给满足边境署所有条件的院校，B 级为临时许可证，颁发给满足大部分条件的院校。持有 B 级许可证的院校暂时可以招收留学生，但须按照边境署规定的行动计划和时间表，达到全部要求并申领到 A 级许可证，否则 B 级许可证将被吊销。

新西兰对院校的准入与评估，由不同的质量保障机构承担，评估方式也略有差异。新西兰共有八所大学，均由政府举办，其质量保障机构是新西兰大学校长委员会（New Zealand Vice-Chancellors' Committee）。委员会主要依照现有的质量保障程序，对大学进行考察。换句话说，无论大学是否招收留学生，均需达到同等的准入与评估标准。其他高校（特别是私立院校）若要招收留学生，则需经过学历评审局（New Zealand Qualifications Authority）专门设定的三层审核。第一层是院校准入，只有教学设备充足、师资良好的院校才能得到注册。第二层是专业准入，标准包括专业设计条理清晰，有适当的学习目标，院校有能力提供相应的教学，有符合标准的专业评价体系等。第三层是质量评估，即由质量保障机构定期到院校实地查访，确保院校用正确的方式做正确的事情。

除此之外，所有招收留学生的院校必须成为"行规签署学校"，并按类别（即大学和其他高校）分别由大学校长委员会和学历评审局评估其履行《行业规则》的情况。其中，学历评审局与新西兰教育部签订协议，每年通过实地调查、学生访谈和文件审查，考核 250 所私立院校是否遵守《行业规则》。2004 年起，学历评审局在其网站上公布私立院校的评估报告摘要，帮助留学生合理择校。大学校长委员目前也已完成了对八所大学的网站审查，了解它们是否按照《行业规则》的要求，向留学生公开所有必要的信息（New Zealand Ministry of Education，2006：12）。所有通过大学校长委员会和

---

[1] 资料来源：http://www.chinese-embassy.org.uk/chn/lsyw/lsbh/t518115.htm。
[2] 资料来源：http://www.chinese-embassy.org.uk/chn/lsyw/lsbh/t518115.htm；http://www.ukba.homeoffice.gov.uk/studyingintheuk/adult-students/conditions/。

学历评审局评估的院校和专业，都在学历评审局的网站上（http：//www.nzqa.govt.nz）公开注册。只有注册过的院校和专业，才可招收留学生。最近，新西兰政府又加强了对学生交换项目的管理。这些项目虽然不需要签署《行业规则》，但是为了让交换生也能得到非学业方面的关照，凡是政府批准的学生交换项目，都必须达到《行业规则》所定标准。①

新加坡对招收留学生的院校的准入和评估制度，建立于2005年。与其他国家不同，其制度仅针对私立院校。这是因为新加坡只有三所公立大学和五所公立高等学院，且这些大学和学院在国际上知名度甚高。例如，根据英国《泰晤士报高等教育副刊》（Times Higher Education Supplement）的大学排名，新加坡国立大学和南洋理工大学位列世界前50位（Education Services Division of Singapore Tourism Board，2006：7）。新加坡管理大学是一所比较年轻的大学，但因与美国顶尖商学院合作，所以毕业生专业知识扎实，深受企业欢迎。相比之下，新加坡私立院校的成立时间一般较晚，65%的私立院校建校历史不超过20年（Singapore Department of Statistics，2002）。不过，私立院校在留学生市场上的发展速度极快。1997—2007年，私立院校数量从305所增至1200所，招收的留学生从9000名上升至3.7万名，增加了三倍多（Singapore Ministry of Education，2008a）。而且在新加坡政府看来，公立院校的主要任务是满足国内民众对高等教育的需求，招收留学生应以私立院校为主。所以对私立院校进行监管，是保证新加坡留学生教育质量，实现政府对公、私立教育定位的必要措施。

2005年9月1日，新加坡正式启动私立院校准入和评估制度。由于私立院校均属公司性质，所以这一制度由新加坡消费者协会负责，关注的主要是消费者权益保护（Gribble & Mcburnie，2007：4）。它要求私立院校必须有清晰的收费、退费和转学制度，能够以明确、适当的方式解决学生与院校之间的争端，并能在院校无法运营时保护学生的学费（CaseTrust Department，2008：5—6）。至于教学质量，消费者协会只要求私立院校给出一份声明，写清院校的师生比、教室数量与大小、专职教师人数等，并保证自己拥有强大的教师和管理人员队伍。满足消费者协会所定标准的私立院校被授予"消协保证标志"（CaseTrust），只有拥有该标志的院校方可招收留学生。② 2009年，有两所院校在被暂时取消"消协保证标志"后，自愿退出留学生市场，一所院校被暂时取消"消协保证标志"，四所院校被除名，③ 使目前有资格接收留学生的院校（包括中小学）数量变更为288所。

与此同时，新加坡设立了"新加坡素质级资格"（Singapore Quality Award），它

---

① 资料来源：http：//www.minedu.govt.nz/educationSectors/InternationalEducation/ForProvidersOfInternationalEducation.aspx。

② 资料来源：http：//www.singaporeedu.gov.sg/cn/htm/stu/stu0109b.htm。

③ 资料来源：http：//www.case.org.sg/Suspended_List.htm。

与"消协保证标志"相结合,构成了一个两级评估体系。第一级"消协保证标志"是最基本的、强制性的;第二级"新加坡素质级资格"是自愿的,代表高水平的院校管理。为鼓励私立院校向"新加坡质素质级资格"迈进,政府为获得此称号的院校提供便利:它们可以得到政府的大力宣传;可以通过"绿色通道"为留学生申请签证,从而将签证时间从四周缩短为两周,签证有效期覆盖整个学习期间;留学生不需要缴纳保证金,且在完成学业后可获一个月的社交签证,以便在离开新加坡之前作好各种善后安排。

这种两级的评估制度既可以激励院校不断提高质量,也给留学生择校提供了更加透明的信息。但由于"消协保证标志"聚焦于学费保障,"新加坡素质级资格"主要考察院校的管理水平,所以两者很少涉及教学质量。

2009年9月14日,新加坡颁布《私立教育法》,宣布从2010年7月1日起,由"教育信托保障计划"(EduTrust Scheme)全面取代"消协保证标志",评估机构也由消费者协会转为教育部下新成立的私立教育委员会[①]。教育委员会在已获得"消协保证标志"的私立院校中进行筛选,成功通过筛选的私立院校方可招收留学生。

与"消协保证标志"相比,"教育信托保障计划"三点不同。

首先,它极大地提高了私立院校的评估标准,增加了与教学有关的指标,如学生必须达到最起码的学业进步标准,有合格的学术指导教师,有清晰的课程开发、评估、教师晋升和绩效考核制度。[②] 它要求私立院校定期对学生和教职工开展满意度调查,及时发现和解决问题。在保护留学生权益方面,"教育信托保障计划"保留了"消协保证标志"中的学费保障指标,并新增了有关申诉机制和心理咨询等的要求。

其次,对私立院校的级别划分由过去的两级进一步细化为三级,即星级认证、普通认证和初步认证。星级认证授予那些在管理和教育方面表现杰出、不断追求自我完善的院校;得到普通认证的院校在管理和教育等关键领域表现良好;初步认证意味着院校达到了最基本的标准,并认识到自己有改进需要。不同级别的认证有效期各不相同,星级认证和普通认证的有效期均为四年,初步认证的有效期为一年。[③] 不过,得到星级认证和普通认证的院校必须根据私立教育委员会的要求,每年递交一份由委员会认可的机构给出的信用等级报告,并在认证有效期的第二年进行中期评估(Council for Private Education,2009a:14)。

最后,私立教育委员会对违规行为拥有调查和惩处权,可以根据违规行为的严重

---

① 私立教育委员会(Council for Private Education)主席为前南洋理工大学校长,成员包括教育界、质量保障界和企业界专家(Singapore Ministry of Education,2008)。

② 资料来源:http://www.cpe.gov.sg/cpe/slot/u54/Publications/ERF_PI_preview.pdf。

③ 资料来源:http://www.cpe.gov.sg/cpe/slot/u54/Publications/EduTrust%20Scheme/EduTrust_PI_preview.pdf。

程度，采取一系列渐进的处罚方式，比如提出矫正措施，设置注册的附加条件，降低院校所获的认证等级，缩短认证书有效期，罚款，冻结认证书一年，终止认证书五年，直至提起法律诉讼。① 私立院校的认证书一旦被冻结或终止，就不能再招收新的留学生。同时，委员会有权推广获得星级认证的私立院校的成功经验（Council for Private Education，2009b：6—9），从而帮助其他院校提高服务水平。

我国的院校准入和评估机制在总体框架设计上，与以上五个国家有相似之处。它也依靠国内现有的质量保障制度，并在此基础上，针对招收留学生的院校，增加了一些额外的要求。就国内现有的质量保障制度而言，我国从 1994 年开始实施高校本科教学评估，并于 2002 年出台了系统的《普通高等学校本科教学工作水平评估方案》。根据此方案，高校本科教学的评估结果分为四级：优秀、良好、合格和不合格。目前，教育部已完成了第一个五年的评估工作，第二轮评估工作正在准备中。2003 年，面向高职高专的院校评估开始启动，目前形成了由教育部制订评估方案，地方教育行政部门组织实施评估，教育部定期抽查评估结果的体系。② 无论院校是否招收留学生，均需通过上述评估。

在这些既有的质量保障制度之外，我国还对招收留学生的高校作了一些特殊规定。其一，只有经批准的高校才可招收留学生。根据教育部 2000 年出台的《高等学校接受外国留学生管理规定》，高校要招收留学生，必须"由省、自治区、直辖市教育行政部门会同同级外事和公安部门审批，并报教育部备案。"对于取得招收留学生资格的高校，各地还需进行复审，对违规高校限期整改，甚至取消其招收留学生的资格（中国教育部，2000a，2000b）。至于各地依照何种标准、采用何种方法审批和复审高校，目前尚无具体说明。其二，《高等学校接受外国留学生管理规定》指出，接受中国政府奖学金生的留学生必须入读经教育部审批的高校。目前我国有 88 所高校可以接收中国政府奖学金生。③ 其三，2007 年，我国对招收留学生的英语授课本科专业制定了极为严格的准入条件，因为当时部分学校过度专注于留学生带来的经济效益，盲目扩大规模，引发了随意降低入学要求、师资不足、教学质量不高等问题（刘宝利，2008：5）。教育部于是发布《来华留学生医学本科教育（英语授课）质量控制标准暂行规定》，对该专业的培养目标、学制、教学管理、课程计划、教学方法、学生评价、学位授予、师资、图书馆和学费标准等作了详细规定。教育部还根据这一暂行规定，委托专家组对相关高校进行评估，并公布合格院校的名单及计划招生数，未被列入名单的高校不得招收英语授课的医学本科留学生（中国教育部，2007b），被列入名单的高校不得超

---

① 资料来源：http://www.cpe.gov.sg/cpe/slot/u54/Publications/Council_PE_preview.pdf。
② 资料来源：http://www.pgzx.edu.cn/zxgk/zxgk.htm。
③ 资料来源：http://www.moe.edu.cn/edoas/website18/09/info1309.htm。

过计划数招生（中国教育部办公厅，2010）。2008—2010年，我国招收英语授课医学本科留学生的高校从25所增加到34所，计划招生数从2928人上升至3310人（中国教育部办公厅，2008；2010）。

（二）德国等国家：依靠已有的准入与评估标准

与上述六个国家不同，德国和法国没有制定专门针对留学生的准入和评估制度，而是采取与国内教育完全相同的质量标准。这是因为两国的绝大多数院校属公立性质，接受政府的严格监控，私立院校颁发的学位也必须得到国家认可，所以院校无论属公立还是私立性质，质量均有所保证。此外，这两个国家私立院校数量较少，在校生人数不多。德国目前有八十多所私立院校，学生数仅占高校在校生总数的3%。[①] 在法国，83所大学均为公立，学生数占高校在校生总数的三分之二。在国际上享有盛誉的高等专业学院（Grandes écoles）也均为公立，入学标准常常高于大学，在校生总数10万。私立院校主要提供工商管理和工程学等方面的专业培训，多隶属于商会和企业界。无论是公立院校还是私立院校，授予的国家学位均由法国政府颁发，所以政府密切监测相关专业的教学质量与内容。有时，法国院校也可以自主颁发学位，以反映院校自身的学术取向或地区经济发展的需要。其中，工程学学位要通过国家工程学学位委员会的定期评估，工商管理学位则要得到商会和相关企业界的认可。[②]

与德国和法国相比，日本私立院校的数量较多。但由于日本已经有了面向所有院校的三重质量评估体系，所以没有对招收留学生的私立院校再设新的要求。第一重是准入审批。高校的设立要经过专家组的检查，内容包括教育目标是否清晰，为实现此目标是否系统地组织了课程，采用了合适的教学方法，聘用了充足的教师，教学楼等设施设备是否达标等。最后要得到文部科学省的批准，方可动工兴建高校。第二重是院校自评。根据法律规定，高校必须对自身的教育和研究活动，以及组织管理和设施设备开展自评，并将结果公之于众。第三重是外部评审。2004年4月，日本要求高校每七年接受一次外部评估。评估机构由文部科学省批准，标准由各评估机构根据文部科学省的规则自定。评估结果分三级——达标、不达标和待定，并向社会公开（Higher Education Bureau, Ministry of Education, Culture, Sports, Science and Technology, 2009a；2009b）。需要说明的是，日本对招收留学生的语言教育机构制定了专门的要求，即须通过财团法人日本语教育振兴协会每三年一次的审定。

---

① 资料来源：http://www.daad.de/deutschland/hochschulen/00413.en.html。

② 资料来源：http://editions.campusfrance.org/guides/choisir/choisir_en.pdf；http://www.campusfrance.org/en/a-etudier/gestion01.htm； http://www.campusfrance.org/en/a-etudier/etudes02-4.htm；http://www.campusfrance.org/en/a-etudier/choisir03.htm。

（三）小结与反思

表2.1对中国和其他八个国家的院校准入和评估制度作了总结。可以看到，美国、澳大利亚、英国和新西兰都在已有院校准入和评估制度的基础上，对招收留学生的院校制定了更为严格的规定。新加坡针对高风险的私立院校，出台了教育信托保障计划。德国和法国因私立院校在留学生教育中所占份额有限，且院校质量普遍较高，所以没有专为留学生设计新的相关制度。日本也主要依靠已有的准入和评估制度。

表2.1 院校准入和评估制度一览

国别	依靠既有的准入和评估制度	专为留学生设计的准入和评估制度	评估方法	评估等级
美国	须由政府认可的评估机构评估	须通过海关执法局的评估与检查		
澳大利亚	须通过地方政府的评估	遵守《国家规范》	根据院校性质与风险程度而变化	
英国	政府资助的院校须接受政府认可的质量保障机构的视察或审计	私立院校须获得由边境署认可的机构的评估 对专业设置有所规定	根据院校性质而变化	分A、B两级
新西兰	大学的准入与评估由新西兰大学校长委员会承担	大学以外其他高校的准入与评估由学历评审局承担 所有院校均须遵守《行业规则》	根据院校性质而变化	
新加坡		私立院校须加入教育信托保障计划		分星际、普通和初步三级
德国	完全依靠既有的准入和评估制度			
法国	完全依靠既有的准入和评估制度			
日本	非语言类院校完全依靠既有的准入和评估制度	语言类院校须通过日本语教育振兴协会的审定		
中国	通过高校本科教学评估和高职高专院校评估	经省政府审批 中国政府奖学金生入读规定的院校遵守《来华留学生医学本科教育（英语授课）质量控制标准暂行规定》		

我国对招收留学生的院校准入与评估制度，一方面依靠面向所有高校的既有制度，另一方面也出台了一些专为留学生设计的政策，从而为留学生提供了比中国学生更多的保障。但是与其他国家相比，我国留学生市场的上述制度尚存在以下四个问题。一是现有的本科教学评估和院校评估设计不够完善，实施过程中遇到诸多阻碍和难题，并引发了激烈的争论。研究和反思这些评估制度超出了本研究的范围，此处只想说明，我国现有的相关制度可能不如其他国家那么有效。二是对招收留学生的院校，其市场准入和评估标准主要由各地自定，而各地的标准又不甚明朗，造成评估标准和程序缺乏透明度与规范性。三是对招收留学生的英语授课的医学本科专业，教育部制定了极为严格的方案。这虽有利于保证该专业的水准，但适用范围极为有限，对提升留学生教育的整体质量鲜有影响。四是有些规定太过细致，如对英语授课的医学本科专业设定了详细的课程设置标准，以及限定中国政府奖学金生可以入读的高校范围。这既不利于高校因地制宜地发挥主动性，也不一定符合留学生的教育期望。总之，我国留学生教育的院校准入与评估制度，整体设计较为简陋，个别方面又限制太多。鉴于院校质量对学生选择留学目的地至关重要，改进相关的准入和评估制度应是我国政府的当务之急。

另有一点值得关注。我国地域辽阔，各地的社会经济发展极不平衡，院校的类型、办学目标和专业设置亦纷呈差异。有鉴于此，可以参考英国、澳大利亚、新西兰和新加坡分类评估、分级管理的方法，根据院校的类型和风险程度，设计不同的准入和评估程序，授予不同的评估等级。这既可以增加评估结果的透明度，又可以激励院校向更高级别努力，还可以树立业内的优秀典范，与其他院校共享成功经验。

二、国家品牌的创设

为了提高本国教育在留学生市场上的产品形象和知名度，不少国家创设了留学生教育的国家品牌，向潜在留学生传递本国教育质量优异的信息，并对院校使用国家品牌提出了严格的要求。在本研究选取的八个国家中，英国、新西兰、澳大利亚、新加坡和日本都拥有自己的国家品牌。

英国和新西兰是开发留学生教育国家品牌的领头羊。20世纪末，英国认识到留学生市场的竞争日趋激烈，于是启动"首相行动计划"，希冀通过上下一致的努力，迎接面对的挑战（Asteris，2006：235）。如前所述，"首相行动计划"以数量扩张为重，主要手段是加大海外宣传。为实现计划所定目标，政府委托英国文化协会开发名为"英国教育"（Education UK）的国家品牌（Russell，2005：65）。四个来自市场研究、公共关系和广告界的世界顶级机构在英国文化协会的指导下撰写了一份报告，论述怎样打造世界级的教育品牌。之后，英国文化协会借助国防部、教育部和贸易工业部等多个政府部门的经费资助,在25个国家发起了一场耗资500万英镑的"英国教育运动"(Sidhu,2002:23),推广"英国教育"。

"英国教育"品牌属英国政府所有,由英国文化协会代为管理。院校若要使用这一品牌,须得到协会的许可。而要获得该许可,院校除须获得边境署颁发的许可证之外,还要达到更高标准,如上一学年颁发给学生的证书中,至少80%隶属于英国资历框架,语言学校须通过高标准的英国英语认证①。获得品牌使用权的院校若违反上述标准,许可证将被收回。

新西兰的"留学新西兰"(New Zealand Educated)品牌与"英国教育"几乎同时问世。当时,新西兰的私立院校与政府机构合作,通过品牌开发,实施统一的海外营销战略。② 但那个时候,"留学新西兰"只面向私立院校,公立院校被排除在外。2004年6月,新西兰教育促进会(Education New Zealand)——一个像英国文化协会那样负责海外教育推广的机构——成立了"宣传与营销咨询小组",专事该品牌的管理、开发和筹资。至此,"留学新西兰"才像"英国教育"那样,成为新西兰留学生教育的国家品牌。教育促进会在海外的一切宣传活动中,都统一使用这一品牌,因为促进会认为,该品牌得到业界的集体支持越多,影响力就越大。与"英国教育"一样,院校要使用"留学新西兰"品牌,也须达到更高的标准。它们不仅要通过质量保障机构的考核,成为"行规签署学校",还要定期接受审查(Education New Zealand Trust,2008:2)。

在"英国教育"和"留学新西兰"获得成功之后,澳大利亚不甘落后,开始采取相应措施。2001年,澳大利亚教育就业和劳动关系部③的国际教育处开展了一项调查,探索怎样最有效地提高本国教育在国际市场上的认知度。调查发现,外国学生在考虑留学目的地时,首先选择的是国家,然后才是专业、院校和城市(Marginson,2007:12)。根据这一发现,国际教育处于2002年年底开发了"留学澳大利亚"(Study in Australia)品牌,并统一使用该品牌与外国政府、学生和业界交流。

新加坡是一个东、西方文化交融之地。为了把新加坡建设成国际教育枢纽,政府借鉴"英国教育"等品牌的运作经验,提出推销国家与推销教育同等重要。它在2003年创立"新加坡教育"(Singapore education)品牌(Education Services Division of Singapore Tourism Board,2006:7),大力宣传新加坡中西合璧的优越性,即学生既能学习汉语和东方文化,又能用英语完成整个教育,教育风格也较为西化(Yeoh,2007;Sidhu,2005:57)。"新加坡教育"是多个政府部门通力合作的结果,其中,新加坡旅

---

① 英国英语认证(Accredited by Accreditation UK)由英国文化协会和英国英语协会(English UK)联合执行,标准极为严格,涉及学校管理、学习资源与环境、教学、学生福利与服务四个方面,每一方面又分设一系列详细指标。

② 资料来源:www.educationnz.org.nz/marketing_nzeducatedbrd.html。

③ 当时称为教育科学与培训部。

游局负责在海外进行品牌宣传和推广，经济发展局负责吸引国际知名院校来新加坡设立分校，企业发展局支持本国知名院校到国外设立分校，标准、生产力与创新局对招收留学生的私立院校进行评估，教育部监管公立教育的质量。①

新加坡没有像英国和新西兰那样，对使用国家品牌的院校设定进一步的质量要求。它采取的策略是，借助"环球校园计划"，提高新加坡院校的整体水准。"环球校园计划"为世界一流大学提供软贷款和研究经费，以及减免税收、降低土地价格、快速审批等优惠，鼓励其来新加坡办学。这样，留学生（特别是亚洲学生）便可用相对低廉的价格，获得世界顶尖大学的证书和学位（Education Services Division of Singapore Tourism Board，2006：33）。新加坡政府的最终目的是建立起一个分层的高等教育体系：位于顶端的是与世界一流大学合作举办的院校和项目，②它们多属私立性质，目标是招收半数以上的优秀留学生；其后是现有的公立高校，主要面向本国学生，满足本国的劳动力需求，留学生人数不超过在校生的20%（Gribble & McBurnie，2007：3）；位于末端的是其他以教学和应用研究为主的私立院校，它们是招收全成本付费留学生的主力（Education Workgroup of the Economic Review Committee's Services Sub-Committee，2003a：5；2003b）。

在日本，2008年出台的"30万留学生接收计划"明确提出要"确立作为形象战略的日本国家品牌"（文部科学省高等教育局学生支援科，2008：3）。在品牌战略的实施方面，日本与新加坡既有相似，又有不同。相似之处是，两国都没有对院校使用国家品牌提出额外的要求，而更注重全面提升本国教育的整体质量。不同之处是，日本在建设国家品牌的过程中，着力于提高本国大学的国际竞争力，而不像新加坡那样，寄望于国外的优质教育资源。在这方面，日本主要采取了两项措施。第一项措施是启动"环球30计划"（Global 30 Project），即选择国内30所大学，使之成为国际化的核心大学（Core Universities for Internationalization）。2009年，首批13所核心大学诞生，

---

① 资料来源：http://www.singaporeedu.gov.sg/cn/htm/abo/abo01.htm。

② 政府的原定目标是到2008年开设十个合作办学机构和项目，但到2007年，其数量已经达到16个（Rubin，2008：58），合作方来自美国、英国、法国、印度、德国、澳大利亚和荷兰等。合作办学的方式多种多样：一是设立分校，如世界最有影响力的独立商学院——欧洲工商管理学院耗资6000万新加坡元，在新加坡建造了占地2.86公顷的分校，这是该学院在亚洲设立的第一所分校。该分校为了成为亚太地区工商管理培训的中心，因地制宜地设计了不同于总校的教学产品和研究重点。芝加哥大学商学院亦在新加坡设立分校，成为第一所在亚洲建造永久校园的美国顶级商学院（Education Services Division of Singapore Tourism Board，2006：31）。二是政校合作。宾夕法尼亚大学沃顿商学院、卡耐基梅隆大学与新加坡政府共同开办新加坡管理大学，政府负责出资，沃顿商学院和卡耐基梅隆大学提供知识，沃顿商学院还派副院长担任大学的第一任校长（Sidhu，2005）。三是通过发放双学位和跨国实习等途径，开展校际合作。例如，南洋理工大学与斯坦福大学合作，提供环境科学和工程学方面一年制理科硕士和四年制博士学位课程。学生须在两所大学轮流学习，毕业后可获南洋理工大学信息系学士学位及卡耐基梅隆大学信息技术硕士学位（Rubin，2008：58）。

其中包括东京大学、名古屋大学、京都大学和九州大学等著名高等学府。政府将在五年内，每年向每所大学拨款2亿～4亿日元，供大学建设完全用英语授课的33个本科专业和124个研究生专业。这些大学还要为留学生提供优质的学习辅助、日语和日本文化课程，以及在日本公司实习的机会。每所大学要在海外设立两个独立的办事处，努力招收3000—8000名留学生，并在突尼斯、埃及和德国等七个国家的八个城市建设大学联合办事处，推动日本实现招收30万名留学生的目标。[①] 第二项措施是开发"公费外国研究生优先配置特别课程"，即在42所大学建设具有国际影响力的98门专业，并将修读这些专业的部分留学生作为日本政府奖学金生优先录取，使之成为日本留学生教育的示范性专业（文部科学省高等教育局学生支援科，2008：23）。

综上所述，创设留学生教育的国家品牌是在国际上树立留学生教育形象的有效手段，有助于提高外国学生对有关国家留学生教育的信心。为确保国家品牌的水准，英国和新西兰对使用国家品牌开展海外宣传的院校，提出了比其他院校更高的质量要求，新加坡和日本则通过引入世界一流大学以及建设示范性院校和专业，让部分院校成为留学生教育的领头羊，促动其他院校提高质量。相比之下，我国尚未开发自己的留学生教育品牌，这不能不说是一种缺憾。国家品牌的缺失既不利于我国高校在留学生市场上形成合力，树立我国高等教育的国际声望，又难以激励高校改进教学与服务。

第二节 招生标准与经费资助

招生标准的高低和经费资助的多少，对生源质量至关重要，也影响到院校教育教学的实际效果。就招生标准而言，留学生教育质量较高的国家和院校，一般都对留学申请人设定了严格的筛选程序。这既可以确保学生符合专业学习的基本要求，也有助于提高学业成功的可能性，从而维护一国留学生教育的国际声誉。就经费资助而言，随着留学生市场竞争的加剧，不少国家意识到留学生是各国角逐的对象，优秀留学生更是一种稀缺资源。为优秀留学生提供经费资助，不仅可以使本国的留学生教育更具吸引力，而且可以通过其在读期间的兼职和毕业后的移民，改善本国的劳动力结构。

一、招生标准

设定严格、合理的招生标准可以帮助院校甄别留学申请人的资质，在避免留学生因准备不足而学业失败的同时，防止留学生教育陷入"低质低价"的怪圈。本研究选

---

① 资料来源：http://www.mext.go.jp/english/news/1283454.htm。

取的八个国家都设置了较为严格的留学生招生标准,相比之下,我国高校的入学门槛也许是最低的。由于其他国家与我国的招生标准差别甚大,所以下文分而述之。

(一)八个国家:多层筛选机制

本研究中的八个国家通过多种方式,对留学申请人进行层层筛选。首先,他们都要求留学申请人参加语言考试。例如,留学澳大利亚的学生,除非来自其他英语国家或就读特定的英语课程,都须掌握一定的英语语言技能。目前,雅思成绩是唯一得到澳大利亚官方认可的语言水平证明,但不同院校对雅思成绩的要求可能有所差别。在德国,除用英语授课的国际课程外,德语是高校唯一的教学语言。凡是来自非德语国家或未从指定的德语院校毕业的留学申请人,必须通过"德福考试"(即"对外德语水平考试",英文简称 TestDaf)或"外国申请求学者高校资格德语考试"(英文简称 DSH),前者在全球设有四百多个考点,后者仅在德国举行。[①] 与澳大利亚一样,德国不同类型的院校和专业对这两类考试的分数要求可能不尽相同。想去法国留学的外国学生,若未取得法国政府承认的法语学习资历(如大学四年级法语本科在校生),均需参加统一的法语考试。即便学生申请的是用英语授课的国际课程,也须具备最起码的法语熟练程度。[②] 日本则规定留学申请人必须在"日本语能力测验"中达到一级或二级。

总的看来,申请去这八个国家留学的学生一般都得参加语言考试,至于考试成绩是否达标,很大程度上由各院校自定。日本虽设定了最低标准,但这也仅相当于学了 600~900 小时的日语,[③] 要求不算太高。

不过近年来,留学生语言能力差的问题引起越来越多的关注,特别是不少院校为扩大留学生规模,纷纷降低对申请人的语言要求。2006 年年底,澳大利亚公布了一份报告,称 33% 的自费留学生英语水平太差,政府根本不应该批准他们的学生签证,许多学生即便在毕业之后,也不具备充分的英语技能(Verbik & Lasanowski,2007:28)。2009 年,澳大利亚政府在广泛召开座谈会后承认,无论是留学生还是高校都对留学生的英语能力不足表示担忧。目前,澳大利亚政府正考虑是否制定全国统一的英语入学要求,以及是否要求院校必须为留学生提供更多的英语辅导(Australian Government,2009:4)。

当澳大利亚还在犹豫不决的时候,英国率先采取了行动。其 2007 年的报告称,至

---

① 资料来源:http://www.study-in.de/en/studium/voraussetzungen-fuer-ein-studium/Eignungstests-12052。

② 资料来源:http://chine.campusfrance.org/page.ip?id=5_4_3&locale=zh_CN;http://editions.campusfrance.org/guides/choisir/choisir_en.pdf。

③ 资料来源:http://www.jasso.go.jp/study_j/sgtj_chi.html。

少62%的高校招收了英语程度不达标的留学生（Council for International Students，2007：10）。为此，英国于2010年3月提高了留学申请人的英语入学标准，要求其至少达到"欧洲语言教学共同纲领"（Common European Framework of Reference for Languages）的B1水平。同时，院校在发放给留学生的入学通知确认书上，须注明其英语能力水平，并解释相关的测评方法。①

其次，许多国家要求对留学申请人已取得的学历进行认可。例如，来自非欧盟国家的学生申请到德国留学，有关院校会鉴定其过往的学习资历。鉴定主要参照附设于联邦文化部长级会议的"外国教育事业中心"（ZaB Zentralstelle für ausl?ndisches Bildungswesen）提出的专门意见，在很多州，这些意见甚至被写入地方法规。那些学历难以认证的留学生则需参加统一的入学考试。②法国在学历认可方面没有统一的标准，而是完全由院校自行判定，所以未能在一所院校得到承认的学历，可能被另一所院校接受。③新加坡也没有统一的学历认可标准，但法定机构私立教育委员明文规定，私立院校必须核查申请人资料的真实性，若无法核查，则须进行入学考试（Council for Private Education，2009c：70），否则院校将不能参加"教育信托保障计划"，得不到招收留学生许可。

最后，一些国家组织了统一的留学生入学考试，辅助院校遴选合格的申请人。在德国，这项入学考试被称为"学术学习测验"（Test for Academic Studies，TestAS），采用标准化的形式，考察非欧盟国家申请人的学习能力。从2007年开始，该测验一年两次在全世界100个考试中心举行。考试共分五项，包括一项核心测验和四项专业测验，后者分别针对人文科学、自然科学、经济与社会科学、工程学这四个主要学习领域（German Academic Exchange Service，2009a：61）。申请人参加何种专业测验，录取后便只能入读相关专业。此外，应用型大学与学术型大学的入学考试有所不同，通过前者入学考试的申请人不能申请到后者学习。④不过，目前用"学术学习测验"来评估申请人入学资格的高校还不多（German Academic Exchange Service，2009a：61）。

美国为留学申请人（包括本国申请人）提供多种入学考试选择，如学业评估考试（Scholastic Assessment Test，SAT I）、学业评估考试专项考试（SAT II Subject Tests）和美国大学考试评估（American College Testing Assessment）。这些考试每年多次在世界各地举行，考试内容除英语能力外，还涉及数学、阅读、科学思考能力或

---

① 资料来源：http：//www.ukba.homeoffice.gov.uk/sitecontent/documents/employersandsponsors/pbsguidance/guidancefrom22feb10/sponsor-app-guidance-t4.pdf?view=Binary。
② 资料来源：http：//www.daad.de/deutschland/wege-durchs-studium/zulassung/06160.en.html。
③ 资料来源：http：//chine.campusfrance.org/page.ip?id=2_1&locale=zh_CN。
④ 资料来源：http：//www.study-in.de/en/studium/voraussetzungen-fuer-ein-studium/Eignungstests-12052；http：//www.daad.de/deutschland/wege-durchs-studium/zulassung/06165.en.html。

相关专业知识。院校可自行决定是否要求申请人提供以上考试成绩。① 一些院校可能有自己的入学考试，另一些院校在以上考试之外，要求申请人参加额外的考试，还有一些院校可能不要求申请人参加任何考试。

相比之下，日本也许是留学生入学考试最为普及的国家。它于 2002 年起每年举办两次"日本留学考试"，考试科目包括日语、科学、日本与世界、数学。申请人要参与哪些科目的考试，取决于所申请的大学和专业。考试地点包括日本国内的 15 个城市和 15 个外国城市。② 与德国和美国相比，日本的海外考点很少，但影响力却最大，95％的国立大学、65％的公立大学和 44％的私立大学要求申请人提供日本留学考试成绩。③ 考试成绩优异的申请人还可优先获得奖学金。2009 年，共有 44396 名留学申请人参加了日本留学考试。④

除语言水平测试、学历认可和入学考试之外，一些国家还设立了额外的入学标准。例如，新西兰要求留学申请人的过往学习成绩达到一定水平。美国的一些大学要求申请人递交个人称述，阐述留学目的，展示写作技巧与追求知识的热情，还有一些大学要求申请人提供两封推荐信，描述其学习（和工作）经历，评估其完成学业的潜能。⑤

需要说明的是，统一的入学考试一般不适用于申请研究生课程的外国学生，因为不同院校和专业对研究生学业能力的要求大相径庭。不过，一些国家制定了若干强制性准则，以便在确保外国研究生质量的同时，防止导师与外国研究生专业不对口。德国和法国均规定，申请博士专业的外国学生必须直接与具有招收博士生资格的教授联系。日本有些大学要求硕士和博士专业的外国申请人在报名前先获得导师的首肯。⑥ 美国也许是为数不多的实施外国研究生入学考试的国家。与本科生入学考试一样，美国为研究生专业申请人（包括本国申请人）提供多种考试选择，如对整体能力进行测试的研究生记录考试（Graduate Record Examination，GRE）普通考试，以及考核专业精通程度的研究生记录考试专业考试。绝大多数申请入读商学院的学生须参加研究生工商管理入学考试（Graduate Management Admission Test），而申请修读教育和心

---

① 资料来源：http：//www.educationusa.info/pdf/study/chinese2.pdf。
② 这 15 个外国城市分别是：印度的新德里、印度尼西亚的雅加达和泗水市、韩国的首尔和釜山、新加坡、泰国的曼谷、中国的台北、菲律宾的马尼拉、越南的河内和胡志明市、马来西亚的吉隆坡、缅甸的仰光、蒙古的乌兰巴托以及俄罗斯的符拉迪沃斯托克（资料来源：http：//www.studyjapan.go.jp/ch/toj/toj0303c.html）。
③ 资料来源：http：//www.jpss.jp/china/life/contents-page.htm。
④ 数据来源：http：//www.jasso.go.jp/eju/result_2102_02_e.html。
⑤ 资料来源：http：//www.educationusa.info/pdf/study/chinese1.pdf。
⑥ 资料来源：http：//chine.campusfrance.org/page.ip？id = 3_3&locale = zh_CN；http：//www.studyjapan.go.jp/ch/toj/toj0303c.html。

理学专业的学生也许得参加米勒类比考试（Miller Analogy Tests）。①

（二）中国：基准的缺失

我国对留学生的招生管理极为松散，《高等学校接受外国留学生管理规定》允许高校自定招生办法，且留学生招生名额"不受国家招生计划指标限制"（中国教育部，2000a）。对于留学申请人的语言能力，我国规定本科专业的外国申请人，中学必修课程若非用汉语学习，均需参加汉语水平考试（拼音缩写"HSK"），"并获得相应的最低合格等级的《汉语水平证书》"（中国教育部国际合作与交流司，2004a）。至于何谓"最低合格等级"，也由各高校自定。这种做法赋予高校的招生自主权远远超过其他国家。与其他各省市一样，上海仍处在留学生教育的数量发展阶段，增加留学生人数是绝大多数高校的目标。于是，高校在招生方面享有的自主权便为其降低招生标准提供了巨大空间。几乎所有受访的高校都承认，目前留学生的入学门槛极低，且很少对申请人已有的学历进行认证。

> 我们大学肯定有一个（留学生招生的数量）目标，每年（留学生人数）要有所增长……我们今年的留学生招生指标比去年增加200个，每年都要在继续保持现有在校生规模的基础上，再有所增长……我们觉得，现在留学生教育可能还是一个买方市场，所以无论你（水平）怎样，我们都得收进来。
>
> （B/administrator/03/pp.5—9）

需要说明的是，高校（或院系）对留学生的教学一般采取三种不同的安排：一些高校（或院系）将留学生单独编班，所有课程都在专为留学生开设的院系（或班级）中完成，留学生与中国学生极少发生联系。另一些高校的留学生自开学第一天就进入各专业院系，与中国学生共同学习。还有一些高校结合以上两者，留学生先在专门的院系（或班级）学习一段时间，待其汉语水平有所提高之后，再进入专业院系，接受与中国学生相同的教育。访谈资料显示，采取第一种和第三种教学安排的高校（及院系），对申请人的HSK等级要求极低，有些甚至不要求申请人参加语言考试，而是将本属于预科教育的汉语培训纳入了正式课程。那些采用第二种教学安排的高校（和院系），设定的HSK等级标准略高，有些要求申请人出示六级证书，但更多的只需四级甚至三级证书。高校承认，HSK获得四级或三级的留学生，仅具备汉语的初级水平，用汉语学习难度极大，基本上无法听懂教师的讲课。但为了扩大招生人数，高校并未提高语言要求。

---

① 资料来源：http://www.educationusa.info/pdf/study/chinese1.pdf。

实际上按照我们的经验，HSK 四级的留学生最多只能应付日常会话，真的去听课是不行的。HSK 至少要六级，才基本上能够理解老师讲的内容……但是我们现在考虑到招生规模，所以就把 HSK 等级定得比较低，你只要达到四级就可以进来。

(F/administrator/03/p. 12)

近年来，一些高校的留学生人数大幅增加，到各专业院系与中国学生一起上课的留学生日趋增多，为专业院系的教学带来了极大的困难，留学生的招生标准于是引起了高校的关注。

原来到专业院系读书的留学生不太多，校长没注意到（留学生的质量问题）。现在到院系读书的留学生多了，所以院系反对的声音多了。

(A/administrator/02/p. 5)

以前外国留学生教育没有发展到现在这个程度，基本上不设（入学）考试，留学生来了就收……一部分院系的留学生水平很差，跟不上学习进度，最后毕业有困难……特别是我们学校一些比较好的院系，它们觉得把留学生招进来，如果最后不能毕业，那也没什么意思，所以它们也不是那么愿意收留学生。

(C/administrator/02/p. 2)

为了帮助专业院系摆脱困境，少数高校开始把留学生教育的重心从数量扩张转向质量提升，希望在稳定留学生人数的同时，提高其入学门槛。

我们学校是这样想的，就是数量要稳定，质量要上去。

(C/administrator/02/p. 4)

我们大学对（留学生）规模有所控制，对质量的要求越来越严……现在主要是想走内涵发展的路子，不像以前在规模上有一定的追求。现在就想稳定规模，提高留学生的培养质量，这很重要。

(A/teacher/01/pp. 3—8)

个别高校设置了统一的留学生入学考试，考试科目与中国学生基本雷同，只是试题要简单得多。那些因知名度有限而无力召集申请人在同一天参加入学考试的高校，转而采用更为严格的资质审核方式（如要求申请人递交推荐信和个人陈述），或设定招生名额，控制入学人数。在提高了入学门槛后，这些高校的生源质量有了一定的改观。

> 以前没组织入学考试的时候，很多留学生毕不了业……最近，自从我们组织考试以后，院系也向我们反映说，留学生质量比以前好多了。
>
> （C/administrator/02/p.2）

需要强调的是，目前提高留学生招生标准的高校仅为少数，绝大多数高校仍把扩大规模作为首要目标。当然，在前者的促动下，后者有时也采取了类似的措施。不过对后者而言，这些措施只是一种形式，其功能不是淘汰不合格的申请人，而是通过设置形式上的"入学门槛"，在市场竞争中保持其身份，避免被视为"劣质大学"。

> 我们学院会出一份与专业有关的卷子，让留学生做一做，然后基本上全都录取……就走一下形式，基本上没有不录取的。
>
> （G/teacher/02/p.2）

与其他国家一样，我国高校的入学考试只面向本科专业的留学申请人。对于研究生专业的留学申请人，教育部规定其必须"提交两名副教授以上或具有相当职称人士的推荐信"。但申请人若在中国境内提出申请，则无须递交推荐信。[①] 换言之，我国并无要求申请人与导师取得联系。在上海，少数外国研究生会主动查找院系信息，挑选并联络自己满意的导师；少数院系会安排在沪的所有外国研究生新生与导师见面，增进相互了解，以助双向选择。

> 导师是我自己联系的。我来这所大学之前，大学还没有安排好我跟着哪位导师……但是我主动找那位导师，跟导师见面。我向导师坦白我现在的情况，告诉他我的汉语水平是怎么样的，有什么困难，研究方向是什么，然后请导师接受我做他的研究生……我觉得他与我的研究方向比较接近，再说那位导师在那个研究领域也比较有名。如果我能跟着那位导师去研究，那么将来会获得许多成绩。
>
> （E/student/02/p.3）

> 一开始，我们学院让所有的留学生和老师们在一起见面。系主任为我们介绍每一位老师，告诉我们他们的专业是什么……你要选导师，导师也要选你，这是一个互相的选择。
>
> （E/student/04/pp.6—7）

---

① 资料来源：http://www.moe.edu.cn/edoas/website18/09/info1309.htm。

不过即便在上述情况下，外国研究生也是在被高校录取之后才开始选择导师。这意味着他们在入学前冒了一定的风险，因为其所选高校可能没有适合他们的导师。

更多的外国研究生及导师没有任何双向挑选的机会，学生与导师的分派全由院系指定。有些院系力图确保每位导师指导的外国研究生人数均等，以防个别导师工作负担太重；有些院系更关心导师与外国研究生拥有相同的生活背景，如选派曾在英国留学的教师指导来自英国的研究生。总体而言，院系在分派导师时，很少考虑师生之间是否有相同的研究旨趣。

> 比方我们今年招进来三四个外国博士生，然后就根据不同导师的情况平均分一下。因为外国研究生很难带，你一个人带多了不行的，是吧。所以大家轮流带一下，是统一分配的。
>
> (G/teacher/02/p.8)

> 我刚进这所大学的时候，是读硕士的。硕士是不能自己选导师的，由学校安排。但中国学生好像不是这样的。
>
> (C/student/02/p.5)

由于外国研究生在入学前对未来的导师缺乏了解和选择，所以相当一部分研究生的研究兴趣与导师的专长不符。这既造成外国研究生由于得不到适当的学术指导而进步缓慢，又令不熟悉学生选题的导师深感苦恼。

> 说实话，我到这所大学以后进步不快……我写的论文题目如果与导师的特长或者兴趣有关，我肯定收获很大。可是如果题目与导师的研究方向不同的话，进步就很小。我的论文题目与导师的研究方向没有关系。
>
> (F/student/02/p.10)

> 我去年招了一名泰国的留学生……她的论文写的是《三国演义》……但是我自己的专业是中国的古典诗歌，所以我们在这方面就不太容易交流，论文定题就比较困难，要找一个对双方都比较合适的题目比较困难，对吧……学生也很急呀，她找不到题目，这是最困难的。我们的中国学生都知道导师的专业是什么，学生自己也对这个专业感兴趣，然后我们双向结合，对吧。外国研究生的情况就有点不一样，我们都是被行政部门指派的，彼此都不熟悉……这样比较痛苦。
>
> (F/teacher/01/pp.1—3)

（三）小结与反思

本研究选取的八个国家都通过多种方式，考察留学申请人的资质。一些国家组织了全国性的入学考试，其中日本的考试影响最为广泛，不仅绝大多数公立高校和近半数私立高校参与其中，而且考试成绩与奖学金的发放直接相关，从而保证了奖学金生的质量。美国是为数不多的对外国申请人和本国申请人采用同等入学考试的国家，不过考虑到前者用外语答题，教师在评分上可能有所松动。澳大利亚和英国为了确保留学生质量，正打算或已经提高了对语言能力的要求。可以说，这些国家在努力扩大留学生规模的同时，把目标定位到招收优秀的（至少是合格的）留学生上。正如日本文部科学省在2007年的白皮书中所说："为了增加日本对全球的贡献，我们必须继续坚持扩大国际学生交流的路线。但同时，我们应该确保留学生质量，避免单纯地抬高留学生人数。"（Ministry of Education，Culture，Sports，Science and Technology，2007：70）

我国政府对留学生的入学资格鲜有明确规定，高校在招生过程中享有极大的自主权。虽然少数高校开始通过组织入学考试和加强资质审核等，对留学申请人进行筛选，但绝大多数高校仍处在数量扩张阶段，入学门槛较低。不少教师认为，数量是质量的基础，只有在留学生达到一定规模后，高校才有可能对申请人进行筛选。有趣的是，留学生的看法截然相反，他们说质量是数量的前提，只有好的教育才能吸引更多的外国学生来华留学。

> 你如果想得长远一点的话……你需要同时提高数量和质量这两个方面。因为如果今年来了很多留学生，但是学校不提高自己的教学水平，那么明年来的留学生可能就没那么多了。
>
> （B/student/02/p.10）

这说明作为消费者的留学生与作为产品生产者的高校，对留学生教育有不同的认识和定位。不过，只有满足了消费者的需求，高校的留学生教育才能得到长久的发展。事实上，在那些入学程序较为严格的高校，留学生颇感自豪，因为能被这样的高校录取，从某个侧面反映了他们较高的能力。反之，那些入学标准较低的高校在留学生中声誉不佳。

> 我所在的大学是上海一所很好的大学。我的朋友问我："你在什么大学读书？"我说："我在××大学。"他们都会羡慕地问："××大学要求很严格，你怎么进去的？"他们好像觉得我学习特别好，人很聪明。
>
> （A/student/02/p.1）

以前我刚来的时候,每个人都说这所大学的留学生是别的学校都不要的学生……我跟朋友们见面的时候,他们都问"你在哪所大学?"我说"××大学",他们就很不屑一顾。

(B/student/01/p. 10)

在问卷中,留学生建议上海市及有关高校"加强入学考试制度,提高留学生的入学标准。"一些受访教师也要求建立统一的留学生招生标准,规范高校的招生行为。

留学生入学的时候要求要严格,我觉得这是保证质量的最起码的底线。如果不能够保证比较高的入学标准,那你就没有办法树立国际声望。

(F/teacher/02/p. 8)

从上海市的层面来讲,我想第一个要做的可能是制定一些入学标准……跟中国学生一起上课的留学生,HSK 起码要达到六级,不然的话你就是在害他,他专业课什么都听不懂。这方面要出台一个标准,然后你要检查,(确保高校)不能随意地降低标准。

(E/teacher/02/pp. 7—8)

在这方面,我国可以借鉴其他国家的做法,在赋予高校一定招生自主权的同时,提高对留学申请人的语言水平要求,加强对过往学历的认证,并在条件允许时设立统一的留学生入学考试。

此外,我国高校未像德国、法国和日本那样,要求申请研究生专业的外国学生事先与导师联系。在上海,大多数导师由院系分派,造成相当一部分外国研究生与导师的研究旨趣不同,难以得到恰当的指导。为解决这一问题,须加强导师与留学申请人的相互了解,并在一定条件下,将导师的认可作为录取外国研究生的条件之一。

二、经费资助

提供奖学金及其他经费资助,是吸引优秀留学生、提高本国留学生教育声望的有效途径。研究发现,哪里有奖学金和生活补助,优秀的留学生就走向哪里(Australian Government,2008:100)。为争夺优秀生源,本研究中的八个国家积极制订和完善奖学金计划及其他资助措施,有些还为奖学金生提供优质服务。正如德意志学术交流中心所言:"为了跟上全世界对最优秀人才的竞争,德国需要更多、更有吸引力、金额具有竞争力的奖学金和助学金,改进对优秀学生和研究生(特别是博士生)的资信与后勤服务"(German Academic Exchange Service,2009a:55)。因为不同国家对经费资助的设计纷呈差异,所以下文分国别一一进行介绍。

(一) 美国:奖学金与贷款相结合

美国规模最大的奖学金计划是富布莱特计划。该计划作为美国外交活动的主要内容之一,由国务院出资,同时得到相关院校在学费减免等方面的资助。富布莱特计划主要面向外国研究生和年轻的专业人员,资助时间至少为一年。目前该计划每年招收大约1800名奖学金新生,另有约1300名奖学金生得到续约。2007年,为了鼓励留学生到美国的社区学院留学,国务院新设计了一项300万美元的奖学金计划。该计划主要面向来自巴西、印度和巴基斯坦等发展中国家的学生,覆盖学杂费、住宿费及其他各种开支(Anonymous,2006:14)。此外,国务院还设有"全球本科生交流项目"(Global Undergraduate Exchange Program,UGRAD),资助那些在美国进行一学期或一学年非学位课程学习的留学生。这些学生都是亚洲地区的优秀在读本科生,热心社区服务,没有精英群体或特权阶层的背景,鲜有游访其他国家的经历。[①] 2008年,"全球本科生交流项目"发放奖学金约460份。

从2006年开始,美国还为那些来自中等收入家庭的留学申请人提供"机会资金"(Opportunity Funds),用以支付其申请入学的成本,比如考试费、签证费、书本费和英语补习费,有时还补贴部分学费。高校在录取了这些学生以后,一般也会提供全额奖学金。目前,"机会资金"在28个国家发放,2008年总金额为150万美元(McMurtrie,2008)。接受资助的学生必须具有优异的学术能力和极高的学业成功机会。[②]

除政府之外,美国的各类非政府机构也设计了大量的奖学金计划。不过这些奖学金竞争激烈,而且主要面向研究生(特别是博士生),有时还设有性别、种族、年龄、年级和学科等资助条件,所以涉及面较小。此外,这些奖学金一般只涵盖部分留学成本,全额奖学金非常罕见,每年仅发放给约100所高校的1000名新生。[③]

尽管美国的奖学金计划多种多样,但由于获得奖学金的学生比例不高,所以学生主要依靠家庭和个人收入支付留学费用。资料显示,留学生最重要的经费来源是家庭和个人,美国高校提供的资助虽是第二大经费来源,却只有前者的三分之一,来自美国政府的经费资助可以说微不足道(图2.1)。

---

① 资料来源:http://us.fulbrightonline.org/about.html;http://fulbright.state.gov/root/resources-for/students/fulbright-program-opportunities-for-foreign-students;http://www.educationusa.info/faq.php?id=8&iq=537&language=7#formgo。
② 资料来源:http://www.educationusa.info/highered.php。
③ 资料来源:http://www.educationusa.info/pdf/study/chinese1.pdf。

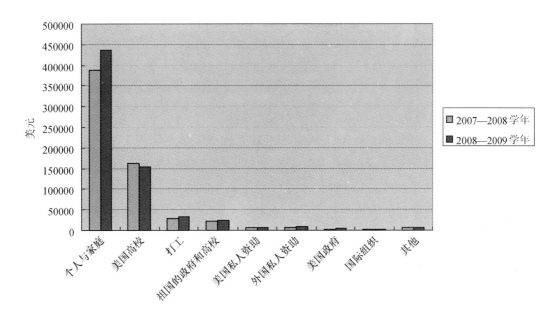

图 2.1　美国留学生主要经费来源

数据来源：http：//opendoors.iienetwork.org/file_depot/0-10000000/0-10000/3390/folder/78747/Fast+Facts+2009.pdf。

此外，尽管美国政府不断丰富奖学金计划的内容和种类，但奖学金占留学成本的比例逐年降低。2005—2006学年，美国政府和非政府机构的经费资助占学生留学成本的为33.1%，2008—2009学年降至28.7%。① 这说明：其一，美国自费留学生的增长速度超过了奖学金生的增长速度。其二，美国政府希望扩大在各级各类优秀外国学生中的影响，为此设计了社区学院奖学金和"全球本科生交流项目"等，弥补富布莱特计划未覆盖到的学生群体。但它们起到的是一种示范作用，能获得这些奖学金的终为少数。

对于那些家庭经济困难，又未能获得奖学金的留学生，美国设计了贷款制度。申请贷款一般须有美国居民作担保，当学生无法清还贷款时，担保人有责任偿还有关费用。② 也有一些高校与金融机构合作，为学生提供留学贷款。例如，哈佛大学与摩根大通公司签署贷款协议，凡是在哈佛大学就读的外国研究生和专业学院留学生，都可以向摩根大通公司申请不超过其留学总成本的贷款额。③

（二）英国：集中资助优秀外国研究生

英国政府所有提供给留学生的奖学金都面向研究生，其中最具代表性的当属志奋

---

① 数据来源：http：//www.nafsa.org/_/File/_/eis2006/usa.pdf；http：//www.nafsa.org/_/File/_/eis09/usa.pdf。
② 资料来源：http：//www.educationusa.info/faq.php?id=4&iq=446&language=7#formgo
③ 资料来源：http：//www.news.harvard.edu/gazette/2009/03.05/99-studentloan.html。

领奖学金。与富布莱特计划一样，它也由负责外交事务的英国外交和联邦事务部出资，每年的名额约为 1000 名。志奋领奖学金的金额最高可达 1.2 万英镑，外加所在高校 20% 的学费减免（Lenton，2007：9）。志奋领还设有高级奖学金（Chevening Fellowship），每年供 200 名未来领袖、决策者和能够影响舆论的人士赴英开展一年的研究生学习。① 英国政府出资的另一项奖学金计划是外国研究生奖学金计划（Overseas Research Students Award Scheme, ORSAS），用以弥补留学生在国内读书和在英国读书的学费差额（Council on Education，2009：5）。2003 年，英国又宣布设立 1000 万英镑的霍奇金研究生奖学金（Dorothy Hodgkin Postgraduate Awards），每年资助一百多位来自印度、中国、俄罗斯及其他发展中国家和地区的优秀博士研究生到英国大学学习科学（British Council，2003：17）。

英国的一些地方政府、高校和非政府组织也积极行动，设计了各种奖学金计划。例如，苏格兰地区的"兰十字"奖学金（Scotland's Saltire Scholarships）每年为 200 名来自加拿大、中国、印度和美国的研究生专业申请人，提供每人 2000 英镑的学费减免。其减免金额虽然有限，但其快速的在线申请方式却对申请人颇具吸引力。学生填写申请表只需五分钟，而且可以同时发送给三所苏格兰大学。② 英国高校设立的奖学金虽不局限于外国研究生，但大多名额有限，有时仅供给学习特定学科或来自特定国家的学生。不过，73% 的高校成立了面向所有学生（包括留学生和当地学生）或专门面向留学生的"困难补助基金"，帮助学生解决暂时的经济困难（Council for International Students，2007：23）。

与美国一样，虽然英国有多种多样的奖学金计划，但能得到奖学金的留学生不到五分之一（Vickers & Bekhradnia，2007），其中大多数是研究生。而且这些奖学金只为留学生提供部分资助，全额奖学金的名额极为有限。近年来，英国政府不断削减奖学金支出，对志奋领奖学金的拨款从 2002—2003 学年的 3420 万英镑降至 2005—2006 学年的 2950 万英镑，③ 减幅接近 15%。2008 年，英国甚至取消了外国研究生奖学金计划（UK Council for International Student Affairs，2008a：30）。可以说，随着全成本收费的普及，英国政府正把有限的奖学金集中到最优秀的高端人才身上。

（三）新西兰：从全面资助转向重点资助

与美国和英国相比，新西兰政府的奖学金覆盖范围极广，面向各级各类学生。例

---

① 资料来源：http://www.britishcouncil.org/zh/eduk-sources-of-funding-2007-08.pdf。
② 资料来源：http://www.educationuk.net.cn/scotlandscholarship/；http://www.scotland-scholarship.com/。
③ 数据来源：http://www.chevening.com/files/fco-chevening/2002-03%20Annual%20Report.pdf；http://www.chevening.com/files/fco-chevening/2005-6%20Annual%20Report.pdf。

如，新西兰政府发展奖学金（New Zealand Agency for International Development，NZAID）提供给若干发展中国家的公民，供其赴新接受短期职业培训或高等教育（New Zealand Ministry of Education，2007a：46）。但是这一奖学金名额不多，每年仅550名。相比之下，自费留学生远远超过政府资助的学位数量（Deumert，Marginson，Nyland，Ramia，& Sawir，2005：332）。

2006年，新西兰政府转变策略，加大了对优秀留学生的资助力度。从2006年1月1日起，以新西兰大学最优秀的研究者为导师的外国博士研究生新生，享受与当地学生同等的待遇，支付与当地学生相同的学费（New Zealand Ministry of Education，2005b）。新西兰政府还为100名优秀本科留学生和100名优秀博士留学生颁发奖学金。其中，国际本科学费奖学金（New Zealand International Undergraduate Fees Scholarships）覆盖全部学费；国际博士奖学金（International Doctoral Research Scholarships）除提供三年学习期间的全部学费外，还给予1500新西兰元生活费（每月）、600元医疗保险费、2000元交通费、800元书本和论文津贴以及500元安置费。[①] 最引人注目的是，从2006年开始，所有外国博士生的子女均可在新西兰中小学享受与当地学生同等的学费优惠。澳大利亚政府很快注意到了这一举措，指出新西兰此举极为成功，政策一经出台，留学生中博士生的比例便从2005年的16.6%提高到2006年的22.2%（Australian Government，2008：101）。

（四）德国：多种资助并存

德国政府、非政府组织和高校提供给留学生的奖学金，大多由德意志学术交流中心管理。目前，该中心管理着二百五十多个奖学金项目。2007年，它为2.6万名外国留学生、短期访问学者、实习生和暑期课程学生提供了1亿欧元的奖学金（Council on Education，2009：6）。这形形色色的奖学金大致可分为两种：货币形式的奖学金和非货币形式的奖学金。前者多为全额奖学金，定期、定额发放；后者形式多样，如免费的工作室和课程。德国清楚地看到，随着全球化的扩展，世界各国都在培养具有国际意识和国际视野的人才，越来越多地要求学生具有海外游学经历。所以德国奖学金的发放面很广，就读"三明治课程"的外国博士生等都可以获得科研补助[②]。与其他国家一样，在德国真正能得到经费资助的留学生比例不高。2006年获得全额和部分资助的留学生占20%，比2003年降低三个百分点。留学生最主要的经费来源是个人积蓄和家长资助，两者分别占39%和31%，奖学金仅占留学总支出的12%（Federal Min-

---

① 资料来源：http://www.educationnz.org.nz/scholarships/NZPSAATermsandConditions 2007.pdf。
② 资料来源：http://www.daad.de/portrait/wer-wir-sind/kurzportrait/08940.en.html；http://www.daad.de/deutschland/foerderung/02055.en.html；http://www.daad.de/deutschland/forschung/finanzierung/10931.en.html。

istry of Education and Research，2008：3—4；18）。

为了使奖学金计划更具吸引力,德意志学术交流中心在 2008—2011 年的行动计划中提出,将按照生活水平提高的程度,把本科生的奖学金金额从每月 650 欧元增加到 750 欧元,硕士生和博士生的奖学金金额分别从每月 750 欧元和 1000 欧元,增加到 850 欧元和 1150 欧元。已为人父母的留学生享受到的儿童补充津贴和儿童保健补助会有所提高,怀孕和生育时奖学金也可延长（German Academic Exchange Service，2009a：55）。

除奖学金外,德国留学生可以寻求的资金援助多种多样。首先,许多高校和非政府组织为留学生提供紧急资金支持。比如,学生在毕业前夕需要集中精力撰写论文,所以往往不再外出打工。这时,学生可以向高校申请"毕业补助金"（graduation grant）。其次,年龄不满 31 周岁、家庭收入低于一定标准的留学生,有时可以获得德国政府的助学金。其中一半助学金是赠送的,另一半属无息贷款。[1] 最后,留学生如能找到担保人,便可申请利率优惠的临时过渡性贷款。

（五）法国：政企合作与优质服务

法国政府每年为外国学生和青年专业人员提供两万多份学习和实习奖学金,总额约为一亿欧元。其中 85% 的奖学金发放给外国研究生,本科留学生得到的补助很少。在这些奖学金中,最著名的是由法国外交部设立的艾菲尔奖学金（Eiffel）和第一名优秀学生奖（Major）。艾菲尔奖学金面向攻读硕士学位和双学位博士研究生的杰出留学生。1999 年艾菲尔奖学金刚设立时,只有 150 名留学生获得资助;如今它每年招收 300—350 名新生,提供每月 1031 欧元的津贴,外加车旅费、保险费和文化活动费等多种补助。第一名优秀学生奖面向海外法国高中的毕业生,他们在会考中成绩优异,并准备在法国接受从本科到硕士阶段的教育。[2] 每年获得此项奖学金的新生约 100 名（French Ministry of Foreign and European Affairs，2008）。

法国奖学金的独到之处在于,其一,法国政府非常重视研究与工作的结合,它与企业合作设立奖学金,给予奖学金生实习的机会。2006 年 5 月,法国外交部与法国最大的军工企业泰雷斯集团（Groupe THALES）签署协议,设立"泰雷斯奖学金项目"（Thales Academia）,法国顶级的六所工程师学校、两所商业学校和两所大学参与其

---

[1] 资料来源：http：//www.internationale-studierende.de/en/prepare_your_studies/financing/financial_difficulties/；http：//www.daad.de/deutschland/deutschland/leben-in-deutschland/06167.en.html；http：//www.study-in-germany.de/chinese/1.166.374.3.html。

[2] 资料来源：http：//editions.campusfrance.org/guides/choisir/choisir_en.pdf；http：//www.diplomatie.gouv.fr/en/france_159/studying-in-france_2192/how-can-the-project-be-funded_4965/index.html；http：//www.diplomatie.gouv.fr/en/IMG/pdf/10_0504_MINISTER_Fiches_ANG.pdf。

中，学生就学期间可以到泰雷斯集团实习。当年，106名留学生获得此项奖学金，金额最高为1.3万欧元。2009年4月，法国政府又启动"博士生合同"项目，奖学金生与企业签订为期三年的合同，边工作边撰写毕业论文。论文选题由高校与企业共同商定，学生从工作中获得每月不低于1650欧元的工资。①

其二，法国为奖学金生提供的是一揽子计划，除经费资助外，还有从入学前到毕业后的各种服务。政府奖学金生抵达法国后，可以得到全年24小时的免费接机服务，有关方面会为学生安排好住宿，帮助办理和更新居留许可证，召开地区欢迎会，组织各种文化和体育活动，并监测其学业进展，指出学生面临或可能面临的学习困难。②泰雷斯奖学金项目亦是如此，奖学金生在离开祖国之前，可以由当地大使馆办妥入境手续，并在大使馆的全额资助下，在当地法语培训中心修读语言强化课程。学生抵达法国后，泰雷斯集团指派管理人员提供个人指导，帮助其适应当地生活，并给予就业等方面的建议。③

为了给奖学金生提供更好的全程服务，法国政府于2006年发布《法国政府奖学金生质量共同纲领》(Quality Charter for French Government Foreign Scholars)，从奖学金生的行前准备到学成毕业，对外交部门和高校等各有关方面提出了具体的服务要求。纲领针对留学的不同阶段和不同机构，共设定74项指标。按留学阶段分，39项指标涉及行前咨询和准备，10项涉及抵达初期，16项涉及学习期间，其余9项涉及学成毕业。按机构分，36项针对外交部门，23项针对高校，11项针对中介，另4项针对其他相关部门。④

（六）澳大利亚和日本：面向全体学生

澳大利亚和日本的奖学金囊括各级院校的各类留学生。澳大利亚政府的"澳洲奖学金"计划主要含三个部分：一是奋进奖学金（Endeavour Awards），内中又分为面向不同类型学生的不同项目，如奋进研究生奖学金、奋进职业教育与培训奖学金，以及奋进行政管理奖学金，最高资助额度从2万澳元至17.35万澳元不等。⑤二是澳洲领导力奖学金，发放给将领导亚太地区未来经济和社会政策改革的外国研究生、短期留学

---

① 资料来源：http://chine.campusfrance.org/bourses/bourses.ip?locale=zh_CN&num_bourse=2#thales；http://academia.thalesgroup.com/index.php?rubrique=1&lang=en；http://editions.campusfrance.org/guides/choisir/choisir_en.pdf。

② 资料来源：http://www.egide.asso.fr/jahia/Jahia/site/egide/lang/en/nos_services。

③ 资料来源：http://academia.thalesgroup.com/index.php?rubrique=1&lang=en；http://academia.thalesgroup.com/index.php?rubrique=6&lang=en#rub2c。

④ 资料来源：http://www.diplomatie.gouv.fr/en/IMG/pdf/Version_anglaise_Charte2008.pdf。

⑤ 资料来源：http://www.studyinaustralia.gov.au/Sia/zh/StudyCosts/Scholarships；http://www.endeavour.deewr.gov.au/summary_awards/#International_Applicants。

生和进修生。三是澳洲发展奖学金，面向与澳大利亚有合作伙伴关系的 31 个国家，每年最多发放 1000 个全额资助名额（Australian Government，2008：102）。与其他国家一样，澳大利亚政府奖学金生的比例极小，仅占留学生总数的 0.9%（Marginson，2007：17）。

相比之下，日本政府奖学金的覆盖面也许最广，每年的奖学金新生超过 5000 名，奖学金总额接近 400 亿日元（文部科学省高等教育局学生支援科，2006：40），从专科学校到研究生院的各类学生都能得到资助。留学生若获得全额奖学金，除免交学费外，还可获得每月 13.4 万至 17 万日元的生活费、往返机票费、2.5 万日元的一次性补助以及一定额度的医疗费补助。①与德国一样，日本政府也预计短期游学的留学生规模会迅速扩大。为了在这个快速发展的市场中立足，它于 2008 年实施"短期外国留学生支援制度"，向与日本高校签署交换生协议的国外高校学生提供补助金。每年大约有 1800 名外国交换生获得这项资助，内容包括 15 万日元的留学准备金和每月 8 万日元的津贴（文部科学省高等教育局学生支援科，2008：37）。对于自费留学生，政府亦挑选成绩优异但经济情况不佳者，给予每月 4.8 万日元的奖励。2008 年，近 1400 名自费留学生获得此项奖励（Japan Student Services Organization，2009：14）。

21 世纪以来，获得日本政府资助的留学生人数基本保持在每年一万名左右。但由于自费生人数迅速增加，所以奖学金生占留学生总数的比例有所下滑。1983 年，此比例高达 20%，2003 年跌至 8.9%，2008 年便只有 8.0%（图 2.2）。

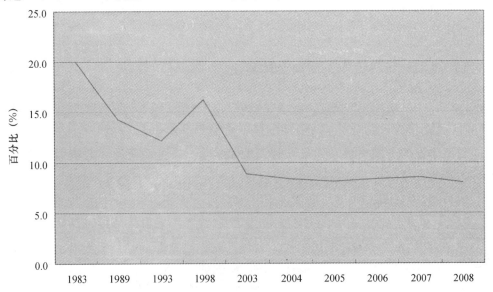

图 2.2　日本政府奖学金生占留学生总数比例

数据来源：Japan Student Services Organization，2009：13

---

① 资料来源：http：//www.studyjapan.go.jp/ch/toj/toj0306c.html；http：//www.studyjapan.go.jp/ch/faq/faq08c.html。

为鼓励地方和非政府机构参与留学生教育，日本政府采取了两项措施。一是从1998年起设立冠名奖学金，即将提供资金的企业或个人名字，冠于奖学金名称之前（文部科学省高等教育局学生支援科，2008：24）。目前有23个地方自治团体、30个地方国际交流团体和156个民间组织为留学生教育慷慨解囊。二是经费补助。日本的210所高校给予留学生30%～100%的学费减免，有时还提供汽车票等物质援助。[①] 对于实施学费减免的私立高校，日本政府拨发不超过学费30%的补助（Higher Education Bureau, Ministry of Education, Culture, Sports, Science and Technology, 2009a）。

（七）新加坡：学费减免与未来就业挂钩

新加坡对留学生经费资助的不同之处在于，其根本目的是缓解本国的劳动力短缺。根据相关政策，凡是在三所公立大学、五所理工学院和两所接受政府资助的私立艺术学院就读的全日制本科生及部分大专生，都可以享受政府的学费减免补助（Tuition Grant）（Rubin, 2008：57）。学费减免的额度根据学生就读的院校和专业有所不同。比如，在三所大学的音乐专业，留学生每年的学费是40330新加坡元，在得到政府每年32000元的学费减免后，学生只需支付8330元，相当于学费的21%。那些需要大量使用实验室的专业，每年的学费是22420新加坡元，获得学费减免后，学生仅需支付其中的30%。在五所理工学院，学费减免额度达到82%（Education Services Division of Singapore Tourism Board, 2006：55）。

学费减免不是无偿的，学生必须与政府签订协议，毕业后为新加坡工作三年。由于牙科和医科专业的学费很高，每年超过8万新加坡元，政府补助高达6万元，所以学生毕业后需要为新加坡多工作二至三年。[②] 学生若未遵守此协议，则需按照每年10%的复利偿还政府补助（Singapore Ministry of Education, 2008b）。

当然，新加坡还有不少其他资助计划。比如，留学生若在得到学费减免之后，还是无法负担剩余学费，则可申请低息学费贷款，用于支付不超过剩余部分80%的学费。经济困难的留学生也可以申请每年最高为1500新加坡元的助学金。有些院校还提供额外的贷款，帮助学生偿付各类杂费（Education Services Division of Singapore Tourism Board, 2006：55）。

（八）中国：奖学金的吸引力与竞争力

我国发放的中国政府奖学金共分12类[③]。与澳大利亚和日本相似，这些奖学金覆

[①] 资料来源：http://www.jpss.jp/china/life/contents-page.htm；http://www.jasso.go.jp/study_j/sgtj_chi.html。

[②] 资料来源：http://www.nus.edu.sg/oam/scholarships-financialaid/scholarships/freshmen/nsg/scholarship-nsg-aus.html。

[③] 具体参见 http://www.csc.edu.cn/Laihua/685426f80d5f4151b7c93529029ddcd9.shtml。

盖来自不同地区、修读不同专业的各级各类留学生，包括本科生、研究生、进修生和短期交流生等。不过在我国，奖学金经费主要来自教育部，而不像其他国家那样，主要由外交部门资助。就资助额度而言，这些奖学金可分为两类：全额奖学金和部分奖学金。获得全额奖学金的留学生可以免交学杂费、基本教材费和校内住宿费，并可获得生活费、综合医疗保险、一次性安置补助费和一次性城市间交通费。部分奖学金为全额奖学金中的一项或几项。为吸引更多优秀学生来华留学，我国曾多次调整奖学金标准，将奖学金生活费由最初的每月550～750元，提高到目前的每月1400～2000元（中国教育部、中国财政部，2008）。

近年来，获得中国政府奖学金的留学生人数虽大幅上升，但与其他国家相似，由于自费留学生增长速度更快，所以奖学金生占留学生总数的比例不断下降。2003—2007年，中国政府奖学金生从6153人增加至10151人，占留学生总数的比例从7.9%下降至5.2%。[①]

对于获得奖学金的留学生，我国政府要求各高校按照《中国政府奖学金年度评审办法》，每年对奖学金生的学习成绩、学习态度、考勤情况、行为表现和奖惩等进行综合评审，不达标的学生将被中止甚至取消奖学金（中国教育部，2000c）。2005—2008年，共有14951名奖学金生参加了年度评审，其中176名学生未达合格标准，占参评学生总数的1.2%。[②]

除国家奖学金外，北京、天津、上海、重庆和云南等省市设立了地方政府奖学金。"北京市国际学生与学者奖学金"是我国设立最早的地方政府奖学金，它启动于2006年，当年耗资3000万元。上海紧随其后，于2006年年底设立"上海市外国留学生政府奖学金"，当年耗资2400万元。同时，上海借鉴中国政府奖学金的做法，对奖学金生开展年度评审（上海市教育委员会，2006）。

一些高校和知名企业也为表现突出的留学生发放奖学金（中国教育部，2009a）。例如，上海的B大学设立了留学生新生奖，按入学成绩（如HSK等级和国内高考成绩）对接受学历教育的新生进行排名，免除部分优秀新生的一半直至全部学费。F大学设有留学生出勤奖，每学期向全勤学生发放200元奖金。

在上海参与问卷调查的留学生中，12.3%的学生获得了中国政府奖学金，6.7%获得了上海市地方政府奖学金，两者相加，共占19.0%。约十分之一的学生得到了外国政府拨发的奖学金，还有近5%的学生获得了国内外高校或其他非政府机构的奖学金。

---

① 数据来源：http://www.moe.edu.cn/edoas/website18/level3.jsp?tablename=217&infoid=3126；http://www.moe.edu.cn/edoas/website18/level3.jsp?tablename=2114&infoid=1205456583492311。

② 数据来源：http://www.moe.edu.cn/edoas/website18/level3.jsp?tablename=1236646894826308&infoid=1238031091085205；http://en.csc.edu.cn/uploads/20080508142815715.pdf；http://en.csc.edu.cn/uploads/20080813132840281.pdf；http://en.csc.edu.cn/uploads/20091014104613465.pdf。

自费生仍是留学生的主流，所占比例接近 70%（图 2.3）。

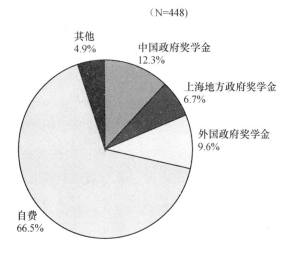

图 2.3 上海奖学金生的分布与比例

图 2.3 的问卷数据显示，奖学金的设立对留学生具有一定的吸引力。半数以上的留学生非常关心自己能否得到奖学金，认为奖学金不重要或一点不重要的不足两成（图 2.4）。一些留学生在访谈中表示，他们因为得到了中国的全额奖学金，而放弃了到其他国家自费留学的机会。奖学金还有助于促进学生努力学习。那些得到奖学金的留学生承认，奖学金在很大程度上减轻了他们的经济困难，使他们能专心读书。至于其他目前没有获得任何经费资助的学生，有教师发现，奖学金的设立有助于提高其学习积极性。

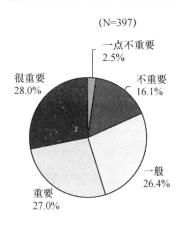

图 2.4 留学生对奖学金的看法

我以前读硕士的时候，没有得到任何奖学金，所有的费用都是自己出的。所以虽然我自己也想专心学习，但是经济方面感到很吃力。现在我在这所大学读书，上海市政府给我提供奖学金，我觉得这对我的学习真的帮助很大。

(G/student/03/p.5)

很多学生说，这儿费用挺高的，上海的费用比别的城市高很多，出租车费又涨价了。他们说："如果我努力学习，我可以拿到好多奖学金"。所以他们很有努力学习的劲头。

(A/teacher/02/p. 15)

不过，与其他国家相比，我国的奖学金制度尚存在不少缺陷。第一，奖学金生所受限制较多，缺乏应有的选择权。例如，根据有关规定，中国政府奖学金生只能选择指定的院校和专业，且所选院校、专业和就读年限可能被有关部门调整。[①] 这种做法在其他国家极为罕见。再如，国家和地方政府奖学金的货币化程度不高，奖学金生若要享受免费住宿，便只能住在学校的宿舍楼里，而不能选择到校外住宿，这让不少奖学金生感到不满。

（我对奖学金）当然满意啦。不过不好的方面是，我们一定要住在学校住宿。以前（没拿到奖学金的时候），我住在校外，可以自己做饭，生活方面比较自由。住进学校宿舍以后，在生活方面有点不方便。

(C/student/02/p. 2)

第二，相对于其他国家，我国的奖学金标准不高，许多学生需要通过打工，或者动用自己的储蓄等，才能满足生活所需。上海市政府奖学金生的经济更为窘迫，因为上海的物价高于其他省市，而奖学金标准却低于中国政府奖学金的标准。

不瞒你说，我虽然是奖学金生，但是学校发给我的钱只是刚刚够用……说起来我们不用付房租，都是公费的，但是这些（生活费）在上海也不够用。现在中国政府给本科奖学金生的生活费是一个月1400元，这还可以，但是如果你想自我发展，想买些书，想生活得更好一点，那就需要去打工。

(E/student/01/p. 15)

留学生普遍要求提高奖学金标准，从而增强奖学金对优秀学生吸引力。这一看法得到了不少教师的认同。

上海一直想大力发展留学生教育，而且要发展高层次的留学生教育，它设立奖学金的目的也在于此。你要招收高层次的留学生，就要吸引他们来读学位，否则留学生都是来读语言的，都是短期生。要吸引高层次的留学生，靠这点奖学金是不

---

① 资料来源：http://www.csc.edu.cn/Laihua/685426f80d5f4151b7c93529029ddcd9.shtml。

够的，人家觉得这些奖学金不够用。

(C/administrator/03/p.4)

事实上，市教委有关人员承认，上海市政府奖学金的标准确实不高。他说：

我们到埃及去宣传上海市政府奖学金的时候，埃及高等教育部特别提到，我们的奖学金太低。它说："我为你派出学生，我自己还要贴钱。"埃及政府为了支持学生来中国留学，一个月还要贴500美金。如果不给这500美金，那么学生得到的虽然是全额奖学金，但吃、用等都不够，那怎么行呢？

(Shanghai/administrator/01/p.8)

但他同时指出，奖学金标准的设置不能仅根据留学生的需求，而要考虑政府财政支出的诸多方面，平衡国内公民的社会保障和失业补助等诸多需求。可以预料，我国奖学金标准不高的状况短期内不可能有大的改变。

奖学金标准从制定到真正落实，其间在市里面讨论过很多次，有很多反对意见。有人质疑说，我们这座城市是不是发展到了要给外国人发奖学金的时候。当时还有很多人没有工作，社会保障水准也很低，为外国人发奖学金是不是一件华而不实的事情？我们业内的人都强调奖学金的重要性，但市长考虑，你一年几千万块钱，用在其他地方是不是更好呢？在这样的背景下，在很多反对意见中，最终市里还是成立了这个奖学金，这很不容易。所以在这样的情况下，可想而知，奖学金的标准不会太高。

(Shanghai/administrator/01/p.8)

第三，我国奖学金竞争性不足，难以吸引真正优秀的学生。在其他国家，留学生要获得奖学金，往往需要经过淘汰率较高的筛选。法国艾菲尔奖学金获得者约占申请人总数的四分之一至三分之一；在英国，即便是号称"有史以来成功率最高的奖学金之一"的苏格兰兰十字奖学金，其申请成功的可能性也只有16.8%；美国的每个全额奖学金更是有20名学生竞争。[①] 但在我国，中国政府奖学金申请人最终成功获得奖学金的比例超过90%，有时申请人数量还少于奖学金的计划名额。2007年，我国计划提

---

① 数据来源：http://www.diplomatie.gouv.fr/en/france_159/studying-in-france_2192/how-can-the-project-be-funded_4965/index.html；http://www.educationusa.info/pdf/study/chinese1.pdf；http://www.britishcouncil.org/eumd-campaigns-let-your-english-grow.htm；http://www.scotlandscholarship.com/。

供 5340 个奖学金新生名额，提出申请的留学生只有 4689 名，其中 4363 名申请成功，占申请人总数的 93.0%。2008 年的 7044 名奖学金申请人中，6831 人获得成功，比例高达 97.0%。[①] 奖学金竞争性不强影响了奖学金生的招收标准，不少受访教师批评中国政府奖学金生质量不高。目前，我国政府已经注意到这一问题，决定从 2010 年起，对中国政府奖学金生进行语言、文化和专业知识的预科教育（中国教育部，2009b）。这种做法在其他国家极为罕见，因为语言和专业知识不足的留学生很少能获得奖学金。

第四，奖学金的分派方式有时过于集中，高校话事权不足。中国政府奖学金生多由政府统一招收，再分派至相关高校。由于政府对申请人缺乏足够的了解，也无法顾全各高校和专业的要求，所以在一定程度上影响了奖学金生的质量。与中国政府奖学金不同，上海市政府的所有奖学金均直接划拨给有关高校，由其自主筛选和发放（上海市教育委员会，2006）。教师对这种分派方式认同度较高，一致认为上海市政府奖学金生的质量优于包括中国政府奖学金生在内的其他留学生。

> 现在上海市政府奖学金生的水平比其他留学生高一点。这些奖学金生是经过我们严格筛选的，由我们学校初步筛选以后，报上海市教委审批，我们在质量上有所控制。中国政府奖学金生的差别比较大，因为奖学金是中国政府直接发的，我们只有接收的资格，基本上没有筛选的资格，所以奖学金生（的质量）就有高有低……对留学生来说，得到上海市政府奖学金还挺骄傲的，好像比得到中国政府奖学金还要令他们感到骄傲，因为这真的是严格筛选出来的学生。
>
> （A/administrator/01/p. 8；p. 11）

值得欣慰的是，中国政府最近开始着手改革奖学金分派方式，将一部分奖学金名额交给若干省、自治区和高水平高校，供其自主招收接受学历教育的优秀留学生。2008 年，共有九个边境省区的 42 所高校获得了 1987 个自主招生的奖学金名额。[②]

（九）小结与反思

表 2.2 罗列了各国留学生资助政策的主要特征。

[①] 数据来源：http://en.csc.edu.cn/uploads/20080813132840281.pdf；http://en.csc.edu.cn/uploads/20091014104613465.pdf。

[②] 资料来源：http://www.moe.cn/edoas/website18/73/info1242971106262273.htm；http://en.csc.edu.cn/uploads/20091014104613465.pdf。

表 2.2 各国留学生资助政策的主要特征

国别	奖学金			其他资助与服务
	奖学金种类	奖学金对象	覆盖面	
美国	富布莱特计划	外国研究生和青年专业人员	奖学金占留学成本的28.7%	留学生贷款
	社区学院奖学金	来自巴西、印度和巴基斯坦等发展中国家的留学生		
	全球本科生交流项目	学习非学位课程的留学生		
	机会资金	来自中等收入家庭的留学申请人		
英国	志奋领奖学金	外国研究生	奖学金生约占留学生总数的20%	困难补助基金
	外国研究生奖学金	弥补外国研究生在国内读书和在英国读书的学费差额		
	霍奇金研究生奖学金	来自印度、中国、俄罗斯及其他发展中国家和地区的优秀博士研究生		
	苏格兰"兰十字"奖学金	来自加拿大、中国、印度和美国的外国研究生		
新西兰	新西兰政府发展奖学金	来自若干发展中国家的留学生		以最优秀的研究者为导师的外国博士研究生支付与当地学生相同的学费；外国博士生子女在中小学享受与当地学生同等的学费优惠。
	国际本科学费奖学金	外国本科生		
	国际博士奖学金	外国博士生		
澳大利亚	奋进奖学金	各级各类留学生	奖学金生占留学生总数的0.9%	
	澳洲领导力奖学金	外国研究生及进行短期学习的亚太地区学生		
	澳洲发展奖学金	与澳大利亚有合作伙伴关系的31国家		
德国	二百五十多个奖学金项目	各级各类留学生	奖学金生占留学生总数的20%，奖学金占留学成本12%	儿童补充津贴、儿童保健补助、紧急性资金支持、临时过渡性贷款、德国政府助学金
	科研补助金	就读"三明治课程"的外国博士生		

续表

国别	奖学金			其他资助与服务
	奖学金种类	奖学金对象	覆盖面	
法国	艾菲尔奖学金	外国硕士研究生和双学位博士研究生		奖学金生可以享受从入学前到毕业后的各种服务
	第一名优秀学生奖	准备在法国留学的海外法国高中毕业生		
	泰雷斯奖学金项目	来自印度、中国、俄罗斯和巴西的符合特定条件的硕士生		
日本	日本政府奖学金	各级各类留学生	日本政府奖学金生占留学生总数的8.0%	汽车票等物质援助、贷学金
	短期外国留学生支援制度	与日本高校签署交换生协议的国外高校学生		
	高校、地方和民间机构设立的奖学金	各级各类留学生		
新加坡	学费减免补助	在指定高校就读的全日制本科生及部分大专生		政府和院校提供的贷款与助学金
中国	中国政府奖学金	各级各类留学生	中国政府奖学金生占留学生总数的5.2%	
	地方政府奖学金	各地的规定各不相同		
	高校和企业设立的奖学金	随高校和企业的不同而不同		

表2.2显示：第一，我国提供的奖学金名额相对较少，中国政府奖学金生只占留学生总数的二十分之一。第二，我国为留学生提供的经费资助形式较为单一，仅有奖学金一项，不利于满足更多学生的需求。第三，我国在设计奖学金制度时，仅考虑资金的供给，而未像法国那样提供多种服务，所以奖学金缺乏"非货币形式"的增值效应。

此外，我国奖学金制度的设计值得关注。一方面，奖学金的分派应该给留学生和高校更多的选择空间；另一方面，如何在增加奖学金名额的同时，提高奖学金的竞争性和奖学金生的质量是一个亟待解决的问题。21世纪初，英国对志奋领奖学金进行了评估，发现该奖学金过于看重人数的增加，而忽略了其他更为长远的目标，于是对奖学金制度进行了改革（British Council, 2003）。我国各级政府也可以借鉴这一方式，对奖学金的功效加以检测，并在此基础上改进有关的制度设计。

第三节 教学过程：以中国为主的论述

教学过程是决定一般产品质量的关键，因为它直接影响留学生的学习体验。下文从教学语言、学习年限、课程开发、教学方法、教学设施、学业评价标准和学业监控七个方面,描述并分析教学过程。由于其他八个国家对前六个方面关注不多,所以下文主要论述我国的实践,间或穿插其他国家的研究成果,仅在学业监控这一方面进行较为具体的国际比较。

一、教学语言

留学生在学习中遇到的阻碍,大多源自语言。国外的一些研究发现,留学生不惧怕学习艰苦,事实上,他们已经准备好花大量时间学习,但是听不懂教师的讲课使他们对自己能否完成学业产生了怀疑,对留学生涯的满意度也大打折扣(Sam, 2001)。在我国,留学生遭遇的语言障碍同样存在,某种意义上可能更为严重,因为对许多留学生来说,"中文是世界上最难学习的语言"(E/student/04/p.2)。加上高校对包括汉语水平在内的招生要求不高,留学生面对的语言问题更为突出。

(一)不同编班方式对语言障碍的影响

前文提及,高校对留学生的编班方式各有不同。一些高校将留学生(特别是修读汉语的留学生)集中于国际交流学院、对外汉语系或类似机构中,单独编班授课;一些高校将留学生(特别是修读各类专业的留学生)分入各专业院系,与中国学生同堂授课;还有一些高校采用"两段式",留学生先在专门的院系中学习汉语和基础知识,然后再分入各专业院系。即便在同一所高校,不同的院系对留学生的编班方式可能也有所不同。一些院系留学生人数较多,因而将其编入单独的班级,整个教学过程与中国学生鲜有接触;一些院系留学生人数较少,单独编班成本过高,留学生因而被编入以中国学生为主的班级,接受与中国学生相同的教育。

留学生与中国学生同堂授课,面临的最大难题是得不到充分的关照。在以中国学生为主体的课堂中,教师一般不会为了少数几名留学生而放慢讲课速度。因此在最初的一段时间里,留学生必然会遇到听讲方面的问题。

> 有些留学生跟中国学生一起上课,他们觉得:"啊,完全听不懂,怎么办?"因为老师主要是讲给中国人听的,留学生汉语才学了一两年,怎么可以跟中国人一起上课?
>
> (A/student/01/pp.5—6)

> 我们面对的学生里面,90%是中国学生。那我讲课的节奏和讲课内容的深度,肯定要以中国学生为标准。我不可能为了两三个留学生而降低中国学生的水准。
>
> (A/teacher/03/pp.1—2)

加上专业院系的教师与汉语教师不同，其板书有时较为潦草，普通话不太标准，语速较快，语法不够规范，甚至还夹杂着当地方言，令留学生更难理解教师的讲课。

因为在我们（汉语言系）学汉语呢，我们老师（讲的）都是比较标准的普通话，对吧……然后你到了专业学院呢……有的老师带有一定的方言，他讲的不是那种非常纯正的普通话。

(B/teacher/03/p.1)

有时候我听不懂老师说的，有时候老师说的不是普通话。我问中国同学："老师说了什么？"中国同学说他们也听不懂，因为老师说的是上海话。

(A/student/04/p.1)

不过，对绝大多数留学生来说，这种语言上的障碍虽然在第一学年较为严重，但到了第二学年，只要教师不用方言讲课，他们便能跟上中国学生的学习步伐。

（一年级的时候）我估计大概能听懂30%左右……可如果预习了之后，可以提高到百分之八九十，这要看你预习的认真程度啦。如果没有预习的话，最多听懂30%。这是第一学年。第二学年应该好多啦，二年级的时候，我觉得自己比中国同学可能稍微差一点，不过基本的内容都能掌握。

(F/student/04/p.3)

把留学生与中国学生分开授课，可以较好地解决留学生在听课中遇到的语言问题，因为教师可以针对留学生的汉语水平，选择教学内容和教材，制订教学计划。当留学生在听讲中遇到困难时，教师可以用英语作些许解释，帮助学生理解。对一些留学生来说，是否为其单独编班是他们选择院校的标准之一。A大学曾经把留学生单独编班授课，但近年来，它开始实施两级管理，要求所有HSK达到六级的留学生进入各专业院系，与中国学生一起听课。这让不少留学生倍感压力，转而求学于其他为留学生单独编班的高校。

（实施）两级管理以后，HSK达到六级的留学生都得进入（专业）院系。（留学生）就很愁，我们因此流失了很大一部分生源。

(A/administrator/01/p.5)

但对更多的留学生来说，能与中国学生一起上课是他们决定来中国留学的重要理由。他们说，如果只是与其他留学生一起上课，他们就没有必要出国留学，因为其祖国的高校也提供这样学习机会。而且与中国学生同堂授课可以提高他们的汉语水平。

上海有很多大学……××大学（上海的某一大学）有那么多留学生，留学生专门在一起读书，我觉得在韩国也可以做到这样。我如果去那里读书，跟在韩国学习也没什么两样。对我来说，我选这所大学，是因为它的教育方针。它让我们自己选课，而且跟中国人一起上课。

(F/student/01/p. 1)

我之所以选择来中文系学习，是因为在这所大学的对外汉语系，中国学生和留学生是分开授课的，而我想和中国学生一起学习。不然的话，我在韩国也可以学中文，没必要来中国学习。

(G/student/01/p. 2)

此外，单独编班虽然有助于解决留学生的汉语听力问题，但对克服读写障碍见效甚微。就阅读而言，无论留学生是单独编班还是与中国学生一起学习，只要用汉语撰写毕业论文，一般都须阅读大量汉语资料。由于在阅读中常会遇到难词难句，留学生的阅读速度通常较慢，这加重了他们的学习压力。

你在专业方面需要大量地阅读……对留学生来说，尽管他们也很用功，很刻苦，但中国学生看完两本书，他们一本书还没看完，是吧。

(A/teacher/03/p. 2)

就写作而言，几乎所有留学生在来上海之前，都没有用汉语撰写学术论文的经验，所以他们在汉语写作上耗时甚多。有时候，他们即便耗费了巨大精力，所写文章还是过于口语化，离专业写作的标准相去甚远。

比如说我要写一页的话，大概要花半个小时。我们作实验的话，实验报告有五页吧，我大概要花四个小时。我们一年级的时候，整天都在写作，写实验报告。

(C/student/01/p. 3)

刚到上海的时候，我遇到了很多困难，首先是语言问题。我虽然在韩国学了两年中文，但是听、读、写方面还是有很多问题，上课听不懂，读书看不懂。在写作上，以前老师没有要求我写什么东西，我到第四年写论文的时候，才开始用中文写作，写出来的东西非常口语化。

(G/student/01/p.1)

在听、读、写的过程中，无论是单独编班还是与中国学生一起上课，留学生都会遇到另一个共同障碍——专业词汇。汉语的专业词汇有些由英语翻译而来，留学生有时即便对英语词汇了然于胸，也无法理解对应的汉语词汇。至于那些中国自创的专业词汇，留学生更是闻所未闻。把握这些专业词汇，并运用于论文写作，对留学生来说是一件非常困难的事。

很多时候，我不明白老师在讲什么，因为中文的术语和哈萨克斯坦的不一样。我在哈萨克斯坦学了国际法学，但是和这里的国际法学不一样。所以我觉得很累。

(A/student/04/p.1)

而且对专业词汇的理解水平，不一定会随着HSK等级的提高而提高，因为HSK侧重于日常生活用语，很少涉及学术性较强的术语。所以留学生和教师都承认，HSK与专业学习之间鲜有关联。

当人们第一次来中国学习汉语的时候，他们学一年汉语，然后参加HSK考试，然后开始学专业课。问题是，这一年的汉语学习和以后的专业学习之间没有连接。汉语课教的是通用汉语，与专业课没有关系，这是一个很大的问题。

(B/student/03/p.4)

即使你汉语水平达到六级，你汉语的听说读写技能也还不是很高，你的学习能力还是受限制的。比方说一些专业的词汇，一些比较书面化的用语，你就没办法懂。你只是解决了一个日常交流会话的问题，可以买点东西，进行交际。但是在更多正式的学习和工作场合，你肯定还会遇到很多问题。

(B/teacher/03/p.1)

总之，把留学生单独编班只能解决其所遇到的一部分语言障碍，即汉语听力上的障碍，而这种障碍在他们坚持与中国学生共同学习一段时间之后，基本上能得到较好的解决。此外，虽然一部分留学生赞成单独编班，但问卷调查显示，近70%的留学生希望与中国学生一起上课，持反对意见的仅占13.0%（图2.5）。所以将留学生单独编班不仅不能从根本上消除语言障碍，而且不一定符合留学生的期望。要帮助留学生应对语言问题，看来须寻找其他可行的方案。

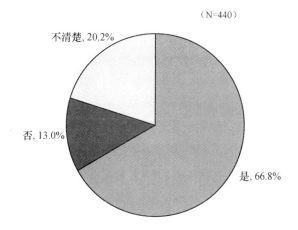

图 2.5　是否希望与中国学生一起上课

（二）应对语言障碍的途径

在其他国家，一些高校和院系为帮助留学生克服语言障碍采取了不少措施。有些措施注重提高留学生的通用语言能力，如德国高校的语音室和语言中心可以为留学生提供德语课程，英国高校的语言中心也设有留学生英语辅导班。[①] 有些措施侧重于改进留学生的专业语言能力。例如，澳大利亚一所大学的专业教师和英语教师合作，为留学生提供额外的学术阅读、专业写作和考试策略等课程。在对参加和未参加此课程的留学生进行对比后发现，前者的学业成绩均高于后者，有时还高出许多，且前者学业失败的比例从 13% 大幅降至 1.5%。另一所大学也采用专业教师和英语教师合作的方法，但没有为留学生提供额外的英语课程，而是由双方教师各自调整教学安排，在英语教学中增加专业词汇，在专业教学中提高留学生的语言能力。这种方法虽有一定的成效，但并不显著。研究发现，接受此类教学的留学生，学业成绩有时高于其他留学生，有时与其他留学生相若。英国的一所大学从 2000 年起，为国际商务管理专业的硕士留学生制作了题为"学术英语优胜"（*Excel at Academic English*）的光盘及相应的练习题，供学生在专业英语课上学习。光盘中收录了摘自《瑞思系列演讲》（Reith lectures）、《卫报》和《经济学人》等权威媒体的各式文章（Wu，Griffiths，Wisker，Waller，& Illes，2001）。但由于这些文献覆盖面极为宽泛，与留学生的专业没有太大关联，所以留学生认为这光盘不适合他们的需要（Andrade，2006：147）。

无论是提高通用语言能力还是专业语言能力的措施，留学生参与的积极性一般取决于两个因素，即额外的语言课程是否给予学分，以及是否额外收费。有研究发现，

---

① 资料来源：http://www.daad.de/deutschland/wege-durchs-studium/einrichtungen/06096.en.html；http://www.britishcouncil.org/zh/china-educationuk-teaching-methods.htm。

留学生很少参加没有学分或需要额外付费的语言课（参见 Hall, Hamilton, Hall, & Pitcairn, 1998）。有些高校为留学生提供多种选择。如英国牛津布鲁克斯大学的学术英语辅导分为两种：一种给予学分，另一种则没有学分。给予学分课程内容涵盖学术写作、学术商务写作、学术听讲、重要阅读技巧、高级英语技能和关键学术技能等，其中九节课免费，另十节需额外收费。不含学分的课程全部免费，可以采用教师辅导和自学等不同形式。①

有些提高留学生语言能力的措施较为非正式，如让当地学生与留学生结对学习。这既可以充分利用当地学生的语言优势，又不需要留学生额外付费，而且如果安排得当，还有助于双方的专业学习。例如，某大学把留学生与修习相同课程的当地学生结对，在对当地学生进行培训后，将之与留学生结成学习伙伴，帮助留学生提高专业语言能力。结果，参加结对的留学生和当地学生的成绩均高于班级平均分，且留学生一学期后的保留率几乎是该大学平均保留率的两倍（Andrade, 2006：147—148）。另一种较为非正式的措施是利用网络资源，如开发供留学生自学的网上语言学习包，或利用留言板和讨论区等，让留学生与其他学生和教师互动。英国约有11%的高校提供这项服务（Council for International Students, 2007：4）。

在我国，一些高校也为提高留学生的汉语水平采取了一些措施。那些旨在提高通用汉语能力的措施似乎并不成功，因为留学生普遍认为，他们在日常生活中，在与中国学生的交流中，可以自然而然地提高汉语水平，无须为此花费额外的时间和精力。例如，F 大学曾为留学生开设免费的汉语补习选修课，并给予一定学分，但选择此课程的学生寥寥无几。此后，该大学采纳了更多的激励措施，如为避免占用留学生的专业学习时间，将汉语补习课安排在晚上，甚至明确规定所有 HSK 未达到一定等级的留学生，必须参加汉语补习。但即便如此，这门课程还是由于参加的学生人数太少而被取消。

（我们把汉语课程）作为选修课，给学分，鼓励留学生来学习，但是效果并不理想，因为留学生觉得专业课任务很重。我们曾经试过一个学期，甚至晚上给他们开课，来的留学生还是很少。学校曾经在汉语学习上设置了硬性的规定，你（汉语）没达到某个级别的话，都要来学习，但是后来没有坚持下去，因为他们都不选这门课……他们认为自己学习（汉语）也很好，因为有 HSK 考试嘛，他们自己会去学汉语，还可以通过跟中学同学交朋友这种方法，所以他们都没有来这里上课。

(F/administrator/01/p. 3)

---

① 资料来源：http://www.brookes.ac.uk/international/support/english。

相反，那些针对留学生专业汉语水平的措施效果良好。一些高校为留学生开设了专业汉语课，帮助其掌握专业术语和学术写作技能。B大学更进一步，第一学年将所有留学生单独编班，在补充日常汉语的同时，请专业学院教师前来教授专业汉语。这样，留学生在第二学年进入专业院系学习时，便具备了一定的专业基础和较高的汉语能力，能较快适应专业学习的节奏。这一做法得到了留学生的普遍好评。

一年级的时候，我们学校一方面提高我们的汉语水平，另一方面在下午安排了数学课和一些基础的专业课，让外国同学一起上课。到了二年级，我们才真正地跟中国同学一起上课……如果一年级就让我们跟中国同学一起上课的话，我觉得可能不太适合。因为说实话，我是亚洲人，所以我学汉语可能比其他留学生快一些，所以我能拿到（HSK）六级。但是六级其实不算什么，跟中国人一起上课，我觉得我的六级真的不算什么……我们学校是二年级的时候才让我们跟中国同学一起上课，要不然的话，我觉得难以想象，效果可能不是很好。

(B/student/02/pp.2—3)

现在当我们第一年学中文时，我们也会学一些与专业有关的汉语。所以当我们开始专业学习时，至少可以掌握一些知识……这好极了，汉语学习和专业学习之间有了关联，以前没有关联。如果所有来中国学习的留学生都可以上这些课，那就太好了。因为中文对我们来说太难了，如果（汉语学习和专业学习）没有关联的话，就更难了。但是中国人很聪明，他们不断地改进。

(B/student/03/p.4)

除推迟留学生进入专业院系的时间，为其打下更为扎实的汉语基础外，B大学还安排了留学生与中国学生的结对活动。但由于该项措施仅针对通用汉语能力，所以留学生参与的积极性不高，结成的对子很快不了了之。

学校会帮我们找一个中国朋友，然后一对一地谈话，帮助我们提高汉语。但是我觉得效果不是很好，谈过几次（双方）就不见面了……我们很开心地谈话，然后交换了电话号码和电子邮件地址，后来接触了几次就没有（联系）了。

(B/student/02/pp.9—10)

需要注意的是，为留学生提供汉语辅助的，主要是国际交流学院和对外汉语系等留学生较为集中的语言类院系。在绝大多数专业院系，留学生的语言障碍尚未得到足够的重视。这也许是因为留学生过去以汉语学习为主，其较大规模地进入专业院系是近些年才出现的新现象，所以专业院系尚未准备好面对这一变化。

> 大学一年级我们遇到语言障碍的时候，老师也没有给我们什么帮助。因为我们专业留学生本来就不怎么多，老师也不知道应该怎么跟留学生讲课。
>
> (C/student/01/p. 3)

进入专业院系的留学生要克服语言障碍，很大程度上得依靠个人的主动性。如前所述，在那些留学生与中国学生同堂授课的课堂上，教师关注的主要是中国学生。留学生若要寻求教师的帮助，大多得主动与教师沟通。换句话说，多数教师只对那些主动寻求其帮助的留学生给予关照。

> 因为我的长相跟中国人没有什么两样，所以虽然个子小一点，但他们也没有发觉（我是留学生）……我语言上有点困难，不过老师也没有注意到。可是因为我还是比较积极的，下课之后会经常向老师提问，所以老师才发现，班里原来有一名留学生。
>
> (F/student/04/pp. 2—3)

> 我们可以利用课余时间（为留学生提供帮助），不过这还要看留学生的主动性。如果这个学生还比较主动，我们可以在课余的时间提供一些额外的援助。我们只能把这称为援助，因为这不是教学计划内的事。
>
> (A/teacher/03/pp. 1—2)

不过教师的帮助毕竟是有限的，难以为留学生解决所有的语言障碍。而且如同上段引文中的那位教师所说，教师不认为帮助留学生解决语言障碍是其分内的事。于是，一部分留学生转而求教于中国学生。与向教师求教一样，向中国学生求教也需留学生主动积极，很少有中国学生主动过问留学生的学业情况。

> 东方人嘛，还是比较内向的，所以我有问题的话，肯定要自己去找中国同学。他们都会说："我们很乐意帮助你，我们是朋友，有什么问题可以去找我们。"不过他们也不会特意过来找我……反正我有问题就会过去问他们。我只要知道他们是很乐意帮助我的，其他的我都会自己主动的。
>
> (F/student/04/p. 3)

与教师相比，中国学生能够提供的帮助更多，除为留学生解释语词，辅导其理解授课内容外，还可以为其润色书面作业，探讨理论观点等。

> 我写文章的时候，有哪个方面不太熟悉，想法不太成熟，我就向中国同学请教。他们很热情地来帮助我，告诉我应该怎么写……我自己有些作业，写完之后还跟中国朋友交流，让他们帮我看看里面有没有语法错误，帮我改改。
>
> （E/student/02/p.3；p.6）

不过，尽管一部分中国学生愿意帮助留学生应对学习困难，却也有不少留学生认为，一些中国学生不想耗费时间和精力，辅导留学生学习。

> 我认识的外国朋友，有很多人是很容易跟中国人接触的，但中国学生不喜欢，觉得烦……比如说留学生汉语不好，他们学专业，有很多知识不懂，就想请中国学生来帮助。前半个学期，中国学生帮得很热情，但后来中国学生没时间了，他们自己也有事情做，学习方面很忙很忙，所以慢慢就不想帮了。
>
> （B/student/02/p.8）

> 比如说让我们读作品吧，一些生词（我）看不懂，查字典也不行，因为字典里面没有那些词。（我）想问中国学生，但他们可能会觉得太烦了……导师当着中国学生的面，要他们多帮帮我，可是没有指定让谁来帮，只是这么说一说……所以中国学生只是说："你有问题就来问我，我能帮得上就帮，帮不上也没办法。"
>
> （F/student/02/p.7）

虽然教师不能解决留学生所有的语言问题，中国学生也并非个个热情相助，但留学生如能主动积极，还是会有所收获。留学生若性格内向，或不擅长与他人交流，便只能付出比其他学生更多的努力，独自攻克语言难关，其间的学习压力和艰辛可想而知。

> 很多书也有英文版的，我们自学的时候，还是会用英文版的书先了解内容……因为如果看中文书的话，我会看得很慢，太慢了。所以我去找英文版的书，了解其中的内容基本上是怎么样的，然后去找老师讲的（中文）书，用词典慢慢看。有的字（我）可能不懂，我可以查词典。（我）看得很累，很慢，太难，但是没办法，只能这样。
>
> （E/student/04/pp.5—6）

(三) 英语授课的利弊

还有一种旨在帮助留学生克服语言障碍的措施，是以英语为教学语言。早在中世纪，一些大学就为了吸引留学生而用当时世界上通行的语言授课（Klafter，2008：57）；如今，这一做法在非英语国家日趋盛行。前文提及，法国共开发了550门英语授课的专业，德国的英语授课专业接近1000门，日本为了实现"30万留学生接收计划"，已决定选择30所大学建设157门英语授课的专业。与此同时，各国在海外大力宣传，将英语授课大书特书，作为招揽留学生的手段。以英语为工作语言之一的新加坡在其宣传册中明确表示："除了母语科目（中文、马来文和淡米尔文），其他科目都以英文为教学语言"。① 德意志学术交流中心在网站上写道："你要来德国读博士，不一定要会说或会写完美的德文，你也可以用熟练的英文来读博士。"② 2007年10月，德意志学术交流中心开通了英语授课专业的网上信息库，每天的点击率约一万次，是除奖学金数据库之外最受欢迎的信息库（German Academic Exchange Service，2008：38）。调查发现，以英语为教学语言对留学生确实有一定的吸引力。德国5%的留学生在入校之前没有学过德语（Federal Ministry of Education and Research，2008：26），15%的留学生决定来德国读书，是因为其专业用英语教授（German Academic Exchange Service，2008：29）。

在我国，高校一般只提供若干英语授课的课程，全英语授课的专业极为罕见。有人认为，缺乏英语授课的专业和课程"已经成为制约来华留学生规模的瓶颈"（赵晓峰，2007：38）。在受访的高校中，努力推广英语授课已经成为一种共识。

> 我们可能还要推出一些有吸引力的专业，这些专业——特别是最高端的专业——不一定都是用汉语教学，可以用全英语的，这可能会有一定的吸引力。比方医学专业，欧美的水平当然比我们高，但是它费用太厉害了。我们一些一线的医学专业吸引了很多巴基斯坦和尼泊尔等国家的学生，现在也吸引了一些美国和欧洲的学生，为什么？因为我们的确有潜力。但是如果用汉语来教，那就没办法了，很困难。如果用英语来教，那还是很有吸引力的。

(B/teacher/03/p.9)

此外，我国学习时间不满一年的短期留学生比例极大，其中不少来自于我国高校

---

① 引自http://www.singaporeedu.gov.sg/cn/doc/res/Studying_Living_Chinese.pdf。
② 引自http://www.daad.de/deutschland/forschung/ueberblick/11075.en.html。

签订了学生交流协议的外国高校。对他们来说，能用英语学习可以获取学分的课程至关重要。

> 我们现在学校里有很多校际交流生。我们的校际交流学校都是国际上好的学校，因为是好的学校，所以来的学生质量都挺高的。但是他们都不懂汉语，你不能要求他们学好了汉语再来交流……所以现在我们就开始开发全英语的教学……让国外来的学生也可以很顺利地在我们学校学习。
>
> （C/administrator/03/p.2）

> 交流生的教学就不一样了，他们不学中文的。他们来了以后，基本上用英语学习……尤其中国现在很受人瞩目，人家都要跟你交流，交流的机会多得不得了，就是你课程的容纳能力不够。
>
> （Shanghai/administrator/01/p.14）

有趣的是，虽然所有受访的教师都一致强调英语授课的重要性，但留学生的看法有所不同。首先，并不是所有用英语学习的留学生都以英语为母语，不少留学生在用英语学习时，同样遇到语言障碍。

> 我在学习英语授课的课程上有些问题，我听不懂，因为英语不是我的母语。我听不懂英文和中文，这是一个问题。
>
> （D/student/02/p.2）

> 我听英文比听中文累，我的中文比英文好，外籍教师上课我听不懂。
>
> （G/student/02/p.1）

其次，并不是所有用英语讲课的教师都能使用流利的英语。有时，教师不标准的发音、用词和语法让留学生感到晦涩难懂；有时，教师在讲课中夹杂着汉语，让留学生更不知所云。

> 有些教师英语不错，可以用英语教学，但他们有时说中文。虽然我们听不懂，但我们会想办法明白他说了什么。我们不会说中文，但我们英语很好，可以用英语问别的同学。
>
> （B/student/03/p.2）

最后，并不是所有的留学生都希望以英语为教学语言。由于留学生在用汉语学习时，遇到了诸多与专业词汇有关的语言障碍，所以不少教师特别强调在理工科和医学等专业词汇量较大的学科领域，开发英语授课的课程。但留学生对此看法不一。参加问卷调查的留学生中，用汉语和英语学习的分别占84.8%和11.0%，另有4.2%的留学生用其他语种学习。只有10.9%的留学生认为用目前的教学语言学习很容易或者容易，感到很困难或者困难的占40.7%（图2.6）。其中，用汉语学习的留学生确实比其他留学生遇到了更多的障碍，两者存在统计上的显著差异（表2.3）。

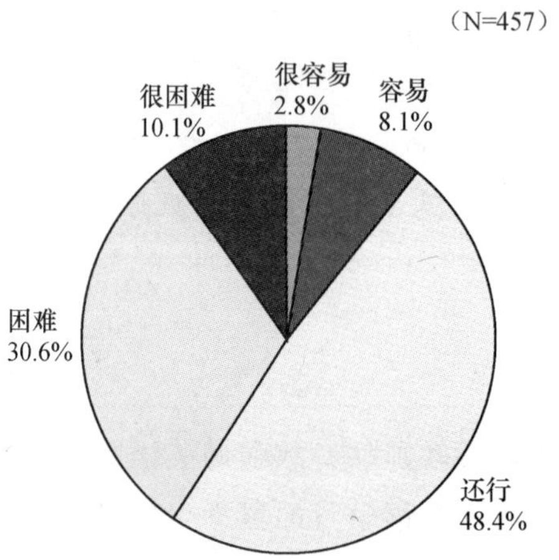

(N=457)

很困难 10.1%
很容易 2.8%
容易 8.1%
困难 30.6%
还行 48.4%

图2.6　用目前的教学语言学习是否困难

表2.3　教学语言与学习难度

(N=454)

学习难度 教学语言	很困难	困难	还行	容易	很容易	总计
汉语	40	128	186	24	7	385
英语	3	5	26	10	6	50
其他	2	6	8	3	0	19
总计	45	139	220	37	13	454

$\chi^2 = 37.274$，$p < 0.001$.

不过，进一步的分析显示，感到用汉语学习难度最大的，不是理工科和医学专业的留学生，而是修读语言类文科专业的留学生，这也许是因为这类专业对学生的语言能力要求最高。事实上，认为用汉语学习很容易或容易的留学生中，理工科和医学专业留学生的比例最高，占60.9%（表2.4）。

表 2.4 汉语学习、专业与学习难度

(N=259)

专业＼学习难度	很困难	困难	还行	容易	很容易	总计
语言类文科专业	10	37	55	1	1	104
非语言类文科专业	6	22	47	6	1	82
理工科与医学	6	19	34	11	3	73
总计	22	78	136	18	5	259

$\chi^2 = 17.698$, $p < 0.05$.

而且，尽管不少留学生在用汉语学习时遇到阻碍，但高达 70.6% 的留学生仍希望以汉语为教学语言（图 2.7）。

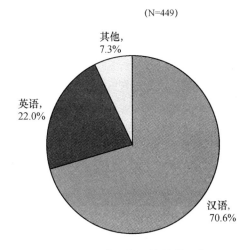

图 2.7 留学生期望的教学语言

一个有趣的现象是，44.1% 的理工科和医学专业留学生希望用英语学习，与文科专业的留学生存在极其显著差异（表 2.5）。但与此同时，仍有 46.2% 的理工科和医学专业留学生希望以汉语为教学语言，72.5% 的该专业留学生希望与中国学生一起上课，表明理工科和医学专业的留学生在希望用何种语言学习的问题上，存在较大分歧。这也许是因为目前该专业留学生中，接受英语授课的留学生比例显著高于其他专业（$p<0.05$），所以学生对汉语授课的体验较少。

表 2.5 专业与期望的教学语言

(N=295)

期望的教学语言 专业	汉语	英语	其他	总计
语言类文科专业	94	13	4	111
非语言类文科专业	62	23	6	91
理工科与医学	43	41	9	93
总计	199	77	19	295

$\chi^2=34.355$,$p<0.001$.

总体而言,绝大多数留学生希望用汉语学习,这与他们的留学目的紧密相关。对85.4%的留学生来说,学习汉语是其选择来中国留学的一个重要或非常重要的因素(图2.8)。他们说:

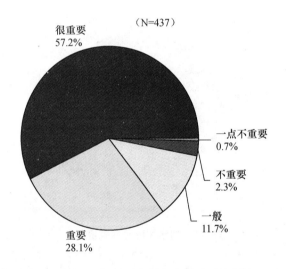

图 2.8 学习汉语对选择来中国留学的影响

我只申请了来中国留学,没有申请去其他国家留学。因为如果我去美国、法国的话,只是进一步学习英语、法语,而这两种语言我已经会了,那么去美国、法国留学与在自己的祖国读书又有什么差别呢?但是在中国,我可以学习汉语。所以我希望以汉语而不是英语为教学语言。

(A/student/02/p.1)

我觉得去欧洲读书、在欧洲生活没有意思。为什么没有意思?因为我们国家很多人去了英国、美国。我回国以后,有时候跟以前的同学们见面,他们有的人说自己在英国读大学,别人听了没有什么感觉,因为有很多同学在英国、美国、德国读书。但是我说:"我在中国读书。"他们都很羡慕……他们问我:"你会说中文吗?"我在中国已经三年了,当然会说啦。

(B/student/01/pp. 11—12)

在开放式问题中,留学生普遍认为,学习汉语、能够用汉语与他人交流,是他们留学上海的最佳体验。与其他国家相比,语言学习对来华留学生的重要性明显偏高。德国的报告显示,70%的留学生认为,提高德语水平对其选择到德国留学有重要影响(Federal Ministry of Education and Research,2008:28—29);英国的调查表明,51%的留学生为了学习英式英语而留学英国,75%的留学生为了提高英语水平而留学英国(Council for International Students,2006:9);日本的调查则发现,45%的留学生因为想学习日语和日本文化而到日本留学。① 这些都远远低于上海的相应比例。

总体而言,留学生已经准备好为学习汉语付出艰苦的努力,他们说:

我的导师有一个要求,他说:"你要用中文写你的论文。"我没有介意……我说:"导师,没问题,因为这对我有帮助呀。"虽然我知道会很难,但是我还是要这样做。

(E/student/04/p. 8)

即便是用英语学习的留学生,也希望花更多时间学习汉语。

我在这里最大的问题是语言。我希望能在这里学一年中文,但是不行……现在大学提供的只是中文初级课程,一周只有四五个小时的课,这对学中文来说是不够的……博士学习意味着将来成为学者……将来会有很好的职位。如果我们懂中文,很好地了解中国文化,就能与中国建立起良好的关系……我认为对中国来说,教授语言很重要,我是这么想的,有一些人应该懂中文。

(D/student/02/pp. 2—4)

留学生普遍希望高校提供更多的汉语学习机会。在问卷中,对于"我希望在学习专业之前用更多时间学习中文"这一陈述,61.7%的学生表示完全同意或同意,仅

---

① 资料来源:http://www.jasso.go.jp/study_j/sgtj_chi.html。

9.4%表示完全不同意或不同意（图2.9），且无论用何种语言学习何种专业，留学生对这一陈述的看法没有统计上的差异（p>0.05）。

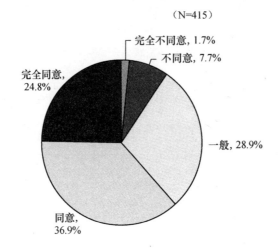

图2.9 "我希望在学习专业之前用更多时间学习中文"

问题是，目前只有一部分高校为提高留学生的汉语水平提供辅助措施，而这些措施又非全部有效（如开设汉语补习课），有时还不一定符合留学生所需（如将留学生单独编班）。在一些高校，留学生即便愿意额外付费，也无法顺利地选修汉语课。

> 我想再学点汉语。我平时说话不用汉语，都用英语，所以我觉得自己一天天忘记了怎么说汉语，我的汉语不是非常好。但是办公室说我不能再学汉语，我不明白为什么……我问办公室："我可不可以付钱上汉语课，我想学，因为我还有时间。"办公室说……付钱也不行。
>
> (A/student/04/p.2)

结果，留学生普遍认为高校目前提供的汉语学习不能满足他们的需求。不少留学生指出，学不好汉语或者没有机会学习和使用汉语，是他们留学上海的最糟体验。对于"我对自己在汉语学习方面的进步并不满意"这一陈述，29.9%的留学生表示完全同意或同意，表示完全不同意或不同意的只有32.9%（图2.10）。而在英国，50%的留学生在抵达英国之前，对自己的英语水平忧虑不安，但在英国学习一段时间后，此比例大幅降至20%（Council for International Students，2006：9）。

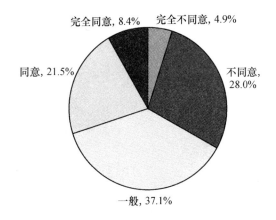

图 2.10 "我对自己在汉语学习方面的进步并不满意"

(四) 小结与反思

语言是留学生普遍遇到的学习障碍。为帮助留学生克服这一障碍,上海的一些高校采取了若干措施。一是将留学生单独编班。这虽然能减轻留学生的听力障碍,但基本上无助于其汉语阅读和写作,对专业词汇的掌握也作用有限,且不一定符合大多数留学生的期望。二是为留学生开设额外的汉语课,其效果主要受四个因素的影响:是否需额外付费,是否给予学分,是否与所学专业有关,是否有正式的制度化安排(例如,是开设正规的课程,还是采用非正规的学生结对)。如同澳大利亚的一份调查报告所言,目前的语言课程一般只是一种补习,未被纳入正式的课程体系(Australian Government,2008:103),可能影响留学生参与的积极性。

更多的情况下,留学生依靠教师与同学的帮助以及自己的努力,解决语言问题。需要注意的是,43.7%的留学生表示在学习上遇到难题时不会向教师求助,52.0%的留学生表示靠自己的努力解决学习困难(图 2.11)。换句话说,相当比例的留学生在遇到学习困难时保持沉默。这既不利于留学生及时解除学习中的疑惑,也不利于教师按需调整教学方案。

至于是否要以英语为教学语言,高校教师异口同声表示赞同,但留学生更希望用汉语学习。不过,理工科和医学专业的留学生对此看法不一,希望用汉语和英语学习的各占半数。这也许表明不同类型的留学生对教学语言的期望存在差异,对此需要作更为细致的研究。

总体而言,留学生在学习汉语方面有很大的需求,高校需寻找有效的方法,增加留学生学习和使用汉语的机会。此外,对不同类型留学生(如交换生和学位生、文科专业留学生和理工科及医学专业留学生)的汉语学习需求,应作进一步调查分析。

(N=442)

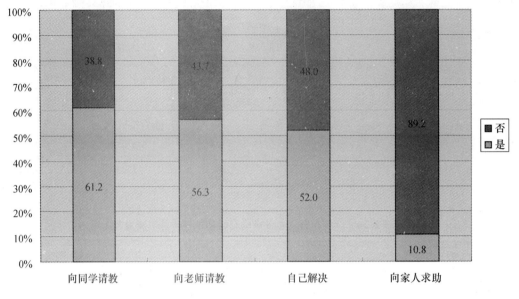

图 2.11 如何应对学习困难

二、学习年限

学习年限是教学计划的重要组成，也影响着留学生的学习结果和学习成本。学习年限过短不利于学生掌握所需知识与技能，学习年限过长则会增加留学的成本。调查显示，上海高校在设计学习年限时，更多地考虑如何扩大留学生规模，而非其本身的合理性。

为了满足招生所需，一些高校采用学分制和插班制，以便留学生在最短时间内完成学业，降低留学成本。所谓"学分制"，即留学生只要修满规定学分便可毕业，其中包括免修和跳级；所谓"插班制"，即留学生若在其他高校学习过一定时间，便可插入高年级学习。这些同样适用于中国学生的做法，如果实施得当，能够较好地照顾学生间的个别差异。问题是，当涉及留学生时，各校的管理大相径庭。一些高校制度较为严格，对申请课程免修和跳级的学生进行考核评估，对插班生先前获取的学分进行认定。

我们现在实行学分制管理。第一，允许你提出免修申请……我们一般是每学期末提交免修申请，然后院系审核通过，下学期开学的第一周进行免修考试。考试成绩达到80分或80分以上，我就给你学分。这个规定跟中国学生是一样的。第二，允许你跳到高年级读书……但是我们不允许跨两个年级听课……有的留学生免修课程，再加上提前修读一些课程，所以我们每年都有留学生提前毕业……我们（对插班生）组织考试，包括笔试和面试。留学生通过考试，可以插入高年级学习。以前的学分可以认可，但只是部分认可，几门主干课程你还是修读，每次考核都要通过。

(E/teacher/02/pp. 4—6)

我们学校的要求比较高。我们刚刚通过了一个学分认定制度，插班生和转校生在我们学校的学习时间，必须超过（其整个学习时间的）75%以上，也就是说你必须在我们这儿学满三年，最快也得三年毕业。对（在其他学校取得的学分），我们要进行考试和学分认定。

(A/teacher/02/p. 10)

但在其他高校，留学生有时可从语言预科生直接插入本科两年级甚至三年级，最快两年便可取得本科学位。有时候，留学生只需取得同类专业中国学生所需的七成学分，便可获得毕业证书。

我们采用全学分制，允许提前毕业，这对留学生也有点吸引力。对日本和韩国的留学生来说，它比较有吸引力的地方就是能够比较快地拿到本科文凭。如果他在自己国内读书……至少要学四年，对吧。

(B/teacher/03/pp. 1—2)

中国学生毕业至少要300个学分，留学生毕业只要250个学分，最少的大概220个学分就可以毕业了。

(F/administrator/03/p. 2)

还有些时候，高校虽有较为严格的学分认定和插班考核规则，但执行效果不甚明了。

后来我们确实采取了一些措施，比如说你想跳级，就要参加考试，我们根据你的成绩来决定你是不是可以跳级。但是这个原则到底贯彻得怎么样？我只知道有过这个措施，不清楚最终贯彻下去的结果是什么。

(G/teacher/03/p. 3)

学分制和插班制的实施为那些希望缩短学习时间的留学生提供了便利，部分留学生在一学期内修读尽可能多的课程，以便尽早完成规定的学分。这时候，听课和应付考试占据了他们太多的时间，使他们没有精力进一步深入学习，难以取得令人满意的学习效果。

> 留学生看书比较少，他们很少涉猎其他的书，因为课比较多，他们无暇去顾及那么多内容……很多留学生是不预习的。他们的课时有点偏多，因为我们实施学分制，他们想早点毕业。
>
> （A/teacher/02/pp. 2—3）

> 我是插班的，一开始就读三年级。但是我们需要很多学分嘛，所以压力比较大……我上学期很忙，参加了16门考试……我要用两年的时间修满四年的学分。
>
> （B/student/01/pp. 1—6）

某些国家的高校为确保学生的学习质量，规定了其每学期可获学分的上限。当这些高校的学生作为交换生来到上海时，他们便尽可能多地选课、拿学分，以使其海外学习经历物超所值。

> 我的学费是按美国大学的标准付的，这里去美国交换的中国学生是按中国大学的标准付学费的。这等于是我们付他们的学费，他们付我们的学费。但是美国的学费比较高，所以我感觉还是不太划算。不过我们在美国，一个学期只能拿17个学分，我来这里，可以想拿到多少学分就拿到多少学分。
>
> （F/student/03/p. 4）

对大多数教师来说，过于宽松的学分制和插班制不利于确保教学质量，也有损中国高校文凭的含金量，但对大多数留学生来说，这是他们选择某些高校的理由。于是一些原本实施学年制的高校也纷纷转向学分制和插班制，令学分制和插班制成为上海留学生教育的一种潮流。

> 在有的高校，留学生最快可以两年毕业……你看，大学学位证书都是国家印制的，但两年就毕业的留学生到底水平怎么样，这就很难讲了……很多留学生功利心很强，他们就到那些高校去读书了。而我们这里呢，生源上可能会受到一些影响。
>
> （A/teacher/02/p. 10）

（我们大学）一直没执行（学分制和插班制）。我们这里一年级的留学生，读了一个学期以后，发现他的同胞在其他大学跳到三年级了，于是他就走了，到他同胞所在的大学去了。我们每学期都有留学生流失，而且流失的都是好学生。从前年开始，我们也没办法，不得已也采用学分制和插班制。

（E/teacher/02/p.6）

概言之，上海高校对留学生学习年限的安排，多从降低留学成本的角度出发，虽能在招生方面获得一定的优势，但若教学质量未能同步提高，则可能被贴上"低成本、低质量"的标签，不利于留学生教育的长远发展。

三、课程开发

前文多次提及，留学生的激增是一种新现象。过去，来华留学生人数较少，修读的专业较为单一，主要为汉语言；如今，来华留学生不仅数量迅速上升，而且种类繁多，包括语言生和学位生、短期生和长期生、全日制学生和兼职学生等，修读的专业也更为丰富。如何为各类留学生设计合适的课程与教材，是高校面对的重大挑战。

其实（我国在 20 世纪）60 年代就有留学生了，最早接收留学生的是清华大学……明显地，一开始留学生很少，国别也很少，后来慢慢地规模越来越大。以前我们这个学校，日韩学生最多，但现在哈萨克斯坦和欧美学生越来越多了。那你的教材就不能那么陈旧了，很多材料需要更新。而且以前的留学生学习的内容可能比较少，因为那时候短期生比较多，没有这么多长期生在你这里上课。这些都是很大的变化。

（A/teacher/02/p.13）

就留学生教育而言，高校的课程大致可分为两类：一是语言类课程，主要指汉语课；二是由各非语言类院系提供的专业课程。到目前为止，专业课程的开发尚未得到足够的重视，这也许是因为修读各类专业的留学生人数虽比过去有较大增长，但与修读语言类课程的留学生相比仍属少数，后者占来华留学生总数的比例超过 60%。修读各类专业的留学生一般被分散到各专业院系，每个院系的留学生人数都不算多，难以形成规模效应，因而无法为其开发专门的课程。相反，修读语言类课程的留学生数量较多，且往往被编入单独的院系或班级，为课程开发提供了便利。

留学生的语言类课程主要分为通用汉语课程和专业汉语课程。与专业汉语课程相比，通用汉语课程起步较早，有全国统一的教学标准和多种公开出版的教材，总体较为成熟。不过无论是教师还是留学生，都对现有的教材表示不满。他们指出，一些老版本的通用汉语教材编写质量较高，但选材过于陈旧；一些新版本的教材内容新颖，但编写质量不尽如人意。

> 我们这儿有很多班级，在定教材的时候，老师就问："哎呀，哪一本教材比较好？"有时候真选不出合适的好教材。以前有很多老的教材，它的语言点铺排得很好，但是样课太老了，很陈旧。而现在有些新教材呢，它的材料很好，但是练习编排不好。所以我们在选教材的时候，就经常碰到这种两难问题，到底选这本还是选那本？如果把两本综合起来，发挥各自特长的话，那就是一本很好的教材。
>
> (A/teacher/02/p.4)

而且，我国在编写教材之前，很少调查用户的需要。一些教材过于强调趣味性，降低了学习难度，无法满足留学生对汉语学习的较高需求。

> 留学生提出很多意见，包括教材方面。有些留学生认为一年级和二年级教材的内容不好，不符合他们的要求。比如阅读，故事太多，但是语法上或者用词上的质量又不高。
>
> (E/student/01/p.12)

> 在了解留学生到底想要学什么方面，我们做得不够，没有事前调查清楚。课堂教学中，我们都按照教材进行讲授，但是有些教材根本不适合他们的需求。
>
> (A/teacher/02/p.11)

此外，一些教材可能编写得过于仓促，在知识点的衔接上出现了失误。

> 有的时候，课文后面的练习中有一些语言点，但课文里可能没有涉及这些语言点，这些练习（就显得）比较突兀。如果老师在课文中没有讲到这些语言点，但在后面的练习里又出现了这些语言点，那老师就会觉得比较被动。
>
> (C/teacher/01/p.1)

有些教材甚至出现了大量拼写错误，令教材的严谨性大打折扣。有留学生在问卷中批评："我们的书还行，但看上去很草率，很不专业，因为在用英语写的说明和定义里，有大量的拼写错误和印刷错误，这令人吃惊。只要用软件作一个免费的拼写检查或让懂英语的人读一遍，就可以找出并纠正所有的错误。"

与通用汉语不同，专业汉语（如商务汉语和旅游汉语）是近些年出现的新动向。随着留学生人数的迅速增多，其学习汉语的目的日趋多样，一些学生在掌握日常生活所需的通用汉语之外，还希望了解工作中经常使用的专业汉语词汇。于是，各高校的国际交流学院、对外汉语系或其他语言类院系开始结合本校的专业特色，开发专业汉语课程。另外，前文提及留学生普遍在理解专业汉语词汇上遇到困难，开发专业汉语课程有助于留学生（特别是修读专业课程的留学生）解决这一难题。

但是专业汉语的兴起时间极短，各高校普遍在课程开发中遇到了两个难题。第一个难题是教材。由于与各高校特色专业相关的汉语教材目前尚属空白，所以教师必须花费大量时间和精力，自己寻找有用的资料，组织和编写讲义。第二个难题是师资。讲授专业汉语要求教师不仅有较高的汉语水平，还要具备一定的专业知识。而绝大多数专业汉语教师毕业于语言类院系，对其他专业知之甚少，有时甚至无法回答留学生提出的问题。

> 很多老师是学中文出身的，现在你要他讲市场营销，讲经济法，讲中国的商务文化等等，我们这里的中文老师不行的。
>
> (E/teacher/02/p. 2)

> 我周末（给留学生）上商务汉语课，压力很大……我毕竟没有这个阅历。这些词汇我可以上网去查，但是我毕竟没有在公司待过，也没有进行过商务谈判，所以刚开始上课的时候，底气非常不足。然后发生了一件事情，就是我用了很多话来解释一个词，留学生感觉不是那个味，然后他们私下用一句话就解决了所有的问题……这个班的学生都是经理和总裁啊，我自己感觉底气不是很足。
>
> (B/teacher/04/pp. 6—7)

为弥补教师知识结构的缺憾，一些高校聘请专业院系的教师为留学生讲授专业汉语。毋庸置疑，这些教师专业知识丰富，但他们与留学生接触的经验不多，不了解留学生的学习特性，教学效果往往并不理想。

> 我们可不可以请管理学院或者请经济学院的老师（来教专业汉语）呢？这也带来一个问题，就是他们不了解留学生。留学生的教学一定要采用讨论、案例和任务式教学……专业学院的老师不了解这些，所以他们教得很痛苦。
>
> (B/teacher/03/pp. 6—7)

为解决上述问题，一些高校已经着手改变语言类教师的知识结构，或让他们到专业学院攻读学位，或引进一些具有专业背景的新教师。但这些措施的实施时间不长，效果还有待检验。

总之，本研究发现，就面向留学生的专业课程而言，其开发尚未得到充分的重视。就语言类课程而言，高校目前的教学难以满足留学生的学习需求，一些课程（如通用汉语课程）需进一步提高质量，另一些课程（如专业汉语课程）仍处在填补空白的阶段。此外，在课程开发的过程中，我国缺乏前期调研，难以把握留学生对课程的需求。

四、教学方法

在本研究选取的八个国家中，澳大利亚和新西兰都以立法的形式，彰显了其发展留学生教育、为留学生提供优质服务的决心。这两个国家也都表现出对教学方法的关注，因为留学生来自教育制度、教育理念和教育实践各不相同的国家与地区，不一定能很快适应留学目的地的教学方法。糟糕教学方法会让留学生无法明白讲课内容，难以参与课堂讨论。为此，两国政府都鼓励院校为教师提供教学方法的跨文化培训（Minister for Education, Minister for Employment and Workplace Relations, & Minister for Social Inclusion; Australian Government，2008：103）。

上海的高校极少针对留学生教育，为教师提供相关培训，教师用何种方法开展教学，很大程度上取决于其个人。本研究显示，绝大多数教师在课堂上仍以讲授为主，较少运用讨论、案例教学、学生演讲等留学生参与较多的形式。许多留学生在访谈中对教师的教学方法提出批评，他们说，呆板的教学方法迫使一部分留学生远离课堂。

有些老师讲课的方法要么太死板，要么太严肃，课堂气氛很压抑。有些学生根本就不来上课，因为课堂气氛很不好。

(E/student/01/p.12)

有的老师上课，我们觉得没意思，内容重复，很无聊。如果我们觉得很无聊，他肯定也觉得很无聊。

(F/student/03/p.9)

问卷在开放题中征询留学生在上海的最糟糕体验，教学方法是出现频率极高的话题。他们写道："教育体系非常可怕，它不教你独立思考，我们总是重复教师的话，这不会促进学习"；"对外国人来说，教学方法相当低效和令人沮丧……学到的非常有限"；"我希望一些老师不要再照本宣科，不然我就没必要来上课了，回家自己也能读书"；"如果改变教学方法，学生来上课的积极性会高得多，学习也会努力得多。"

在那些留学生人数极为分散、中国学生占据了大半个课堂的专业院系，教师还没有认识到改变以讲为主的教学方法的必要性。但在那些留学生人数较多、采用单独编班形式的国际交流学院和对外汉语系等机构，已经有一部分教师指出，传统的教学方法对留学生并不适用。

教留学生与教中国学生完全不一样，对中国学生，反正我就这样不停地说，采用填鸭式。你如果对留学生这样上课，你肯定完蛋。如果你光是不停地说，留学生就会睡觉，就会不来上课。

(B/teacher/03/p. 3)

你上课的时候每次都呱呱呱从头讲到尾，留学生也很厌烦。如果你适当的时候作点小游戏，搞点小活动，展示点图片，让留学生换换脑子，他们也觉得挺好的。

(A/teacher/02/p. 13)

于是，一些语言类教师开始注重与留学生之间的互动，在课堂上引入游戏和练习等。一些教师还把这样的互动延伸到课外，组织各种活动，作为课堂教学的补充。

比如我们今天的游戏活动，就是电视上常见的两人一组的猜词活动……差不多每个留学生都参加了，都非常高兴，然后还有奖品，也有学生负责计时。有时候我把这样的活动作为课堂热身，把气氛调动起来，然后再进入（正式）学习。

(E/teacher/03/p. 7)

我们组织一些兴趣小组，在课余的时候以汉语为主，把留学生分入几个不同类型的小组，比如读书、看电影和唱歌……这是对课堂教学的补充，实际效果还是不错的。我们尽量把兴趣小组安排得不是很严肃，不要让学生觉得下课以后还在上课，而是以口语操练为主。

(B/teacher/02/pp. 1—2)

留学生对这样的教学极为赞赏，因为这既可以巩固和拓展所学的知识，又调动了他们的学习积极性。

（我的口语老师）的教学方法很有意思……举个例子，他让我们练习量词，就是"个"、"张"等等。他为了鼓励我们，还买了一些饮料和糕点作为奖励。他在我们班里进行了比赛，谁的量词说得最多、说得最好，就得到奖励……他还请我们去他家做客，因为我们学的一篇课文是到中国人家做客……他的教法很好，他带的学生口语都很好。

(B/student/04/p. 12)

另一种能够调动留学生学习积极性、活跃课堂气氛的方法是利用多媒体。在一些高校，留学生所有的语言类课程都在多媒体教室进行，以便教师大量使用视频文件。不过，这种方法对教师制作课件的要求较高，有些教师难以适应。而且相当数量的教师认为，运用多媒体可能分散留学生的注意，不利于其专心听讲，所以他们倾向于更多地使用黑板和粉笔。

有时候我在上课的时候使用（多媒体），留学生就不作笔记了，因为他们可以拷贝你的（多媒体文件）。我有时候写在黑板上，他们就会在下面记笔记，因为他们知道，黑板上的字擦掉就没有了……有的时候，黑板加粉笔在某种程度上还是有一点好处的。

(A/teacher/02/pp. 12—13)

但对留学生来说，一来他们的汉字书写速度较慢，难以跟上教师讲课的速度，二来教师的板书有时较为潦草，不易看懂，所以他们更希望教师多使用多媒体。

总体而言，根据对留学生采用的教学方法，教师大致可以分为两类：一部分教师（主要是语言类教师）通过游戏、练习和课外活动等，调动留学生的学习兴趣，在实践中巩固课堂知识，取得了较好的效果。但大多数教师（尤其是专业院系的教师）仍以讲授为主，令留学生难以适应，甚至影响了留学生的出勤率。借鉴国外成功经验，对相关教师开展跨文化培训，理应提上我国政府的议事日程。此外，教师和留学生对某些教学方法（如多媒体教学）的看法存在差异，对此须作进一步研究。

五、教学设施

优质的教学需要与学生数量和教学目标相匹配的教学设施，而且留学生作为消费者，也比较看重硬件，期望自己在高付费后，能享用更好的教学设施（Hall, Hamilton, Hall, & Pitcairn, 1998：47）。德国联邦教育与研究部的调查称，德国的留学生中，64%希望德国高校能提供比自己国家更好的设施和设备（Federal Ministry of Education and Research, 2008：28）。近年来，留学生数量的大增对各国的教学设施造成了极大的压力：一方面，高校获得的政府拨款与过去相比大幅降低，无力投资硬件建设；另一方面，留学生期望占据更多、更好的资源。两者之间的冲突使得留学生常常挑剔高校设施陈旧或数量不足。例如，英国高校在基础建设上的花费占其总收入 4.8%，远低于经合组织 9.5% 的平均水平。与此相应，英国留学生对教室和运动器材等设施的评价，连续多年低于美国和澳大利亚等国家（Bone，2008：3）。

在上海，教学设施方面的压力同样存在。虽然少数高校为发展留学生教育投入巨资，开辟了专门的留学生教室，配备了全套的多媒体和网络设施，但在更多的高校，由于留学生和中国学生的规模同步扩张，教学设施不足的问题极为尖锐。特别是在国际交流学院和对外汉语系等留学生较为集中的院系，教室数量不足是极为常见的现象。一些院系采用"轮课"的办法，在不同时段为不同类型的留学生排课，如上午安排非学历留学生上课，下午和晚间则分别为本科生和研究生授课。

> 现在我们研究生的课程都是在晚上上课，很少有高校在晚上上课的……我们即便是这样来做，（资源）缺口也非常大……学校给你配备的资源就是这些。
>
> (G/teacher/03/p.8)

> 我们的课也排得很紧张，因为我们的教室不够嘛。我们……学校（下午）是 1:30 上班的，我们其实 12:35 就开始上第五节课，很累的。
>
> (C/teacher/02/p.17)

留学生对这样的安排极为不满，因为他们在某个时间段的课过于集中，疲劳不堪，其余时间虽无课可上，却也因为缺少教室而无法留在校内，与同学一起学习、讨论。

> 我的意大利学生来了以后，想和我们的中国学生交往，但他们觉得很困难……这当中碰到一个问题，就是没有地方去学习，连找一个教室都很困难，因为我们这儿的教室每天都在用。
>
> (E/teacher/03/p.15)

在个别语言类院系，资源紧缺的问题如此突出，以致留学生无法拥有固定的教室，只能到其他院系甚至宾馆租用场地。如此这般，留学生上课非但要四处奔波，而且教室里可能没有必要的设施与设备。

> 我们学校没有这个条件，不可能有专门的留学生（教学）楼。我们的教室让本科生一占，研究生一占，就没有啦，教学资源严重不足。那么我们要（给留学生）上课的话，就要跑到××（即另一个校园）去，教室就非常分散。宾馆里还有几

个小房间,也给我们用一下。

(G/teacher/03/pp. 9—10)

一些语言类院系虽然有充足的普通教室,但语音室等专用教室短缺,影响了教学效果。

现在硬件配置不行,语音室比较少,多媒体教室比较少……每个班都要上听力课,那需要多少语音室啊。我们很多硬件跟不上,(教学)效果不是很好。

(A/teacher/02/p. 12)

还有一些高校普通教室的设备老化严重,如一些大型阶梯教室的扩音设备效果不佳,投影屏幕又不够大,留学生的座位若略为偏后,便无法听清教师的讲话,也看不清教师制作的多媒体课件。

留学生对高校的图书馆和网络也提出了许多不满。与留学生的祖国相比,上海高校图书馆的藏书量非常有限,而且这有限的藏书并不完全对留学生开放,许多书籍和杂志只可阅览,不可外借,使用起来极为不便。一些留学生无奈之下,只能回国查找文献,或者请祖国的亲友代为购买,增加了留学的成本。

我们学校图书馆是这样的,一般留学生有阅览证,但不可以借书,为什么?学校怕留学生不还书。其实我觉得这是不对的,为什么外国高校不是这样的呢?只有本科留学生能借书,但很多书也不借给他们。

(C/teacher/02/p. 17)

我没办法在学校的图书馆借书。我的中国同学说:"你要借什么书,我们来帮你借。"可是我去图书馆查过,发现有关的资料很少。我只能把需要的书列一张清单,让我的姐姐从韩国寄过来,这样就需要等很长时间。

(G/student/01/p. 2)

至于网络,最大的问题是缺少与互联网相连的电脑。即便有了这样的电脑,留学生依然抱怨说网络速度太慢。如今的留学生早已习惯于网络的存在,在英国文化协会的报告中,他们被称为"网络代"(net generation)。这份报告提醒说,一种全然不同的留学生类型正在出现,为吸引这些学生,"未来需要在信息技术的基础建设上,更加持久地投入比以前多得多的资金。"(British Council,2003:30)这一判断对我国高校具有较高的借鉴意义。

综上所述，在支付了高昂的留学成本之后，留学生对硬件设施有了更高的期盼。但是除个别情况外，上海高校没有为留学生投入与其人数增长相匹配的建设资金，教学所需的基本设施与设备严重短缺，对教学质量造成了负面影响。这种做法虽然可以在短期内获取较高的经济回报，却不利于上海高等教育的国际声望和留学生教育的可持续发展。部分留学生在问卷中写道，他们交纳了远高于中国学生的学费，却没有享受到好的教学环境："留学生并不都很有钱，有些收费太高，而且多交钱并没有得到相应的服务"；"留学生的学费比中国学生多，希望能得到更好的服务和设备。"一些国家为防止院校过度招生，设定了各校的留学生新生限额，澳大利亚便是这方面的一个范例（Australian Education International，2006）。上海仍处在留学生教育的数量发展阶段，逐年提高留学生人数是绝大多数院校的目标，但对如何为留学生提供充分的教学设施及优质的教学，目前尚缺乏系统、深入的思考。有鉴于此，政府也许可以制定政策，要求高校在留学生缴纳的学费中预留一定比例，用于改善教学条件，也可借鉴澳大利亚等国家的经验，根据高校的教学资源，为其设置留学生招生限额。

六、学业评价标准

就留学生教育而言，对学生的学业评价标准包含两个方面：一是针对专业知识与技能的专业评价标准；二是反映学生语言能力的语言评价标准。学业评价标准的高低既反映了高校所颁文凭的含金量，又直接关系留学生的学业成败。从理论上说，学业评价标准是一种客观的尺度，但实施起来却更受主观因素的影响。它取决于高校留学生教育的目标，例如是以数量扩张为主，还是侧重于质量提升，更取决于教师对留学生的估量。此外，教师和留学生对学业评价标准的看法往往并不一致。

（一）教师的看法

教师如何评估留学生的学业成败，很大程度上取决于其对留学生的看法。教师若认为留学生学习勤奋、学业能力强，一般会在适当照顾留学生的语言水平、降低语言评价标准的同时，保持较高的专业评价标准；反之，教师若认为留学生学习懒散、学业能力弱，则不仅会降低语言评价标准，还会降低专业评价标准，方便留学生顺利毕业，减少转学和辍学。后一种情况在上海的高校中普遍存在。调查显示，绝大多数受访的教师对留学生缺乏好感。这部分是因为不少高校的留学生入学门槛较低，一些留学生入学后学业进展缓慢，出勤率不高，给教师留下了"留学生学业能力差、学习基础弱，不如中国学生优秀"的印象。

我们学校负责教务的校长说："你们把留学生招收进来，塞到中国学生里一起上课,把我们中国学生的教学水平拉低了。"因为他觉得同在一个班级里,中国学生明显优于留学生。其实这是正常的情况,留学生嘛,你不能要求他们那么优秀,因为我们毕竟不是教育最先进的国家,来的都是一些教育更加落后地区的学生。

(A/administrator/02/p. 4)

留学生里有相当一部分人的水平非常低。韩国人有句话叫做,一流学生去了欧美,二流学生留在本国读大学,三流学生来中国。因为到中国留学不用考试,留学生来了就肯定能被录取。

(B/teacher/03/p. 2)

其他国家有时也存在留学生学业水平不如当地学生的说法。2005年,澳大利亚的一项研究针对此说法,对赴澳留学生与当地学生作了比较,发现留学生不只是"摇钱树",其学业水平与当地学生鲜有差异(Verbik & Lasanowski, 2007:29)。在上海,也有个别教师对留学生不如中国学生的看法提出质疑。他们指出,不应该把留学生遇到的语言障碍解读为学业水平低,若排除语言因素,单从学术的角度看,留学生可能不比中国学生差。

至于说留学生质量差,看你怎么来理解。如果我们全部用汉语来要求他,可能我们很多留学生真的水平很差。如果他用母语或者用英语来学习的话,我想情况也会发生一定的变化。所以也很难得出留学生质量差的结论。

(E/administrator/01/p. 2)

这些教师接着说道,中国高校的评价体系不适合留学生,因为它强调学生在教师的指令下,按部就班地完成学业,难以反映学生的批判能力、创新能力和未来职业发展所需的合作能力,而后者也许是留学生的强项。

我觉得对质量是不是可以换一个角度来看,也就是我们的教育体制和评价标准可能需要国际化,需要改革……比如数学课,很明显,中国学生都非常好,很优秀,与留学生差距太大。但是这些学生毕业以后同样在金融领域工作,留学生不一定就比中国学生差。而且我看留学生工作以后,得到的评价也很好……我觉得留学生碰到的最大困难是,我们的教育体系和他们的不一样。

(A/administrator/02/pp. 2—3)

需要注意的是,访谈数据表明,能够看到留学生长处的教师并不多。

在这些为数不多的认识到留学生长处的教师看来，对留学生应坚持已有的专业评价标准，将之与中国学生一视同仁。同时，鉴于留学生是用其他国家的语言学习，总会面临各种语言问题，所以可以降低对其文字水平的要求。

至于（是否）应该降低对留学生评价标准，就看你从什么角度来讲了。我觉得如果不从语言的角度来讲，而是从学科要求来讲，对留学生应该（与对中国学生）同等要求。

(E/administrator/01/p. 3)

（不降低对留学生的要求）是不可能的，他们毕竟与中国学生还有所差距，可能在文字上不是那么通顺……我们对留学生是有一定的要求，但是不可能要求他们完全达到中国学生的那种水平……对小的语法错误，我们还是可以容忍的。

(A/teacher/02/p. 6)

但其余的绝大多数教师并不赞同以上看法，他们认为如果在降低语言要求之外，不降低专业评价标准，那么几乎所有的留学生都会遭遇学业失败。降低专业评价标准的方式很多，最常用的是直接降低及格要求，方便留学生达标，如 F 大学将留学生的及格分数线从 60 分降至 48 分。对研究生而言，其学位论文需要通过校外专家的盲评。为了在盲评中给留学生提供便利，所有受访高校均鼓励留学生在论文中"暗示"其"外国人"身份，提醒专家降低评审标准。

韩国学生的论文参加盲评，对方如果完全不知道你是韩国学生，以为你是中国学生，按照中国学生的要求来评的话，这种论文很有可能被枪毙掉……所以现在据我所知，可以说有一种我们专业内部比较默契的做法，就是提醒（留）学生，盲评当然要把名字全部去掉，但是在行文过程中，可以让人家感觉到你是一个外国学生。这是比较聪明的办法。评阅的老师一看，原来这是留学生的文章，那么大家也会换位思考一下。

(A/teacher/03/pp. 4—5)

另一种常用的降低专业评价标准的方法是，在保持与中国学生相同的及格分数线的同时，为留学生单独命题，大幅降低考试难度。是否为留学生单独命题有时候取决于教师个人，有时候则被写入院校的明文规定。例如，B 大学允许留学生每学期申请三门课程的单独考试，这些考试专为留学生设计，试题较为简单。

有的留学生专业课是与中国学生一起上的……考试必须要准备两套卷子,给留学生单独考试,要不然他们通不过……他们跟中国学生分开考试……题目简单一些。

(B/teacher/01/p.1)

降低专业评价标准的方法还有很多,如有的教师为留学生提供专门的考前辅导,其中包括划定考试范围,有的教师允许留学生延迟递交作业和论文的时间,为他们留出额外的思考和写作时间,有的教师只要求留学生完成一半的考题。

如果在降低了专业评价标准之后,留学生还是无法达到基本标准,那么教师也许会亲自动笔,"帮助"留学生完成作业和论文。

我指导过留学生写论文,我经常给他们修改,有的修改得很多,甚至要改标点符号,这就比辅导中国学生的工作量要大得多。

(A/teacher/02/p.5)

对留学生的专业评价标准,从原则上讲是不可以降低的……但是留学生的实际水平确实只有这些。将来到底是我们来强化她,让她提高,还是由我们去帮助她来达到这个标准,现在还不知道。

(F/teacher/01/p.5)

在采取了上述种种做法之后,除极个别情况外,上海高校的留学生都能顺利毕业。教师们意识到这样的做法不利于中国高校的形象,但他们同时承认,降低对留学生的评价标准已经成为一种客观需要和现实。

(中国的大学)本来入学门槛就很低,你再放松要求,对文凭的含金量和中国大学的声誉影响都很大。

(E/teacher/02/p.6)

标准到底要不要降低,不是一个理论上要讨论的问题。我跟全国各地的高校老师交往比较多,据我了解,在实践中,全国各地好像都这么做。当然,这不可能有明文规定,但在具体操作中,据我所知,大家都有一种默契。

(A/teacher/03/p.5)

(二) 留学生的看法

对于教师心目中"留学生不如中国学生"的看法,留学生心知肚明,因为教师会以这样或那样的方式，有意无意地流露出这一想法。

一些留学生告诉我，有一位老师说"留学生听不懂，他们不会做数学"，留学生感觉很不好。

(A/student/01/p. 6)

有些老师觉得留学生都是没什么用的，都很烂，有这样一种感觉……他们觉得我们非常非常差。

(C/student/01/p. 13)

留学生对此极为不满，在问卷中，受到教师的"歧视"是他们留学上海最糟糕的体验之一。他们写道："老师对留学生有偏见"；"部分老师在知道我是留学生以后……很不礼貌"；"（老师）常常觉得留学生不如中国学生聪明，或者不如中国学生有天分"；"很多老师看不太起留学生，觉得我们是在自己国家无法考入大学，才来中国留学的"；"不管是老师还是学生，有的人非常排斥留学生，觉得我们什么都不会，把我们看得很低"。留学生指出，他们并不像教师们以为的那样懒散。特别是未得到经费资助的自费留学生，在支付了远高于中国学生的学费之后，每缺席一节课就等于浪费了购买这节课的支出。所以不少自费留学生表示，如果不是因为生病等特殊原因，他们不会无故缺课。

我每次都去上课，因为我如果不去上课，就听不懂老师讲的内容，那么我既浪费了时间，又浪费了钱。

(A/student/04/p. 3)

对于"我从不无故缺课"这一陈述，56.4%的留学生表示完全同意或同意，表示不同意或完全不同意的仅10.6%（图2.12）。对于"我全力以赴地学习"这一陈述，表示完全同意或同意的留学生更是高达63.3%，仅4.4%的留学生表示不同意或完全不同意（图2.13）。

留学生承认自己的成绩不如中国学生好，但他们认为，这不是因为自己学习基础差或学习不努力，而是因为自己在用一种外语学习，遇到了极大的语言障碍。

我们在祖国都是优秀学生，不过到这里之后，因为要过一个语言关，所以不可能跟中国的优秀同学比，因为语言是一个很大的阻碍。

(F/student/04/pp. 13—14)

我觉得不能把留学生与中国学生比,因为中国学生从小就用中文学习,而我们到这里以后,只学了一两年中文……老师把我们跟中国学生比的话,那我们绝对是最后几名。

(C/student/01/p.6)

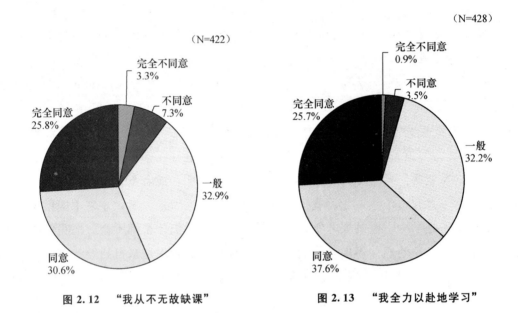

图 2.12 "我从不无故缺课"　　图 2.13 "我全力以赴地学习"

留学生批评教师不了解他们远离家乡、在异地求学的艰辛和压力。许多留学生思念家乡,心绪不安,更难以面对从自己祖国的优等生突然变成上海高校"后进生"的落差。

我从小学到大学一直是比较优秀的学生,到这里以后,我要开始学会做最后一名,这对我的心理是一个非常艰难的考验。很多次我想,是不是算了,回家去做点别的事……我爸爸打电话问:"儿子,你在那里情况怎么样?"我回答说:"爸爸,我是最厉害的。"我怎么开口告诉他我现在很难?

(E/student/01/p.5)

留学生说,这时教师若不及时鼓励和支持,而是心存偏见,很容易使他们失望、沮丧,有时还可能频频缺课甚至退学。在问卷中,许多留学生提到巨大的学习压力对他们产生的消极影响:"学习方面,我因为成绩不好而感到消极";"读了本科以后,我觉得学习真难……所以我很多次放弃了";"我们已经很拼命地学习了,好累";"在上海生活后……我的性格也有所变化,因为这里学习压力很大,所以把以前很活泼的我变成很安静的人了。"

总之，大多数留学生认为除了语言之外，他们的学习基础并不比中国学生差，而且他们勤奋努力。所以，对于"我希望老师降低对留学生的要求"这一陈述，近四成的留学生表示不同意或完全不同意。在他们看来，严格的学业要求有助于他们个人的提高及未来的职业发展。

我在七年前认识了我的汉语老师，一直爱他到现在。他非常非常好，对学生很严格。其实他所有的严格都是为了我们好。这个老师很有意思，一开始很多留学生不喜欢他，因为他太严格了。但是经过一段时间以后，所有的留学生都会很爱他，因为他们发现，他都是为我们好。我的汉语能讲得那么好，也都是因为他。

(B/student/04/p. 11)

我知道在很多大学……留学生很轻松就能通过考试，但当他们走出校门申请工作时，他们很容易遭到回绝。所以对他们来说，未来是艰难的。

(C/student/01/p. 16)

不过，留学生对是否应降低评价标准的看法并不一致，25.4%的留学生同意或完全同意教师降低标准（图2.14）。毕竟，留学生在支付了昂贵的留学成本之后，也希望能早日学成毕业，使学习投资有所回报。

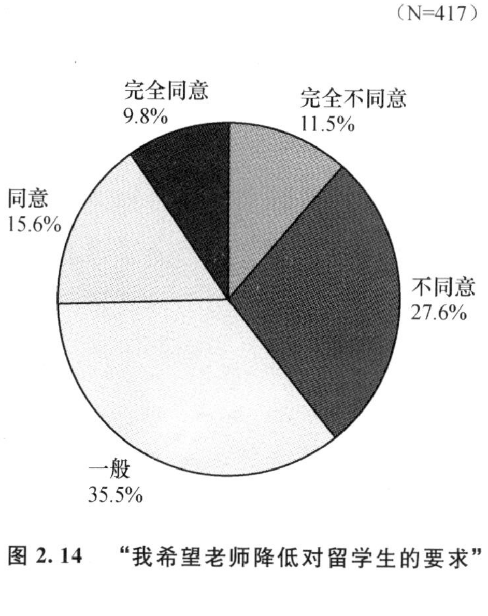

(N=417)

完全同意 9.8%
完全不同意 11.5%
不同意 27.6%
一般 35.5%
同意 15.6%

图2.14 "我希望老师降低对留学生的要求"

在此，外国研究生遇到了一个特殊的难关，即绝大多数高校要求研究生毕业前，在核心刊物上发表两至三篇论文，留学生也不例外。由于论文数量和刊物级别均属

"硬指标",不像学位论文的评审那样具有较大弹性,所以"发表论文"这一评价标准基本上没有下降的空间。许多外国研究生对此表示担忧,希望高校在这方面给予留学生一定的照顾,因为他们毕竟在用外语写作。

> 我们毕业以前要发表三篇论文,挺多的,是吧,这与对中国学生的要求是一样的。我到现在一篇也没发,唉,所以我也很担心。
>
> (C/student/02/p.9)

> 读博士要发表两篇文章,还要在核心期刊上,这与中国学生是一样的……我觉得这真的是很难,能不能替我们想一些好办法?
>
> (G/student/03/pp.7—8)

一些教师对外国研究生的担忧表示同情,他们认为,留学生本身就要花大量时间攻克语言难关,现在还要为发表文章耗费精力,不利于他们集中力量写好学位论文。

> 我们学校要求研究生在核心期刊上发表(两篇)论文。我觉得这些要求(对外国研究生)可以适当降低一点。如果(对中国研究生和外国研究生的)要求都一样的话,那么外国研究生的时间就有点不够用……我觉得(留学生)应该集中力量,把学位论文做好,这样就已经很不错了……这样更现实一点。
>
> (F/teacher/01/p.5)

(三) 小结与反思

教师与留学生对不少问题的看法存在差异,有时还截然相反。首先,几乎所有的教师都认为,留学生学习成绩不佳反映了其较差的学习能力、薄弱的基础知识和懒散的学习作风。而大多数留学生表示自己学习努力,只是巨大的语言障碍延缓了他们前进的步伐,也给他们带来了极大的压力。被教师贴上的"高考落榜生"和"差生"的标签是他们留学上海最糟糕的体验之一。造成教师和留学生之间这一差异的原因很多,比如教师对留学生在异国求学的境况缺乏跨文化理解,我国高校的评价体系难以反映学生的实际能力。此外,本研究的取样也可能造成一定的误差,因为参与问卷和访谈的均是高校在读留学生,那些因学业失败而中途退学的留学生未被包含在内。换句话说,本研究反映的是学业相对成功的留学生的看法。

其次,由于教师对留学生的期望较低,所以他们在评判留学生学业状况时,都用多种方式降低了相应标准,包括专业评价标准和语言评价标准,确保绝大多数留学生顺利毕业。只有个别教师对留学生的学习能力持乐观态度，因而秉持与中国学生同等的专业评价标准。留学生在是否应降低学业评价标准的问题上意见分歧：近四成的留学生反对这种做法，表示赞成的留学生人数略少，约占四分之一。这种分歧一方面显示了留学生群体的多样化，另一方面表明需要作进一步研究，揭示分歧背后的影响因素，例如所读专业、教学语言和学习层次等与期望的评价标准之间的关系。

七、学业监控

以上六方面的论述均以我国为主，下文将结合其他国家的政策与实践，分析我国对留学生的学业监控状况。大体而言，本研究选取的八个国家都对留学生的学习过程进行较为严密的监控，院校须及时向国家有关部门上报留学生的学习情况，未达到既定标准的学生很可能被取消签证，失去继续学习的机会。此举的目的主要有二：一是督促留学生在规定期限内完成学业，防止借读书之名，行移民之实。正如澳大利亚在《通过教育融入世界》中宣告的那样："那些企图利用教育来规避移民管理的不守信用的组织和学生，在澳大利亚的教育体系内没有可乘之机。"（Australian Government，2003：29）二是及时发现留学生的学业问题，避免其学业失败，进而赢得他人对本国留学生教育的信心与支持。在具体的学业监控过程中，各国的重心可能有所不同，美国等国家更注重防止非法移民，澳大利亚则给有学业失败危险的学生更多的辅助。无论何者，都对留学生的学习生活产生了不小的影响。

（一）美国等国家：防止非法移民

美国和英国是两个较常遭受恐怖主义袭击和非法移民困扰的国家，所以两者都对学生签证的持有人设置了严格的学业标准或出勤标准。"9·11"事件中，多名劫机者曾经违反美国学生签证的相关条款，本不应踏上美国的国土。为防止类似情况再次发生，美国加强了对留学生的监控，及时收集留学生的各种最新信息（Anonymous，2002），以便确保留在美国的都是合法学生。国土安全部移民与海关执法局的 SEVP 管理着所有招收留学生的院校，其以网络技术为基础的"外国学生和交流访问者资讯系统"（Student and Exchange Visitors Information System，SEVIS），从留学生第一次申请签证的那一刻起，便追踪和监控其动向，直至其学成毕业（Alberts，2007：143）。SEVIS 要求院校收集并及时更新多种留学生数据，其中除了姓名、出生日期、国籍和住址等常规数据外，还有每学期完成的学分、减修学分、实习起讫日期、终止学习的日期及原因等有关学习过程的数据。根据 SEVIS 的规定，本科留学生每学期必须修满 12—15 个学分，研究生则须修满 9—12 个学分。留学生若要减少课程量，必须事先征得院校的同意。2003 年，科罗拉多州的移民局逮捕了好几名留学生，因为他们上一学期修读的课程不够多，没有完成规定的学分数（Anonymous，2003：7）。SEVIS还规定，留学生除非是参加院校安排的海外学习，如连续五个月未上学，即便事先已经请假，也必须重新申请签证。[①]

英国采取的是与美国类似的策略，凡有留学生就读的院校，必须向边境署报告学生的学习情况和出勤情况。留学生若未在规定期限内向有关院校注册报到，或缺勤超过一定数量，将被取消学生签证。同时，英国对院校施加了压力，院校只有保持一定的报到率和出勤率，方可证明自己不是一所招收"假学生真移民"的学校，进而保持其招收留学生的权利。此外，英国还对留学生的学习成绩作了规定，学生在每个单元或每门课程中最多只能参加两次补考或重修，此后仍不及格的留学生将被取消学籍。[②]

德国、法国、日本、新加坡和新西兰也都对留学生设定了学业进展或出勤标准，作为其保留其学生身份的条件。德国、法国和日本实施外国人居留许可制度，留学生在抵达院校之后，需到居住地所在的移民局申请居留许可。居留许可的有效期一般较短，不能覆盖整个学习期间，所以留学生必须在许可到期之前，办理延期手续。想要成功延期，留学生就得在学业上取得一定的进展。德国在审理延期申请时，主要参考留学生的考试成绩。而留学生要参加考试，先得达到一定的出勤标准。唯有如此，院校的考试办公室才会批准学生参加考试。在法国，考试成绩优良、学业进展良好的留学生在申请延期时，获得批准的可能性更高。日本规定，留学生如果不是因为生病等原因而出勤率较低的话，将被视为不专心学习，因而不予办理居留许可延期。即便是因生病等原因而缺席，如果没有充分的材料证明，延期申请也有可能被拒。[③]

新加坡和新西兰与英、美一样，将留学生的出勤情况与其签证状态直接挂钩。其中，新加坡对留学生的出勤率设定了明确的标准：留学生在学期间，每个月都得至少保持90%的出勤率，并不可无故连续旷课七天，[④] 否则将被视为违反学生签证条款而被取消学生身份。对就读私立院校的留学生，新加坡的要求更高。私立教育委员会规定，留学生每个工作日至少要在院校待五个小时，参加学习及其他有意义的活动，如辅导、项目作业和课外学习。学生如要请假，必须出示医生证明，其他类型的证明文件只有得到移民局的认可才算有效（Council for Private Education，2009c：72—73）。

---

① 资料来源：http://www.educationusa.info/pdf/study/chinese4.pdf；http://travel.state.gov/visa/temp/types/types_2941.html。

② 资料来源：http://www.ukba.homeoffice.gov.uk/studyingintheuk/adult-students/can-you-apply/education-provider/；http://www.ukba.homeoffice.gov.uk/sitecontent/documents/employersandsponsors/pbsguidance/guidancefrom22feb10/sponsor-app-guidance-t4.pdf?view=Binary。

③ 资料来源：http://www.daad.de/deutschland/wege-durchs-studium/pruefungen/06106.en.html#；http://www.internationale-studierende.de/en/prepare_your_studies/entry_into_germany/residence_permit/；http://www.nplusi.com/public/france-site/en/staying_in_france.3-39-0.html；http://www.jasso.go.jp/study_j/sgtj_chi.html；http://www.studyjapan.go.jp/ch/toj/toj04c.html。

④ 资料来源：http://www.singaporeedu.gov.sg/cn/doc/res/Studying_Living_Chinese.pdf。

在新西兰，留学生的出勤率标准由各院校自定，《行业规则》要求院校在网站、宣传资料和入学指导中，明示本校的出勤率规定及违规后果（New Zealand Ministry of Education，2003：23）。出勤率未达标准的留学生将被取消签证。

（二）澳大利亚：及时发现学业问题

与上述七个国家一样，澳大利亚也设定了留学生的学业进展和出勤要求，但不同之处在于，它不仅要剔除不合格学生，严防非法移民，还要及时诊断学生的学习困难，为其提供必要的帮助，从而确保留学生"任何时候都条件在学生录取确认书指定的期限内完成课程"（Department of Education，Science and Training，2007：19）。

澳大利亚 CRICOS 中的院校和课程信息，主要来自澳大利亚院校注册和留学生管理系统（Provider Registration and International Students Management System，PRISMS）。这是澳大利亚教育就业和劳动关系部与澳大利亚移民与公民事务部共同开发的电脑系统，不仅收录了 CRICOS 中的各种数据，还同移民与公民事务部的数据库相接，记录每位留学生的信息。院校每录取一名留学生，便通过 PRISMS 通知移民与公民事务部。只有在这一步完成之后，留学生才能申请签证。如果留学生违反了学生签证的相关条例，比如未达到既定的出勤率标准，或学业进步无法令人满意，院校也会通过 PRISMS 向移民与公民事务部报告，后者可能取消学生所持的签证。就此而言，澳大利亚的 PRISMS 和 CRICOS 系统与美国的 SEVIS 及其所属的 SEVP 极为相似。

就出勤率而言，考虑到留学生因生病或其他情况缺课的可能，《国家规范》规定，学生在整个学习期间以及每学期中，出勤率均不得低于 80%，① 否则学生签证将被取消，留学生在此后三年都不能入境澳大利亚。澳大利亚政府还要求院校严格管理留学生的学习时限，除生病（须医生开具证明）等特殊情况，不允许其推迟入学、暂停学业或延长学习时限（Department of Education，Science and Training，2007：21—23）。

就学业进展而言，《国家规范》要求招收留学生的院校自定"令人满意的学业进展"标准，如需要通过多少科目的考试，怎样才算完成学业，怎样评估学生的学业表现。院校根据此标准，记录每一名留学生在每一门课程中的学习情况，并在每学期末评估其进展情况。学生无论在整个学习期间还是每一学期，都要达到既定的学业进展标准，否则院校会通过 PRISMS 向移民与公民事务部汇报。

为了帮助留学生达到出勤率和学业进展标准，法律规定院校为学生提供必要的辅助。院校如察觉留学生缺勤过多，或有可能无法完成学业，便预先向其提出警告，并给予相关的咨询和建议。对那些无法或可能无法实现一半以上学业进展标准的留学

---

① 某些条件下，修习职业和技术教育课程、非证书教育课程和英语强化课程的留学生只需达到 70% 的出勤率。

生，各院校均依法设计了"干预策略"（intervention strategy）（Australian Education International，2006）。例如，悉尼大学邀请未完成一半以上学业进展标准的留学生参加"坚持到底"（staying on track）项目，为他们提供多种支持，帮助他们制订提高学习成绩的计划。墨尔本大学每学期期末成立"学业进展不令人满意委员会"，为相关学生提供建议（UK Council for International Student Affairs，2009a：5）。

（三）中国：实施的漏洞

我国教育部开发了两个留学生信息系统："全国来华留学生信息管理系统"和"普通高等学校外国留学生新生学籍和外国留学生学历证书电子注册"系统。留学生信息管理系统启用于2004年9月1日（中国教育部国际合作与交流司，2005），记录留学生的国籍、所在院校、所学专业、入学与毕业日期等资料。电子注册系统试行于2008年3月1日（中国教育部办公厅，2007），登记学历教育阶段留学生的姓名、性别、出生日期、身份证或护照号码、国籍、专业名称、学习层次（专科、本科、硕士、博士）、学习形式（目前仅有"普通全日制"一项）、学制、入学日期、费用类别（奖学金或自费）、毕业日期、毕结业结论（毕业或结业）及证书编号。①

可以看到，首先，我国的这两个系统由教育部下属的两家单位开发，内容既有不同，又有重叠之处。两个系统中都含有留学生的国籍、所学专业、入学与毕业日期等数据，但留学生信息管理系统面向所有留学生，电子注册系统只针对接受学历教育的全日制留学生。其次，这两个系统关注的是留学生教育的输入（如国籍、入学日期和所学专业）和输出（如毕业日期和证书编号），对学习过程（如出勤率和每学期所获学分）缺乏记录。事实上，开发这两个系统的目的不是监控留学生的学业进展，而是出于教育部本身的管理需要。留学生信息管理系统的主要功能是统计各级各类留学生的数量，电子注册系统的开发是为了规范学历学位证书的发放。最后，这两个系统均限于教育部内容，没有其他国家那样，与移民或出入境管理部门相连接。所以留学生即便在教育部的系统中被除名，仍可持学生签证在中国逗留，甚至申请至另一所院校就读。

由于国家对留学生的学习过程没有设定基本的标准，监控学生学业进展的任务便落在了院校肩上。在上海，七所受访的高校一致要求留学生的出勤率达到三分之二，否则学生不得参加相关课程的考试，还可能被高校除名。这一标准与其他制定了最低出勤率的国家相比虽然较低，但至少对留学生的学业有了起码的规定。

---

① 资料来源：http://www.moe.edu.cn/edoas/xinxichayue/showaccessory.jsp?fileid=1263275880774436&filetype=application/msword&filename=附表一：外国留学生新生学籍电子注册数据上传表结构.doc&filetypeclass=1；http://www.moe.edu.cn/edoas/xinxichayue/showaccessory.jsp?fileid=1263275899165438&filetype=application/msword&filename=附表三：外国留学生学历证书电子注册数据库结构.doc&filetypeclass=1。

我们现在对考勤管理得还是比较严格的，每三个星期进行一次考勤统计。一旦你的缺勤数量过大，我们马上会发出警告。三次警告之后，我们就会发出退学警告……对于本科留学生，我们给他重读的机会，但是也会有退学的处理。如果你一个学期有三门课（因为缺勤超过三分之一而）没有考试资格，那我们就会劝你退学。这样的话，对一些留学生还是会有些压力。特别是当我们发出第一次退学警告以后，他们好像还是会稍微收敛一点。

(B/teacher/02/p. 2)

在留学生较为集中的国际交流学院和对外汉语系等机构，有关出勤率的标准更为严格。在C大学的语言类院系，留学生迟到15分钟也被记为缺勤一次。E大学和G大学的语言类院系则规定，出勤率、平时作业和课堂表现在总成绩中占有较大比例，期末考试仅占30%～40%。这样，留学生若缺勤较多，最终便难以毕业。

我们学院在考勤方面很严格，而且我们系刚出台了一个新的规章制度，下学期的考勤会更严格……现在考试的时候，平时成绩占40%，期末考试占60%。但是按照新的规定，从下个学期开始，平时成绩占70%，期末考试只占30%。

(E/student/01/p. 13)

不过，各校的出勤率标准虽然严格，实施效果却取决于任课教师。教师若不按要求点名，或未及时记录学生的缺席情况，那么出勤率标准即便再严格，也可能成为一纸空文。事实上，受访的教师大多承认，他们很少对留学生点名，因为他们相信，好的教师和好的内容自然能够把学生吸引至课堂。而且有些课程参与的学生太多，教师不愿意或不可能花时间逐一点名。

我觉得点名也不是一个很好的办法。我希望对我的课感兴趣的学生过来听课，不希望强迫他们。

(G/teacher/01/p. 6)

我昨天晚上上课，来听的学生有七八十个，我怎么去点名？我如果点名，就得花掉十分钟。

(G/teacher/02/p. 6)

还有不少教师对出勤率未达标的留学生心存同情，不忍心真的把他们拒之门外。所以教师有时候即便知道留学生出勤率不足，却仍然允许他们参加考试。

现在（对是否要考察出勤率）有不同的意见……有的老师觉得，有时候留学生的出勤率是58%，你不让他参加考试，对他太残忍，卡得那么死。

(A/teacher/02/p.9)

我刚给留学生上完一门××课。有好几名学生在整个课程中，只在开头和结束的时候出现一下，期间我根本就看不到他们的影子。我对他们说："只要你们考试能通过，那就没问题。"

(F/teacher/02/p.4)

最重要的是，出勤率标准仅限于高校内部，尚未像其他国家那样，成为学生签证的一部分。所以即便一些高校真的开除了那些缺课过多的留学生，他们仍可去其他高校报名入学。

我们规定留学生缺勤超过三分之一，我们就开除你。其实我后来发现，××大学、××大学和××大学的很多学生，就是我们这里不要的学生……这些人在我们这里混不下去，就去了别的学校。

(C/teacher/02/pp.10—11)

（四）小结与反思

本研究选取的八个国家，都对留学生的出勤率和学业进展有着严格的规定，并将之作为学生签证的相关条款。留学生若未遵守这些规定，便被视为违反移民和出入境法律，而被取消学生身份。我国虽也记录留学生的国籍与所学专业等基本信息，但并不涉及学习过程，且这些信息仅限教育部内部使用，与学生签证的状态缺乏关联。

我国高校像其他国家那样，设立了一些学业监控标准，如出勤率必须达到三分之二。问题是，这些标准实施起来并不那么严格，且与留学生的签证互不相关，所以对留学生缺乏应有的约束力。

八、小结与反思

本节从七个方面探讨留学生的教学过程，发现高校在有关安排上，多从自身需要（如降低高校用于留学生教育的投入、扩大留学生规模）出发，较少考虑教育质量的提高。很多情况下，留学生人数的迅速上升超出了高校能够应对的范围，使得高校无论在课程开发、教学方法改革还是硬件配置上，都难以适应新形势的需要。几乎所有的高校都降低了对留学生的学业评价标准,但近40%的留学生对此并不领情。不少高校力图加大对留学生的学业监控,却因执行不力而未落到实处。一些高校采取了旨在辅助留学生提高汉语水平、完成学业的措施,如将留学生单独编班授课和以英语为教学语言,但由于这些措施在出台之前缺乏调查,所以不一定符合留学生的期望。

毫不奇怪,留学生对高校的教学评价不高。问卷从教师的专业知识、课程设置、教学方法、学业进展监控、教师的跨文化知识和教材这六个方面,请留学生分别评价汉语教学和专业教学的质量。结果显示,80%以上的留学生认为教师的专业知识好或非常好,但在其余五个方面,该比例均未超过70%(图2.15、图2.16)。

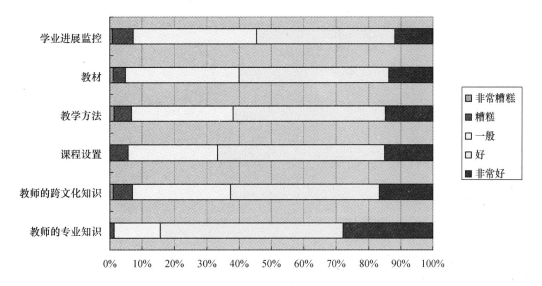

图2.15 对汉语教学的评价

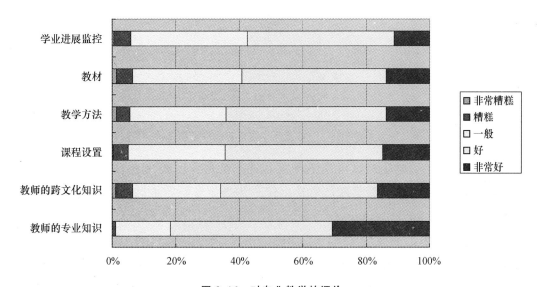

图2.16 对专业教学的评价

近三成的留学生不满意自己在汉语学习方面的进步（图 2.10），四分之一的留学生不满意自己在专业学习上的进步（图 2.17）。近两成的留学生认为在目前所在的高校学习没有什么难度（图 2.18），认为自己所受的教育物有所值的不足一半（图 2.19）。

（N=400）　　　　　　　　　　　　　　　　（N=417）

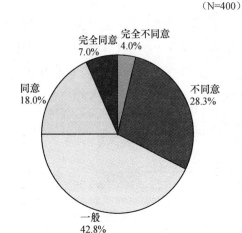
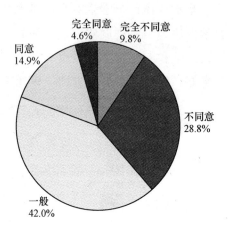

图 2.17　"我对自己在专业学习方面的进步并不满意"　　图 2.18　"在这所学校学习没什么难度"

（N=401）

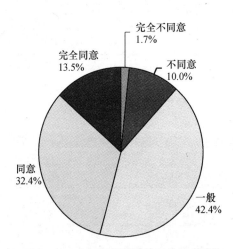

图 2.19　"在这所学校学习物有所值"

在其他国家，留学生对教学质量的满意度要高得多。2004 年和 2006 年，英国分别对高校留学生和继续教育学院的留学生作了调查，发现学生对课程质量的满意度几近 90%（Council for International Students，2006：4）。澳大利亚 2008 年的调查显示，留学生对课程学习的满意度为 81%（Australian Education International，2008a）。可见，我国在提高留学生教育质量方面，还有大量工作有待展开。其中最紧要的工作之一是，深入调查留学生对教学过程各环节的期望（如教学语言、课程设置和学业评价标准），使教学设计与留学生的需要相匹配。

第三章 关于期望产品

期望产品与教学没有直接的关联，但是好的期望产品能够促进留学生的学习效能，提高学业成功的可能。这些产品包括：入学前的信息提供、入学后的适应辅导、行政与教学管理、申诉机制和学生费用保护。

在留学生入学前提供充分的院校、专业与生活信息必不可少。留学是一项昂贵的投资，学生对留学目的地往往精挑细选。由于他们很少有机会对外国院校进行实地考察，所以通过网络、教育展和宣传册等途径获得相关信息极为关键。充足、准确的信息可以帮助留学生了解某所院校的专业是否符合其学习需要，进而作出明智的选择。英国对170名留学生的调查发现，举办教育展或组织学生参观教育中介，与学生对留学目的地的选择高度相关。53%的学生把英国作为首选的留学目的地，是因为他们参加过英国的教育展，或者访问过英国文化协会在当地的办公室（Bourke，2000：126）。另外，从前文对已有研究的回顾中可以看到，几乎所有国家的留学生都对入学前收到信息有这样或那样的不满。这既反映不同地区在为留学生提供信息时各有侧重，也说明留学生对信息有极大的需求。有效的入学适应辅助可以帮助学生知晓有关国家、城市和院校的法律、规章、教育与生活制度，熟悉图书馆和校园网等教学设施设备，缓解思乡和孤独等可能对学习产生不利影响的情绪。简洁、高效的行政与教学管理可以为留学生及时解决各种难题，集中精力学习。英国的两项研究不约而同地发现，外国学生选择到英国留学，最主要的原因之一是申请与入学程序简单明了（Binsardi & Ekwulugo，2003：321；Maringe & Carter，2007：466）。当留学生对教育质量持有异议，或者院校无力继续提供留学生购买的教育时，合理、畅通的申诉和学生费用保护程序可以帮助学生实现自己的留学期望。在这方面，留学生有其特殊性：其一，留学生受签证期限约制,一般不可能长期待在留学目的地,所以申诉和费用保护程序必须快捷;其二,留学生在享受教育服务、了解服务结果之前就交付了费用,这比其他类型的消费风险更大,所以申诉和费用保护程序必须全面,便于应对各种问题。

第一节 入学前的信息提供

在确定留学目的地之前获得充分、准确的留学信息,对留学生至关重要。良好的信息可以帮助留学生及其家庭作出符合其学习需要的选择(Australian Government,2009:8),熟悉留学目的地的教育和文化环境,了解留学过程中可能遇到的问题与解决方案,进而在留学过程中获得积极的体验。

一、其他国家:多渠道发布留学信息

本研究中的八个国家均通过多种方式,向打算留学的外国学生传递各类信息。这些方式包括:通过法律法规,监督院校信息公开;规范院校与中介的关系,防止中介传递虚假信息;依靠各种政府和非政府机构,扩大信息传递范围;成立留学生教育的行业领导团体,提供一站式信息服务等。

(一)通过院校发布信息

院校在多大程度上向潜在留学生发布信息,很大程度上取决于院校本身,如院校的国际化程度及其留学生教育的目标与战略。一般而言,院校的留学生人数越多、国际化程度越高,发布的留学信息也越全面。英国的牛津布鲁克斯大学开发的留学生网站(http://www.brookes.ac.uk/student/services/isas/index.html)内容丰富,包括入学前的指导手册、签证续签规定、警局注册要求、在学期间的打工条款、在布鲁克斯和英国学习与生活的费用等。留学生被布鲁克斯大学正式接收后,会收到大学寄来的学前指南,告诉留学生需要携带的物品、英国的签证和移民程序、所需的资金和住宿安排等,帮助留学生提前作好准备。澳大利亚昆士兰大学的网站用包括英语在内的13种语言,发布各类学习和生活信息(Dessoff,2009)。新加坡管理大学的留学信息网,根据外国学生的国籍而有所调整,以适应不同国家学生的需求差异。该大学还到其他国家,为高中生及家长开办留学研讨会,与潜在留学生面对面互动(Rubin,2008:57)。

一些院校发布留学信息的积极性不高,不仅提供的内容极为有限,而且对潜在留学生的提问疏于回应。澳大利亚的一项调查发现,在那些查看过澳大利亚院校网站的

潜在留学生中，只有5%觉得自己找到了足够的信息。大约三分之一的学生通过电子邮件，向自己感兴趣的院校索要资料，但20%的院校没有给予答复（Gomes & Murphy, 2003：120）。

为了确保所有院校都能为外国学生提供充分、准确、即时的信息，保护留学生作为消费者的知情权，澳大利亚、新西兰和新加坡都以法律的形式，明确院校必须公开哪些资料。根据澳大利亚的《国家规范》，院校必须检查其向留学生提供的宣传材料，如留学生手册和指南，确保其中的内容真实确凿，并及时更新，不会对潜在留学生形成误导。在向留学生发出录取确认函之前，院校须向留学申请人说明以下事项（Department of Education, Science and Training, 2007, pp. 11—12；Australian Education International, 2006）：

➢ 入学的基本要求，如英语语言能力要求、教育资历或工作经验；
➢ 专业学习的内容、修读时限、可获得的学历资格、教学方式和成绩评定方式；
➢ 校园地址、设施设备、图书馆及学习资源；
➢ 专业学习的相关费用，包括在读期间可能的学费变动与退费政策；
➢ 课程完成后是否可以获得学分；
➢ 为学生提供的支持服务等。

目前，澳大利亚正在考虑提高对院校的要求，除上述信息外，院校可能还须公开其教学质量、生活费用、福利设施和学生群体的多元化程度等（Australian Government, 2009：3）。其中，学生群体的多元化程度可以让潜在留学生了解入学后是否能在更为多元化的环境中学习，避免进入那些只招收留学生的院校。

新西兰法律有关院校信息公开的规定更为细致，《行业规则》对院校的宣传资料、外国学生作出入学决定前及入学时的信息提供，均作了详细阐述。就宣传资料而言，院校印发的简介必须让潜在留学生全面了解其性质与设施，无论是文本还是照片都不得有所误导。建筑物照片和校园照片必须在下方作出清楚的标示，说明照片中的哪些地方属院校所有，哪些地方留学生不得入内（New Zealand Ministry of Education, 2003：17）。

外国学生决定入学之前，院校必须以书面或电子形式，说明以下情况（新西兰教育部，2003：8；New Zealand Ministry of Education, 2003：11—13；33）：

➢ 学费以及与专业学习相关的其他所有费用，如在读期间可能的学费变动、必须购买的课本和讲义费用、考试费、必要的文具费、上网费、复印费、打印费、校服费和课外活动费，以免有隐藏费用之嫌；
➢ 申请条件及程序；
➢ 录取条件；
➢ 退款条件，如留学生在哪些情况下可以（或不可以）获得退款，退款的时间节点和程序，需要提供哪些证明文件；
- 对留学生英语水平的要求；
- 学校的设施、设备和师资，如活动场地、餐厅、实验室、体育和音乐设备、专业人员、专门为留学生配备的人员、教师资质和师生比；
- 所提供的专业或学历；
- 有关医疗和旅行保险方面的信息；
- 有关住宿的信息和建议，包括可供选择的住宿类型及特点，校内及校外住宿的费用估计，住宿的申请程序，院校是否已经对住所进行了评估，以及评估结果等。

院校每年至少要审查一次上述信息，并及时向教育部递交审查报告。

在接收留学生入学时，院校还必须保证留学生获得以下资料（新西兰教育部，2003：9）：
- 院校提供的新生入学指导和服务项目介绍；
- 院校制定的学生申诉程序、学费保护和退款条例；
- 教育部统一编制的《行业规则》摘要；
- 对留学生缺课时间超标和退学的处理办法；
- 院校可能停止授课的特殊情形；
- 可供留学生选择的课程；
- 过往学历认可程序和学分转换程序等。

澳大利亚和新西兰的这些规定，适用于所有招收和想招收留学生的院校。在新加坡，政府的焦点集中于私立院校。2005年的"消协保证标志"对私立院校的信息公开作了规定。2009年，"消协保证标志"转换为"教育信托保障计划"之后，政府的相关要求大幅提升，招收留学生的私立院校必须公开学费、设施、师资和退费政策等方面的所有信息。具体而言，这至少包括以下内容（Council for Private Education，2009b：33）：
- 院校简介与地址；
- 院校的远景、使命、价值观与文化；
- 校园照片；
- 设施设备，教室的大小与数量；
- 行政体系和管理团队，学术委员会和考试委员会成员；
- 师生比；
- 学费保障制度、争端解决程序和反馈体系；
- 各种支持服务；
- 相关国家法律；

> 服务的质量目标；
> 专业学习的费用费、涵盖时间、申请费及中介费；
> 录取标准；
> 完成专业学习的标准与奖励。

与新西兰一样，新加坡强化了私立院校的职责，要求院校对宣传资料进行审查，并在最终定稿公布前，得到院校管理层的批准。院校还须将所有广告和宣传资料存档，以供政府核查（Council for Private Education，2009b：32）。

（二）通过中介发布信息

对不少留学生来说，中介是其了解外国院校的"第一张脸"。近年来，经由中介出国留学的学生越来越多，中介在留学生市场上的作用日趋明显。英国的两期首相行动计划都把中介视为"市场营销伙伴"，大约三分之一的赴英留学生使用过中介服务（British Council，2003：16；7）。在新西兰和澳大利亚，使用过中介服务的留学生比例分别高达53%和60%（Deloitte，2008：4；Education, Employment and Workplace Relations References Committee，2009：107）。问题是，中介提供的留学信息常常不够充分、真实，有时还会产生误导，最终引发争端和法律诉讼。这类情形在澳大利亚较为普遍（Australian Government，2009：3），在新西兰，39%曾使用过中介的留学生对所获服务表示不满（Deloitte，2008：4）。

有鉴于此，德国、法国和美国都不鼓励院校通过中介招生，而是依靠官方机构或半官方机构，为有留学倾向的外国学生提供服务。例如，针对一些中介向中国留学申请人牟取暴利的问题，德国驻华大使馆启动了"中国学生赴德留学程序"。自2001年6月，所有来自中国的留学申请人均可向德国使馆提出留学申请，无须借助任何中介服务。[①] 美国亦是如此，为防止中介进行虚假宣传，美国国务院的教育和文化事务局在世界各地设立了四百五十多家美国教育信息和辅导中心（EducationUSA），提供院校、专业、留学申请程序、经济资助和入学考试等方面的免费或低收费资讯。该中心还制定了《美国教育信息和辅导中心咨询工作伦理准则》（*Principles of Ethical Practice for EducationUSA Advising*）与《美国教育信息和辅导中心对商业招生中介的政策指南》（*Policy Guidance for EducationUSA Centers on Commercial Recruitment Agents*），要求员工提供客观、全面、即时、中立的信息，严禁将前来咨询的学生资料自行透露给第三方，不得收取现金、支票或价值超过20美元的礼物，不得与只为部分

---

① 资料来源：http://www.study-in-germany.de/chinese/1.166.103.html。

美国高校服务的商业招生中介合作,并不得向营利性中介提供咨询。① 结果,在美国读书的留学生中,只有 3% 曾使用过中介服务(Education, Employment and Workplace Relations References Committee, 2009:107—108)。

不过,英国和澳大利亚等国家并不赞同以上做法,它们认为,信誉良好的中介在提供留学咨询方面较为专业,而且成本比政府一手包办低。此外,如果政府不鼓励潜在留学生使用中介,那么中介很可能转而推广其他国家的教育,从而损害本国在留学生市场上的长远利益(Krasocki, 2002:4;11)。当然,这些国家也注意到中介在传递留学信息方面存在的问题,所以它们一方面鼓励中介提供留学咨询服务,另一方面积极行动,通过以下三项措施,提高中介的服务质量。

第一,建章立制,规范中介行为。澳大利亚、新西兰和新加坡在相关法律中,要求院校对中介的行为负责,通过监管院校,间接地监管中介。根据澳大利亚的《国家规范》和新西兰的《行业规则》,院校必须与代表其招生的中介签订书面协议,详细说明双方应尽的责任,写明院校如何监督中介,以及将在何种情况下终止协议。中介若玩忽职守或不能胜任,院校必须立刻采取整改和防御措施。若中介继续违规,院校不得再招收其推荐的学生,必要时还可解除两者间的协议(Australian Education International, 2009a:4; Department of Education, Science and Training, 2007:13—14;新西兰教育部, 2003:12)。

新加坡有关中介的条文最为详尽,但只适用于私立院校。它从中介的选择、管理和监督三个方面,给予院校详细的指引,并要求私立院校对中介的行为和服务质量负完全责任。就中介的选择而言,私立院校必须制定相关的选择标准和程序,并定期对这些标准与程序作出评估和改进。就中介的管理而言,私立院校要与中介签订合同。合同内容与澳大利亚和新西兰相仿,只是合同期限不得超过一年,且须注明留学申请人应向中介交付多少费用。私立院校还要制定中介的行为规范,要求中介向潜在留学生提供最新的院校、专业、费用、转学和退费政策、签证要求及入学程序等信息,并为学生提供咨询,确保其留学决定符合其期望。就对中介的监督而言,私立院校必须设计全面的监督程序,并在中介违反合同时,及时采取必要的行动。合同到期后,私立院校要对中介的表现进行评估,在此基础上决定是否续约(Council for Private Education, 2009c:42—46)。

第二,互通信息,加强培训。有时候,中介提供不实信息不是有意要误导学生,而是因为与院校缺乏合作,未能及时更新信息。英国的一项调查发现,中介一般对英国教育了解不深,院校很少给中介必要的支持(Krasocki, 2002:4)。同样,澳大利亚

---

① 资料来源:http://educationusa.state.gov/ethical_standards.pdf; http://www.educationusa.de/fileadmin/files/ECA/Policy_Guidance_on_agents.pdf。

在六个亚洲国家的13个城市对1140家中介作了调查，指出许多中介没有及时获得充分的院校信息，66%的中介得不时提醒院校更新信息（Education, Employment and Workplace Relations References Committee, 2009: 105）。面对此种情形，新加坡在法律中规定，私立院校必须及时为中介提供最新的专业和入学标准等信息（Council for Private Education, 2009c: 43）。

　　一些调查还发现，许多中介其实非常希望提高自身的专业服务水准（Education, Employment and Workplace Relations References Committee, 2009: 105）。为了帮助中介实现这一愿望，一些国家开始对中介进行培训，以便它们了解本国的教育体系、相关法律制度和中介服务的基本规范。2006年，澳大利亚多个政府部门与业内团体合作，开发了教育中介培训课程，对海外中介进行远程培训（Australian Education International, 2009a: 3）。目前已有46个国家的1126名人员在完成培训课程后获得了证书，成为合格的教育中介咨询员（Education, Employment and Workplace Relations References Committee, 2009: 105—106）。对海外中介进行远程培训的还有新加坡，它于2006年提供网络课程。截至2007年秋季，已有来自11个国家和地区的260家中介获得了培训证书（Rubin, 2008: 57）。英国对中介的培训方式较为多样。一方面，它也开设了网上培训课程，并向完成课程的中介颁发证书。目前获取该证书的中介有900家。另一方面，它还定期向五千多家海外中介发放简讯（British Council, 2008: 5），更新教育信息，举办由中介参加的研讨会，组织海外中介访问英国院校。①

　　第三，面向用户，公布中介信息，增强中介服务的透明度。目前，澳大利亚正考虑修改《国家规范》，要求院校在各自网站上公布与其合作的中介名单。但有人认为，此举不一定会产生很大的效果，因为许多院校早已在网站上公布了这份名单（Education, Employment and Workplace Relations References Committee, 2009: 21; 102）。在新加坡，由私立院校公布中介信息已被写入法律条文，而且私立院校需要公布的不仅是与其合作的中介，还有不再代表院校招收留学生的中介（Council for Private Education, 2009c: 42）。英国更进一步，在英国文化协会的网站上开辟了"中介地带"（Agent Zone），供中介上传经英国文化协会检查后的服务信息，如与院校的合同内容、中介规模、服务范围和收费标准。目前，"中介地带"已登录了印度和日本等八个国家的中介信息，今后将覆盖更多国家。②"中介地带"还列有各种培训包、宣传资料、简讯和信息更新等，供中介开展自我培训（British Council, 2003: 16）。

---

　　① 资料来源：http://www.britishcouncil.org/eumd-agents-services.htm; http://www.britishcouncil.org/eumd-profile-inward-visits.htm。
　　② 资料来源：http://www.britishcouncil.org/eumd-agents-services.htm。

(三) 通过行业领导团体发布信息

本研究选取的八个国家,除开发了留学生教育的国家品牌外,还成立了行业领导团体,统领本国的留学生教育,并通过其网站,为外国学生提供一站式咨询服务。如前所述,学生在选择留学目的地时,首先选择国家,然后才选择具体的院校。由行业领导团体管理本国的留学生教育品牌,并设计用此品牌命名的信息网站,有助于提高本国留学生教育的国际影响力。此外,尽管一些国家就院校和中介的信息发布订立了严格的规章,但院校和中介仍可能从自身利益出发,回避一些不利信息。因此,通过行业领导团体这样的第三方提供客观信息至关重要。而且不同院校和中介提供的信息,侧重点和涉及面各不相同,外国学生有时需要查询若干个机构和网站,才能找到自己需要的所有资讯。通过行业领导团体统一发布信息,可以通过多部门合作,增强信息的多样化和完整性,为潜在留学生提供了极大的方便。

1. 行业领导团体与政府的关系

这八个国家的留学生教育领导团体,一些由政府部门直接担当,一些则注册为慈善团体或独立法人。但后者实际上仍属半官方机构,因为它们的大部分日常经费由政府拨款,有些还与政府签订合约。总体而言,政府对行业领导团体的控制力较大,使这些团体实际上成为实施国家留学生教育政策的有效工具(Siganos,2008)。

直接由政府部门担当留学生教育领导团体的有澳大利亚、美国、法国和新加坡。澳大利亚的行业领导团体是教育就业和劳动关系部的国际教育处。它主要负责对外宣传本国教育,帮助院校开展海外推广,并定期与本国教育和培训领域的行业组织协商,就留学生教育中的关键问题达成共识,供政府制定相关政策。澳大利亚政府认为:"只有当教育机构和政府就国际教育与培训面临的机遇及挑战取得共识时,才能取得长期的可持续发展。"(Australian Government,2003:36)。

美国的行业领导团体——美国教育信息和辅导中心设于美国主管外交的国务院之下,由国务院教育和文化事务局拨款与管理。它对外推广美国高等教育,提供各类院校和入学信息。如前所述,为确保所有信息客观、可靠,美国教育信息和辅导中心的工作人员不能从院校和中介处抽取佣金。

法国教育服务中心(CampusFrance)原名法国教育国际协作署(EduFrance),成立于1998年。当时,赴法留学生人数已连续四年下滑。政府为扭转这一局面,决定像其他留学生接收大国那样,设立全国性的行业领导团体,对外宣传法国高等教育。按照教育部的设想,法国教育国际协作署应该是一个自负盈亏的机构,政府在最初的四年中投入1亿法郎,而协作署将逐步提高自筹资金的能力(Siganos,2008)。尽管这一设想最终未能实现,但协作署的成立确实让更多的人认识到法国教育的魅力,留学生人数也超过了其在欧洲的主要对手——德国,排名世界第三。2006年,法国政府决定进一步整合留学生教育资源,将协作署与负责政府奖学金事务的两个中心合并,①新成立的机构便是法国教育服务中心。中心在法律上属公共利益团体（Public Interest Group）,是隶属于政府的非营利机构。它接受外交部、教育部和移民部的拨款（CampusFrance,2009a：11）,服务质量受法国政府监管。2008年,中心为41万名潜在留学生提供了咨询（CampusFrance,2009a：3—4）。

新加坡留学生教育领导团体的与众不同之处在于,它不隶属于教育和外交部门,而是附设于新加坡旅游局。旅游局下的教育服务署负责宣传新加坡教育,主办教育展和讲座,开展留学生迎新与咨询服务等。②之所以由旅游局担任行业领导团体,是因为该局在主要的留学生输出国已经设立了许多办公处,形成了一张覆盖面极广的联络网,无须教育部门和外交部门再投入大量资金和人力另起炉灶（Rubin,2008：57）。

相比之下,德国、英国、日本和新西兰的行业领导团体与政府的关系不那么紧密,但由于它们都接受政府拨款,或多或少也要听从政府的指令,所以可被视为半官方机构。德意志学术交流中心成立于1925年,经费主要来自外交部,其定位是"德国文化和高等教育政策的对外执行机构"。③英国文化协会比德意志学术交流中心晚成立九年,是慈善性质的非政府公共执行机构（executive non-departmental public body）。它希望与政府保持一定的距离,但英国外交部是其资助机构,且外交大臣要为其运作和绩效向议会负责。④日本的行业领导团体——日本学生支援机构（Japan Student Services Organization,JASSO）属独立行政法人,成立于2004年4月1日。在那之前,文部科学省、日本国际教育协会、内外学生中心和国际学友会等多个机构分头负责留学生教育的不同事项。2004年,政府对这些机构作了整理与合并,由日本学生支援机构承担起与留学生有关的绝大多数事务（文部科学省高等教育局学生支援科,2006：6）。

在新西兰,不同类型的院校基本上都有自己的行业组织,如新西兰英语协会、新西兰私立培训机构协会和新西兰大学校长委员会。20世纪90年代,这些行业组织利用自身的全国秘书处或联合会,开展相关院校的海外推广及其他活动。后来,一些院校打破部门界线,在某一地区内组建包含各类院校的行业团体,共同开发地区市场（New Zealand Ministry of Education,2001：19）。1999年,为进一步整合资源,政府宣布成立非营利机构"新西兰教育促进会"（Education New Zealand）,统领留学生教育。促进会虽是一个独立机构,但与贸易发展局、外交贸易部、旅游局和劳动部等多

---

① 资料来源：http：//chine.campusfrance.org/page.ip?id=1_1&locale=zh_CN。
② 资料来源：http：//www.studysg.com/detail_3895.html。
③ 资料来源：http：//www.daad.org.cn/home.htm；http：//www.daad.de/portrait/wer-wir-sind/kurzportrait/08940.en.html.
④ 资料来源：http：//www.britishcouncil.org/new/about-us/who-we-are/how-we-are-run/。

个政府部门保持伙伴关系,更与教育部签有协议,每年根据双方共同制订的计划,使用和管理教育部的一部分教育出口税。① 这一税收于2003年开始征收,面向所有招收自费留学生的院校,用以弥补政府在海外教育推广、能力建设、质量保障和相关研究等方面的花费。② 此外,促进会还有部分经费来自政府拨款,其使用也需根据政府与促进会共同拟订的计划,用以达成指定的目标(Australian Government,2008:96)。

2. 行业领导团体发布信息的途径

行业领导团体发布信息的途径多种多样,其中影响范围最广、使用最便捷的是设立留学生教育门户网站,提供从入学前到毕业后的各类资讯,包括入学要求、入学申请和签证程序、行前准备、生活和消费情况、住宿方式、医疗保险、在学期间的打工规定和工作信息、学成后的技术移民计划、校友会网络、相关法律以及各有关部门的链接等,让学生足不出户,就能对留学生活和学成之后的前景有一个大致的了解。在这八个国家,门户网站都以留学生教育的国家品牌或行业领导团体的名称为域名,方便用户记忆。为了让潜在留学生能用母语浏览,多数网站还根据主要留学生来源国及重要的目标市场,提供多种语言版本。功能强大的院校、专业和奖学金搜索引擎是网站不可或缺的组成,包含这些搜索引擎的页面一般访客人数最高,潜在留学生可以按照地区、省市、院校名称、学科专业、课程类型和关键词等,查询自己感兴趣的信息。

例如,法国教育服务中心的门户网站(www.campusfrance.org)设有二十多个语言版本。为了照顾不同国家学生的需求,它还开发了46个针对特定国家、以其母语制作的国家子网站。自建成以来,法国教育服务中心网站的影响力迅速扩大,2000—2006年,网站的访客人数从10万猛增至1600万,阅读的网页从100万上升到1.6亿。若加上国家子网站,则2006年的访客总数达到3600万(CampusFrance,2009a:6)。网站上设有包含6000所院校3.5万门专业的搜索引擎,每月有十万名潜在留学生通过该引擎查找自己感兴趣的专业(CampusFrance,2009b:5)。针对赴法留学生较多选择艺术类和工程类专业的情况,网站为这两类专业特设了搜索引擎,另外单列了五百多门英语授课的学位专业。奖学金搜索引擎含有五百多个由法国各级政府、企业、基金会、院校、外国政府、外国院校和多边组织设立的项目,潜在留学生可以按照国籍、

---

① 资料来源:www.educationnz.org.nz/indust_eeidf.html;http://educationnz.org.nz/indust/eeidf/ENZExportlevyfinalReport2006.pdf p.4。

② 教育出口税(Export Education Levy)由两部分组成:一是固定费用,每所院校无论招收多少留学生,收取多少学费,均须缴纳208新西兰元税费;二是学费总收入的0.45%。教育出口税存放在专门的"教育出口税信托账户"中,以确保这笔经费不会被挪作他用。根据教育部的《教育出口税年度报告》,截至2006年6月30日,该信托账户中的款额超过300万新西兰元(New Zealand Ministry of Education,2006:6—7)。

资助种类、专业和学习层次等设置搜索条件。① 英国亦是如此，自 1999 年"首相行动计划"启动后，英国文化协会便着手开发"留学英国网"（www.educationuk.org）。2003 年，该网站月均访客人数 35 万，有 23 个国家子网站，搜索引擎覆盖五十多万门专业，成为当时世界上最大的专业数据库（British Council, 2003: 16）。如今，"留学英国网"已经成为继谷歌之后，潜在留学生最常使用的信息来源。②

近年来，社交网络和新的网络技术在年轻人中日渐盛行，不少行业领导团体迅速跟进，借用这些技术改进门户网站，吸引学生参与。2008 年 9 月，德意志学术交流中心在网站上开辟博客，让来自不同国家的 15 名留学生撰写博文，分享留学经历。③ 美国教育信息和辅导中心在脸谱网站（Facebook）和推特网站（Twitter）上作了注册，邀请外国学生参与讨论。此外，它也开通了博客，部分站点还通过即时消息服务（MSN），解答潜在留学生的提问。④ 新西兰的门户网站（http://www.newzealandeducated.com）建于 2004 年。网站开通不久，新西兰便通过竞标，委托第三方进行独立审核和评估，分析访客人数的变化趋势、访客每次点击的网页数、每次在网站上停留的时间以及各类信息的查询次数等。根据评估结果，网站于 2007 年全面升级，增加了博客撰写、动画和用户反馈等功能。⑤ 目前，该网站每月有 5 万人来访，高峰时期访客人数达到 10 万。英国在广泛征询用户意见后，于 2010 年花巨资全面升级"留学英国网"，采用网络业的最佳实践，改进网站的结构、呈现方式和实用性。改版后的网站赋予用户更多的主动权，方便其上传视频、文章和影像，并可在个人账户中保存信息。⑥

随着网络的普及，门户网站的作用越来越大。不过，并不是每位学生都能够或者愿意通过网络查找信息。2009 年，英国对一、二年级的本科留学生作了调查，发现在赴英前浏览过留学英国网的学生只占三分之一（British Council, 2009a: 22）。所以，除开发和不断改进门户网站外，行业领导团体还通过其他多种方式发布留学信息。一是开办海外教育展，组织本国院校及招生人员到其他国家宣传和答疑。在一些教育展中，有留学经历的当地校友积极参与，为潜在留学生提供建议。一些教育展根据不同

---

① 资料来源：http://www.campusfrance.org/en/b-agence/agence02.htm; http://editions.campusfrance.org/guides/choisir/choisir_en.pdf。

② 资料来源：http://www.britishcouncil.org/eumd-educationuk-website.htm。

③ 资料来源：http://www.daad.de/deutschland/deutschland/blog/09140.en.html。

④ 资料来源：http://www.aacc.nche.edu/Resources/aaccprograms/international/Pages/recruitmentresources.aspx。

⑤ 资料来源：http://educationnz.org.nz/indust/eeidf/ENZExportlevyfinalReport2006.pdf; http://www.educationnz.org.nz/policy/statistics/NzedPerformanceReport2005.pdf; http://www.educationnz.org.nz/about.html。

⑥ 资料来源：http://www.educationuk.org/pls/hot_bc/bc_content.page_pls_user_news_detail?x=204589746003&y=0&a=0&b=&n=3403#; http://www.britishcouncil.org/eumd-campaigns-projectorhead.htm。

对象作专门设计，以增强目的性和针对性。例如，日本学生支援机构多次组织高校赴海外举办日本教育展。会展期间，它与当地的日本校友会合作，开办日本教育研讨会（Japan Student Services Organization，2009：19）。德意志学术交流中心组织的教育展往往根据前往国家、目标人群和参与院校的不同而有所调整（German Academic Exchange Service，2009a：62）。英国文化协会每年在全世界举办五十多场教育展，其中部分适用于所有院校，部分则适用于特定的专业、院校和国家。[①] 2007年，英国文化协会对自己举办的教育展作了评估，发现教育展是海外教育推广的有用手段，但随着网络和中介的发展，未来的教育展在功能和形式上必须有所创新。[②]

二是设立海外办事处，与当地学生和家长面对面接触。例如，法国教育服务中心在78个国家成立了108个办事处，每个办事处都接受当地法国大使馆的监管。办事处安排了留学咨询顾问，辅导潜在留学生选择合适的院校和专业，提供生活建议。[③] 2009年，这些办事处共接待了41万名学生（CampusFrance，2009a：4）。美国教育信息和辅导中心也许是分布最广的机构，它在世界各地的站点超过450个。中心的工作人员可以通过电话、电子邮件和私人会面等，为潜在留学生提供一系列辅助，包括选择合适的院校，了解标准化考试的要求，知晓申请和入学程序，寻找经费资助机会等。一些站点还为学生开办工作坊，帮助他们了解美国的签证程序，准备签证面试。[④]

三是发送印刷资料。2008年，英国对留学生和中介作了调查，发现印刷品仍是影响留学生与家长的重要媒介。所以英国文化协会每年在八十多个国家分发20万份印刷品，其中30%直接发放给学生，70%通过院校和中介向外传递。[⑤] 这些印刷品中包括用五种语言出版的描述英国生活方式的杂志《英国俱乐部》（*Club UK*）和《英国研究生》（*Postgraduate UK*），此外还有一套留学英国指南（British Council，2008：5），收集了有关入境、留学费用、天气、衣物、学习、购物和娱乐等方面的资讯（British Council，2009b：1）。美国教育信息和辅导中心编撰的《如果你想留学美国》是一套四册丛书，共有六种不同的语言版本。前三册分别针对不同类型院校的留学申请人，即本科申请人、研究生申请人和短期学习申请人，第四册帮助所有留学生作好赴美准备。[⑥]

[①] 资料来源：http://www.britishcouncil.org/eumd-exhibitions.htm。
[②] 资料来源：http://www.britishcouncil.org/eumd-information-student-decision-making.htm；http://www.britishcouncil.org/eumd-exhibitions-strategic-review.htm。
[③] 资料来源：http://chine.campusfrance.org/page.ip?id=3_1_3&locale=zh_CN。
[④] 资料来源：http://www.educationusa.info/pages/students/visa.php；http://www.educationusa.info/highered.php；http://www.educationusa.info/pages/students/app-undergrad-choose.php。
[⑤] 资料来源：http://www.britishcouncil.org/eumd-educationuk-publications.htm。
[⑥] 资料来源：http://www.educationusa.info/pdf/study/chinese1.pdf。

（四）通过非政府组织和政府机构传递信息

这八个国家均属留学生接收大国，不少国家在发展留学生教育的过程中，逐步形成了专门面向留学生、留学生教育工作者和留学生教育研究者的各种非政府组织。为潜在留学生提供信息与咨询，也是这些组织的职能之一。英国留学生事务委员会（UK Council for International Student Affairs，UKCISA）是其中最有名的非政府组织之一，它在"首相行动计划第二期"中负责帮助改善学生的留学体验。2004年和2006年，委员会先后在调查中发现，近三分之一的留学生认为留学的实际成本高于预想，只有略高于三分之一的学生说自己有足够的钱在英国生活（Council for International Students，2006：4；8）。委员会据此指出，留学生在离开祖国之前，没有得到充分的留学费用信息。于是，它利用"首相行动计划第二期"的经费，开发了"国际学生留学费用计算器"（Internaitonal Student Calculator）和专门的网站（http：//www.studentcalculator.org.uk）。在这一网站上，学生可以预算奖学金、家庭资助、银行存款和工资等各项收入，以及保险、住宿、交通、购物和饮食等各项支出，最后通过网络软件的自动计算，得到一张包括每周、每月和每年收支总额与细目的资金分配表，以及用于学习、打工、社交、饮食和旅游等活动的时间分配表，辅导学生规划个人财务和时间。委员会还开发了一个名为"留学成功百事通"的网站（Prepare for Success，http：//www.prepareforsuccess.org.uk），帮助留学生在离开祖国之前作好学习准备。它介绍英国院校的学习方法、批判性思维方式、听课和作笔记的方法等，并配以各种小测试（British Council，2008：8）。上述两个网站于2008年7月开通，到2009年年底访客数已超过91万。[①]

在日本，成立于1957年的亚洲学生文化协会（Asian Students Cultural Association）致力于促进日本学生与来自发展中国家的学生和学者交往，共同建设多元文化。[②] 它在自己的网站（http：//www.jpss.jp/）上，用四种语言向外国学生传递生活、招生和毕业就职信息，并提供各类院校及奖学金索引。日本国际交流基金会（Japan Foundation）成立于1972年，旨在促进日本与其他国家之间的文化交流和相互理解。它在自己的网站（http：//www.jpf.go.jp/j/index.html）上用四种语言提供资讯，并通过分布在全球20个国家的22家海外事务所，为潜在留学生服务。[③] 德国大学生服务中心联合会是该国58个大学生服务中心的联合体。它为留学生开辟了专门的网站（http：//www.internationale-studierende.de），用德语和英语介绍从入学前到毕业

---

① 数据来源：http：//www.ukcisa.org.uk/files/pdf/about/annual_review.pdf。
② 资料来源：http：//www.abk.or.jp/english/index.html。
③ 资料来源：http：//www.jpf.go.jp/cn/index.html。

后的留学生活。

除各种非政府组织外,许多国家的政府部门也通过印发资料和制作网页等,为留学生提供信息。以新西兰为例,教育部编写的《留学新西兰学习与生活指南》收录了许多与日常生活有关的信息,如初到新西兰需要携带哪些物品和文件,商店是否会对学生打折出售货物,如何办理银行业务以及怎样对付人身侵害(新西兰教育部,2004)。新西兰土地交通部(Land Transport New Zealand)则于2006年出版了一本小册子,专门向开车上学的留学生介绍新西兰的交通规则(Fancy,2006)。

二、中国：信息的苍白

与上述国家相比,我国在为潜在留学生提供信息时,无论在哪方面都显得极为单薄。

(一) 院校发布的信息

教育部的《高等学校接受外国留学生管理规定》只要求高校公布招生简章、收费项目和收费标准(中国教育部,2000a)。至于高校通过哪些渠道公布这些信息,以及如何确保信息的准确性,我国未制定详细的规则,所以信息公开的程度和真实性基本上取决于高校本身。

参加访谈的七所高校都在自己的网站上为留学生制作了专门的网页,但只有一所高校在首页上清晰显示了留学生网页的接入口,在其他六所高校,学生须找到相应的管理机构或院系,才能连接到这些网页。对外国学生——特别是汉语水平有限的潜在留学生来说,用这种方式查找信息似乎不太可行。两所高校仅提供英文版网页,两所高校提供汉、英两种语言的网页,另三所高校根据本校留学生来源最多的国家,设置了包括汉语在内的四种语言版本。就留学生网页的内容而言,高校之间差别很大。少数高校仅提供教育部规定的三类信息,一些高校还介绍了本校招收留学生的专业设置、院系情况以及国家的相关规定,极个别高校增加了校内和校园周边的生活信息,但没有高校介绍本校的教学设施、退费政策、留学生支持服务、行政管理、完成学业的标准和毕业时领取的证书类型等。对留学生来说,高校网站提供的信息远不能满足他们的需求。

> 我来上海之前,通过网络查过F大学的资料……但这些资料还是不够多。
>
> (F/student/02/p.4)

> 来上海之前，我对 G 大学一点不了解。虽然我也曾上网查找有关资料，但网上提供的信息非常少。
>
> (G/student/01/p. 1)

与国外的许多高校不同，上海高校很少在学生正式入学之前，为其邮寄资料包。几乎所有的高校只是在学生来到上海缴费注册后，才发放入学须知等资料。如此，学生在离开祖国之前，能够从高校那里得到的信息极少。

> 我来上海，没有收到学校寄来的任何资料，学校只是发了张录取单而已。所以我来上海以前，对 B 大学不太了解。
>
> (B/student/02/p. 2)

> 我刚到上海的第一个星期，C 大学给了我很多信息。但我到中国来以前，大学没有告诉我这些信息。
>
> (C/student/01/p. 4)

为了在离开祖国前更多地了解上海，一些留学生不断从自己的国家通过国际长途和电子邮件等，与上海高校取得联系。一些高校也承认，它们没有主动发布更多信息，而是等待学生前来查询。

> 来上海之前，我在韩国查找网上信息，查到的信息当然不够啦。所以我就从我们国家打了很多次电话到这里。可能因为我是外国人吧，网页上写的东西我没法全部看懂。
>
> (F/student/01/pp. 4—5)

> 学生会直接发电子邮件给我们，问我们一些学校情况，比如报名要交哪些材料。其实这些内容在网站上都有，但他们还是想确认一下。他们还会问学校的环境怎么样，住宿条件怎么样。有些学生还会根据个人的兴趣提些问题，比如印尼的学生会问："你们这里有没有留学生的羽毛球队啊？"巴西的学生会问："你们这儿有足球队吧？"
>
> (G/administrator/03/p. 4)

不过，不是所有学生在遇到疑惑时都会主动询问，而且不少学生在踏出国门之前，不知道自己需要哪些信息。如同将在下文中看到的那样，信息不足让许多留学生在入学后遇到了困难。

此外，我国对高校发布信息的真实性缺乏规范和监管，一些高校承认自己为了扩大招生，给予潜在留学生过高的承诺，使得满怀希望而来的学生最终失望而归。

> 当留学生来咨询的时候，我们给予各种允诺。我们当然不可能说自己不好，肯定会宣传我们学校最好的一面。但是留学生来了以后，很多允诺不能实现，学生会很失望。
>
> (G/administrator/01/p. 16)

（二）中介发布的信息

上海的高校很少与中介合作。一些高校认为，在网络信息高度发达的今天，留学生不需要通过中介，就可以找到心仪的高校，并直接与高校联系，无须支付额外的中介费。而且中介的行为常常缺乏规范，难以管理，高校与其合作风险较大。有时候，与中介合作的费用无法计入高校账目，这种财务管理上的障碍也让一些高校对中介"敬而远之"。

> 与我们合作的中介不多……因为我觉得中介太多了也不太容易管理……现在网络信息这么发达，学生不愿意支付那么贵的中介费，通过中介来报名。只要学校把自己的介绍作得稍微详细一点，很多学生完全可以自己来报名。
>
> (B/administrator/03/p. 2；10)

> 有时候，我们觉得中介比较复杂，因为首先有财务问题。在有的学校，招生部门在经费上有一定的自主性，可以与中介商谈中介费。但我们学校管得还是比较严的，从财务系统来讲，我们没办法把中介费支付出去。所以我们也挺怕麻烦，也就没与中介合作。
>
> (D/administrator/02/p. 7)

少数高校有固定的海外合作中介，如G大学在东南亚与不少中介合作，60%以上的留学生通过海外中介入读该大学。这些大学对中介的管理力度一般不强，只是签订一份普通的合同，写明双方的简要权责和中介费用，对中介应提供哪些信息，如何确保信息真实有效，以及中介违规时有何处罚等，均无详细约定。高校对此似乎并不在意，因为它们对海外中介评价较高，认为这些中介以学生为重，鲜有损害学生利益的行为。

我们对中介没有什么特别的管理，只是与中介有一个协议。因为现在中介机构比较成熟，它毕竟是在国外。从学生一开始咨询，到在学期间发生的任何事件，中介都可以承担责任或者义务。所以我们学校相对来说还是比较轻松的。

(G/administrator/01/p. 2)

因为中介也是以服务为主，所以我们很少遇到资质特别差的中介。一般来说，中介是留学生祖国的中介，它们对本国学生的利益还是比较负责的……目前看来，（我们与中介的）合作都比较好。

(G/administrator/03/p. 5)

（三）官方机构发布的信息

与其他国家相反，我国没有统一的留学生教育行业领导团体，而是由教育部的三个直属单位分管既有不同、有时又相互重叠的事项。国家留学基金管理委员会主要管理国家的留学基金，设计国家奖学金项目，制定奖学金申请办法和标准。同时，它也接受委托，管理国外提供的各项奖学金等。[①] 中国教育国际交流协会主要从事国内外学术交流与合作，学生交流也是其中的一项内容。教育部留学服务中心主要为中国学生出国留学及学成后回国就业提供方便，同时通过举办教育展等，向其他国家和地区推广中国教育。简单地说，国家留学基金管理委员会主要面向奖学金生，中国教育国际交流协会主要面向交换生，教育部留学服务中心则面向所有留学生。不过三者的职能划分并不十分清晰，因为交换生有时得到外国政府的资助，且三者都分别举办海外教育展。

国家留学基金管理委员会没有开发专门面向留学生的网站，但在其网站（http://www.csc.edu.cn）上开辟了"来华留学"专栏，设有汉语和英语两种语言版本。其中，汉语版网页并不完全针对留学生，除介绍各类中国政府奖学金项目、来华留学的规章制度和高校特色项目之外，还向我国的高校、留学生管理人员和地方教育行政机构发布各类通知与通告。与其他国家的留学生门户网站不同，国家留学基金管理委员会两种语言版本的网页内容并不完全一致，英语版网页主要面向奖学金生，并重点介绍了委员会的职能和结构。"来华留学"专栏不提供搜索引擎，只是用简短的语言，介绍了可以招收中国政府奖学金生的高校的相关专业和联系方式。教育部留学服务中心开发了面向所有留学生的"留学中国网"（http://www.cscse.edu.cn），用包括汉语在内的七种语言提供服务。网站介绍了中国的历史与文化、教育制度、留学生

---

① 资料来源：http://www.csc.edu.cn/About/。

专业与学费、HSK、入学申请程序、奖学金项目、签证手续和招生信息等，但每一项的内容都极为简略。中国教育国际交流协会则没有为留学生制作任何专门的网页。

在上海，市教委在其网站（http：//www.shmec.gov.cn）首页的底部标明了"留学上海"专栏的入口，该专栏提供汉语和英语两个版本的信息服务。专栏中的信息分为两类：一是以极为简短的文字介绍上海的概况；二是罗列了上海可招收留学生的高校名单，并简要介绍了其概况、学费、专业设置、通信地址和网站地址。在"留学上海"专栏中，潜在留学生可以通过学校名称和专业名称进行搜索。但与其他国家的搜索引擎不同，上海的搜索引擎未设置下拉列表，而是要由用户输入高校或专业名称，这就要求潜在留学生对上海高校有一定的了解。

简言之，无论是我国全国还是上海地区，官方机构为潜在留学生提供信息的渠道极为有限，主要依靠教育展和网络，而且这两种渠道的有效性都有待改进。就教育展而言，我国尚未对教育展的实效进行研究，也未分析过外国学生的信息需求。不过有教师反映，这些教育展囊括了各级各类高校，针对性不强，效果有时不尽如人意。

> 教育展有可能效果不是特别好，因为那么多高校都集中在一起，来参观的人各式各样，不是很有针对性。
>
> （F/administrator/03/p.4）

就网络信息而言，我国全国及上海地区相关部门也许试图建立全国或地区性的门户网站，如"留学中国"和"留学上海"，只是其所提供的信息比其他国家少得多，语言版本有限，采用的技术手段较为落后，域名也很难记忆。事实上，"留学上海"的影响极小，许多高校负责留学生招生的教师对该栏目一无所知。

（四）留学生的主要信息来源

由于院校、中介和官方机构发布的留学信息较为贫乏，所以绝大多数留学生通过正在或曾在上海生活的亲友，了解相关事项。正是在亲友的推荐下，他们才对上海和上海高校略有所知，并决定来上海留学。

> 本来我想在西安读书，但是我的舅舅是驻上海的领事，他说："你来上海读书，住在我们家。"我说："那好，就这样吧。"然后他说："A大学有你想读的专业。"我说："那好，就到A大学。"
>
> （A/student/01/p.4）

不是我选择来上海读书，而是我的朋友们在上海，我跟他们有联系。我一开始告诉爸爸说,我准备去北京市。后来我跟朋友们聊天,他们叫我来上海,那样他们就可以帮助我。我在北京没有认识的朋友。

(B/student/01/p.6)

留学生祖国的教师也很重要,他们为学生提供上海高校的排名和专业信息,将他们眼中的"好"学校推荐给学生。由于教师在专业知识方面具有一定的权威性,所以留学生对教师的介绍大多深信不疑。

我来中国之前要填申请表,要选学校,我选了三所大学。其实我那时对中国的大学不是很了解,越南的一位老师为我介绍了上海比较有名的国立大学,然后我从中选了三所。

(B/student/02/p.1)

我来这里前,对G大学一点也不了解,也没有上网查有关资料。是韩国的一名教授推荐我来这里的,我相信教授的选择。

(G/student/02/p.1)

问卷结果表明,近四成的留学生认为,他人的推荐是其选择留学目的地的一个重要或很重要因素(图3.1)。

(N=374)

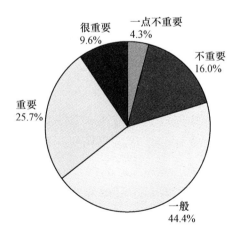

图3.1 他人推荐对留学选择的影响

在其他国家,他人的推荐也是留学生获取留学信息的重要渠道。德国46%的留学生称,是家人、朋友或熟人推荐自己来此读书(Federal Ministry of Education and Research, 2008: 27)。在英国，43%的留学生认为他人的推荐至关重要（Council for International Students, 2006: 11）。不过在这些国家，他人的推荐远非留学生获取信息的唯一渠道，院校、中介、行业领导团体、政府与非政府组织等亦运用多种方式，发布各类信息。但在上海，由于其他信息渠道运作不畅，他人的推荐成了留学生最重要的信息来源。问题是，祖国的亲友和教师给予的信息有时并不准确，学生又无法通过其他渠道，对所获信息进行补充或纠正。结果不少留学生来到上海后，才发现自己选错了专业，或所在高校没有自己想要的课程，无法实现自己的留学期望。

> 说实话，我没想过会把汉语言作为专业来学习……我以为我来中国只读一两年汉语，然后可以读别的专业……但是我来这里以后，才发现汉语言是我的专业。
>
> （E/student/01/p. 4）

> 我（在美国）是学德语专业的。我在美国的时候，我的老师对我说，F大学有德语课……我后来发现，这里实际上没有德语课。
>
> （F/student/03/pp. 5—6）

三、小结与反思

与其他国家相比，我国政府未制定严格、详细的信息发布条款，留学生入学前的信息提供基本上处于政府规管的真空中。同时，我国的留学生人数然持续快速上升，但占高校在校生的比例依然偏低，高校总体上国际化水平不高，缺乏为潜在留学生提供信息的意识与主动性。受以上两个因素的影响，我国留学信息的发布渠道极为单一，内容极为单薄，信息失真的情况时有发生，使得留学生对入学前所获信息的满意度不高。在海外教育展、中介、网络信息、书面信息、祖国的亲友与教师这五种主要的信息渠道中，只有最后一项的好评率超过50%（图3.2）。而在英国，80%以上的留学生对所获信息表示满意（Council for International Students, 2006: 5）。

前文指出，留学生对信息有极大的需求，无论是入境和生活信息，还是院校和专业信息，任何缺失都有可能影响他们对留学目的地的选择。事实上，来华留学生在入学前，对各类有用的信息所知甚少。与英国的留学生一样，上海的留学生事先没有得到有关留学费用的充足资讯，所以许多学生指出，他们的留学成本远远高于预期。他们抱怨学校的住宿费太贵，上海的物价太高，还需为许多未事先说明的事项付费，如体检费、宿舍押金和办理居留许可证的费用。这些额外的、突如其来的花费是他们留学上海最糟糕的体验之一。除费用之外，一些留学生由于缺乏必要的医疗保险和体检

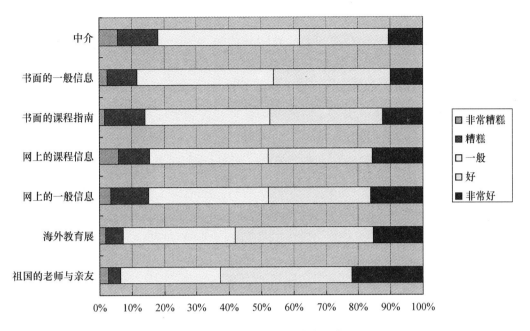

图 3.2　对各种信息渠道的评价

信息，而遇到了不必要的麻烦，或支付了过多的费用。在访谈中，一位来自奥地利的留学生说：

> 我在我的国家买了国际保险，我不知道这里也可以买保险。我希望能在这里买保险，因为这里的保险比国际保险便宜……我本来以为在奥地利或德国的医院作了体检，到上海以后就不用再体检了，但是我们到上海以后又重新作了体检。
>
> （A/student/03/p.2；4）

一些留学生在问卷中写道："我们事先不知道要作身体检查，所以拿不到居留证，无法去其他国家旅行。""我在自己国家已经作过极其昂贵的身体检查了，因为我被告知说这项检查是必需的。但我到中国以后，又得做一个全新的检查。"还有一些留学生指出，他们入学之前不了解中国的奖学金项目，入学之后也没有从教师那里得到这方面消息，所以从未申请过奖学金。不少留学生要求提供一站式的信息服务，提高信息的透明度。

另有三点值得注意。其一，尽管祖国的亲友与教师有时会提供错误信息，但留学生对这一信息渠道的好评率依然最高，说明其他信息渠道的功能和效用亟待加强。

其二，教师对海外中介评价颇高，但留学生对中介的好评率仅 30.0%，位于五种信息渠道的末端。两者的反差表明，教师不一定了解留学生的信息需求和中介的服务质量。

其三，一些国家的调查发现，网络是留学生获取信息的重要途径。在德国，68%的留学生通过网络查找留学信息（Federal Ministry of Education and Research，2008：27）；在英国，42%的留学生在离开祖国之前，查阅了有关院校的网站（Council for International Students，2006：5）。为了让学生方便、快捷地获得所需资讯，本研究中的八个国家都通过行业领导团体，用多种语言开发留学生门户网站，并根据网络业的最新发展，不断调整网站设计，增加新的内容。但我国对网络的利用率极低，官方机构和高校在网站上提供的留学信息极为有限，语言版本不多，也没有利用已有的网络技术，开发强大的搜索引擎以及博客等新功能，与潜在留学生缺乏互动。不少留学生建议高校改进网站建设，丰富网页内容。

前文指出，留学生倾向于选择那些信息充足、准确、即时、清晰的国家。我国在信息提供方面的苍白无力可能已经造成了一定的生源流失，而这种隐性的生源流失被近年来留学生数量的激增所掩盖，未能引起足够的重视。从可持续发展的角度考虑，我国急需学习其他国家的经验，在调查分析留学生信息需求的基础上，设计相应的制度框架，通过充分利用网络技术以及高校和中介等非政府机构，多渠道提供丰富的留学信息，从而让更多的外国学生了解中国，最终选择中国。

第二节　入学后的适应辅导

留学生入学之后，在陌生的环境中学习和生活，难免遇到文化冲击、焦虑和思乡等跨文化适应问题。此时若采取有效的适应辅导，便可帮助其尽快适应新生活，融入新环境。这既有助于留学生集中精力学习，提高学业成功的可能，又可促进其了解当地文化与社会，实现其留学期望。适应辅导方式很多，如开展入学教育，促进留学生与当地学生和社区互动，提供专业的心理辅助以及组织丰富多彩的课余活动和学生团体。

一、入学教育

入学教育是帮助留学生适应新环境的重要环节。研究发现，参加入学教育可以极大地提高学生学业成功的几率。美国加州大学河滨分校曾对2002届一年级新生作了调查，发现参加过入学教育的学生平均学分积点为2.65分（总分为4.0分），未参加入学教育的学生只有2.45分，前者的保留率也后者高出7.5个百分点（UK Council for International Student Affairs，2008b：13）。在其他国家，入学教育受到越来越多的重视，入学教育的持续时间也正由开学初期延展到整个学习期间。在我国，入学教育仍仅限于新生入学的最初几天甚至几个小时,内容也在一定程度上脱离留学生的需要。

(一)开学初期的新生入学教育

在其他国家,几乎所有院校都会在留学生新生正式入学的初期,对其进行入学教育,介绍图书馆等学习资源、相关部门和工作人员、国家和院校的规章制度等。不少院校还带领留学生参观校园及周边社区,游览所在城市,帮助他们了解当地的服务设施和生活环境。

由于留学生在踏入陌生环境的初期,需要适应诸多变化,一些院校将这些适应分为不同类型,有针对地提供多种入学教育。例如,新西兰梅西大学把留学生的适应分为三类:学业适应、社会适应和交往适应。学业适应是掌握适用于新院校的有效学习技巧,社会适应是在已有文化与新文化之间取得平衡,交往适应是提高与新文化互动的能力,包括语言能力(Ramsey, Ramsey, & Mason, 2007:111),并根据三类适应的不同要求,分门别类开展入学教育。苏格兰的绝大多数高校也提供针对以上三类适应的入学教育(Hall, Hamilton, Hall, & Pitcairn, 1998:17)。美国院校的入学教育亦内容丰富,其中最有特色是为提高学业适应而开设的各种免费短期学习班,探讨如何掌握良好的学习技巧,如何有效使用时间,如何利用图书馆资源,如何查找学术资料等。[①] 新加坡更注重让私立院校的所有新生(包括留学生和当地学生)知晓自己作为消费者应有的权益。法律规定,私立院校必须在入学教育中反复重申重要的课程信息,公开院校的申诉制度和学费保护措施,告知学生在何种情况下可通过何种程序申请延期,以及何种情况下学业将被暂停或终止等(Council for Private Education, 2009c:60)。鉴于入学教育内容丰富,其持续时间往往超过一天。英国高校中,19%的入学教育持续一至两天,55%持续三至五天,剩余的26%则超过五天(Council for International Students, 2007:7)。

在院校之外,一些地区也组织地区性的入学教育。英国的格拉斯哥市每年在市中心举办为期三周的全市性欢迎仪式——"格拉斯哥留学生欢迎会",为留学生提供入学注册、旅行和住宿信息,组织他们游览苏格兰,开展各种社会活动。新加坡旅游局的留学生迎新会每月举行一次,介绍新加坡的教育制度,以及在新加坡学习和生活所需的各种信息。旅游局还组织留学生参观有代表性的居民区,以及有文化特色的景点和购物中心。[②]

法国工程类院校的做法比较特殊,它们共同开发了正规的入学教育课程,并将其纳入留学生的学习计划。留学生只有在完成这一课程之后,方可进入专业学习。入学

---

① 资料来源:http://www.educationusa.info/pdf/study/chinese4.pdf。
② 资料来源:http://www.singaporeedu.gov.sg/cn/doc/res/Studying_Living_Chinese.pdf。

教育课程包含三个部分：文化融合、语言融合和方法融合。文化融合实际上是为初抵法国的新生提供生活服务，包括接机、购买保险、开通银行账务、组织为期四天的欢迎会和城市观光等。[①] 语言融合是为期两个月的暑期法语强化课。绝大多数学生住在当地人家中，只有法语达到规定标准的学生才可以免上此课。方法融合包含四个部分：一是法国文化；二是专业技能；三是数学、物理和化学等工程科学；四是两至六周的适应课程。在适应课程中，留学生与法国学生一起上课、作实验，熟悉当地的学习节奏。

上海受访的七所高校中，有一所高校因为留学生新生太少而未组织入学教育。在其余六所高校，入学教育均以宣讲中国的法律制度和学校规章为主，以防学生违法违规。部分高校还介绍学校的课程体系（如电脑选课系统的使用和学分规定）和上海的若干生活信息，仅少数高校会带领留学生游览市区。

学校里，我们是预防在先，进行教育。不但我们出面进行教育，而且请出入境管理局的警官来进行教育，还发一些宣传手册。我们的班主任第一节课必须得讲《学生手册》。《学生手册》上有一些上海的生活信息，告诉他们一定要遵守中国的法律，特别是我们留学生容易违反的一些法律。

(B/administrator/01/p. 1)

入学教育中，我们进行法制教育，告诉留学生签证是怎么回事，我们学校是怎么样的，你应该做这个，不应该做那个，每个人都发一本《学生手册》。

(F/administrator/03/p. 13)

整体而言，上海高校的入学教育重在法制宣传，涉及面较为单一，所以持续时间一般只有短短的一两个小时。

我们入学教育是中文、英文、日语、韩语一起讲，大概持续两个小时。入学教育和开学典礼放在一起，先是领导讲话，大概不到一个小时，剩下的一个小时，我们就作些说明。

(F/administrator/03/p. 13)

---

① 资料来源：http：//www.nplusi.com/public/france-site/en/package _ for _ cultural _ integration _ pic. 3-31-1. html；http：//www.nplusi.com/public/france-site/en/package _ for _ linguistic _ integration _ pil. 3-31-2. html；http：//www.nplusi.com/public/france-site/en/package _ for _ methodological _ integration _ pim. 3-31-3. html.

我们的入学教育也尝试过很多形式。以前，我们中、英、日、韩轮流翻译，但是这样时间拖得很长。现在我们分专场进行入学教育，比如说八点是日语场，九点是英语场，十点是韩语场，每场的时间大概是一个小时。

(B/administrator/03/p. 3)

留学生对这样的入学教育提出了批评，他们指出，其一，少数高校的入学教育全用汉语宣讲，让初来乍到、不熟悉汉语的新生如坠迷雾。其二，个别高校没有专门为留学生提供入学教育，而是将中国新生也包含在内，所以入学教育不但全程使用汉语，而且难以顾及留学生的特点。其三，最重要的是，入学教育主要从行政管理的角度出发，较多考虑预防违规行为和突发事件，忽视了留学生在学业适应、社会适应和交往适应等方面遇到的难题。就学业适应而言，不少留学生反映自己不了解院校的选课系统、课程安排和考试规则等。由于未得到及时的辅助，他们在学习上走了不少弯路。

按照 G 大学的规定，学生如果要毕业，必须通过计算机考试，而且必须拿到两个以上的绩点。可是我入学以后，从来没有人告诉我这个规定。直到今年 4 月份，我快要毕业了，学院的老师才告诉我必须参加计算机考试。我觉得很不开心，如果老师早点告诉我的话，我可以早作准备。

(G/student/01/p. 2)

一年级的时候，我们根本不知道怎么选课，也不知道应该选几个学分。比如说，你一年最多可以选 32 个学分，但是老师一般都建议说，一年级的时候应该轻松点，只要选 23 个或 24 个学分。但是 80% 以上的留学生不知道这些事情，所以选了 28 个学分或者 30 个学分。一年级的课程很难，所以压力很大。另外，很多选修课的考试形式是写报告……中国学生都有所准备，知道这些规矩，所以他们选那些比较容易的课程。但是留学生不知道这些，选的都是那些要闭卷考试的课，所以成绩很差很差。等留学生知道了这些情况，想选容易的课的时候，那些课已经被选满了。留学生没办法，只能选难的课。

(C/student/01/pp. 12—13)

（我）到这里以后，最开始的一年多有一种糊里糊涂的感觉。虽然我学习很努力，但我摸索了差不多一年，才知道在这里应该怎么学下去……入学的时候虽然有入学教育，但我毕竟是到了一个新的环境，而且以前没有读过大学，所以根本不了解（入学教育上）老师讲的内容，而且那时候中文也不像现在那么好。

(F/student/01/pp. 4—5)

还有不少留学生由于未得到学习方法方面的指引,不知道怎样查找专业资料,怎样到图书馆借书,怎样下载教师的讲课资料等,影响了学业进步。就社会适应和交往适应而言,许多留学生感到在新环境中孤单无助,遇到难题时得不到及时的帮助。问卷数据显示,留学生对高校入学教育的好评率不到一半,认为入学教育糟糕或非常糟糕的占16.8%(图3.3)。而在英国,参加过入学教育的留学生中,有81%认为入学教育对自己有所助益(Council for International Students,2004:10)。

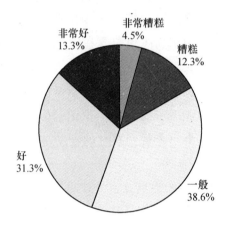

图3.3 对入学教育的评价

不过在一些教师看来,适应新环境主要是留学生自己的事,他们应该自己查询信息,主动了解高校及周边社区,学习规章制度,而不应该依赖教师的帮助。

我们在网上一般会给予说明,告诉留学生来上海的时候需要带些什么东西,学校附近有些什么。留学生一般都应该读过这些信息。就像你到国外之前,你先要了解它那里的环境。留学生也是这样。

(F/administrator/03/pp.13—14)

这说明就入学教育的内容和作用而言,留学生和教师的看法存在极大的差异,而目前高校提供的入学教育,与留学生的期望差距甚大。

(二) 入学教育的延展

仅在开学的最初几天提供入学教育还远远不够,因为留学生的入学时间并不完全一致,有些学生可能在入学教育结束之后才来校注册,错过了入学教育的时间。德国的调查发现,39%的留学生未参加入学教育(Federal Ministry of Education and Research,2008:45),在英国,该比例高达50%(Council for International Students,2007:2)。所以,"如何与入学教育结束之后抵校的留学生新生交流是一个问题。"

(Department of Education, Employment and Workplace Relations, 2009: 4) 此外, 留学生对新环境的适应不是一蹴而就的, 需要花费一段时日。而且随着学习的推进, 新的适应问题会不断出现。例如, 新生关心的是怎样办理签证和入学手续, 怎样熟悉新环境, 怎样找到安全舒适的住所。但在一段时间之后, 他们可能更关注怎样融入社区生活, 怎样寻找打工机会 (Education, Employment and Workplace Relations References Committee, 2009: 136)。国外的一些留学生教育研究者和工作者于是认识到, 入学教育不应该仅限于开学的前几天, 而是应该延展到整个学习期间, 重心也须不断转换 (Council for International Students, 2006: 11)。

延展之后的入学教育不但持续时间更长, 而且更强调留学生之间的需求差异。为了更好地服务于这种个别差异, 澳大利亚和新西兰通过立法, 要求院校选派专人负责留学生的跨文化适应, 增强与学生个体的互动。日本、新加坡、法国和德国建立了永久性的咨询服务中心或窗口, 长期为留学生提供一站式信息咨询和适应辅导。例如, "新加坡教育服务中心"成立于 2005 年 10 月, 为在读的和即将前往新加坡求学的留学生提供全方位的权威信息。学生可以通过中心的网站 (http://www.singaporeedu.gove.sg) 查找信息, 也可以到中心接受面对面咨询。中心还组织各种留学生活动, 充实他们在新加坡的经历, 及时收集他们的反馈意见,[①] 供政府、院校和其他机构参考。澳大利亚目前也在考虑建立类似的留学生中心。2009 年 9 月, 澳大利亚教育就业和劳动关系部长与社会融合部长 (Ministry of Social Inclusion) 提出, 澳大利亚联邦政府应与州政府合作, 在每座城市建立一个留学生中心, 每所院校也都应在校内设立留学生服务咨询台, 方便留学生问询 (Minister for Education, Minister for Employment and Workplace Relations, Minister for Social Inclusion, 2009)。

英国的策略有所不同, 它充分利用现代通信技术, 制作各种资料和软件包, 供留学生按需使用。例如, 谢菲尔德哈勒姆大学 (Sheffield Hallam University) 正在试点"移动学习" (m-learning), 即通过移动设备为留学生提供支持。它开发了入学教育所需的各种移动学习文件和音频文件, 学生可以下载到 iPod、MP3 播放器和手机等电子设备上, 随时随地查看学习。这些文件涉及的内容很广, 形式也多种多样, 有介绍校园的中英双语网络播客, 有关文化冲击、英国学术文化、时间管理、考试准备、演讲、写作和批判分析的视频, 还有帮助学生解决各种实际问题(如怎样填写签证申请表)的截屏视频 (UK Council for International Student Affairs, 2009a: 25)。此外, 43% 的英国高校在学期中开设专题讲座和工作坊, 如签证申请工作坊、文化意识课、文化冲击咨询课、一周答疑和学习技能课, 为留学生提供持续性的适应辅助 (Council for International Students, 2007: 7—8)。

---

① 资料来源: http://www.singaporeedu.gov.sg/cn/doc/res/Studying_Living_Chinese.pdf。

我国高校的入学教育仍集中在开学的最初几天。访谈资料显示,对于那些因抵校日期较晚而未参加入学教育的学生,高校一般只提供最基本的书面材料,让学生自行阅读,而不再给予其他辅助。在问卷的开放题中,留学生普遍要求院校给予更多的帮助和关心,通过设立永久性的留学生服务站等方式,提供长期的一站式服务。

(三) 小结与反思

开学初期的新生入学教育是留学生踏入新环境之后,接触到的第一次正式的适应辅助,对日后的学业成功和留学满意度具有一定的影响。本文选取的八个国家都在留学生入学初期,组织了内容丰富的入学教育,帮助学生掌握合适的学习技巧、语言技能和社会交往能力。法国的工程类院校更是开发了正规的入学教育课程,确保每位留学生在进入专业学习之前,都能适应法国的教学和生活方式。为了让未参加入学教育的学生也能得到入学适应辅导,同时满足留学生不断变化的适应需求,一些国家开始将入学教育延伸到整个学习过程中。

这种持续性的入学适应辅导,在我国的留学生教育中尚属空白。目前高校仅在开学初期,对准时注册报到的留学生进行入学教育。这种教育多从行政管理的需要出发,以介绍国家和高校的法律规章为主,忽视了留学生其他方面的适应需求。这在一定程度上影响了学生对新环境的了解,阻碍了其学习进步,引起相当一部分留学生的不满。

此外,就入学教育的功用而言,我国高校教师与留学生的看法大不相同。这提醒我们须仔细研究留学生的适应需求,并根据研究结果,对教师进行跨文化培训,推动他们不断丰富入学教育的内容与形式。

二、与当地人的互动

加强留学生与当地学生和社区的互动,可以促进其熟悉当地文化,融入校园和社区生活。不过前文提及,已有研究一致发现,留学生与当地学生和社区很难建立持久的良好关系,而是更多地与其他留学生(特别是来自自己祖国的留学生)一起学习和生活。

在本研究中的八个国家,留学生都在与当地人的交往中遇到了或多或少阻碍。德国的留学生批评当地学生十分冷漠,39%的留学生认为与德国学生交往有难度(Federal Ministry of Education and Research,2005:60)。在新西兰,留学生与当地学生和社会之间始终存在隔阂。16%的留学生与新西兰人没有任何交往,23%说自己从未与新西兰学生一起学习,35%说与新西兰人交朋友很难,75%曾受新西兰学生歧视(Deloitte,2008:4)。在英国,虽然60%的留学生觉得英国学生比较友善,但43%认为英国学生很难交往,59%更多地与其他留学生交朋友,英国朋友较多的只有7%(Council for International Students, 2006: 6—12)。在澳大利亚，许多留学生说留学生活非常孤单，希望更多地与当地学生交往，融入当地社区（Australian Government, 2009: 8）。

上海亦是如此。许多留学生抱怨中国学生冷漠，不愿意结识外国朋友。他们说自己与中国学生多半只是点头之交，鲜有深入的接触。

> 我觉得上海人不太喜欢交朋友，他们很不热情。如果你跟他们说话，他们不太情愿回答你。我有时候去参加一些舞蹈活动，可以认识一些中国人……但他们很少主动与我讲话。
>
> （A/student/01/p. 10）

> 有时候我跟中国同学开玩笑，我说："现在我们最常用的对话就是'你去哪儿啊？''去吃饭。'"中午也是"去吃饭"，晚上也是"去吃饭"，只能说这些话，谈不了更多的。
>
> （F/student/02/p. 14）

留学生与中国学生之间隔膜，部分起因于文化差异和语言问题，部分则起因于高校在留学生教学与管理上的一些特殊安排。如前所述，一些留学生最初的一两年在专门的语言类院系学习汉语，之后才转入专业院系的较高年级。这时，同班的中国学生之间已经建立起一定的人际关系网络，留学生难以融入既有的社交圈。

> 我们一年级就（和中国学生）分开了，到二年级才刚刚进入他们的班级。他们的每项活动和每次班会都不会叫我们去参加，我觉得和他们还是有很大的距离。
>
> （B/student/02/p. 3）

> 虽然我与中国同学的关系还不错，但我毕竟是插班生。中国同学不但住在一起，而且从一、二年级开始就一块儿念书。所以我与中国同学在感情上还是有距离的。
>
> （G/student/01/p. 2）

有时候，教师给予留学生太多的特殊关照，有意无意中突显出其"外国人"的身份，在留学生与中国学生之间竖起了一道人为的屏障。

> 你看，我是跟中国人很容易相处的人，我跟班里的中国同学也玩得很好，但是我跟他们之间总是会有一点距离……那一年中秋节，我们班里举行了一个中秋晚会……让我最感动的是，他们把我们这些留学生当成宝贝似的，照顾得很好，而

且给予特别的对待。当时大家都一起吃月饼,其他所有同学吃的月饼是一样的,但是给我们留学生的月饼却是特殊的,是最好的……我那个时候虽然很感动,但是为什么不能把我和其他同学一样对待?从那个时候开始……我虽然跟中国同学玩得很好……但他们总是把我们看得不一样,心里面总会记住我是外国人,不会完全把我融入到他们的圈子里面去。这是我觉得应该注意的问题。像我这么能跟中国同学一起玩的人都会遇到这样的问题,那其他留学生呢?

(B/student/04/pp. 4—5)

问卷调查表明,留学生是否结交了中国朋友,显著影响其留学上海的体验,那些有中国好友的留学生对留学上海的体验更佳($\chi^2=44.787$, $p<0.001$)。不过,能结交中国朋友的留学生毕竟不多。对于"我没有几个中国朋友"这一陈述,36.0%的留学生表示同意或完全同意,59.3%的留学生希望与中国学生有更多交流(图3.4、图3.5)。在开放题中,留学生纷纷写道:"希望学校为留学生提供与中国学生交流的机会"、"我们需要有更多的机会与当地朋友接触"、"应该有更多的方法让中国学生和外国学生相互联系"。

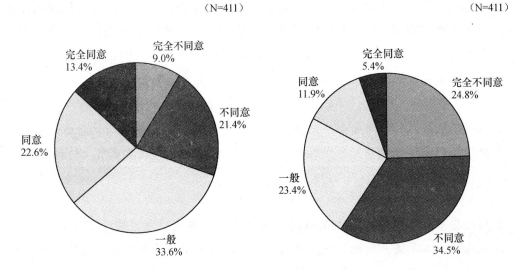

图3.4 "我没有几个中国朋友"　　图3.5 "我不需要与中国同学有更多的接触"

可见,无论是在我国还是在其他国家,建立留学生与当地学生及社区之间的联系是各国面对的共同问题。被用来解决这一问题的方法通常有两种:一是将留学生与当地学生结对;二是鼓励留学生积极参与社区生活。

(一) 与当地学生结对

鼓励留学生与当地学生结对,有助于留学生在当地学生的帮助下,熟悉当地的教育体系和环境。人们普遍认为,结对是帮助留学生度过最初适应期的有效工具(UK Council for International Student Affairs,2008c:6)。

结对的方式之一是在自愿的基础上,为一名留学生分派一名当地学生,结伴参加各种活动。有时候,当地学生还帮助留学生解决一些学习问题和生活问题。有研究发现,参加结对活动的留学生学业成绩显著高于其他留学生,辍学率也明显降低。在美国中西部的一所大学,来自97个国家的约2000名留学生占在校生总数的7.7%。该校从1997年开始,开展"留学生同伴项目"(International Peer Program),36名留学生新生与该校的毕业生结成对子,共同参加学校每月一次的活动,如野餐会和文化展。社会适应性量表测量结果显示,参加这一项目的留学生得分显著高于控制群体(Abe, Talbot, & Geelhoed,1998:539—540)。在澳大利亚的昆士兰大学,来自120个国家的7000名留学生占了该校学生总数的近五分之一。为了帮助这些学生适应当地生活,昆士兰大学设计了"昆士兰大学伙伴"(Mates@UQ)项目,其中既有学习方面的伙伴,又有休闲和社交方面的伙伴。在学习方面,"谈话伙伴"促进留学生提高英语能力,"电脑伙伴"为缺乏电脑常识的新生提供操作指引(Dessoff,2009)。在休闲和社交方面,"运动伙伴"组织开展足球比赛等活动,"社交伙伴"为留学生与当地学生交往提供了机会。[①] 在德国,一些大学设计了"导师计划"(mentorship programme),分派高年级当地学生担任留学生的志愿联络人,帮助留学生办理各种手续,解答与学习和日常生活有关的问题(German Academic Exchange Service,2009b:45)。

只是这样的结对大体上是单向的,当地学生的付出远远超过收获,所以当地学生往往不愿参与,有时即便加入了也很快退出。研究指出,好的结对项目需要精心设计,给当地学生一定的回报,使结对成为一种双向的互惠活动。一些结对活动给予当地学生一定的经济回报,如英国某院校将50名英国学生与50名留学生结对,并为每位英国学生发放面值10英镑的购书券(UK Council for International Student Affairs,2008c:10—19)。这种做法虽然激发了当地学生的积极性,却也提高了结对的成本。所以更多的院校将结对活动融入课程,为当地学生提供实习和学分等非物质方面的回报。美国某私立高校的咨询辅导系从1994年开始,与留学生办公室合作,让该系实习阶段的研究生与留学生新生结对一个学期,在帮助留学生适应大学生活的同时,为当地研究生提供学以致用的实习机会。期间,美国研究生与留学生一起参加学校和社区活动,陪同后者寻找住处、参观校园和购物。双方还相互参加对方家庭的聚会,了解异国的习俗与饮食。在课堂上,美国研究生共同讨论和反思他们与留学生交往的经历,提高多元文化意识(Jacob & Greggo,2001:75—79)。

新西兰的梅西大学将结对活动纳入正规课程。2005年,该校商学院启动"梅西新

---

① 资料来源:http://www.uq.edu.au/student-services/Mates。

西兰朋友项目"(Massy Kiwi Friend Programme),每学期为大约五十名留学生提供个别化辅导。项目的核心是一门名为"跨文化管理"的课程,修习此课程的当地学生必须按照课程计划,为留学生新生举办六次工作坊,并与参加工作坊的留学生建立个人友谊。工作坊的议题涉及日常问候、交谈方式和新西兰家庭等。课余时间,"梅西新西兰朋友项目"举办多种休闲活动,并为当地学生和留学生安排每周一小时的"谈话时间",讨论最近一周发生的新鲜事。通过这一项目,当地学生可以了解文化差异的性质,学会如何管理这些差异,并可获取学分(Ramsey, Ramsey, & Mason, 2007)。

在澳大利亚的悉尼国际管理学院,留学生和当地学生各占一半。学院的一门课程名为"组织文化"。在这门课程中,毕业班学生必须帮助留学生新生适应学院的学习和生活,课程评估结果记入毕业班学生的最终成绩(Department of Education, Employment and Workplace Relations, 2009: 3)。

英国的一些院校将结对活动与当地学生的就业相关联。它们认为,结对活动可以推动学生的个人发展,提高其就业能力。所以它们为参加结对活动的英国学生发放证书,从而丰富其求职简历(UK Council for International Student Affairs, 2008c: 20)。

在上海,约半数受访高校未组织任何结对活动,因为在它们看来,交友是学生自己的事,在中国学生占了绝大多数的校园里,留学生有大量机会结识中国朋友。

> 留学生与中国学生一起上课,自己就可以与中国学生交流,不需要我们安排结对子……我们校园里全是中国学生,不需要我们介绍,留学生肯定有机会与中国学生打交道。而且留学生的教室与中国学生的教室都在(一幢教学楼里),教室周围都全是中国人,要交流很容易的。
>
> (F/administrator/03/p. 20)

在这些高校,留学生若想与中国学生互动,须得自己主动创造机会。调查结果显示,由于缺乏正式的制度支撑,这些高校的留学生与中国学生往往难以保持长久的联系,而那些性格内向或生性腼腆的留学生,则基本上没有机会结识中国朋友。可以说,这些高校低估了留学生与中国学生交往的难处,未能为留学生提供足够的支持。

> 我愿意交很多朋友,因为我比较活泼。在课堂上,我首先跟中国学生搭讪:"哦,我这个地方不懂,你能帮我吗?""我们交换电话号码吧。"……如果我乘公交车,看见站在旁边的人好像是我们学校的,我就问:"你是我们学校的吗?"我是这样交朋友的。可是这样交来的朋友中,好朋友真的很少很少……不可能跟他们长久地做朋友,我觉得这真的让我很心寒。
>
> (F/student/01/p. 8)

我来到这里以后，接触的一般是韩国人或者其他外国人，很少接触中国人。这也可以说是我的错误，因为如果我很积极地与中国同学联系的话，我可以与中国同学交往，但我不是很积极。特别是博士生和研究生，他们自己的事情也挺多的，即使我想跟他们交朋友，也不是很容易……所以（对我来说）最难的事，是找到合适的朋友，找到可以帮助我的中国学生。

(C/student/02/p. 3)

访谈中，这些高校的留学生纷纷要求学校为他们组织与中国学生结对的活动。

其他高校为留学生安排的结对活动大致分为两类。第一类是生活结对，主要面向留学生新生，由与之结对的中国学生帮助其完成各种手续，解决生活问题，如办理签证，购买电话卡和租借房屋。

学期刚开始的时候，如果留学生有困难，我们会安排中国学生与他们一起出去借房子，一起熟悉上海……我们每学年会招募二三十名这样的中国学生……（这些中国学生要做的事情）也挺杂的，比如说买电话卡呀，买移动电话呀，租房子呀。有些留学生可能……不认识体检的地方，语言也不通，我就得找个人陪他去作体检。他们也可能不认识办理签证的地方，那我还得找个人陪他去办签证。

(G/administrator/03/pp. 7—8)

很明显，这样的结对基本上是单向的，中国学生得花大量时间承担各种琐碎事务，自己在结对过程中收获不多。所以与国外的某些结对活动相似，中国学生参与其中的积极性往往不高，结成的对子很快不了了之。

第二类是语言结对，即留学生与中国学生相互学习对方的语言。从理论上讲，这样的结对是互惠的，中国学生在帮助留学生提高汉语水平的同时，也可以习得一门外语。

我们有一个汉语角，帮助留学生与中国学生交流……我们让留学生报名，然后根据报名的人数，找一些我们大学的（中国）学生……一起来参加，（让学生）自己交朋友……我主要是分管日本和韩国留学生的。我们大学有很多学生第二外语学的是日语，他们想结交日本学生……每次开学的时候，日本学生也会来报名，寻找一对一的汉语教学。（有了汉语角以后），日本学生和中国学生都不用付学费，我教你一个小时日语，你教我一个小时汉语。

(B/administrator/03/pp. 6—7)

有趣的是，在一些留学生眼中，语言结对也是"单向"的，因为中国学生练习外语的积极性远远高于其帮助留学生练习汉语的积极性。在这种情况下，留学生一般没有什么机会使用汉语，其付出远大于收获。

> 我想与朋友练习汉语，但是他们想与我练英语。与中国朋友练汉语很困难。我原以为这会很容易，但实际上他们想练英语。我不介意他们与我练英语，但这样我就说不了汉语了。
>
> (E/student/03/p. 2)

除结对活动的单向性之外，不少来自发展中国家的留学生还遇到了中国学生的歧视。他们说中国学生更喜欢结交欧美朋友，对来自东南亚国家和贫穷国家的留学生态度冷淡。另外，几乎所有来自非洲国家的留学生都说自己遭遇了种族歧视。

> 欧洲朋友（在与中国学生交往方面）比较有优势，可能有比较多的中国学生想与他们说话、交朋友。但是对于亚洲人，一般需要留学生比较主动，才能交到中国朋友……有一次，中国学生来我们这里与留学生交流。在谈话的时候，我主动与中国学生交谈。但中国学生可能觉得我长得像中国人，所以不想与我交谈。
>
> (F/student/02/pp. 4—8)

> 中国的年轻一代必须打开他们的心扉，因为他们有太多的成见，有一些错误的看法和信息。一些人会走到你面前问："你从哪里来？"如果你说你来自非洲，他们就不再与你交谈。当你说自己来自美国，他们就很开心。
>
> (B/student/03/p. 2)

不少受访教师承认，中国学生对留学生的地域和种族歧视确实存在。他们指出，中国学生更愿意与欧美学生结对，对来自其他国家的留学生没有太大的交往兴趣。

> 中国学生从心理上来讲，可能更多地崇尚欧美，对黑人和东南亚学生的兴趣很小……我们感觉很明显……我们会有意识地选择一些中国学生做志愿者，为留学生提供一些生活上的帮助。你可以看到，对于欧美学生，中国学生的兴趣会大很多，对于东南亚的留学生，中国学生就没有那样的兴趣，就不愿意做志愿者。
>
> (D/administrator/02/p. 5)

问卷调查表明，受到中国学生歧视也是留学生在上海最糟糕的体验之一。

（二）参与社区生活

留学生积极参与社区生活，不仅有助于跨文化适应，而且是许多学生出国留学的目的之一。不过留学生因为课程紧凑，生活大多局限于校内，又鲜有当地朋友，所以很难自己与社区沟通（UK Council for International Student Affairs，2008d：7）。这时便需要院校和社区给予相应的支持。

美国和英国都有"东道家庭"活动，将当地的志愿家庭与留学生结对。参与此项目的家庭一般不提供住宿，而是邀请留学生来家中做客，品尝当地饮食，熟悉当地的风俗和生活方式。其中，英国的东道家庭活动给予留学生的支持更多。它允许留学生的伴侣和孩子一起去东道家庭做客，共享文化体验。它还设立了"东道家庭之友"基金，帮助经济窘迫的留学生支付参加东道家庭活动的注册费（约40英镑）以及来往东道家庭的路费。[①]

此外，不少高校与社区合作，为留学生提供社区服务创造机会，以便学生在熟悉当地生活的同时，获取一定的工作经验。研究发现，留学生志愿提供社区服务是其融入社区的最佳途径（Hart，Sheehy-Skeffington，& Charles，2007：8）。日本立命馆亚洲太平洋大学的建校目的是吸引青年人，缓解该地区的人口老化，所以让学生了解和参与社区生活，是该大学的一项重要工作。它组织留学生到当地社区，在中小学讲解自己祖国的文化，与老年人一起活动，帮助当地企业开展市场调查和市场营销等。该大学每年都接到来自社区的近三百份申请，邀请留学生参与社区工作。英国的德蒙福特大学设立了"同一个声音"项目（One Voice），组织留学生通过志愿活动，体验校外生活。留学生在当地的小学建立了语言俱乐部和文化工作坊，还教小学生怎样讲故事、做游戏、唱歌和跳舞（UK Council for International Student Affairs，2009a：10；16—19）。事实上，英国22%的留学生曾参加过社区志愿服务（Cappuccini，Harvey，Williams，Bowers-Brown，McCaig，Sagu，& MacDonald，2005：65）。为了吸引更多留学生参与志愿活动，一些高校开始为留学生发放证书，以利其未来就业。

在澳大利亚，让留学生参与社区生活已经成为该国留学生政策的一部分。澳大利亚政府发现，各校支持留学生参与社区生活的力度大相径庭，有些院校成效卓著，有些院校却未采取任何措施（Education，Employment and Workplace Relations References Committee，2009：50—51）。2009年，澳大利亚总理陆克文宣布向墨尔本北部的德尔宾市（Darebin）拨款五万澳元，用以开展试验，提高留学生对社区生活的参与度。政府也将在此基础上，出台相关的政策与指南。[②]

---

① 资料来源：http://www.hostuk.org/student_hiw.html；http://www.hostuk.org/FriendsofHOSTfund.html。

② 资料来源：http://www.coag.gov.au/coag_meeting_outcomes/2009-07-02/index.cfm?CFID=53093&CFTOKEN=85421708&jsessionid=0430a89378d241ee6512103932443197653d////////liss#iss。

研究指出，社区在接受了志愿服务后，对留学生的看法有了极大的好转。英国没有接受志愿服务的社区居民中，只有68%认为留学生为社区带来了积极的变化，而在接受志愿服务的居民中，此比例升至89%（Hart，Sheehy-Skeffington，& Charles，2007：8—9）。

在上海，高校极少组织留学生体验社区生活，更少鼓励他们为社区提供服务。对此，留学生在问卷中表示了不满，他们不明白为什么中国学生可以在社区开展义诊等志愿活动，留学生却被排斥在外。一些教师也认为，应该让留学生更多地走入社区，融入当地生活。

> 在加强国际交往中，民间力量也是很大的。上海的一些社区和社团完全可以与高校的留学生管理机构进行合作，让留学生更多地走入中国的社区，了解中国的文化。这也是一件未尝不可的事情。要让留学生更好地融入中国社会，而不是到了中国以后，还是跟自己国家的人在一块儿交往。

(E/teacher/03/p.13)

（三）小结与反思

无论是在中国还是在其他国家，留学生在与当地学生交往、融入当地社会的过程中，都遇到了不小的阻碍。上海的近四成留学生缺少中国朋友，近六成留学生希望与中国学生有更多的接触（图3.4、图3.5）。但在一些院校，这种交往上的阻碍没有得到足够的重视，教师更多地把留学生与中国学生之间的隔膜，归结为学生的个性问题。

帮助留学生克服交往障碍的方法主要有两种：一是将留学生与当地学生结对；二是推动留学生参与社区生活。前者主要在院校内部开展，后者则扩大到邻近地区。就结对而言，国内外提供这项服务的院校都不算多，如英国目前仅有29%的院校专门为留学生组织了结对活动，且76%的结对活动启动于2005年之后（UK Council for International Student Affairs，2008c：65）。在那些提供结对活动的高校中，有些活动因为互惠性不足而成效不佳。实践表明，好的结对活动应该是双向的，让留学生和当地学生均能有所收获。与其他国家相比，我国高校结对活动的互惠性较差，组织形式较为非正式（如结对活动未被纳入正规课程），因而难以吸引学生加入，缺乏可持续性。

就社区参与而言，国外许多院校鼓励留学生为社区提供志愿服务，在促进跨文化理解的过程中积累工作经验。研究表明，志愿服务是留学生融入社区的最佳途径，也可以增强社区对留学生的好感。但上海的高校目前尚未注意到这一方面，没有采取任何相应的措施。

三、心理辅助

留学生在异国求学，常会感到孤单和思乡。心理咨询及其他心理辅助有助于留学生克服心理困扰,集中精力学习。本研究中的八个国家大多为留学生提供专门的心理咨询服务。在新西兰和新加坡,这已成为院校的法律义务。新西兰的《行业规则》要求院校了解留学生面对的文化,为难以适应新环境的留学生提供心理咨询(New Zealand Ministry of Education,2003:48)。在新加坡,所有招收留学生的私立院校均须为学生提供心理咨询,心理咨询人员必须具有专业证书或受过充分的正式培训。私立院校还需定期评估咨询服务的质量,不断作出调整和改进(Council for Private Education,2009c:61)。

除专业的心理咨询外,各国纷纷开通心理热线,对留学生进行保密的匿名咨询。日本的留学生可以拨打"生命热线"和"日本热线",询问有关日本文化习俗和医疗教育等方面的信息。[①] 新加坡开通了"感触热线"、"青少年热线"、"教育服务热线"和"旅游局学生服务热线"等,辅导学生应对人际关系、家庭问题和各种不良情绪。[②] 新西兰的"人生热线"不仅帮助留学生处理与家庭、朋友和教师之间的关系(新西兰教育部,2004:56),而且免费提供35种语言服务,方便留学生用母语交谈。不过,上述热线并非专为留学生开设,当地学生和居民也可以拨打这些电话,寻求专业帮助。澳大利亚也许是第一个由政府设立全国性留学生专线的国家,教育就业和劳动关系部开通了"留学生热线",解答留学生在学习、人身安全、住宿和工作等方面遇到的各种问题。2009年6—12月,该热线共接到留学生来电1311个,咨询转学、延期入学、退费、移民、留学生福利、院校投诉和院校倒闭等事宜。该热线也为院校、中介和地方政府提供服务,帮助它们了解自身在留学生教育中的权利与义务。[③]

与其他国家的留学生一样,上海的留学生也遇到了心理调适问题。他们(特别是新生)缺乏应对文化冲击的经验,有时又因为汉语不流利而难以与当地人沟通,所以常会感到孤单,思乡心切。他们在问卷中写道:"这里没有我的父母,我很想念他们";"我刚刚来到上海,很多事没有经历过";"我想念我的祖国";"我不会说中文,交流有问题"。在访谈中,他们表示最初的不适应让他们感到留学生活困难重重。

当时,我们班每个人只顾自己写作业。上课的时候,我坐下来向四周看看,心想:我来这里干嘛?当时那种情况真的非常难,对什么都不习惯,也没有朋友……如

---

① 资料来源:http://www.jpss.jp/china/life/contents-page.htm。
② 资料来源:http://www.singaporeedu.gov.sg/cn/doc/res/Studying_Living_Chinese.pdf。
③ 资料来源:http://www.studyinaustralia.gov.au/Sia/en/pastoralcare/StudentHotline.htm;http://www.studyinaustralia.gov.au/Sia/en/pastoralcare/reports/June.htm;http://www.studyinaustralia.gov.au/Sia/en/pastoralcare/reports/July.htm;http://www.studyinaustralia.gov.au/Sia/en/pastoralcare/reports/August.htm;http://www.studyinaustralia.gov.au/Sia/en/pastoralcare/reports/September.htm;http://www.studyinaustralia.gov.au/Sia/en/pastoralcare/reports/October.htm;http://www.studyinaustralia.gov.au/Sia/en/pastoralcare/reports/November.htm;http://www.studyinaustralia.gov.au/Sia/en/pastoralcare/reports/December.htm。

果我能够得到一种心理上的安慰或者放松,我可以做很多好的事情。

(E/student/01/pp. 5—7)

一些留学生在与同学相处的过程中发生矛盾冲突,由于负面情绪得不到及时的宣泄而采取较为极端的行动。

有一次,两位缅甸留学生吵架了,其中的一位女孩子半夜就出走了。我们第二天早晨发现她房间里没人,只留了一张纸条。

(D/administrator/02/p. 13)

有一次,我们大学的一位巴黎学生办了一个聚会,邀请所有留学生去参加。但他当着大家的面,对一位非洲学生说了一些伤害人的话。那位非洲学生当场就砸了法国学生家的东西,然后就离开了,闹得比较不开心……后来,这两位学生之间产生了很大的矛盾,互相之间要么不说话,要么相互讽刺。这位黑人学生有很长一段时间被排挤在巴黎学生的圈子之外,他觉得自己没有朋友,很伤心。

(G/administrator/02/p. 10)

当留学生遇到跨文化适应和心理问题的时候,他们很少使用高校的心理咨询服务。问卷数据显示,只有3.2%的留学生曾经寻求过心理咨询(N=439)。虽然上海几乎所有的高校都成立了心理咨询中心,但这些中心更多地服务于中国学生,在与留学生交流方面可能存在语言障碍。而且心理咨询人员基本上未受过跨文化培训,不一定了解留学生的问题与想法。有时候,任课教师和留学生管理人员会为遇到困难的留学生进行疏导,但由于缺乏专业的心理咨询技能,这样的疏导收效甚微。在极端情况下,一些留学生因为难以应对心理挫折而选择退学。

老师很想帮助我,给我意见,但是那些意见对我来说,没有直接的帮助。

(E/student/01/p. 7)

虽然我遇到了很多困难,平时觉得很孤单,很想家,但我告诉自己:"我是热血男儿,从来不说放弃,要加油,要坚持。"……除了我以外,(本来)还有四名留学生在这个学院读书。但后来,那四名留学生都中途放弃了,有的是因为想家,有的是因为自己学习不努力,学不好汉语。只有我一个人坚持了下来。

(G/student/02/p. 1)

在问卷中,多数留学生要求高校提供专业的心理咨询,希望学校设立面向留学生的心理咨询部门,"让人在异乡的留学生有宣泄的去处"。对于"我希望学校提供专业的心理咨询服务"这一论述,46.8%的留学生表示同意或完全同意,表示不同意或完全不同意的仅13.8%(图3.6)。

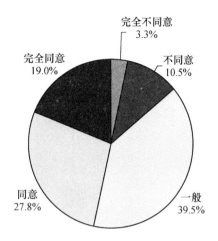

图3.6 "我希望学校提供专业的心理咨询服务"

一些教师也认为,应该为留学生提供心理指引,帮助他们克服消极情绪。

有的留学生实际上年龄也很小,他们不远万里来到这里,有的时候心理上也不完全成熟,所以我们最好对他们进行辅导工作……我们原来好像没有关注这个方面,只觉得他们就是来学习汉语的,我们只负责教汉语。

(F/administrator/01/p.6)

前文引用的那位遭受排挤的非洲学生,最后抱着该校的留学生管理人员痛哭一场,宣泄了自己的不良情绪。这场痛哭使这位管理人员认识到了心理辅导的重要性,她说:

这是第一次有学生抱着我痛哭。我觉得留学生和中国学生一样,在与其他学生相处的问题上,会遇到想不开的地方。他们也需要寻求开解和帮助,也需要找个人说说话,把心里的不开心说出来。

(G/administrator/02/p.10)

四、课余活动与学生团体

为留学生组织丰富的课余活动,可以缓解他们的思想之情,帮助他们了解当地的文化与生活。参加学生团体一方面有助于留学生与当地学生交往,另一方面可以发挥留学生在学校事务中的作用,使学校的决策更符合留学生的需要。

(一)课余活动

在不少国家,各式各样的机构和团体(如高校留学生办公室、各种学生社团和青年组织)为留学生安排了丰富的文化和社会活动。立命馆亚洲太平洋大学坐落在日本旅游胜地别府山区的山顶,在近六千名学生中,留学生占了47.2%。大学每学期举办九次多元文化活动周,每周邀请某个国家的学生展示祖国的文化、艺术、体育和烹饪,学校食堂也在这周提供该国的菜肴。活动的高潮是周五晚上的表演,一般有200名演员和1000名观众参与其中(UK Council for International Student Affairs, 2009a: 16—19)。

一些留学生规模较大的院校有时设专人负责课余活动。在澳大利亚的国际酒店管理学院(International College of Hotel Management),留学生占了学生总数的80%。学院聘请了一位娱乐活动干事,在每个周末和假期,组织校内外的休闲、体育和观光活动。为了提高课余活动的吸引力和有效性,学院定期开展网上调查,收集学生对这些活动的反馈意见,并根据学生的兴趣和需要,调整活动安排(Department of Education, Employment and Workplace Relations, 2009: 9)。

不少调查发现,虽然一些课余活动极为成功,但多数情况下,学生参与这类活动的积极性不高。在美国,学生异口同声地说课余活动很有意思,自己很想参加,但真正付诸行动的学生不超过四分之一(Green, 2005: 14)。在英国,大约一半的留学生参加了学校的课余活动,其他学生则说自己学习太紧张,没有时间外出(Hall, Hamilton, Hall, & Pitcairn, 1998: 45)。那些参加了课余活动的留学生对活动的评价不高,满意率不足三分之一(Council for International Students, 2006: 6)。所以有人指出,传统的课余活动对留学生收效甚微(National Union of Students, 2009: 12)。

我国教育部颁布的《高等学校接受外国留学生管理规定》鼓励院校和有关部门为留学生组织课余活动。在上海,所有受访的高校都举办每年一次国际风情节或国际文化节,让各国学生展示其本土文化。每逢元旦、圣诞和春节等重大节日,高校以及一些留学生较为集中的院系会举办晚会,邀请留学生表演节目。一些高校还利用休假日,组织留学生远足,游览上海及邻近地区。

我们每年举办国际风情节，就是为每个国家的留学生设一个摊位，让他们展示一下自己的民族服装等。摊位都设在学校校园里，所有的人都可以来看。每年年底，我们举办春节联欢会和元旦联欢会，一般让留学生和中国学生一起参与，在学校里展示留学生的风貌。全校大学生运动会上，我们留学生也单独组成一个小组（参与比赛）。

(F/administrator/03/p. 20)

不过，与英国的研究发现相一致，不少留学生由于课业紧张而放弃了参与课余活动的机会。

我们要学习专业，没有时间，所以较少参与课余活动。

(B/student/02/p. 11)

个别高校为了激发留学生的积极性，为课余活动附加学分。这虽然可以增加参加活动的留学生人数，却也降低了学分的价值。

我们学校11月举办体育节。学校规定说，只要留学生参加这个活动，就可以得到一个学分，所以留学生都很积极地参加排练。只有留学生才可以拿到这一个学分，参加体育节的中国学生没有学分。我觉得这很不错，因为一个学分很难得到。

(A/student/01/p. 3)

至于对课外活动的评价，44.2%的留学生给予了好评，另有约五分之一的学生表示了不满（图3.7）。

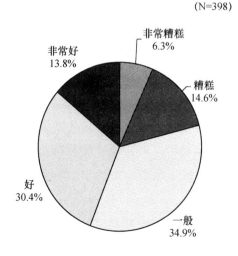

图3.7 对课余活动的评价

引起留学生不满的原因主要有二。其一，留学生不是一个统一的整体，而是一群文化背景、工作经历和年龄各异的个体。学校组织的课余活动虽能得到一部分留学生的认可，但对另一些留学生则显得乏味无趣。

> 不同国别学生的性格可能会不一样……年龄差别也比较大，年轻的留学生可能只有19岁，年纪大的可能已经有四十多岁了。所以他们的兴趣点等不太一样，我们组织活动也比较困难。
>
> (B/teacher/02/p.1)

其二，一些课余活动形式单调，内容重复，无法引起留学生持续参与的兴趣。

> 西方人不喜欢坐在位子上谈话，他们喜欢跳舞、唱歌、开小型晚会，可是我们大学没有办法给他们提供这样的环境……上个星期组织一次，下个星期又组织一次，内容都是一样的，让留学生和中国学生一起谈谈，游戏也组织得不好。这样，留学生不愿意参加。留学生都知道，组织这些活动是为了留学生好，是为留学生着想。不过因为太单调了，所以留学生也不太愿意参加，对吧。
>
> (F/student/04/p.5)

尽管留学生参加课余活动的积极性不高，还提出这样那样的批评，但绝大多数留学生在问卷中要求高校组织数量更多、内容更丰富的课余活动。这一方面说明留学生对课余活动有较高的需求，另一方面显示学校现有的课余活动与留学生的期望不符。

（二）学生团体

与院校组织的活动相比，留学生一般更愿意参加学生团体的活动，接受学生团体的帮助，因为后者在形式上较为非正式，内容上更加贴近留学生的喜好和需要。

1. 留学生与中国学生社团

上海的高校都设有各种围绕某种特殊才艺或爱好的学生社团，如京剧社团和现代舞社团。不过这些社团一般只招收中国学生，留学生鲜有机会加入。少数社团虽也接纳留学生，但对其有严格的名额限制。可以说，中国学生社团对留学生基本上是封闭的。留学生指出，这种封闭性阻碍了他们与中国学生的交流。

> 好像学校的社团一定要分外国留学生的社团和中国学生的社团，我们根本不知道中国学生有什么样的社团，有什么样的活动，所以没办法去参加。我今年担任了留学生会的主席，我的主要任务是到我们大学的网站上，查找我们这里有什么样

的社团和俱乐部，然后我自己去联系。刚才我接到这些社团的回复，他们说自己不能接受外国留学生，他们只是中国学生的社团。我感到很遗憾。上次，我对我们大学的学生会主席说："你们举办活动，不觉得加上几个老外会更好玩吗？"他说："我们从来都没有与外国人一起组织过活动，我们以后再谈吧。"我们留学生也很想能够与中国学生有更多的交往，但这里有一道坎。

(E/student/01/p.19)

我当然希望参加学生社团。我看到今年外面贴出告示，好像要招两名留学生参加京戏社团，还有若干名留学生参加舞蹈社团。可是他们已经写明每个社团需要几名留学生，那么其他留学生如果想参加，难道不可以吗？

(F/student/02/p.9)

一些留学生在加入了中国学生的社团之后，发现社团在管理和组织上过于松散，很快便失去了继续参与的兴趣。

我的一个韩国朋友参加过（中国的）学生社团，她说学生社团很差，根本不组织什么活动。所以我对学生社团的印象很差。

(G/student/01/p.3)

2. 留学生自发建立的组织

由于留学生很少能加入中国学生的社团，所以他们会自发建立自己的组织。这些组织只向留学生开放，有时以相同的兴趣爱好为基础（如留学生足球队），有时则由来自同一国家的学生构成（如韩国留学生会）。按兴趣爱好形成的留学生组织，主要举行相关的课余活动。按国别组成的留学生组织，主要功能是利用母语优势，为本国留学生（特别是新生）提供帮助。不少新生初来乍到，汉语水平有限，英语也不熟练。此时若无来自祖国的留学生提供翻译和咨询，连办理最基本的注册和居住证都会发生问题。有时候，按兴趣爱好和按国别组成的留学生组织有所交叉，如在根据国别建立的组织之下，设有针对不同兴趣爱好的分会。这样的组织功能更为多样，可以在为留学生提供帮助的同时，丰富会员的闲暇生活。

在我们大学，来自同一个国家的留学生自发组成了留学生会，比如韩国留学生会和非洲留学生会。一些留学生刚到上海，不会说汉语，有些留学生来自法语地区，英语也不好，我们的留学生会就为他们提供翻译等帮助。一年以后，这些新生在语言方面没问题了，就可以帮助其他新生了。我是非洲留学生会中负责体育活动的，我们有足球队。

(A/student/02/p. 1)

作为自发团体，这些留学生组织很难得到高校的正式承认与支持，所有活动均须自己承担费用。只有个别组织因为表现出色，有时可以不定期地得到高校的小额经费补助。

我们大学有一个韩国学生足球队，有的时候出去参加比赛。因为它是一个留学生自己的团体，所以我们……对它不支持，但也不反对。前两年，这个足球队在校外参加比赛的成绩很好，所以这些学生来找我问："老师，我们今年参加比赛，能不能赞助我们一点？"我们会在留学生的活动经费里面拨出一部分，给他们添置一件衣服啊，或者报销一次车费，或者为他们解决一顿午饭……我们今年也是第一次赞助他们，为什么呢？因为我们看到学生前两年确实踢得很辛苦……所以我们今年作为奖励，给他们一点资金，让他们去买了些衣服。

(G/administrator/03/pp. 15—16)

3. 正规化的留学生会

近年来，随着留学生的增多及其自发组织的发展与壮大，上海的一些高校和留学生较为集中的院系以这些自发组织为基础，正式成立了留学生会。一开始，留学生会的会长和干事或由自发组织的会长担任，或由留学生管理部门指定。现在，大多数留学生会采用选举制，在留学生自荐的基础上开展无记名投票。与自发组织不同，这些正式的留学生会从管理部门那里获得固定的运作资金，举办课余活动还可能得到额外的经费或物资补助。

每个学期，学校按留学生人数，给我们 400 元/人的经费。如果我们要组织活动，我们可以把需要的物品写下来，由学校来安排。

(A/student/01/p. 5)

我现在是我们系留学生会的主席……我们的活动经费是我们系承担的。我们组织活动，系里在认可了我们的活动经费之后，由系里出钱。

(E/student/01/p. 10；12)

大体而言，留学生会承担着以下职能。首先，与留学生自发组织一样，留学生会是留学生的互助组织，为留学生（特别是新生）答疑解难。相比之下，留学生会由于能够得到高校的经费资助，所以提供的帮助更加系统、有效。例如，B 大学的留学生会除积极参与学年初的迎新活动，组织各种课余活动外，还编撰和印制了生活指南，为新生介绍院校及周边地区的各种设施。留学生会认为，这份指南比院校编制的指南更贴近学生的需要，实用性更强。

> 刚来的留学生对各种设施和地点非常陌生……不知道怎么去医院和银行，不知道到哪里去买东西。所以我们留学生会作了一本小册子，告诉他们大学的所有情况，比如图书馆在哪里，第一教学楼在哪里，第二教学楼在哪里，学校附近有哪些银行，除了食堂还可以去哪里吃饭。这就是生活指南，内容很全……为什么要让留学生会来做这本生活指南？因为我们明白留学生需要的是什么。老师做指南的时候，可能会做得很详细，里面有很多留学生不需要的内容。我们的指南可能做得很简单，但设计得很有序。
>
> （B/student/04/p.9）

B大学的留学生会还举办汉语角，并安排志愿者，对有学习困难的新生进行辅导。

> 我们留学生会的活动很广的，不只是娱乐方面，也涉及教学方面。我们的汉语角是留学生会组织的。另外，一些一年级的留学生新生学数学很难，所以我们安排了"辅导时间"，找一些学习好的（留学生做）志愿者，晚上六、七点的时候来给其他留学生作指导。
>
> （B/student/04/p.8）

在其他国家，留学生会也负有帮助新生适应新环境的责任。英国赫尔大学（University of Hull）的留学生会全程参与学校举办的迎新活动，迎新周中，它在留学生办公室设立咨询服务台，为新生答疑解难。该校有关负责人承认，留学生会的志愿服务是迎新活动获得成功的关键（National Union of Students，2009：44）。

其次，留学生会与留学生自发组织的另一项共同职能是，组织各种课余活动，包括体育类的竞技活动（如足球和羽毛球赛）、文化类的休闲活动（如学习拉丁舞和插花）和观光考察类活动（如崇明一日游和企业参观），丰富会员的闲暇生活。其他国家的留学生会亦是如此，如新加坡于2005年12月成立国际学生会（Overseas Students' Association），为修读全日制课程的留学生组织丰富多彩的活动与节目，在体验新加坡文化的同时，促进学生之间的交流。①

最后，上海高校的留学生会作为获得承认的正式组织，承担着一项自发组织极少涉足的任务，即协助行政部门进行留学生的自我管理。事实上，这也是许多高校设立

---

① 资料来源：http://www.singaporeedu.gov.sg/cn/doc/res/Studying_Living_Chinese.pdf。

留学生会的首要目的。

> 我们成立留学生会的目的，一方面是想让留学生通过这样的组织，举办一些活动，另一方面希望对我们的日常管理有比较大的协助作用
>
> （A/administrator/01/p.7）

这些留学生会是联系行政部门与留学生的桥梁：它们将留学生的意见和建议反馈给行政部门，也将行政部门的通知和规章传递给留学生。不少教师指出，留学生之间的相互转告，效果优于教师的指令。

> 我是我们系的留学生会会长。大约每两个星期，我会到每个班去一次。大多数留学生有我的联系方式，有时候我也会召集各班的班长开会。留学生（通过这些途径）向我反映他们在班里遇到的问题，与我讨论。然后我把讨论的结果整理成资料，反映给系里的老师。
>
> （E/student/01/p.13）

> 有一些通知或者重要的事项，老师即使重复讲很多遍，可能也不如留学生会转告一下有效。
>
> （A/teacher/04/p.1）

当高校举办重大活动时，留学生会负责动员会员积极参与，组织排演节目。一些留学生会分担了行政部门几乎所有的咨询工作，留学生在学习和生活上遇到任何疑难，都先由留学生会给予关照，只有留学生会无力应对的难题才交由行政部门处理。与作为互助组织的留学生会不同，此时的留学生会完全在行政部门的指挥下运作。这极大地减轻了行政部门的工作负担，却常令留学生会不堪重负。A大学留学生会主席对此颇感无奈：

> 我希望行政部门的老师多一些，现在那里只有三位老师，数量很少，而我们留学生的问题却有很多。行政部门最好再增加三位老师，那我就不会这么忙了。
>
> （A/student/01/p.9）

值得注意的是，留学生会虽然承担了一部分行政辅助工作，却对高校事务没有太多发言权，缺乏参与决策的权力。而在其他国家，留学生会往往在院校决策中扮演重要角色。为了更好地服务于留学生，一些院校还除留学生会之外的各类组织和机构中

增设留学生代表,反映留学生的心声。以英国为例,20世纪90年代,谢菲尔德大学(University of Sheffield)对学生组织进行了改组,因为它发现自己的学生已经不再是一群18—21岁的英国学生,留学生和有工作经验的"非传统"学生比例越来越高。其中,来自一百多个国家的近三千名留学生占学生总数的17%。为了让留学生充分参与学校事务,谢菲尔德大学将许多决策权和经费使用权下放到了留学生会,由其自主举办迎新与课余活动、组织语言辅导、设立分会和俱乐部等。为了加强留学生与当地学生的交流,大学一方面在留学生协会中,为当地学生保留了一部分席位,另一方面对以当地学生为主的学生会进行"国际化"改造,设立了留学生秘书一职,并在各分会均增设两名留学生代表。大学还成为了"留学生咨询小组",成员包括留学生代表以及留学生办公室和英语教学中心等相关部门的主要职员。咨询小组每三周或者每四周会面一次,交流信息和想法(Holliday,1998)。

21世纪,学生组织的国际化改造成为英国发展留学生教育的策略之一。2004年,它第一次在全英学生联合会(National Union of Students)[①]中设立了经选举产生的留学生代表和留学生委员会(Council for International Students,2004)。2006年,它在"首相行动计划"的资助下,开展学生组织国际化研究,在对三所高校学生会试点评估的基础上,提出了一套学生会的国际化指标,如留学生在学生会中的地位、留学生对学生会的归属感、学生会服务与留学生需求的相关性,供各高校开展自评与革新。到2008年,英国几乎所有高校的学生会中,都能看到留学生的身影,留学生对学生会的满意度达到80%(National Union of Students,2009:30;15)。

(三) 小结与反思

丰富的课余活动和有效的学生团体有助于留学生加强与他人的交流,了解和适应当地生活,增进对留学目的地的归属感。就课余活动而言,与其他留学生接收大国一样,我国高校虽然在这方面作了诸多安排,但留学生参与的积极性不高,对课余活动的评价较低。尽管如此,许多留学生在访谈和问卷中建议高校组织更多的课余活动。这一方面显示留学生对课余活动有较高的需求,另一方面表明现有的课余活动不符合他们的期望。有必要就留学生需要什么样的课余活动开展调查,并据此设计合适的活动目的、内容与形式内容。

就学生团体而言,由于中国学生社团对留学生几乎是全封闭的,所以留学生更多地自发组建自己的学生组织,或参加高校成立的留学生会。与留学生的自发组织相比,留学生会由于得到院校的正式认可和经费资助,所以功能更加多样,成效更加显著。问题

[①] 全英学生联合会集结了英国95%的高校和继续教育学院的600家学生会,代表了全国学生的声音。

是，我国高校的留学生会虽然承担了行政部门的一部分职责，却不像其他国家那样，能够代表留学生参与决策，与中国学生会也很少往来，所以留学生对留学生会等学生团体的归属感较低，不太愿意参加有关活动。对"我希望成为学生团体的一员"这一称述，表示同意和完全同意的学生不足半数，另有超过16%的留学生表示反对（图3.8）。面对此种情况，高校可从两方面入手：一是赋予留学生团体充分的权力，吸引留学生关心学校事务，令学校决策更符合留学生所需。二是打破留学生与中国学生团体之间的界线，推动两者的沟通与理解，进而促使留学生更广泛地参与学校生活的方方面面。

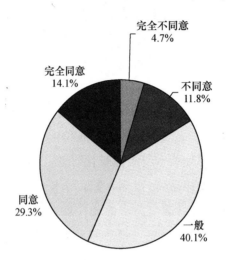

图 3.8 "我希望成为学生团体的一员"

五、小结与反思

上海高校对留学生在异国求学的困难普遍缺乏充分的理解，更多地将其遭遇的适应与交往障碍归结为个人问题，所以无论是入学教育还是与当地学生的互动，组织形式和内容都较为简单，效果往往并不理想。此外，高校未为留学生参与社区生活及疏解心理压力提供辅助，在课余活动和学生团体的组织上，也多从行政部门的视角出发，留学生的需求未得到满足，亦缺乏参与学校事务的权力。

问卷从入学前的联系、入学时的会面、起始阶段的帮助和学期中的联系四个方面，请留学生对高校给予的辅助进行评价，结果好评率均低于50%，差评率则在15%～18%（图3.9）。在开放式问题中，留学生纷纷要求高校提供更多有效的帮助。为此，有必要对高校教师进行培训，帮助他们了解留学生跨文化适应的过程与困难。同时，须研究留学生的跨文化适应需求，进而设计有效的辅导与帮助，如借助网络软件，针对留学生不断变化的适应问题，提供持续性的个别化支持。

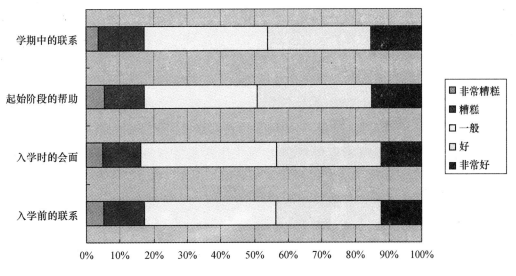

图 3.9　对入学适应辅助的评价

第三节　行政与教学管理

管理是一项重要的期望产品，简洁、高效、透明的行政与教学管理不仅有助于提高留学生教育的效率，而且可以及时帮助有需要的学生解决难题。下文选取管理模式的选择、入学申请程序的设定以及管理规则的稳定性与透明度这三个侧面，对我国高校的留学生管理作一分析。其中，入学申请程序的设定其实也是管理规则的一部分，此处将之单列，是因为其他国家的一些做法对留学生产生了极大的吸引力，非常值得我国借鉴。在行政与教学管理中，热情、有效的管理人员至关重要。要建立能够吸引留学生的行政与教学管理体系，管理人员的能力建设不可忽视。本节第四部分将对此进行评述。

一、管理模式的选择

高校在处理留学生事务时采用何种管理模式，很大程度上取决于留学生的规模。一般而言，留学生人数较少的高校，管理模式相对简单和非正式化；留学生人数较多的高校则需在各相关机构间建立起相对正式的合作与沟通渠道。

(一) 三种不同的管理模式

1. 由单一部门统管留学生事务

英国的研究发现,留学生人数较少的院校很少建立制度化的留学生管理与服务体系。它们一般没有专门的国际事务办公室,也很少设立专门的留学生服务岗位。这看似一种缺陷,但也意味着院校与留学生的关系更加亲密。留学生可以向任何一位相关教师提出问题,并从教师那里得到更为个性化的服务(Hall, Hamilton, Hall, & Pitcairn, 1998: 14; 53)。

类似的情况在上海同样存在。上海招收留学生的25所高校和科研机构中,留学生人数不足100名的有四所,人数在100—200名之间的有六所,其中一家科研机构仅有一名留学生。可以说,这十所高校和科研机构的留学生规模都不大,D大学便是其中之一。

在D大学,留学生人数不超过200名,占在校生总数的比例不足1%。由于留学生较少,所以D大学没有成立专门的留学生管理部门,而是由外事部门指派一两名工作人员,负责安排留学生学习和生活的方方面面,包括入学前的咨询,入学后的报到、签证和住宿,有时还要处理学分安排、课程设置、汉语学习和学业评价方式等与教学有关的事务。此外,这些工作人员要为留学生解决各种生活细节问题,比如购买手机卡、饮水机和烹饪器具。每名留学生都有这些工作人员的手机号码,在遇到难题时可以随时与他们联系。对这种24小时的一站式服务,留学生感到非常满意,他们说:

> 我们经常与外事部门联系,如果我们需要什么,我们就跟外事部门说。
>
> (D/student/01/p. 2)

该校外事部门负责人表示,此种管理模式避免了某些院校部门分工太过明细的弊端,留学生无须在多个部门间往返奔波,便可得到满意的答复。

> 我们这里不像一些规模大的学校那样部门分工很清楚,这个部门不管的事情要到那个部门去办。我们这里可以一个部门帮你解决全部问题。
>
> (D/administrator/01/p. 2)

在留学生人数较少的D大学,这种由单一部门统管留学生事务的管理模式能够较好地应对学生的需求,提供及时而个别化的关怀。但在那些留学生达到一定规模的高校,这种模式可能把太大的工作压力附加到个别机构和教师身上,令其疲于应付。上海的25所高校和科研机构中,留学生人数超过200名但不足1000名的有四所,人数在 1000—3000 名的有八所，后者包括 F 大学。过去，F 大学也由外事部门的部分人员分管留学生的学习和生活。后来，随着留学生人数的增多，学校便将分管留学生事务的工作人员从外事部门中独立出来，成立了专门为留学生提供服务和汉语教学的国际交流学院[①]。与过去相比，国际交流学院的功能依然未变，仍旧统管留学生的各种学习与生活事务，包括为进入专业院系学习的本科留学生设定学业评价标准和发放毕业证书。不同之处是，作为一个学院，它聘用了更多的人手，人员之间也有了一定的分工。

> 我们学院统管留学生的招生、管理和后勤……我们还有汉语教研室……我们几乎从头到尾都要管，从学生进来到毕业全都要管……我们全部都是一条龙服务。我们有三位院长，一位负责后勤和招生，一位负责财务和人事，还有一位负责教学……现在本科留学生的毕业也是我们学院管的，这就是说，不管他学什么专业，他的毕业标准都由我们掌握。
>
> (F/administrator/03/pp. 1—2)

F 大学的这种管理模式虽然也能为留学生提供一站式服务，但在面对人数超过 D 大学十倍以上的留学生时，由于工作人员并未以十倍的数量增加，工作压力的庞大可想而知。这在一定程度上影响了工作人员的服务质量。

> 现在所有的留学生都由我们学院管理，我们一个人要面对大概几百名留学生，压力很大的。有些事情还可以处理，有些事情根本来不及做，我们根本没时间去处理……今天有个学生来开证明，明天有个人来跟你谈报销的事情……一个人花费你一个小时。如果一天来十几个人，我根本就没法处理。
>
> (F/administrator/03/pp. 15—16)

另一个问题是，所有留学生均隶属国际交流学院，学习和生活全由学院打理，非汉语专业的留学生只是在上专业课时，才进入其他院系，加深了留学生与中国学生之间的隔离。

> 现在的关键问题是，留学生都属国际交流学院，而我们的中国学生都在专业学院，你把留学生和中国学生人为地分开了，所以他们之间很少有交流的机会。
>
> (F/teacher/02/p. 9)

---

① 在不同的高校，负责留学生服务与汉语教学的学院名称各不相同，如"国际交流学院"和"国际文化交流学院"。为便于陈述，本文将之通称为"国际交流学院"。

可以说，将留学生事务均归入单一机构的做法，在留学生规模超过2000人的F大学不那么成功。

2. 国际交流学院与专业院系合作

除F大学外，其余留学生人数超过千人的高校极少采用由单一机构统管留学生事务的办法。它们也设立了专门面向留学生的国际交流学院，负责汉语教学以及招生、签证和突发事件处理等外事工作，但将修读非汉语专业的留学生分入专业院系，由其承担日常管理与教学，从而在一定程度上简化了工作职能。

> 以前我们大学留学生规模小的时候，留学生所有的事情都由我们学院统包。现在留学生人数太多了，我们的管理力量有限。为了更好地给留学生提供更细致的服务，进入专业院系学习的留学生都由专业院系管理……专业院系留学生的招生和外事工作还是由我们承担，日常管理就下放到专业院系。
>
> （A/administrator/01/pp. 2—3）

这种管理模式还增加了专业院系与留学生面对面的接触，令专业院系更了解留学生的需要和动向，信息的传递也更为通畅。

> 我们如果一下面对一千二百多名留学生，那么管理的线条可能比较粗……我们对专业学院的情况也不是很了解，那个学院有什么事情要通知这些留学生，得转几个弯才能通知到。
>
> （A/administrator/01/pp. 2—4）

不过，采取这种合作管理的方式也存在一定的风险。首先，前文多次提及，专业院系留学生人数的增多是近年来出现的现象，把部分留学生管理职能分散到专业院系的做法，更是最近刚刚出现的新事物。专业院系对留学生的了解还不够多，对留学生管理的特点和程序还不够熟悉，有时可能产生管理上的误差。

> 以前，留学生都是国际交流学院管的，现在放到专业院系去了。留学生管理中有很多细致的工作。专业院系是否很清楚留学生的要求？怎么才能管理好留学生，让留学生学习好，生活好？
>
> （A/teacher/02/p. 15）

对此，有教师建议专业院系多与留学生沟通，了解留学生的需要。

现在留学生通过 HSK 六级以后，（便到专业院系）与中国学生一起学习，这可以增进他们对中国的了解。但在这种管理模式中，留学生的特殊要求得不到满足。院系应该经常与他们座谈，了解他们的需要。

(A/teacher/01/p. 3)

其次，在这种管理模式中，国际交流学院与专业院系有时分工不明，职能重叠，既降低了工作效率，又令留学生无所适从。例如，国际交流学院与专业院系都承担着教学任务，有时候，这种教学任务的划分较为明晰，两者分别承担汉语教学和专业教学。但有时候，国际交流学院会请专业院系的教师前来教授专业课程，专业院系则从经济收益的角度出发，也提供汉语课程。这时候，国际交流学院与专业院系在教学上的边界便有些模糊，留学生有时难以适应。

留学生遇到许许多多问题，其中一个问题是，他们不太理解这里的选课系统。比如说，他们在国际交流学院选了管理学，这与在专业院系选上管理学有什么区别？学分可以互算吗？我告诉他们不可以这么选课，因为这两门课的代码不一样，学分也不一样……这个系统非常复杂。

(A/student/01/p. 6)

3. 行政与教学相分离

上海留学生人数超过 3000 人的高校有三所，其中包括 C 大学和 E 大学。这两所大学不仅有大批留学生进入专业院系学习，还有不少学习和补习汉语的留学生。显然，单靠国际交流学院这样的机构设置，已经不能承载汉语教学和外事管理的工作量。于是，它们都把管理功能从国际交流学院中分离出来，成立了专门的留学生管理部门，负责招生和签证等外事工作。国际交流学院或被并入汉语言专业院系，或像其他专业院系一样，专门从事留学生的汉语教学和日常管理。

我们学校原来跟其他学校一样，都设立了国际交流学院，行政管理、教学管理和后勤管理三位一体。后来我们学校的领导说，我们的留学生教育已经发展到了这样的地步，再这样由国际交流学院统管，难度比较大……所以学校要求我们职能分开……国际交流学院实际上成为一个教学实体……仅仅是一个教学单位，行政这摊子工作整个脱离出来……一个部门又要管行政，又要管教学，没有这么多精力呀。

(C/administrator/02/pp. 4—5; 10)

> 我们大学原来也有国际交流学院……现在国际交流学院取消了，它和原来的语言类专业院系合并，成为××学院。
>
> (E/administrator/01/p.12)

理论上讲，行政与教学的分离明确了留学生管理部门与专业院系的分工。但实际上，职能重叠的现象依然或多或少地存在着。在C大学，留学生须在留学生管理部门与专业院系进行双重注册登记；在E大学，管理部门仍然负担着一部分留学生的汉语教学。

> 根据我的初步感觉，目前我们学校对留学生的管理有些乱……留学生虽说是在专业院系注册与登记，但在学校的管理机构那里也要注册……有些留学生搞不清楚，每到注册的时候总是很麻烦。
>
> (C/administrator/01/p.2)

对此，E大学的某专业院系负责者表示了不满，指出各机构应职能明晰，否则将导致资源浪费。

> （机构之间的）功能定位要清晰，能够切切实实地扩大留学生规模，这才是好的管理构架。在功能定位清晰的情况下，蛋糕越做越大。如果没有达到这样的目标，蛋糕还是这么大，本来是一个人在切，现在两三个人都来切，那就变成什么了呢？这叫资源浪费。
>
> (E/teacher/02/pp.10—11)

在职能重叠方面，G大学也许是一个典型案例。这所大学的留学生规模远不如C大学和E大学，留学生又多以学习汉语为主，进入专业院系的寥寥无几。其他情况类似的高校均采用了国际交流学院与专业院系合作的管理模式，但G大学先行一步，将行政与教学分离，设立了专门的留学生管理部门。根据G大学的设想，此举有利于融合各院系的力量，提高各院系参与留学生教育的积极性，从而实现扩大留学生规模、提高学历生比例的发展目标。但事实上，由于绝大多数留学生就读于国际交流学院，而该学院又有自己的招生渠道，所以G大学最后形成了留学生管理上的"两条线"：国际交流学院自行招收和管理留学生，留学生管理部门则招收和管理其他专业院系的留学生。如此，G大学在留学生的招生宣传和管理工作上便出现了颇多重复。

> 我们学校有个特殊情况，就是我们学校的留学生主要在我们（国际交流）学院学

习……其他专业根本没有吸引力……现在我们学校也想学别的学校，统一由学校来招生什么，但这没有意义呀。到最后招生的时候，留学生管理部门再派来几个人，跟我们作重复的工作……现在留学生管理部门名义上负责招生，其实只是帮我们作签证。这是多此一举，没有实际意义……别的学校为什么要由学校统一招生？因为它们的留学生不仅仅在国际交流学院，几乎所有学院都有留学生，那当然应该由学校统一招生咯……现在我们学校也想跟那些学校接轨，但是事实上其他学院不具备吸收留学生的优势，所以还是等于零。这种机构设置对我们来说一直是个麻烦事，学校层面多了一件事。

(G/teacher/02/p.10)

一些教师批评说，正是这种管理模式，造成G大学留学生规模停滞不前。

我对这种管理模式不太满意。现在上海高校都采取不同的管理模式，各有利弊。我觉得我们学校采用的是一种比较差的模式……工作程序繁复，不停地给留学生制造麻烦……你想，我们是一所牌子比较老的大学，跟B大学比，我们的留学生规模很小很小，那我们要考虑为什么我们的留学生发展会这么落后……从B大学的角度看，我们是停滞不前的，甚至是退步的。那我们要想想这是为什么。

(G/administrator/01/p.7；14)

可见，当留学生尚未达到一定规模，或者修读的专业过于集中时，将行政与教学分隔开来不一定能取得好的成效。

除职能重叠之外，采用行政与教学相分离的管理模式，也会遇到专业院系管理能力不强的问题，因为院系的管理常以中国学生为主，忽略了留学生的特性与需求。为解决此问题，E大学的留学生管理部门选派工作人员，在留学生较为集中的院系设立了专门的管理办公室，辅助院系开展留学生的日常管理。相比之下，C大学更多地依靠制度与能力建设。留学生管理部门在与各院系协商的基础上，制定了规章制度，使各院系的留学生管理有章可循。它还对院系相关人员进行培训，定期召开交流会，以便及时发现问题，积累经验。但在G大学，留学生管理部门没有为专业院系提供专门的辅助。

（二）与其他管理部门的合作：一个共同的难题

无论高校采用何种管理模式，留学生管理部门（如D大学的外事部门、A大学的国际交流学院和C大学的留学生管理部门）都需要与学校层面的其他管理机构合作。比如，留学生的课程安排与选课需要与教务部门协商，学费的定价与收取需要通过财务部门，攻读研究生学位的留学生需要研究生院的配合，有些高校还设立了新生院，专门对一年级新生进行管理。如果说留学生管理部门在与专业院系合作的过程中，时常存在职能不清的问题，那么它在与其他管理部门合作时，则往往因为分工太过明晰而得不到支持与配合。几乎所有的留学生管理人员都指出，高校其他管理部门的管理模式整齐划一，而留学生类型多样、自主性较大，对高校现行管理模式的灵活性提出了巨大挑战。只是其他管理部门尚未准备好应对这样的挑战，事实上，它们更安于现状，不愿意花精力作出改变。于是，它们拒绝插手留学生管理事务，将所有的责任都推给了留学生管理部门。

中国学生选课的时候，自己就可以拉出一张课表，而留学生就不行。中国学生是招生办公室统一招收进来的……教务处从招生办公室拿到了中国学生的信息以后，一下倒入选课系统，非常整齐。而我们留学生（的信息）都得一个一个输入，招一名学生输一份信息……而且中国学生选课是按照教学计划的，但留学生想学这门课，不想学那门课……这就会造成教学计划上有出入。中国学生齐齐地四年就毕业了，留学生是乱哄哄的。教务处一想，留学生的事情这么麻烦，那我们不管了，你们留学生管理部门把留学生的选课都弄好了，给我一个现成的结果。

(A/administrator/02/p. 5)

现在留学生的收费工作是我们（留学生管理部门）在管，这跟中国学生是不一样的……我们的特殊点就在这里，我们虽然是个行政部门，但是别的行政部门都不管事，我们却要管。财务处说："这个钱的事情还是你们管比较好，因为我们不熟悉情况。"因为这里面分门别类的事情太多，不像中国学生，你本科生收多少钱就是多少钱。留学生太复杂了，有各种各样的奖学金，还有自费的，自费留学生的学费还不一样，对吧，因为这中间还有英语授课的项目，等等。所以留学生收费的事情太复杂，财务处不想管这个事，实际上它觉得它也管不好，还是让我们管。所以每年，我们为收费的事情要花很多时间。

(C/administrator/02/p. 7)

管理部门之间的这种合作障碍，为留学生带来了不少麻烦，因为他们有时得在不同部门之间往返奔波，却不一定能找到解决问题的方案。他们对此颇感懊恼，批评学校管理部门相互推诿责任。

我在喀麦隆的时候就知道，中国人做事是很认真的……但我来到中国以后，发现在很多方面，中国人也不像我想象那么认真……在系里面，我想知道怎么考试，怎么免试。我去问系里的老师，老师说："我不知道，你可以去留学生办公室问"。但留学生办公室的老师说："这不是我管的。"反正我发现，只要不是他们自己负责的工作，他们好像什么信息都不知道。我觉得这样很麻烦……有很多信息我们不知道，这些信息连我们的老师都不知道。好像只有一位老师会知道这些信息，但是我们到哪里去找这位老师呢？我们不知道。

(E/student/01/pp. 17—18)

留学生在问卷中写道："有时学生有问题找老师，但老师扔来扔去，没有谁负责任"；"通常无法找到有关负责人，就算去了有关的办公室也未必有用"；"新生院、院系和留学生办公室的工作应该一致、对称，学生有问题时，让学生跑来跑去，不知到底是哪里负责"；"一些本应非常简单的事，做起来却非常复杂、混乱、耗时"。

（三）小结与反思

我国高校采用的留学生管理模式，很大程度上取决于留学生的规模。留学生人数较少的高校一般仅靠单个部门掌管留学生的一切事务。这看似不利，却可为留学生提供一站式的个性化服务。留学生规模适中的高校大多成立了国际交流学院，并与专业院系合作，共同开展管理与教学。这较好地分解了留学生工作的压力，但专业院系有时对留学生所知不多，且国际交流学院与专业院系的分离在一定程度上造成留学生难以融入中国学生群体。留学生规模更大的高校多将行政与教学分离，管理部门与专业院系各司其职。此处的关键是明晰两者的分工，以防职能重叠。每种行政管理模式均各有利弊，关键在于高校因地制宜，作出恰当的选择。作为反例，F大学和G大学的管理模式都因为不适合其留学生规模，而在运行过程中出现了较为严重的问题。

无论高校采用何种管理模式，留学生管理部门都在与其他管理部门的合作中遇到了阻碍。这主要是因为高校其他部门的管理方式更适用于中国学生，尚未根据留学生的需要作出富于弹性的调整。这为留学生带来了诸多不便，也引起留学生极大的不满。

二、入学申请程序的设定

入学申请是学生出国留学面对的第一道关卡，在某种意义上，其官僚化程度或者简化程度反映了有关国家是否决心为留学生提供优质服务。为了提高留学生质量，本研究选取的八个国家大多制订了严格的遴选方案，有些国家已经或正打算提高入学标准。与此同时，部分国家开始简化入学申请程序，为合格的留学生提供便利。它们利用网络技术，提供一站式的在线入学申请服务。外国学生通过同一个网站，使用同一套资料，便可向多所高校提出入学申请，跟踪申请流程。一些网站还提供其他相关服务,方便外国学生寻找合适的院校和专业,帮助办理签证和居留手续。此举对留学申请人产生了极大的吸引力,有人预言,网上入学申请今后可能取代中介,成为留学生教育发展的新趋势(Krasocki,2002:8)。

英国高等院校招生办公室(Universities & Colleges Admissions Service)是三百多所高校的联合会。所有申请全日制本科学位和国家高等教育文凭专业的外国学生,都可以在办公室的网站(http://www.ucas.ac.uk)上,利用史丹福测试(Stamford Test)评估自己的兴趣与能力,然后在含五万多门专业的数据库上,寻找与自己匹配的专业。之后,学生可以开设个人账户,通过账户递交一套个人资料,同时申请六所高校的入学资格,并在线跟踪进展状况。办公室收到入学申请后,将之转给相关院校,供院校取舍。院校可以向申请人的个人账户发送面试通知,提出问题,或要求其提供相关的作品和文章等。截至2007年,共有327所高校通过该办公室招收了所有的本科新生(British Council,2007a:135)。申请研究生学位课程的外国学生虽不可使用办公室的这项服务,但办公室在网站上开发了研究生学位专业的搜索引擎,并与提供网上申请服务的院校建立了网络链接。申请人可以通过该网站,找到自己感兴趣的专业,并链接至相关的网上申请页面,递交入学申请。

德国也有一个与英国类似的招生办公室,名为国际入学申请服务中心。这个成立于2003年年底的服务中心由德意志学术交流中心、德国高校校长议会[①]及50所高校共同组建。目前,118所得到州政府认可的高校加入了该服务中心。想就读这些高校所有本科学位和部分硕士学位专业的外国学生,必须通过服务中心的网站(http://www.uni-assist.de/english.html)递交入学申请。与英国高等院校招生办公室相比,德国的国际入学申请服务中心有两个特点。第一,它不限制学生申请的院校数,无论学生申请多少所院校,都只需递交一套资料。第二,它不仅为申请人提供方便、快捷的服务,还帮助高校审核申请人的资质。它在收到申请人发来的全部所需文件后,审查其毕业证书是否得到国家的认可,材料是否完备,语言水平和以往成绩是否达标等。只有符合入学标准的申请才会被转送至有关院校。[②]

法国没有全国统一的留学生入学申请机构,但由60所艺术类院校组成的法国艺术教育服务中心(Campus Art)为外国学生申请成员院校的二百多门艺术类本科和硕士学位专业提供一站式的网上服务。在包括中国在内的32个国家和地区,学生必须在网上(http://www.campusart.org)填写申请表,才可申请成员院校的入学资格,追

[①] 德国高校校长议会是由州立大学、得到州政府认可的大学及其他高等教育机构组成的自愿组织,目前有258家成员机构。

[②] 资料来源:http://www.study-in-germany.de/chinese/1.166.371.html;http://www.uni-assist.de/about-uni-assist.html;http://www.uni-assist.de/fees.html;http://www.uni-assist.de/english.html;http://www.uni-assist.de/results.html。

踪申请的处理情况。无论学生申请多少所院校,都只需提供一张申请表。学生一旦被录取,便可自动获得法国的居留许可证,无须在抵法之后再去相关部门办理。①

我国从2010年起,为中国政府奖学金申请人开通了网上报名信息平台。不过政府开发此平台的主要目的,不是方便外国学生,而是从行政管理的角度,确保及时完成奖学金生的录取以及学生信息的准确性(国家留学基金管理委员会秘书处,2009)。目前并无相关资料表明,这一信息平台究竟能为奖学金申请人提供多少便利。而且,中国政府奖学金生约占我国留学生总数的6.0%,其余94.0%留学生均需直接与院校联系,逐一递交申请材料。

三、管理规则的稳定性与透明度

好的管理应具有相对稳定的规则,并在规则发生变化时及时予以通告,以便人们有章可循。上海高校留学生管理的一个显著特点是规则变化较快,缺乏稳定性。这也许是因为留学生的规模正快速增长,高校原有的管理规则已不适应这种大规模扩张的情势,需要作出相应的调整。另外,由于这种规模扩张的时间还不算长,所以各校都在以"试误"的方式积累经验,造成规则不断变动。这种变动虽然表现了高校在管理上与时俱进的态度,只是有时次数太过频繁,令留学生难以把握。例如在A大学,留学生毕业所需的学分和课程要求每学期都有改变,学生不厌其烦,也不知道自己毕业时究竟需要达到什么样的标准。

> 每个学期,学校的规定都会有变化。比如说,以前我们可以免修英语课,现在这门课已经不可以免修了。特别是毕业的学分也不同了,以前,你四年修满164个学分就可以毕业了,现在大概要176个学分。还有这门课可以不学,那门课可以学,很麻烦。
>
> (A/student/01/p.6)

大多数情况下,院校未将相应的规则变化及时通告留学生,学生无法提前最好应对的准备。E大学要求三年级留学生撰写学年论文。2009年,大学改变了对学年论文的要求,却未及时公布相关信息,令一个月之后便须上交论文的留学生忐忑不安。

> 最近我发现,三年级学年论文的字数要改变,以前是6000到8000个字,现在我们系大概想减少一点字数。但是对于这一决定,系里还没有正式公布,同学们根

---

① 资料来源:http://editions.campusfrance.org/guides/choisir/choisir_en.pdf;http://www.campusfrance.org/en/a-etudier/etudes04-2.htm。

本不知道到底要怎么做。我们现在还在写作的过程中，到底是写3000个字还是8000个字？写3000个字的话，应该选什么样的题目？这些我们都不清楚，为什么？因为系里没有及时告诉我们。

(E/student/01/p.12)

有时候，高校虽然公布了规则的变化，却没有验证公布渠道的有效性，结果相关信息往往无法及时地传递给留学生。例如，C大学将所有的留学生管理规章及相关变化，都公布在留学生管理机构的网页上，并要求留学生时时查看。2009年，C大学决定改变留学生缴费方式，不再接受现金支付，而是要求学生将学费提前存入银行账户。此规则虽在公布在网页上，但因为留学生对管理机构的网页并不热心，所以缴费时引来不少麻烦。

以前开学收费，学生要排长队，点钞机哗啦哗啦地点现金……这学期开始，我们请就读本科和研究生学位课程的留学生，把钱存到银行卡里，我们在开学之前，请银行代扣学费。但是这种做法的难度在哪里呢？外国学生有时候不看通知，所以有的人把钱打进卡里了，有的人没有打进卡里，有的人学费到现在也没交。

(C/administrator/02/p.7)

简言之，上海高校的留学生管理规则常常缺乏稳定性，且在规则变动时，很少及时通过有效的渠道传达给留学生，引起留学生的不满。他们在问卷中批评高校信息不透明，认为"管理层与学生之间严重缺乏交流"。

在此，澳大利亚的亨特学院（Hunter Institute）是一个明显的对照。学院发现其学生年龄多在25岁以下，精通现代通信技术。于是它利用短信服务系统，通过电子邮件界面向学生个体发送信息，并统计有多少学生阅读了短信。学院2008年的调查显示，96%的学生更喜欢通过短信而非电子邮件或书面通知，了解学院的各类事项。此外，高达95%～98%的学生对短信给予回复（Department of Education, Employment and Workplace Relations, 2009: 18），表明这一信息发布渠道极为有效。

四、管理人员的能力建设

院校行政与教学管理的结果，一方面取决于其模式与规则的合理性、稳定性和透明度，另一方面有赖于管理人员的工作与执行能力。所以对管理人员开展能力建设，在各留学生接收大国都得到极大的重视。在上海，管理人员的能力建设问题更加突出，原因主要有三。第一，1996—2008年，上海的留学生人数增加了九倍，留学生的需求日益多样，高校提供的服务也比过去丰富。与此同时，留学生管理人员的数量却没有同步增长，管理人员普遍反映工作压力过大。他们说自己成天忙于应付各种琐碎的事务，没有时间和精力思考如何改进工作质量。

> 反正我觉得，能仔仔细细静下心来做事情的时候不多，基本上都在抢时间，在救火，实在急得不行了，大家急急忙忙地做一下。所以我们一直没有时间，从更高的角度，从制度建设的角度，来考虑怎么完善我们的工作。
>
> (A/administrator/02/p.1)

开展能力建设可以促进留学生管理人员在现有的工作条件下，尽可能提高工作效率。

第二，访谈和问卷数据表明，相当数量的留学生认为上海高校留学生管理人员态度不佳。他们说管理人员对留学生漠不关心，有时显得很不耐烦。访谈中，有留学生提到：

> 我（决定来B大学读书之前，曾）去过另一所大学的留学生办公室，他们真的不在乎，我觉得这很不礼貌。我走进办公室说，我要登记入学，这时候老师却皱着眉头与我说话，我心里真的非常不舒服。
>
> (B/student/01/p.10)

> 我刚来的时候，办公室老师的态度不是很热情。因为我们刚来的时候汉语不大好，所以我们听不懂老师在说什么。有些老师不太亲切，说"你不知道就算了"。我听了当然心情不太好，心想，"他们怎么这样啊。"我刚来的时候，留学生管理部门的有些老师也是那样的。有些留学生对这种态度不太满意。
>
> (C/student/02/p.11)

在问卷中，许多留学生写道："留学生办公室人员的态度实在难以忍受"；"留学生办公室不提供帮助和服务，那里的老师粗鲁、冷漠"；"行政管理人员粗鲁无礼"；"相关人员态度欠佳"；"要看到留学生的存在，去留学生办公室时不要骂我们，我们好害怕。"他们希望管理人员"改善态度"，"真正为留学生服务"。在此，B大学是一个明显的例外。它要求管理人员提供微笑服务，亲切、耐心、及时回答留学生的问题，并给有需要的学生充分的关照。对此，几乎所有受访的该校留学生都评价极高。

> 在B大学，从来没有老师皱着眉头对我说话。我去付钱、登记或买书，他们都是开开心心的。这样很好。所以我对刚刚来上海的（在其他大学读书的）土耳其同学说："你们来我们大学读书更好。"
>
> (B/student/01/p.10)

在这里，只要老师能帮忙处理的事情，老师们都会去做。但是其他一些学校就不一样了，你要自己去解决问题。我不想讲得太详细了，显得自己的学校好，别人的学校不好……别的学校可能留学生太多了，所以老师也就无所谓了。

(B/student/04/p. 11)

留学生对管理人员的不满说明，须对管理人员进行跨文化培训，促使他们理解留学生的困境与需求。

第三，如前所述，留学生管理涉及高校的其他管理部门与院系，而这些部门与院系对留学生往往所知不多，提高其管理能力亦是当务之急。

（一）在职培训

对留学生管理人员进行能力建设的方法之一是开展培训。这不仅可以提高相关人员的管理能力，还可以通过发放证书等方式，营造专业发展的氛围。1997年，英国留学生事务委员会与诺丁汉大学教育学院合作，开设了第一门向留学生工作人员颁发专业证书的课程——国际教育课程（UK Council for International Student Affairs, 2008a：24）。课程内容包括基本的咨询技巧、招生与宣传入门和文化意识入门等六个主题。对于每个主题，受训者都必须阅读指定的材料，并完成一篇书面作业。① 时至今日，虽然留学生管理在英国仍不是一门专业，从业人员不需要获得专门的证书，亦无具有约束性的专业团体，但2008年的调查发现，留学生管理的专业化程度正在提高，已经被视为一门"准专业"（UK Council for International Student Affairs, 2008e：9）。

新西兰亦是如此，它为至少有一年相关工作经验的留学生管理人员，设计了四门短期课程，所有课程均达到国家四级工商管理证书的要求。课程的主题涉及对留学生的关照、国际教育服务、国际教育的变化与挑战、国际教育的市场营销。每门课程都包含两天的课堂学习和12周的自学。② 除正式培训外，新西兰非常看重实践经验。它为从业人员提供访学金，供其到主要留学生输出国的院校就职，了解当地学生的文化和教育背景，回国后帮助留学生适应新西兰的文化与教学方式。

由于留学生工作牵涉的不仅是留学生管理人员，还有其他管理部门及院系教师，所以澳大利亚和新西兰都依靠院校，开展全校性培训。澳大利亚的法律要求，所有与留学生接触的教职工，无论是否就职于留学生管理部门，都必须了解《国家规范》。澳大利亚每所招收留学生的院校都设有"《国家规范》遵从人员"一职，向全校教职工讲

---

① 资料来源：http://www.ukcisa.org.uk/training/certificate.php。
② 资料来源：www.educationnz.org.nz/comm/Course%20Information%20-%20Challenges%20and%20Change.pdf。

解国家留学生教育的法律准则，制作相关简报，有时还会编撰内部的《国家规范》执行手册（UK Council for International Student Affairs，2009a：3）。在新西兰，《行业规则》要求院校指定专人，为教职工提供相关的法律信息，并让教师熟悉留学生信息记录与更新规定、留学生特殊需要的记录和处理规定，以及留学生享有的申诉权（National Operations Division of Ministry of Education，2007：2—3）。

在我国全国范围及上海地区，教育部和市教委都组织了留学生管理人员的培训。以教育部为例，它于2003年11月开办首届"全国来华留学管理综合业务培训班"，为地方教育行政部门及125名高校留学生管理人员提供培训。2004年起，它正式建立了"全国来华留学生管理干部培训制度"，为留学生管理人员讲解国内外政治、经济、外交与教育形势，分析我国留学生教育的政策规章，组织出国考察等。根据教育部的要求，到2009年，全国所有留学生管理干部必须至少参加过一次培训（中国教育部国际合作与交流司，2004b）。

培训制度的正式建立，标志着我国留学生管理人员的能力建设已经得到国家的重视。但是与其他国家相比，我国的培训制度有三点值得关注。第一，我国的培训重在宣传国家形势、政策与规则，对留学生有哪些需要，以及相关部门如何满足这些需要，基本上未有涉及。第二，此项制度没有考虑留学生管理人员的专业发展需要，未对培训附加分值或证书，也没有建立起与培训有关的晋升制度。访谈数据表明，由于缺乏专业发展与晋升机会，留学生管理人员的流动性普遍较大。

> 现在学校对辅导员给予很多提升的机会，我希望学校对留学生管理人员也能有所重视……我做中国学生辅导员的时候，就接受了心理咨询和职业咨询方面的培训，考了上海市中级心理咨询师证书，这对于个人的职业生涯发展来说是非常好的……如果没有这样的平台，我觉得留学生管理人员的流动性会很大。我们学校留学生管理人员的流动性比较大……他们觉得与其做留学生工作，还不如去做辅导员，那样可能会有更好的机会。
>
> （A/administrator/01/pp. 11—12）

第三，现有的培训制度只针对留学生管理干部，没有意识到留学生管理实际上牵涉高校各级各类教职员工。访谈数据显示，高校教师极度缺乏有关留学生的基本知识，他们不了解留学生毕业究竟需要达到什么样的标准，有些甚至不知道什么是"奖学金生"，因而难以及时为留学生提供所需的帮助。

（二）信息共享

开展管理人员能力建设的另一条途径是，在相关机构和人员之间分享好的做法与成功的经验。在其他国家，信息共享的途径多种多样。一是开办会议和工作坊。美国社区学院协会（American Association of Community Colleges，AACC）①每年召开研讨会，专门讨论留学生教育的战略规划、招生预算、市场营销窍门、入学程序与留学生服务等。②日本定期举办留学生交流研究大会和留学生管理人员工作坊，探讨与学生交流有关的各种问题（Japan Student Services Organization，2009：23）。

二是利用网络，收集与传播相关信息，宣传好的实践。本研究选取的八个国家都在留学生教育的门户网站上，开辟了院校专栏，上载各种资料，供有兴趣的人士查询。例如，新西兰教育促进会从2009年起建立留学生管理资料库，内容包括国家入境政策与程序、跨文化交流事项、家庭寄宿（homestay）的选择与环境监控以及入学教育等（Education New Zealand，2009：9—10）。其中部分资料是公开的，但大多数资料仅供会员机构使用。在行业领导团体之外，这八个国家还拥有许多留学生教育的专业团体，它们在自己的网站上公布大量有关留学生教育的资讯。英国留学生事务委员会和美国国际教育工作者协会都是这方面的典范。

三是出版各种指南和刊物。2009年，美国社区学院协会出版了《招生标准/学生保留最佳实践指南》，分析社区学院为了吸引留学生，需要营造什么样的校园氛围（Irwin，2008）。2008—2009年，英国留学生事务委员会制作了名为"连接我们的世界"（Bridging our Worlds）的光盘，请留学生讲述自己遇到的文化冲击（British Council，2008：9），帮助教师理解留学生的想法与处境。委员会还分发了约4000份指南，入学教育、留学生志愿者项目和结对活动等方面的最佳实践。③

四是开展研究与试点，积累成功经验。英国首相行动计划为改进留学生的学习和生活体验，出资开展了一系列试点计划和海外考察。在试点计划中，院校可以通过竞标，赢得5000英镑的经费，用于创新留学生支持与服务体系。成功的试点计划被推广至其他院校。在海外考察中，留学生管理人员可以申请不超过2000英镑的资助，到主要的留学生竞争国收集有效的政策与实践，并与其他院校分享（UK Council for International Student Affairs，2009a：1）。

在上海，留学生管理人员对信息共享有强烈的需求，他们对其他院校表现出极大的兴趣，希望学习其他院校的成功做法，解决自身面对的问题。在这方面，上海设有外国留学生教育管理研究会，每年组织留学生管理人员召开会议。但由于会议形式比较简单，主题不够明确，会期较短，与会者又太多，所以难以就某一问题开展深入的交流与探讨。

我觉得研究会的工作一年不如一年。以前，研究会每年年底的时候组织大家一起

---

① 美国社区学院协会代表了美国近1200所两年制的社区学院。
② 资料来源：http：//www.aacc.nche.edu/Resources/aaccprograms/international/Pages/training.aspx。
③ 资料来源：http：//www.ukcisa.org.uk/files/pdf/about/annual_review.pdf。

交流问题和困难。现在因为招收留学生的学校越来越多，参加会议的人也越来越多，所以交流的机会好像越来越少了，没办法交流了。大家只是汇报一下，作一下年终总结，然后吃顿饭就结束了。

(G/administrator/01/p.12)

我觉得研究会的年会可以改改形式……会议只有一天时间，其实是很短的。上午是领导讲话，接着请教授作个报告，然后大家吃晚饭。我觉得年会可以增加点时间，比如说用两天时间，然后再分组、分专题进行讨论，这样大家互相可以交流。有一些高校还处在某个发展阶段，但其他高校已经经历过这一发展历程，那么后者可以把自己的经验提供给前者作参考。我觉得这个年会可以再深入一点，不要聚聚餐就结束了。

(A/administrator/01/p.7)

而且除举办年会，研究会没有通过其他形式共享信息。它没有开发自己的网站，亦无出版物和试点项目，能够给予管理人员的帮助极少。受访的教师指出，上海高校在留学生管理方面，很大程度上只能靠自己摸索。

现在高校都自管自，闭门造车。如果能够互相交流，可能可以事半功倍，效果应该比较好。

(A/administrator/01/p.11)

其实我觉得，各个高校之间的联系很少，太少了。

(G/administrator/01/p.12)

几乎所有受访的教师都要求有关部门多组织院校交流，共享留学生管理的经验与体会。

我们现在……还没有一个常规化的交流会议或研讨会……我觉得同行之间的交流还是有必要的。

(B/teacher/02/p.5)

我觉得上海市教委可以多组织一些活动……组织一些学术沙龙和研讨会，（让我们）可以交流经验。

(C/teacher/01/p.8)

五、小结与反思

上海高校的留学生管理模式不尽相同。这些模式各有利弊，运行效果取决于其与高校留学生规模的匹配程度。个别高校采用了不适合其留学生规模的管理模式，结果在管理中遇到了比其他高校更多的难题。不过，高校无论采用何种管理模式，都会遇到以下问题。一是随着进入专业院系学习的留学生越来越多，院系的管理能力及教师的跨文化理解能力亟待加强。但目前，我国的相关培训仅针对留学生管理人员，没有将其他与留学生接触的教职工纳入其中。二是留学生管理部门、专业院系及其他管理部门之间，有时职能重叠，有时条线又过于分明，难以为留学生提供充分的关照。三是管理部门的制度设计多从自身需要出发（如入学申请程序的设计，以及教务和财务部门的规章制度），很少考虑留学生的需要。四是管理规则时常变动，又未及时与留学生沟通，缺乏稳定性和透明度，常令学生无所适从。五是管理人员缺乏专业发展机会，各校之间鲜有信息共享与沟通渠道。这既不利于高校提高管理质量，又在一定程度上造成管理人员流动频繁。

在上述问题的影响下，几乎所有高校的留学生（B大学也许是一个例外）都对本校的管理提出异议。在问卷中，他们批评高校"不重视我们留学生"，"行政管理不关心学生"，"管理人员提供的信息很少"，"行政管理极其混乱"，"制度官僚，缺乏有效的沟通"等。认为学校管理好或非常好的留学生不到一半，认为管理糟糕或非常糟糕的有11.1%（图3.10），同意或完全同意"学校行政管理简明有效"这一说法的仅33.9%，18.2%表示不同意或完全不同意（图3.11）。而在英国，对留学生办公室表示满意或非常满意的学生比例高达86%，94%的留学生对学校给予的支持表示满意或非常满意（Council for International Students，2004：5；Council for International Students，2006：5）。

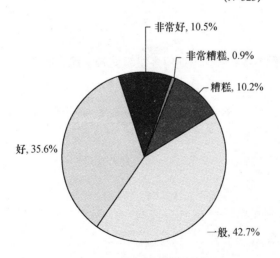

图 3.10　对留学生管理的评价

由于留学生对学校管理的认可度不高,所以他们若在生活上遇到困难,多半会自己想办法解决,或者向同学、朋友和家人求助,只有17.8%的学生会求助于管理部门(图3.12)。留学生建议管理人员定期与他们会面,倾听他们的意见,在两者间建立更为顺畅的沟通渠道。

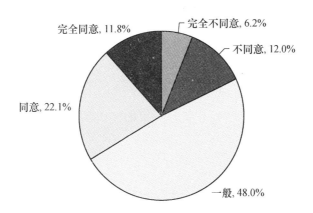

图 3.11 "学校行政管理简明有效"

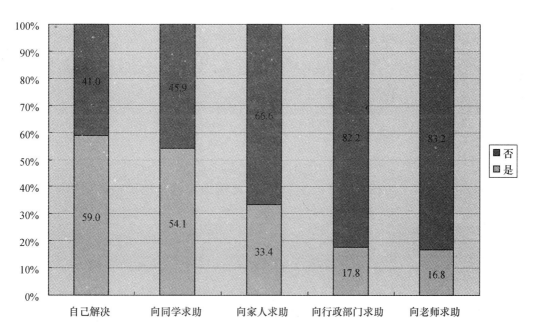

图 3.12 如何应对生活困难

第四节 申诉机制

在留学生教育发展的初期，许多国家的院校主要招收享受政府资助和学费优惠的外国学生，其所学专业多由政府选定，政府也可因学生学业进步太慢或其他理由，终止对他们的资助。那时的留学生还不是"消费者"，留学生教育也不是一种"服务"，所以留学生基本上没有申诉的权利（Auletta，2000：54）。如今，留学生可选择的国家、院校和专业越来越多，对教育的成本越来越敏感，对教育服务的要求也越来越高。建立合理、畅通的申诉渠道可以让留学生感受到自己作为消费者的权利有所保障，也可以在留学生对所购买的教育服务不满时，帮助有关国家和院校及时作出调整，从而实现学生的留学期望。

一、澳大利亚等国家：依法建立申诉机制

澳大利亚、新加坡、英国和新西兰都依法建立了正式的学生申诉机制。当非正式的申诉（如私下与相关教师交流）无法取得成效时，这些法定的申诉机制便成为留学生维权的依靠。有些申诉机制专为留学生而设，有些同时面向当地学生。无论何者，都遵循"先内部、后外部"的申诉原则，即学生首先通过院校内部的申诉机制提出异议，仅在内部机制无法解决争端时诉诸外部力量。

在澳大利亚，所有招收留学生的院校都设立了内部申诉机制，学生若对课程质量或其他方面有所不满，首先通过这一机制与院校沟通。根据《国家规范》，院校的申诉程序必须"独立、便捷、即时，且对有关当事人而言价格低廉。"（Department of Education, Science and Training，2007：18）所谓便捷即时，即院校在收到学生申诉后，十天之内便须启动处理程序；所谓价格低廉，即把学生申诉的成本降至最低。如果留学生认为内部申诉机制不公平，或校方未按既定程序解决争端，则可启动外部申诉机制，由院校安排独立的个人或机构听取双方陈述，这便是《国家规范》中所说的独立。在此过程中，院校不得暂停或取消留学生的在学资格。若最终判定学生申诉合理，院校须立即采取有关的整改或预防措施（Australian Education International，2006）。到目前为止，留学生申诉最多的是信息不实，即中介就院校与课程质量、生活成本、打工与就业机会、移民和深造等，提供了错误的信息，误导了学生的留学选择（Australian Government，2009：8）。

澳大利亚的申诉机制为留学生提供了表达不满的渠道，也有助于院校及时发现和解决问题。不过它没有统一的外部申诉机构，而是由各校自行安排，这在某种程度上

影响了申诉处理的客观性。在 2009 年召开的全国留学生圆桌会议上，留学生建议政府建立统一的外部独立申诉机构（Minister for Education, Minister for Employment and Workplace Relations, & Minister for Social Inclusion, 2009），提高外部申诉的权威性与客观性。

新加坡的留学生若与院校发生纠纷，或对课程不满，首先通过内部申诉机制与院校协商。在私立院校，这一内部申诉机制尤为严格，因为私立教育委员会规定，凡是加入"教育信托保障计划"的私立院校，都必须在 21 个工作日内，对任何学生、教师或公众的申诉给予反馈。在委员会看来，内部申诉机制不仅要解决学生的不满，还要成为改进教育服务的手段。所以它要求私立院校记录其接到的申诉及采取的解决措施，并对此进行分析，不断提高服务质量。对于内部申诉无法解决的争端，留学生可以根据院校性质，向不同机构提出外部申诉。公立院校的留学生可直接求助于教育部，私立院校的留学生可向私立教育委员会的学生服务中心寻求建议。若学生服务中心也无法提供令人满意的答复，有关案件将被转送至私立教育委员会的争端解决中心。[1]

英国没有专门的留学生申诉机制，而是由高等教育独立仲裁员办公室（Office of the Independent Adjudicator for Higher Education，OIA）统一受理英国学生和留学生的申诉。该办公室于 2004 年依据《高等教育法》成立，免费受理学生对高校教学、设施、住宿、教师、学生福利和行政管理等方面的申诉。与澳大利亚和新加坡一样，学生在向办公室申诉之前，必须首先完成高校内部的申诉程序，只有在内部申诉失败之后，方可寻求办公室的帮助。办公室在对申诉进行审查之后，发布正式的决定与建议。高校若未及时采取相应措施，办公室虽无权处罚，但可向上汇报，并在年度报告中公开有关事件。办公室可受理的案件类型多种多样，不仅涉及全日制学位专业，还包括短期课程和假日学校。不过它办理申诉的时间较长，一般需要半年。2008 年，办公室共接到申诉 900 件，其中 273 件的投诉人是留学生，占 30.3%。[2] 值得注意的是，留学生仅占英国高校在校生的 11%，但申诉比例却远远超过英国学生。这说明留学生在支付了高昂的费用之后，对教育服务有了更高的期望。

在建立了正式申诉机制的国家中，新西兰的申诉程序最为复杂。与其他国家一样，留学生若对院校有所不满，可以先利用院校内部的申诉机制，并在内部机制无效时，交由独立的外部机构开展调查。不过在新西兰，无论是内部还是外部申诉机制都层次较多，条块分割明显。就内部申诉机制而言，《行业规则》规定所有行规签署院校都必须建立完善、公平、公正的内部申诉机制，并将该机制以书面和口头两种形式，明白

---

[1] 资料来源：http://www.cpe.gov.sg/cpe/slot/u54/Publications/ERF_Student_proof9.pdf。

[2] 资料来源：http://www.oiahe.org.uk/students/default.aspx; http://www.oiahe.org.uk/downloads/OIAGuideComplaints.pdf; http://www.oiahe.org.uk/downloads/OIA-RulesMay2008.pdf; http://www.oiahe.org.uk/downloads/OIAHE-Annual-Report-2008.pdf。

易懂地告知留学生（New Zealand Ministry of Education，2003：88）。这个内部机制一般首先建议留学生向有关教师提出申诉，然后逐级向系主任、院长、校长和校董会①反映情况（新西兰教育部，2004：70）。只有在所有这些内部机制都失败之后，留学生才可以转向外部申诉机制。

就外部申诉机制而言，《行业规则》设立了"国际教育申诉处"（International Education Appeal Authority）和"国际教育复审小组"（International Education Review Panel）。国际教育申诉处是一家独立的官方机构，成员由教育部委任。它除受理留学生申诉外，还处理教育部转发过来的有关违反《行业规则》的指控。如果院校的违规行为并不严重，国际教育申诉处可以适当给予制裁，如勒令赔偿、公布违规行为及限期整改。如果院校拒不实施制裁措施，或实施水平不能令国际教育申诉处满意，或违规行为严重，那么案件将被上交给国际教育复审小组，复审小组可以暂时吊销或废除其行规签署学校资格（新西兰教育部，2003：22—22）。

值得注意的是，国际教育申诉处和复审小组只处理《行业规则》管辖范围内的申诉，在此范围之外有关教育质量的申诉（如学生遴选程序、教师资质、课程内容、教学资源和学业评估），则被转给其他相关机构。新西兰学历评审局受理对私立院校及政府培训机构的申诉，技术理工学院委员会（Institutes of Technology and Polytechnics）则负责处理对八所大学和十九所技术理工学院的申诉。以学历评审局为例，在调查有关争端之后，它不会作出向学生赔偿或退费等"官方处理"，调查结果亦不具有绝对的强制性。学生只能拿着调查结果，自己与院校交涉。不过根据新西兰法律，学历评审局负责私立院校的审批与注册，所以私立院校若不执行评审局的要求，评审局可以取消其注册，令其无权继续招生（New Zealand Qualifications Authority，2007：2—4）。此外，新西兰还设有行业监察员办公室（Office of the Ombudsmen），免费受理对公立高校及政府行政行为与行政决定的申诉，如影响学生学业的高校决策、政府机构审批与管理学生贷款的决定。②

总体而言，新西兰的申诉机制极为复杂，"等级性"非常明显，学生需经过任课教师和科目主管等一道道关口，才能将申诉递交给外部申构。而各个外部机构受理的申诉范围各不相同，职能划分较为复杂。结果，申诉过程常常既耗时又费力，令留学生敬而远之。国际教育申诉处承认："现实情况是，只有少数心怀不满的学生会申诉"，而这可能有损于新西兰教育的国际声望，因为"心怀不满的学生如不正式提出申诉，就可能返回自己的国家，并把自己的不愉快经历告诉其他人。"（International Education Appeal Authority，2006，p.1）

---

① 新西兰每所院校都设有校董会，负责聘用校长和教职工。
② 资料来源：http://www.ombudsmen.parliament.nz/cms/imagelibrary/100030.pdf。

二、中国：申诉机制的局限性

在我国，高校外部的申诉机制尚未建立，内部的申诉机制大多局限于留学生较为集中的国际交流学院和对外汉语系等机构，学生可以提出的申诉范围也极为狭窄。

受访的七所高校中，B大学国际交流学院的申诉机制相对而言最为正规。它设立了以网络共享文件夹为载体的内部申诉平台，留学生可以就学院的教学，向任何教师提出申诉。教师在接到申诉后，便将有关事件记录在案，并公布在共享文件夹中，供教务部门处理。教务部门会到有关教师的课堂上听课，提出改进建议，并要求其在规定期限内实施，否则教师可能面临被解聘的危险。只是B大学的内部申诉平台仅限于国际交流学院内部的教学事务，且申诉内容和处理程序并不公开。它虽有助于提高学院的教学质量，但对整个高校改进留学生管理、教学与服务并无影响。

其他高校的国际交流学院和对外汉语系等机构一般通过问卷调查，收集留学生的意见与建议。问卷的内容主要针对教学，因为教师们发现，非教学方面的问题，特别是与管理有关的问题，往往牵扯到其他部门或制度的整体设计，院系鲜有解决的办法。

> 有的时候，留学生提的要求不是我们的能力可以达到的……这不是一时半会儿能够改变的，很多问题可能是整个学校要考虑的。
>
> （A/teacher/02/p.12）

> 后来我们发现，留学生每年提的问题都差不多，因为那都是一些我们无法解决的问题。
>
> （G/administrator/01/p.8）

有些高校更倾向于召开留学生代表座谈会，它们认为，并不是所有的留学生都会认真填写问卷，有时候，胡乱填写的问卷可能导致严重的数据偏差。相比之下，在座谈会上获取的信息更加可靠。

> 我们以前也曾经发放过问卷，让留学生打分。但是后来，我们领导觉得这种做法不可行，有负面作用，因为有的学生可能会乱打分。第一，有的学生不一定看得懂这份问卷。第二，有的学生平时不来上课，发问卷的那天正好来了，他肯定会乱打分数。
>
> （C/teacher/02/p.4）

与B大学国际交流学院一样,这些问卷调查和座谈会的结果仅限于学院内部,不向留学生和其他院系公开。此外,这类调查的效果有时不尽如人意。由于问卷均由教师直接发放和回收,座谈会也由教师直接参与,所以留学生很少表达自己真实的想法。

你也知道,那种调查问卷上,很少有人很坦白地讲自己的想法,有什么问题我们也只是自己私底下说说……(填问卷的时候)心里面一定要有一个度,要有一个底线,分数不能打得太低了。

(F/student/01/pp.13—14)

问卷调查和座谈会都是阶段性的,留学生若想在其他时间提出意见和批评,或者专业院系的留学生对教学或管理有所不满,通常需要直接找相关教师或部门反映。

留学生如果有意见,可以来找我们。我们一开学就会告诉他们:"你们有任何问题或者意见,或者对老师有什么看法,可以直接来找我,因为我负责这方面的工作,也可以找其他负责的老师。"

(D/administrator/01/p.3)

与问卷调查和座谈会一样,留学生反映的问题常常得不到解决。他们在问卷中写道:"即使我们告诉老师,也不会有任何改变","学校对我们的意见根本不在意","就算去了有关的办公室也未必有用"。因为难以得到满意的答复,所以大多数留学生宁可保持沉默,以免给教师留下不好的印象。

如果我对老师的教学有什么不满意,我不会对老师说,因为我今年第一年来××学院,怕给老师留下不好的印象。

(G/student/02/p.1)

一些高校设立了留学生代表,随时收集留学生的意见与建议,并向相关部门反映。如此,教师与提意见的学生并不直接接触,而是由留学生代表中转,极大地降低了学生的风险。此举收到一定的成效,如E大学在留学生代表的提议下,为准备参加HSK考试的留学生开办了汉语补习班,又在留学生公寓中新辟了公用厨房,受到留学生的一致好评。

三、小结与反思

随着自费留学生的增多,一些国家通过立法,建立了院校内部的申诉机制,协助留学生解决与院校之间的争端。对于内部申诉机制无法处理的问题，留学生可求助于外部申诉机制，从而降低了学生可能因内部机制不公而承担的风险。

在我国，虽然自费留学生占留学生总数的比例超过90%，但国家和地区均没有为保障其合法权益而建立外部申诉机制。上海高校一般通过问卷和座谈等途径，了解留学生的想法与意见，但其组织者多为留学生较为集中的语言类院系，内容主要针对教学，调查结果仅供内部参考，且调查中发现的问题有时得不到解决，所以成效不太显著。除问卷与座谈之外，留学生可以直接向有关教师和部门提出意见。但由于缺乏外部申诉机制的保障，留学生一般不愿与教师正面冲突。问卷数据显示，当留学生对高校的教学或服务不满时，他们通常与同学私下讨论，直接与教师或相关部门联系的不到一半，还有约四分之一保持沉默（图3.13）。少数高校设立了留学生代表，他们在留学生与教师之间起着缓冲的作用，可以保证意见的匿名性。这一点在缺乏外部申诉机制的情况下尤为重要。

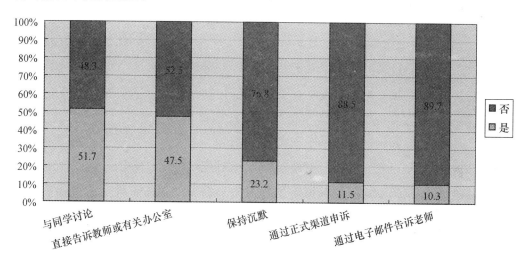

图3.13 对高校教学或服务不满时的做法

第五节 学生费用保护：其他国家的经验

自费留学生的增多不仅促使部分国家建立了申诉机制，还令它们设计了学生费用保护制度，以便在留学生发现所学专业不符合其期望，或院校由于倒闭等原因无力继续提供教学时，保护学生已经支付的费用。此处使用"学生费用"而非"学费"一词，是因为学生费用不仅指学费，还包括其他与完成学业有关的一切费用，比如考试费、注册费、课本费和器材费。澳大利亚、新西兰和新加坡都在法律中规定，招收留学生的院校（特别是私立院校）均需保护留学生的费用。在那些没有制定类似法律的国家，留学生得承担院校倒闭带来的经济损失。以美国为例，院校如突然关闭，留学生须自行寻找另一所具有招收留学生资格的院校，否则便得在指定期限内离境（U.S. Immigration and Customs Enforcement, 2007b: 2）。英国也是一样，院校若被吊销招收留学生的资格，留学生必须在 60 天内得到另一所合格院校的录取，否则也必须离境。[①] 英国只有 72% 的高校和 56% 的继续教育学院允许留学生分期付款（Council for International Students, 2007: 23; UK Council for International Student Affairs, 2008f: 22），其余院校都要求学生提前支付费用。后者如若关闭，留学生已经支付的费用很可能得不到偿还。

保护学生费用的举措很多，如退还剩余费用，为学生寻找合适的替代课程，对学生所交费用进行保险和托管，以及允许学生延期付款。其中，前两者是学生无法学习所购买的课程时，院校和政府采取的善后措施，后三者则预先对学生所交费用进行保护。

一、退费与替代课程

一般而言，退费针对两种情况——院校违约和学生违约，前者指院校无法按约提供留学生购买的课程和服务，后者指留学生未按约修读自己购买的课程。无论何者，澳大利亚、新西兰和新加坡的留学生都可以根据相关条文，向院校申请退费。这三个国家都为院校（特别是私立院校）退费制定了相对统一的退费标准，澳大利亚与新加坡更要求院校将退费条款，写入与留学生签订的书面合同，为解决今后可能发生的经济纠纷提供法律依据。

2007 年 7 月 1 日之前，澳大利亚政府虽建议院校在留学生缴费前或缴费时，与其签订书面协议，但此建议不是强制性的，院校可自愿实行。7 月 1 日之后，澳大利亚对《国家规范》作了修订，令签订书面协议成为一项法令。只有在签订此协议后，留学生的入学方正式生效。协议必须写清留学生入读的是哪一门或哪几门专业，入学有哪些基本要求，需要支付哪些费用。在此，"费用"指完成学业所需的一切经费，包括学费、注册费、管理费、机场转乘费、住宿费、健康保险费、教材费、设备费和资料费等（Department of Education, Science and Training, 2007: 12—13）。协议的最关键部分是有关退费的规定，它明确了留学生在何种情况下可以获得多少退款，何种情况下不予退款，以及应在何时如何申请退款等。

根据有关规定，院校的退费标准依据违约情况而有所不同。如果是院校违约，比如课程没有如期开始，课程尚未结束便提前中止，或者院校由于受到处罚而无法向留

[①] 资料来源：http://www.ukba.homeoffice.gov.uk/studyingintheuk/adult-students/changes/。

学生提供完整的课程，那么院校必须在停课后两周之内，退还留学生交付的所有学费，包括已学课程的费用（Australian Government，2007：24）。如果是留学生违约，比如课程如期开始，留学生却未如期报到，也未事先退出此课程，或者留学生因行为不当而遭院校开除，院校可以在留学生已付费用中扣除以下经费（Australian Government，2001：25）：

> 在250澳元或5%的学费中，选择数额较少的一项作为管理费；
> 交通、住宿及其他服务开支；
> 必需的学生会会费；
> 书本费、设备费及课程所需的其他材料费；
> 学生已学课程的费用。

澳大利亚的法律没有具体规定院校如何计算服务开支、设备费和已学课程的费用等，院校可以在与留学生签订的协议中自行安排。留学生如因签证被拒而无法如期报到，则不属于学生违约，学生可凭澳大利亚官方的拒签信，要求院校退费（Australian Education International，2008b）。

澳大利亚的退费政策适用于所有招收留学生的院校，而在新西兰，政府关注的重点是语言学校等私立培训机构。这些机构主要面向留学生，违规收费的可能性更高。新西兰私立培训机构的学费保护由学历评审局管理，它出台《学生费用保障政策》[①]，以便在私立培训机构终止课程或学生退出课程时，保护学生（包括留学生和新西兰学生）的权益。与澳大利亚一样，此处的"费用"涵盖由学生或其代理缴付给私立院校的所有费用，包括住宿费和生活费（学历评审局，2004：3）。

《学生费用保障政策》也将退费的情况划分为两种——院校违约与学生违约，尽管它没有明确使用这两个名词。如果私立培训机构自愿关闭、破产、被依法勒令关闭，或停止提供某一课程，就必须在课程终止后的15个工作日内完成退费，否则学历评审局将吊销该机构的注册登记。至于退费的具体标准，《学生费用保障政策》并无涉及，而是由各机构自行订立规章（学历评审局，2004：4—15）。如果学生自愿退出课程，私立培训机构必须按以下标准向学生退费。[②]

> 如果课程时间为三个月或超过三个月，学生在课程开始后八天之内退学，私立培训机构在扣除10%的费用或500新西兰元（两者中以较低的一项为准）后，退还剩余费用。

---

① 但若私立培训机构的课程只有5天，或总授课时数不超过50小时，或总学费不超过500元，或不收取学费（如课程完全由政府拨款或企业资助），就无须施行此政策。

② 资料来源：http://www.minedu.govt.nz/educationSectors/InternationalEducation/ForInternationalStudentsAndParents/CodeOfPracticeInfoForStudents/CourseFeesAndWithdrawls.aspx； http://www.nzqa.govt.nz/for-learners/rights/withdrawals.html。

> 如果课程时间为五周或五周以上，但不足三个月，而学生在课程开始之后五天之内退学，私立培训机构可保留不超过 25% 的费用。
> 如果课程时间在六天至四周之间，而学生在课程开始后两天之内退学，私立培训机构可保留不超过 50% 的费用。但如果学生只付了不超过两天的费用，那么私立培训机构无须退费。
> 如果学生在课程开始之前退学，私立培训机构仍可按上述各项规定保留部分费用。
> 如果课程开始之后，学生在上述各时间段之外退学，退款额度由私立培训机构决定。

如果学生被私立培训机构开除，私立培训机构有权保留所有费用，但也可以根据自己的政策，向学生退还部分费用。

与澳大利亚相比，新西兰的退费政策对私立培训机构更加宽容，它较多依赖培训机构自订的退费政策，使这些机构在如何退费和退费多少等问题上，有了更大的发言权。此外，在学生违约的情况下，退费主要依据课程时间长短及学生退学时间。实际操作中，这一制度设计引发了无数争端。有的私立培训机构为逃避退费义务，故意推迟录取通知上注明的开学时间，如注明的开学时间为 2 月 7 日，而实际开学时间为 3 月 1 日。也有私立培训机构允许学生推迟入学，并称之为"放假"（International Education Appeal Authority, 2004：19）。这样，学生一旦要求退学，私立培训机构便以"退学申请超出规定期限"为由，拒绝退还学费。

在新加坡，退费政策也只适用于私立院校。它要求所有招收留学生的私立院校除非接受政府资助，都必须在学生付费之前，与之签订正式的合同。在澳大利亚，这样的合同由院校自行设计，而在新加坡，院校必须使用全国统一的标准合同。合同中标明院校的名称、地址、入学要求、专业名称、学习起止日期、学生抵达日期、授课方式、教学设施、结业后可以获得的资格、转学政策和更换专业的政策等。在费用方面，合同写明学费、定金的支付与退还、补考费和学生会费等各项缴费项目、费用支付方式、收据的发放，以及院校违约和学生违约情况下的退款等。① 标准合同上的条款只可增加，不可删减或修改。任何新增的条款必须首先经私立院校法律代表审核，然后连同必须要的论证文件，呈交给私立教育委员会，申请书面批准（Council for Private Education, 2009c：13）。为了方便留学生用母语阅读，标准合同设有英文、中文、印尼文和越南文四种版本。

新加坡没有任何统一的退费标准，而全由私立院校自定。私立教育委员会仅要求院

---

① 资料来源：http://www.singaporeedu.gov.sg/cn/htm/mis/faq06a.htm；http://www.singaporeedu.gov.sg/cn/htm/stu/stu0109b.htm；http://www.barclyne.com/UpFiles/Down/2009-7/200971204432895.pdf。

校"有公平、合理的退费政策",并通过标准合同、院校网站和学生手册,明确地传达给所有学生。退费政策必须至少明确以下内容(Council for Private Education,2009c:55):

> 处理退费的时间(不得超过七天);
> 退费条件;
> 不可退还的费用项目;
> 在哪些情况下可能取消课程,以及课程取消后学生所付费用的状况;
> 转学与退学条件。

与退费不同,替代课程主要针对院校违约,在院校无法提供教学时,为留学生寻找合适的相关课程。这种做法往往比退费更加合理,因为它有助于留学生完成学业。

澳大利亚所有招收留学生的院校,除非得到银行担保,或与母公司有赔偿协议,或得到教育就业和劳动关系部的豁免,都必须是学费保障计划(Tuition Assurance Scheme)的成员。院校无法为学生提供其所购买的课程时,既可向留学生退费,也可在得到留学生书面认可后,通过学费保障计划,为学生在其他院校安排合适的替代课程。留学生若选择修读替代课程,则一切相关费用均由违约院校承担。

在新加坡,加入"教育信托保障计划"的私立院校如果不能证明自己有足够的经济实力,就必须与其他院校合作,预先作出有关替代课程的安排,以便在倒闭时将学生转至其他院校,继续学习相应的课程(Singapore Ministry of Education,2008a)。

问题是,寻找合适的替代课程有时难度很大。一些院校开设的专业极为狭窄,其他院校很少提供同类课程。还有一些院校留学生人数太多,一旦倒闭,其他院校难以全盘接收。特别是当若干所院校接连倒闭时,为留学生寻找替代课程更是难上加难。2009年,澳大利亚的四所高校在短短两个月内先后倒闭,而且这些高校的专业设置非常狭窄,致使受影响的留学生难以找到合适的替代课程(Australian Government,2009:8)。

二、保险、托管与延期付款

一些院校在违约时,既无力退还学生费用,又难以安排合适的替代课程。针对此种情形,澳大利亚、新西兰和新加坡都要求院校(特别是私立院校)采用保险、托管和延期付款等措施,保护学生已经缴纳的费用。

澳大利亚保障留学生费用的主要措施是保险。它于2001年6月成立"留学生教育服务保障基金"(Education Services for Overseas Students Assurance Fund),所有招收留学生的院校都必须成为保障基金的成员。保障基金的资金全部来自成员院校交纳的保险费,包括"基本保险费"和"附加保险费"。前者对所有院校数额均等,后者在各校的学费总收入中提取一定比例。2007年,澳大利亚调整了附加保险费的收费办法。过去,附加保险费占学费总额的比例是固定的,如2006年为0.75%(张民选,

2006)。但后来政府发现,随着关闭的院校越来越多,保障基金的还款压力越来越大,不得不提高保险费(Australian Government,2009:8)。但这样一来,认真办学的院校就会遭受经济损失。为了在保险费中反映院校的办学风险,政府按照院校类型,设置了从0.075%到0.75%不等的附加保险费比例。在院校违约而又无法退费和安排替代课程时,政府通过保障基金向学生退费。2005年和2006年,保障基金分别向学生退费18.37万澳元和6.46万澳元。[①]

在新加坡,所有招收留学生的私立院校均需加入学生保护计划(Student Protection Scheme),保护学生缴纳的一切费用。该计划提出保险和延期付款两种形式,供私立院校选择。院校也可以同时采用这两种形式,提供费用保护(Council for Private Education,2009d:15)。如果采用保险的形式,私立院校可以直接向学生收取最多不超过一年的所有费用。学生缴费当天,院校在政府指定的银行或保险机构购买保险。若发生以下情况,银行或保险机构将赔偿学生预先支付给私立院校的费用:[②]

> 私立院校破产;
> 私立院校被停止运营资格;
> 私立院校无法依照法庭命令支付罚款或归还学费;
> 学生死亡或终身残废。

如果采用延期付款的形式,私立院校不得直接收取学生的任何费用,而是在政府指定的银行开设账户,供学生存入最多不超过一年的所有费用。课程开始后五天之内,银行将学生支付的20%费用转给院校。以后每月的第一天,银行将剩余的80%等分成若干份,分期向院校支付(Council for Private Education,2009d:7)。私立院校如果无法继续开课,银行会立即停止付款,将剩余款项退还给学生。

与澳大利亚和新加坡相比,新西兰的学费保障措施更为多样。学历评审局的《学生费用保障政策》为私立培训机构提供了五种选择,私立培训机构则在其中选择一种或多种,制定自身的学生费用保障政策,提交给学历评审局审核。[③] 第一种选择是延期付款。这又包含两种形式:一是由留学生本人延期付款,即留学生无须在开学前或开学初缴纳全部费用,而是在开课之后,定期(如每周、每两周或每月)向私立培训机构付费。二是像新加坡那样,私立培训机构把学生缴纳的费用存入独立的信托账户,只有在学生上完一部分课后,才能从信托账户中收到相应的费用。

第二种选择类似于公司的注册资金,即私立培训机构将部分资金交给第三方托管。当培训机构无力继续提供课程时,托管资金便用来对学生进行赔偿和偿还学校债

---

① 资料来源:http://esosassurancefund.com.au/Final%20Annual%20Report%202006%20updated%202011052007.pdf。
② 资料来源:http://www.singaporeedu.gov.sg/cn/htm/stu/stu0109b.htm。
③ 资料来源:http://www.nzqa.govt.nz/for-international/overview.html#pte。

务。由于这种方法对托管资金的要求非常高,资金量至少要达到学校债务的最大值,所以很少有私立培训机构选择此种方案。

第三种选择是担保。这也有两种方案。一是由公司或母公司法人为私立培训机构提供资金担保。担保方必须财务状况良好,实体在新西兰注册,并与培训机构签订书面协议。二是私立培训机构将一部分资金存入担保公司,一旦其无力继续经营,这笔资金便可偿还学生所交费用。在这两类担保中,担保方都必须设立专门的学生费用信托账户,账户内的款额不得低于培训机构学生总收费的90%。

第四种选择是购买保险。在此,保险人也必须建立独立的学生费用信托账户。

第五种选择是由多家私立培训机构共同与第三方签订协议,通过信托、担保或保险,保障学生的学费。而学费之外的其他费用,仍需各机构再采用其他方案予以保障。如果某培训机构不能继续为学生提供课程,协议中的其他机构可优先接收其学生(学历评审局,2004:4—17)。

三、小结与反思

自费留学生的增多促使一些国家思考如何加强对留学生的保护,避免其在院校关闭后陷入无学可上,所交费用又得不到偿还的境地。在澳大利亚、新西兰和新加坡,院校(尤其是私立院校)必须依法采取学生费用保护措施,或向学生退款,或为其寻找合适的替代课程。澳大利亚和新西兰还规定院校(特别是私立院校的留学生)在留学生缴费前,与其签订协议,令其明确须交付哪些费用,学习的是哪些课程,以及在何种情况下可以或不可获得多少退款,从而为退费确立了法律依据。

我国没有类似的学生费用保护制度,教育部仅制定了留学生的最高与最低收费额度(表3.1),并要求院校公布收费项目和收费标准(中国教育部,2000a)。这也许是因为我国招收留学生的多为公办高校,办学风险小。2007年,上海招收留学生的高校和科研机构共25所,其中只有中欧工商管理学院是中国政府与欧盟共同创办的中外合作办学机构,其余均享受政府拨款。参照新西兰和新加坡只要求私立院校制订学生费用保护计划的做法,目前我国似无建立相应制度的需要。

不过表3.1显示,我国高校公开的收费政策中,没有像其他国家那样写明留学生购买的是哪些课程,这有时让留学生对所交费用和所享受的教育服务产生异议。

> 我现在一学期只有一门课,但我付的是一个学期的学费,而不是一门课的学费,这样不是很合理。我是研究生,在我们国家,我付的不是一个学期的学费,而是一门课的学费。

(A/student/04/pp.1—2)

表 3.1 教育部制定的高校留学生收费项目与标准

单位：人民币元

收费项目		留学生类别	收费标准
学费	文科	本科大学生、进修生	14000—26000 元（学年）
		硕士研究生、高级访问学者	18000—30000 元（学年）
		博士研究生	22000—34000 元（学年）
		短期生	3000—4800 元（月）
	理科、工科、农科类		比照文科相应类别的学费标准上浮 10%～30%
	医学、体育、艺术科类		比照文科相应类别的学费标准上浮 50%～100%
报名费			400—800 元
住宿费			住校内留学生宿舍，按学校住房收费标准付费。
其他费用			伙食费、校内医疗费、教材费及教学计划之外的实验、实习、专业参观等费用，按学校规定的标准付费。

资料来源：http://www.moe.edu.cn/edoas/website18/09/info1309.htm

另外，我国未要求高校制定和公布退费政策，但留学生退学等情况却不时出现，还有一些留学生在支付了部分学费之后，未能被有关高校录取。如何保护这些学生的费用，增强退费政策与退费过程的透明度，应该得到政府和高校的重视。

> 我来上海的时候，先去了 E 大学，因为我听说 E 大学的××专业比较有名，而且这所学校真的挺好。我跟 E 大学的办公室联系，说我要插班到三年级，两年以后毕业……他们答应了，然后我付了一部分学费……后来 E 大学办公室说，我如果要插班到三年级，必须参加插班考试。当时 35 个人参加了插班考试……只有 3 个人通过了……而且他们没有退还我的学费，说学校规定不能退费。
>
> (B/student/01/pp. 4—5)

第四章　关于附加产品

附加产品是与教学没有太多关联,但能帮助留学生更好地生活和实现文凭价值的产品,其中包括医疗保险、住宿、人身安全、签证、在学期间的打工、毕业后的居留与就业、职业咨询和校友会。

合适的医疗保险制度可以确保留学生在学期间得到适当的医疗照顾,又不会造成沉重的经济负担。良好的住宿服务可以帮助留学生解决后顾之忧,集中精力学习。安全的社会环境对独自生活在异乡的留学生来说特别重要。2009年,多位印度留学生在澳大利亚遭到人身伤害,重创了该国在印度的留学生市场。简便的签证程序可以增加对留学生的吸引力,有人甚至说,留学生签证程序已经成为海外招生战略不可或缺的一部分(Verbik & Lasanowski,2007:24)。与打工和就业的事项也受到留学生的极大关注。在英国,除院校的国际声望和简明的入学申请程序外,宽松的打工政策是学生赴英留学的第三大原因(Binsardi & Ekwulugo,2003:321)。在学期间打工不仅可以缓解学生的经济压力,而且提供了积累工作经验的机会。一项对11个国家留学生的调查发现,在除印度和肯尼亚之外的九个国家中,经济问题是困扰留学生的首要难题。另一项对美国留学生的研究也得出了相同的结论。挪威的一项调查同样指出,经济状况是影响留学生满意度的最重要因素。而且,留学生的经济状况与其祖国的经济发展没有必然联系,来自发达国家的留学生有时经济压力更大,因为他们不像来自发展中国家的学生那样可以获得政府资助(Sam,2001)。此外,留学与就业历来关系紧密,学生毕业后若能留在当地工作,既符合劳动力短缺国家的希望,也对学生选择留学目的地有相当的影响。前文提及的对澳大利亚879名留学生的调查发现,除教学质量外,方便的移民程序是学生决定赴澳留学的第二大原因,排在第三位的是宽松的打工政策

(Russell, 2005)。在新西兰,大约53%的留学生决定毕业后留在当地继续深造或参加工作 (Ward & Masgoret, 2004)。职业咨询可以帮助留学生了解劳动力市场需求,学习应聘技巧,从而增加就业机会。最后,校友的作用不可低估,他们可以帮助留学生与企事业单位建立联系,获取更多的工作和开拓业务的机会。在澳大利亚,所有的留澳学生都是澳大利亚的校友,学生可以在母校找到自己的校友会,也可以在自己的祖国找到校友网络。澳大利亚政府的海外派驻机构亦提供校友咨询服务,帮助留学生与母校取得联系。

第一节 医疗保险

20世纪80年代,留学生全成本收费政策的推行带来了医疗政策的变化。过去,留学生在接受政府资助的同时,多享受留学目的国的公共医疗服务;现在,大多数国家虽仍为奖学金获得者提供基本免费的医疗服务,但政府的医疗福利很少惠及自费留学生。事实上,留学生自费购买医疗保险已经成为一种普遍趋势。许多国家还要求留学生出具相应的保单,方为之办理签证和居留手续。

在不同的国家,政府对留学生医疗保险标准的管理各不相同。美国在这方面的控制力度最小,它将权力完全下放给院校。它虽然规定留学生在学期间,必须购买符合标准的医疗保险,但至于何谓"符合标准",则由各院校自定。结果,各校制订的保险方案差异很大,有些不涵盖学期间的放假时间,学生需为此购买额外的保险,有些不能转校或跨州使用,有些不可提前终止等。留学生可以通过院校购买统一的保险计划,也可以自行购买符合院校要求的保险方案。不过,美国一般不接受留学生在自己的祖国购买的医疗保险,因为各国的医疗和保险体系各不相同,在其他国家购买的保险不一定适用于留学生在美国的医疗需要。而且许多美国医疗机构不愿意花费时间和精力,向外国保险公司收取医疗费。[①]

新西兰对医疗保险制定了全国统一的标准,同时给予留学生更多的选择权。与美国一样,它也要求所有留学生(来自澳大利亚和英国的留学生除外)在学习期间购买合适的医疗和旅行保险。至于何谓"合适",政府在《行业规则指南》中设定了以下基准:

---

① 资料来源:http://www.educationusa.info/pdf/study/chinese1.pdf;http://www.uscampus.com.cn/study_live/healthinsurance/insurance_what.htm;http://www.educationusa.info/pdf/study/chinese4.pdf。

> 从留学生在自己的祖国走出家门，去往飞机场的那一刻，保险就开始生效，直到学生完成学业。学生到其他国家旅行及回国度假，也在保单范围内。
> 保金额度必须很高，使得任何可能的理赔都不会超过这一额度。
> 保单覆盖从全科医生到牙科急诊、从药品到住院（包括私立医院）在内的一切费用。
> 留学生一旦生了大病或受了重伤，需要专业医疗人员陪伴回家，保险公司将承担有关费用。
> 如果留学生在新西兰生了大病或过世，保单将支付其双亲的往返机票费、住宿费及合理的生活费。

只要符合上述标准，留学生便可自行选择保险公司和险种，无须参加院校统一的保险方案（New Zealand Ministry of Education，2003：27—29）。

新加坡将注意力集中在私立院校学生身上。它不要求所有留学生都购买医疗保险，但私立院校若要加入"教育信托保障计划"，就必须为所有留学生购买医疗保险。[①] 委员会设定了三个最起码的保险标准：一是每位学生每年至少有两万新加坡元的保险额度；二是学生如果住院，公立医院和重建医院中的病房至少达到B2等级；三是保险必须覆盖学生在新加坡的整个学习期间，包括学校组织的海外活动。值得一提的是，新加坡非常强调保险政策的公开与透明，要求在保单中清楚地说明各类术语、条款、报销程序和各种不可报销的情况等，每位学生都必须拥有保单原件（Council for Private Education，2009c：60）。

除以上三个国家外，本研究选取的其余五个国家都为留学生（至少是符合既定条件的留学生）设计了统一的基本医疗保险。在德国和法国，参加医疗保险是留学生办理居留许可和院校注册的前提。赴德留学生（不包括来自欧盟和欧洲经济区的学生）若年龄不超过30岁，或者入学时间未超过14个学期，便可到任何一家医疗保险公司，购买法定医疗保险。该保险为留学生提供特别优惠的价格，学生每月只需交纳约50欧元，便可得到免费的诊疗、药品和住院服务。该保险还将学生的配偶及子女纳入其中，前提是配偶和子女没有工作或工资很低。留学生年龄若超过30岁，或作为预科生和语言生来德国学习，则须购买价格较高的私人保险。不过德国大学生管理处（German National Association for Student Affairs）[②] 与一家私人保险公司签订了保费优惠协议，无法享受法定医疗保险的留学生在此公司参保，每月也只需交纳约50欧元的保费，但

[①] 资料来源：http：//www.cpe.gov.sg/cpe/slot/u54/Publications/EduTrust%20Scheme/EduTrust_PI_preview.pdf。

[②] 这是一个全国性的支援组织，主要负责高校后勤。它在德国设有58个分会，有些分会分管若干所高校。

其子女需另行购买每月约 40 欧元的保险。①

法国的保险制度与德国相近，凡在获认可的法国院校修读三个月以上课程、年龄不满 28 岁、且来自欧洲经济区之外的留学生，均自动加入大学生社会医疗保险，投保手续在每学年注册时一并办理。此保险每年的保费为 195 欧元，可报销大约 70% 的医疗费用。2000 年起，法国逐步实施全国通用的医疗卡系统，参加医疗保险的学生都免费获得一张医疗卡，以电子方式自动记录和传送医疗费用报销申请，从而加快报销速度。② 至于那些不符合大学生社会医疗保险购买要求的留学生，必须到距其住处最近的医疗保险联合会，购买私人保险，每年的保费从 150~550 欧元不等。一些省份还要求留学生购买意外遣返险，以便学生重病或死亡时，由保险公司负责将其运送回国。

澳大利亚制定的医疗保险制度面向所有年龄段、学习时间至少为三个月的留学生。它指定四家保险公司受理留学生医疗保险，学生抵达澳大利亚后，必须到其中一家公司注册，获取医疗保险会员卡。留学生医疗保险的覆盖面很广，包括学生在澳期间③的所有医疗和住院费用、大部分处方药费和免费救护车服务。根据留澳时间和保险公司的不同，学生缴纳的保费也有所不同，最低为每三个月 75 澳元。学生若有配偶和子女陪读，还要支付家庭保费。④

英国和日本为留学生提供的医疗服务最为优惠。在英国，留学生的学习时间若为六个月或以上，则本人及家属均可免费参加国民保健服务（British National Health Service），接受免费的门诊和住院治疗。即便留学生的学习时间不足六个月，也可请医生通过国民保健服务提供诊疗（但医生有可能拒绝学生的请求），并可在紧急情况下免费使用国民保健服务。在其他国家，医疗保险一般不包含牙科诊疗，但在英国，参加国民保健服务的留学生看牙医可以享受价格优惠（British council，2007a：89）。⑤ 调查发现，许多学生认为这种免费的或者优惠的医疗服务，是留学英国的好处之一（Council for International Students，2004：10）。

在日本，所有停留时间超过一年的留学生及其家属，都必须参加国民健康保险。参保者就诊时，只需支付 30% 的医疗费。国民健康保险与其他国家医疗保险的不同之处在于：第一，保费不是固定的，而是随居住地和个人收入而有所变化，一般每年在

---

① 资料来源：http：//www.study-in-germany.de/chinese/1.166.373.2.html；http：//www.daad.de/deutschland/wege-durchs-stu 账 dium/kosten/06199.en.html；http：//www.internationale-studierende.de/en/prepare_your_studies/entry_into_germany/health_insurance/#content119。

② 资料来源：http：//chine.campusfrance.org/page.ip？id=4_6&locale=zh_CN；http：//editions.campusfrance.org/guides/choisir/choisir_en.pdf。

③ 学生回国度假时若要享受医疗保险，需额外购买旅游保险。

④ 资料来源：http：//www.studyinaustralia.gov.au/Sia/zh/StudyCosts/OSHC.htm。

⑤ 资料来源：http：//www.britishcouncil.org/zh/china-educationuk-living-costs.htm；http：//www.britishcouncil.org/zh/china-educationuk-health-and-safety.htm。

2万日元左右。第二，该保险附有高额医疗费补助制度，即同一人一个月内在同一家医院支付的医疗费若超过一定额度（此额度也依照地区不同而有所变化），超额部分可以退还。[①] 日本医疗保险的最特别之处是，它依靠文部科学省的经费支持，专为留学生设计了医疗费补助制度。留学生通过国民健康保险免除了70%的医疗费之后，剩余30%的医疗费用中，再通过医疗费补助制度报销80%。两者相加，留学生实际上只需支付医疗费总额的6%。

表4.1概括了上述八个国家留学生医疗保险制度的基本特征。

表4.1 八国留学生医疗保险制度的基本特征

	是否提供统一的医疗保险方案	面向哪些留学生	是否涵盖配偶与子女	保险费用
美国	否，保险标准由各院校自定	所有留学生	根据保单不同而有所变化	根据保单不同而有所变化
新西兰	否，但《行业规则指南》设定了基本标准	来自澳大利亚和英国以外的所有留学生	根据保单不同而有所变化	根据保单不同而有所变化
新加坡	否，但私立教育委员会为私立院校设定了基本标准	私立院校的留学生	根据保单不同而有所变化	根据保单不同而有所变化
德国	是，法定医疗保险面向不超过30岁或入学时间不超过14个学期的留学生，其余学生购买私人保险	所有来自欧盟和欧洲经济区以外的留学生	法定医疗保险涵盖没有工作或收入较低的配偶及子女	法定医疗保险的费用每月约50欧元
法国	是，大学生社会医疗保险面向不满28岁、学习时间超过三个月的留学生，其余学生须购买私人保险	所有来自欧洲经济区以外的留学生	大学生社会医疗保险不涵盖配偶及子女	大学生社会医疗保险的费用为每年195欧元
澳大利亚	是，须购买留学生医疗保险	学习时间至少为三个月的留学生	否	每三个月至少75澳元
英国	是，须加入国民健康保险服务	学习时间至少为六个月的留学生	是	免费
日本	是，须参加国民健康保险，同时享受高额医疗费补助和留学生医疗费补助	居住一年以上的留学生	是	随居住地和个人收入而变化，一般每年为两万日元

[①] 资料来源：http://www.studyjapan.go.jp/ch/faq/faq04c.html；http://www.jasso.go.jp/study_j/sgtj_chi.html；http://www.jpss.jp/china/life/contents-page.htm；http://www.studyjapan.go.jp/ch/faq/faq04c.html。

我国的留学生医疗保险制度启动较晚，直到1999年9月，教育部才开始为中国政府奖学金生购买来华留学生综合保险（中国教育部国际合作与交流司，2007）。对自费留学生，我国未作任何相关规定，学生可以自行决定是否购买保险，在何处（中国或自己的祖国）购买保险，以及购买何种保险。来华留学生综合保险由中国平安保险（集团）股份有限公司提供，内容包括身故保险、残疾保险、意外伤害医疗保险和住院医疗保险，保费每年从600～1000元不等。① 2008年，教育部要求学习时间超过六个月的留学生都在我国购买团体综合保险，并将保单作为入学注册的必备材料。至于其他留学生是否需要购买此保险，则由各高校自行规定。每所高校只能选定一家得到认可的保险公司，办理团体综合保险，内容至少包含以下几项（中国教育部国际合作与交流司，2007）：

➢ 平安险（身故或残疾定额赔付），身故保额不得低于10万元人民币；
➢ 人身意外伤害医疗险，保额不得低于1万元人民币；
➢ 住院医疗保险，保额不得低于40万元人民币。

留学生若选择其他保险公司投保，则不可办理入学手续与居留许可。

我国的留学生医疗保险制度从奖学金生推广至自费留学生，可以说是一种进步，它可以为学生及时提供医疗服务，又避免其承担过多的医疗费用。但对照其他国家，我国的保险制度需要就以下问题作出改进。一是保险内容较为单一，未将门诊的治疗费和医药费纳入其中，而后者在留学生中的使用频率更高。由于留学生很少在中国住院和遭受意外伤害，所以他们批评说自己购买的保单缺乏使用价值。二是高校医疗保险制度不够透明度，与留学生缺乏沟通。不少留学生不清楚自己通过高校购买的保险包含哪些内容，从而引发了与高校之间的争端。例如，一些留学生因为不了解医疗保险中不包含门诊险，门诊费用无法报销，而指责高校骗取学生钱财。更多的留学生甚至不知道自己是否购买了保险，因为高校从未将保单原件交给他们。三是我国虽制定了统一的医疗保险制度，高校实施起来却不那么严格，相当一部分留学生没有购买任何保险，还有一些高校仍然认可学生在国外或中国其他保险公司购买的保单。

> 对于学习时间在半年以上的留学生，应该说我们学校是有规定的，要求他们一定要买中国平安保险公司的保险。但是很多留学生有点固执，说他们已经在自己的国家买过保险了，为什么还要到中国来买什么留学生保险。我们现在采取的办法是，你如果在国外买过了保险，那就把你的保单原件带过来，让我们看一下。
>
> (G/administrator/01/p.4)

---

① 资料来源：http://www.csc.edu.cn/Laihua/03a7af2d8c894c709aa832498e456ddb.shtml。

问卷数据显示,在明确知道自己是否购买了医疗保险的留学生中,只有44.1%的学生购买了中国的保险,39.5%的学生购买了国外的保险,另有16.4%的学生没有购买保险。

为解决以上问题,我国可以借鉴其他国家的做法,大幅提高留学生医疗保险的基本标准和覆盖范围,将门诊险纳入其中,给予留学生更多的优惠。同时,政府需加大医疗保险制度的执行力度,将医疗保险与签证或居留手续挂钩,以防学生在学期间得不到任何医疗方面的保护。最后,政府和高校均需提高保险信息的透明度,通过宣传册、网络和入学教育等多种渠道,让留学生知晓我国的医疗保险制度和报销程序,确保其拥有原始保单,以便他们了解自己需支付多少费用,享受何种医疗服务。

第二节 住 宿

住宿费用是留学生除学费之外的最大开支,所以留学生作为消费者,对这部分开支极为关注。近年来,留学生人数的急速上升对一些国家的住宿供应造成了巨大压力,新加坡更是指出,缺少充足的优质住房是制约该国留学生教育发展的瓶颈之一(Education Workgroup of the Economic Review Committee's Services Sub-Committee, 2003c:3)。面对这一压力,各国纷纷采取行动,通过多种方式解决留学生的住宿难题。一些国家还将提供优质住宿写入留学生教育发展的国家政策,如日本在"30万留学生接收计划"中写道,要"通过确保入学住宿等具体工作,营造使留学生能够安心、专心学习的接收环境。"[①] 下文从两方面对照我国与其他国家的住宿服务:一是可供留学生选择的住宿方式;二是院校和政府为留学生提供的相关支持。

一、住宿方式

本研究中的八个国家都为留学生提供了多种住宿选择,如学生宿舍、家庭寄宿和私人房屋租赁。问题是有些住宿方式(如学生宿舍)太过紧俏,有些住宿方式(如私人房屋租赁)又价格偏高,所以留学生真正可以选择的余地并不算大。目前,日本、新加坡和法国等均意识到了这一问题,并已积极采取措施,尽力提高留学生的住宿质量。相比之下,来华留学生可以选择的住宿方式最少。

---

① 资料来源:http://www.cn.emb-japan.go.jp/jihua.pdf。

(一) 学生宿舍和私人房屋租赁

学生宿舍是许多留学生的第一选择,因为大多数宿舍位于校园内或校园周围,往来学校极为方便,周边环境也较为安全。在上海,58.6%的留学生在宿舍居住(N=440)。

> 我住在校内而不是校外,因为老师如果叫我到办公室去,宿舍离老师办公室很近,而从外面来学校很远。
>
> (A/student/01/p.8)

> 很多留学生家长认为,住在留学生公寓比住在外面更加安全。而且公寓毕竟在学校内,在学习以及与老师的往来方面,都挺方便的。
>
> (B/administrator/01/p.1)

一些留学生还指出,校园内学习氛围浓厚,在宿舍居住有助于督促其按时上课、努力学习。

> 学校里有一种学习的氛围,留学生看到周围的同学都很积极地去图书馆、去上课,那么他们自己也会跟同学一起去学习,觉得自己不好意思再睡到中午……有些留学生住在外面,房东不可能管他们……所以很难鼓励或者动员他们去上课。所以有的留学生住到学校外面以后,学习成绩退步很多。
>
> (F/student/04/pp.8—9)

在我国和其他国家,学生宿舍多由高校出资建造。法国和德国的情况有些例外,其宿舍分别由负责高校后勤服务的法国大区大学及学校事务管理中心和德国大学生管理处建造并运营,前者拥有15.4万张宿舍床位,后者则经营着18万间宿舍。除住宿外,这两家机构还为留学生提供其他多种服务。例如,法国巴黎是一座人口密度极高的城市,无论是留学生还是法国学生都很难找到合适的住所。法国大区大学及学校事务管理中心的巴黎分部在那里拥有占地34公顷的城市公园,内中建造了含5700个房间的39幢宿舍楼,每年为来自一百四十多个国家的1万名学生、研究人员、访问学者、艺术家和运动员提供住宿。园内设有剧院、录音棚、图书馆、语音室、餐馆、运动设施和会议室等,供人们免费或有偿使用。城市公园还给予留学生多种辅助,如留学生接待办公室在学生入学前和入学后,为其提供行政手续、打工、法语学习、文化和娱乐活动等各类信息。每年九月至十月,留学生接待办公室与巴黎市政厅合作,开放入学服务台,所有相关政府部门均向服务台派员,以便留学生一站式完成居留许可和身体检查等所有手续。服务台还通过多种语言,为留学生提供咨询,解答学生的问题。①

宿舍虽然是一种方便、安全的住宿选择,但由于它同时需要满足留学生和当地学生的需求,而一些国家高等教育规模扩张的速度极快,所以宿舍总是供不应求。在美国的一些院校,宿舍的分配需要抽签决定;法国的一些高校则根据留学生的学习成绩,决定是否为其分派床位;英国高校50%的留学生在宿舍居住;而在日本,该比例仅为17.3%。② 许多院校将宿舍优先分派给某一类学生,如日本、美国和新加坡优先考虑留学生新生的住宿需要,因为这类学生不熟悉当地环境,很难在私人房屋租赁市场上找到合适的住处。德国高校给交换生更多的关照,总体上,住在学生宿舍的留学生比例为43%,但交换生的这一比例升至60%(Federal Ministry of Education and Research,2008:4)。法国首先将宿舍分配给法国政府奖学金生,而在巴黎的城市公园,只有攻读硕士和博士学位的留学生才有资格申请住宿。英国更多考虑新生和奖学金生的需要,此外,毕业生因为需要集中精力撰写毕业论文,所以也是宿舍分派政策的优惠对象。在我国,高校宿舍供不应求的现象同样存在。以A大学为例,其床位数仅能满足五分之一留学生的住宿需求。在留学生初到上海人生地不熟的时候,宿舍短缺的问题尤为突出。该大学留学生会主席说:

> 我觉得,我们大学最大的问题是住宿。我们只有两幢宿舍楼,很多学生住不进去,因为没有空余的房间。他们是新来的学生,不会汉语,住在外面对他们来说很危险……留学生认为住宿是一个大问题。
>
> (A/student/01/pp.1—3)

不过在我国,尽管学生宿舍对不少留学生具有较强的吸引力,却也有不少学生更喜欢住在校外。问卷数据显示,目前住在宿舍的58.6%的学生中,有15.2%希望搬到校外居住,而住在校外的38.9%的学生中,只有5.9%希望迁至校内(图4.1)。

---

① 资料来源:http://www.ciup.fr/en/。
② 数据来源:http://editions.campusfrance.org/guides/choisir/choisir_en.pdf;http://www.britishcouncil.org/zh/china-educationuk-accommodation-university.htm;http://www.jasso.go.jp/study_j/sgtj_chi.html。

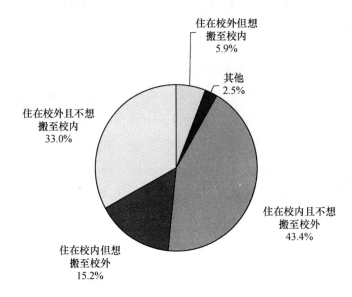

图 4.1 住宿方式分布

留学生不愿在宿舍居住的理由很多。其一，宿舍在管理上设有诸多条规，令留学生感到约束太多。留学生质疑说，虽然一些条规是为了保护他们的安全（如夜间十一点关闭宿舍大门），防止影响他人休息（如不得在宿舍楼内举办聚会），但另一些条规（如仅在指定时间开放浴室或提供热水）为其日常生活带来了极大的不便。

我对学校宿舍有一个不满意的地方，就是热水只在指定的时间供应。有时候我回来晚了，在外面忙了一天很累，好想休息一会儿。但是我如果现在不洗澡的话，过一会儿就没法洗澡了。那怎么办？那只能等到明天咯。我觉得这样不好……你看，上海这么热，有时候我们作完运动，差不多下午三点钟，那时候没有热水，没法洗澡。

(F/student/01/pp. 11—12)

其二，宿舍虽然靠近学习场所，但有时远离闹市区和商业区，留学生外出极为不便。

其三，一间宿舍常由多人共享，学生缺乏独立的空间，不习惯中国饮食的留学生也往往没有条件自己煮食。

去年有四名奥地利学生来这里读书，他们租了一间公寓，我们可以住在他们的公寓里。公寓在学校附近。学校宿舍很小，而且几个人住在一起，所以我们决定住在校外。在公寓里，每个人都有自己的房间，很安静，我们还可以组织活动。

(A/student/03/p. 1)

学校的宿舍跟宾馆差不多,两张床,两张桌子,两个人住在一个房间里。我不太习惯这样,所以(只在宿舍)住了三个月。在宿舍里,自己做饭不太方便,住在外面,我可以自己做饭。

(A/student/05/p. 2)

其四,也是最重要的是,住校的留学生更容易与中国学生及中国社区相隔离,因为他们集中在专门的留学生楼里,很少有当地人出入其中。他们抱怨说,由于自己的宿舍远离中国学生的宿舍,所以他们很少能通过同伴间的转告,及时获得有用的信息,比如有关放假和课外活动的消息。此外,同一专业的中国学生大都住在同一栋宿舍楼,学习上可以相互帮助和交流,而留学生楼里,学生的专业较为分散,缺乏共同学习的条件。

我们住在留学生楼里……一旦学校发生了什么事情,有的时候我们真的不知道。比如说"五·一"的时候放假,"十·一"的时候放假,我们如果不主动去问,有的时候不知道该放几天假。读中文系的中国学生都住在一起,如果听到什么消息,他们就互相转告。但是我们住在留学生楼,如果别人不告诉我们这些消息,我们根本就不会知道。

(C/student/02/p. 8)

相同专业的学生应该都在一起住,这样交流很方便。但我的同屋与我学的专业不一样,一个是汉语生,另一个是学××××的,专业完全不一样,学习上交流很难。但是同一专业的中国学生都住一间寝室或者临近的寝室里,如果上课遇到问题,他们都相互沟通,很快就能解决问题。

(B/student/02/p. 9)

在一些高校,留学生的宿舍楼和教学楼位于校园的边缘地带,与其他宿舍楼和教学楼相去甚远,如E大学的留学生宿舍及汉语教学楼同处于学校最西北的角落。这让留学生感到自己与学校的主流群体相割裂,消息也较为闭塞。

你看,我们学院在学校的角落,离学校的其他场所都有一定的距离。如果校内有什么活动,我们不一定知道。就算贴出通知,我们也不一定能够看到,因为我们在这个角落里。

(E/student/01/p. 19)

一些留学生希望高校给他们更多的住宿选择，让那些愿意接触中国学生、了解中国社会的留学生，也能住进中国学生的宿舍楼。事实上，一位来自越南的留学生曾申请与中国学生同住，但被校方以不安全和管理不便为由拒绝了。

> 我曾经写过申请书，申请到中国同学的宿舍楼，与中国同学一起住。我对行政管理的老师说，我到中国，不想永远是一名留学生。我把中国当成我的第二个故乡，我很爱中国。把自己变成一名中国人的最好办法，是融入中国的社会环境。我向很多老师提出申请，他们说，为了我的安全着想（不能批准我的申请），因为他们担心我与中国学生的文化不同，很难与他们沟通。我向老师解释说，我是越南来的，我与中国同学基本上可以互相理解，可以互相沟通。可他们还是担心，因为如果我住进了中国学生的宿舍，那西方留学生也要求住进中国学生的宿舍，怎么办？那会引起管理上的混乱。所以我也没办法，后来就申请住到校外。
>
> (F/student/04/pp. 8—9)

此时，到校外租借私房不仅可以让留学生享有更为独立的空间和更多的自由，而且给予其更多机会接触当地社区，并在日常生活中提高汉语水平。

> 如果能住在外面，跟当地人一起生活的话，那你的汉语肯定会提高很快，也更了解中国。我们住在校内，可能只能了解当地的一部分情况。如果你住在外面，你可以看本地人怎么过节，还可以跟他们一起过节。但是你如果住在校内，那怎么可能与其他留学生一起过中国的特别节日？那是感受不到这种节日氛围的。
>
> (B/student/02/p. 9)

> 我觉得住在宿舍里，可能不太熟悉各种日常生活用品（的汉语名称）。但是如果我与一个中国家庭一起住，我就会知道这样东西叫什么，那样东西叫什么。
>
> (F/student/03/pp. 4—5)

但留学生住在校外，往返校园较为不便，租费一般高于学生宿舍。此外，留学生对当地的租赁市场可能比较陌生，对租赁条约以及租赁双方的法律责任与义务了解不多，所以租赁过程中常会发生各类纠纷。

其他国家也有相当比例的留学生选择自己租房。但调查发现，一些城市人口密集、房源紧张，不少留学生只能挤在一处，住宿水平有时达不到政府规定的最低标准（Australian Government，2009：7）。最关键的是，许多户主对租户设置了较高的条件，常令留学生由于达不到标准而无法租房。例如，法国的户主一般要求法国公民为租户（包括留学生和法国学生）担保，担保人须出示近期工资单，证明其收入至少是房租的三至四倍。如果租户找不到担保人，那么其自身的收入必须是房租的三至四倍。① 这让不少留学生对租赁私房敬而远之。

（二）家庭寄宿

家庭寄宿即安排留学生住在当地人家中，在提高留学生语言能力的同时，帮助他们熟悉当地文化与生活。留学生还可以为一些家庭作些家务，换取低廉的房租。当然，留学生在当地人家中寄宿，独立性有时会受到限制，因为有些家庭会规定留学生夜间的回家时间，禁止其在家中接待朋友或者发出太大的声响等。目前，我国尚未为留学生提供家庭寄宿服务。

在其他国家，一些政府和院校对家庭寄宿管制不多。以澳大利亚为例，提供寄宿的家庭通常与院校直接签约，有些则通过商业中介转包。对于后者，澳大利亚没有任何法律约束（PhillipsKPA and LifeLong Learning Associates，2005，p. xxi）。此外，许多寄宿家庭没有受过相关培训，也没有得到有针对性的支持、指导和监管。对此，澳大利亚唯一的全国性寄宿家庭协会"澳大利亚家庭寄宿网络"指出，成功的家庭寄宿计划不能没有监管，必须对有关家庭进行查访，并制定最低标准（Education, Employment and Workplace Relations References Committee，2009：39）。

在另一些国家，政府和院校为了保障留学生的安全，对家庭寄宿提出了严格的要求。新西兰的《行业规则》把监管和指导寄宿家庭的职责交给了院校，要求院校制定健全的程序，挑选和监督寄宿家庭，对户主和住宿设施进行评估。为提高寄宿家庭的服务能力，院校有责任对寄宿家庭开展培训，并指派特定人员或机构，作为"家庭寄宿经理"或"家庭寄宿协调员"，视察寄宿家庭，为其提供指导和建议（New Zealand Ministry of Education，2003：70）。针对住宿中介，《行业规则》指令院校对中介的行为负责，如果中介因违反《行业规则》而使教育部遭到索赔，院校须全额偿还（新西兰教育部，2003：12—20）。

新加坡没有对家庭寄宿制定统一的规章，不过2004年8月，它启动"教育寄宿计划"（Edustay），为留学生提供优质的家庭住宿和监护，进而实现将新加坡建设成为全球教育枢纽的目标。教育寄宿计划中的所有寄宿家庭都经过严格的挑选与培训，户主或家庭监护人至少年满30岁，学历达到既定标准，经济状况良好，其中不少是退休教师和专业人士。提供给留学生的房间必须设施齐备，照明良好，能够宽带上网。教育寄宿计划组建了两支专业队伍：设施官员队伍定期到寄宿家庭，视察学生的居住环境；

---

① 资料来源：http://chine.campusfrance.org/page.ip?id=4_1_1&locale=zh_CN; http://www.campusfrance.org/en/a-etudier/sejour01-2.htm。

学生顾问队伍每月与家庭监护人和留学生会面一次，提供咨询、建议和帮助，并每月向留学生家长发送报告，汇报留学生的健康状况和学业成绩等。此外，该计划还开办各种工作坊和课程，内容涉及饮食、交流、青少年问题处理和跨文化理解等，以提高寄宿家庭的监护能力。留学生支付的住宿费首先被存入教育寄宿计划的信托账户，家庭提供了令人满意的住宿服务后，才能从账户中获取相应的费用。[①]

由于有了政府和院校的严密监管，这些国家寄宿家庭的服务质量一般较高。2004年，新西兰教育部开展全国性的留学生调查，发现大多数学生对家庭寄宿非常满意。他们与寄宿家庭相处融洽，认为寄宿家庭最能帮助他们解决实际问题（Ward & Masgoret，2004：9）。2008年，新西兰再次调查学生的留学体验，发现住在当地人家中的留学生比其他留学生更满意自己的住宿安排。44%的留学生对住宿表示非常满意和满意，而在家庭寄宿的留学生中，该比例达到66%（Deloitte，2008：3）。在英国的继续教育学院，31%的留学生住在居民家中（Council for International Students，2004：11），其中81%认为寄宿家庭友善而好客。与住在学生宿舍的留学生相比，长期住在寄宿家庭的留学生对住宿安排更为满意，前者的满意度为66%，后者高达80%（Council for International Students，2006：6）。

（三）来自社会团体与政府的努力

由于学生宿舍数量有限，私人房屋租赁难度较大，一些国家的居民（如日本）又不愿意通过家庭寄宿接待留学生，所以留学生常常需要面对着无房可住的困扰。为解决这一难题，一些国家积极动员社会力量，同时加大政府投资。法国各大城市内近年来建成了不少私营的大学生公寓，以缓解高校规模扩张造成的住宿压力。它们比邻高校园区，专供学生租用。私营大学生公寓的经营方式类似于学生宿舍，但属私人所有，租金比学生宿舍高出许多，却低于私人租房。公寓多提供客房服务，并设有接待处、餐厅、洗衣房和车库等。[②]

在动员社会力量参与方面，日本的措施最为多样。一方面，政府积极鼓励日本国际教育协会等非营利团体建造留学生宿舍，并与财团法人"留学生支援企业协力推进协会"合作，发动企业利用空余的职工宿舍，接纳留学生入住。另一方面，留学生教育的行业领导团体——日本学生支援机构为各地政府、社会团体和私人机构建造留学生宿舍承担一部分成本，并选择条件良好的私人住房，向户主支付保证金，供留学生

---

① 资料来源：http://www.homestayholidays.com/jsp/edustay/Press_Release_AMCIS_EduStay.pdf；jsessionid=72FED8433AA0E31CABFF8F19FC6287E2；http://www.singaporeedu.gov.sg/cn/doc/res/stb_students.pdf。

② 资料来源：http://editions.campusfrance.org/guides/choisir/choisir_en.pdf；http://www.campusfrance.org/en/a-etudier/sejour01-21.htm。

租用（Japan Student Services Organization，2009：17）。截至2007年5月1日，日本通过上述渠道，为6.3%的留学生解决了住宿问题。①

除动员民间力量外，法国、日本和新加坡等国的政府纷纷出资，投入留学生宿舍的建造。法国巴黎市政厅在过去六年中兴建了6000套学生宿舍。日本文部科学省与经济产业省合作，耗资848亿日元，于2001年建成了面向留学生的"国际大学村"，内含宿舍、体育室、自学室以及展示和研究设施等。在新加坡，政府根据经济检讨委员会提出的建议，于2005年开发了"学习枢纽地带"，内设留学生宿舍、书店、餐馆、博物馆、图书馆和"新加坡教育服务中心"等。其中，新加坡教育服务中心为在读和即将赴新求学的留学生提供一站式资讯服务，并组织各种活动，丰富留学生的学习与生活体验。②

二、给予留学生的帮助

为了帮助留学生找到合适的住所，许多院校和政府为其提供多种支持与辅助。就院校而言，澳大利亚的院校一般在留学生离开祖国之前，为他们安排好临时住处，以便他们抵澳后有足够的时间寻找长期住所。新西兰更进一步，将之上升到法律层面。《行业规则》和《行业规则指南》要求院校或其中介在留学生办理签证前，必须为其安排好住处，否则学生将被拒签。新西兰法律还要求院校指定适当的人选或机构，帮助留学生解决各类住宿问题（New Zealand Ministry of Education，2003：66）。英国虽无类似的法律规定，但院校一般设有学生顾问或住宿管理员，为留学生提供住宿方面的信息与帮助。③ 调查发现，73%的留学生对高校的住宿咨询感到满意或非常满意（Council for International Students，2004：5）。在德国，几乎所有的大学生管理处分会都承担着房屋中介的作用，帮助学生在私人市场上租赁房屋。

就政府而言，日本和法国政府都为留学生提供住宿补贴。日本政府对留学生给予住宅综合补偿，除负担一部分房租外，还补贴因火灾和事故造成的损失，从而减轻住房合同中担保人的负担（文部科学省高等教育局学生支援科，2006：25）。法国的补贴力度更大，它根据房屋类型的不同，为学生（包括留学生和法国学生）提供两类住房补贴——个人住房补贴和社会住房补贴，学生可选择其中一项提出申请。学生如果接受个人住房补贴，政府将根据学生的收入水平，确定补助额度，并将补助资金直接发放给户主，由户主从房租中扣除相应的租金。社会住房补贴发放给那些收入低于一定水平、租借的房屋达到最低硬件标准（如有可饮用的水、厕所、暖气和水槽，住房面

---

① 资料来源：http://www.studyjapan.go.jp/ch/faq/faq02c.html；http://www.mext.go.jp/a_menu/koutou/ryugaku/06082503/003.pdf；http://www.jasso.go.jp/study_j/sgtj_chi.html。

② 资料来源：http://www.singaporeedu.gov.sg/cn/doc/res/Studying_Living_Chinese.pdf。

③ 资料来源：http://www.britishcouncil.org/zh/china-educationuk-accommodation-before-you-leave.htm。

积达标）的租户。① 根据租户的收入水平，社会住房补贴最高达到房租的50％。

我国政府没有相应的留学生住宿补贴，院校提供的住宿辅助也不够完善。虽然一些高校（如A大学）开发了网上订房系统，留学生在自己的祖国便可预订学生宿舍，但对于租赁私人住房的留学生，高校很少提供信息与帮助，最多只是在留学生与户主发生纠纷时出面调解。

> 留学生一开始对（房屋租赁合同中的）条款认识不充分，因为这条款毕竟是很复杂的，留学生签合同的时候，可能对一部分条款的认识不是很充分。例如，对于什么情况下能退押金，（合同里）可能设置了很多条件……如果留学生在退房的时候遇到了麻烦，我们会帮助他和户主进行交涉，这是我们可以作的。当然具体而言，我们不一定能保证能把押金追回来，但是我们可以与户主进行沟通，大家都各让一步，把问题解决了。
>
> （B/administrator/01/pp. 4—5）

所以留学生在校外寻找住所时，多须依靠自己的努力和同胞的帮助。有些学生在离开祖国之前，会与曾经或者正在上海留学的同胞联系，了解上海的房屋租赁市场，寻找合适的房屋租赁中介。而这些中介因为长期与留学生打交道，比较熟悉其居住需求，可以在短时间内为其找到满意的住所。

> 因为留学生所在的（外国）高校每年都送来（交换）学生，所以他们有自己的学长。这些学长一年一年地把（上海的住房）信息传递给下一届学生，所以留学生自己就可以一年接一年地在同一家房产中介公司不停地借房子。
>
> （G/administrator/02/pp. 1—2）

有时候，留学生与房东签订了长期租用合同，并在合同到期前完成了学业，返回了自己的祖国。这就为其他留学生继续租用这套住房提供了便利。

> 有时候，先来的留学生回去了，他们对后面来的留学生说，他们把这套房子都租了下来，后面来的留学生可以直接住进去。
>
> （A/administrator/01/p. 10）

---

① 资料来源：http：//chine.campusfrance.org/page.ip? id＝4_1_3&locale＝zh_CN；http：//editions.campusfrance.org/guides/choisir/choisir_en.pdf；http：//www.fnak.fr/test/dn_Housing_accommodation/Housing_11102004_095105.html。

三、小结与反思

在参加问卷调查的留学生中,认为目前的住宿好和非常好的占45.1%,18.0%表示自己的住宿情况糟糕或非常糟糕(图4.2),满意度明显低于其他国家。在德国,留学生对住宿表示满意和非常满意的占54%[①](Federal Ministry of Education and Research,2008:38);在英国,此比例高达80%(Council for International Students,2004:11)。这可能是因为我国提供给留学生的住宿选择较少,除学生宿舍和私人房屋租赁外,没有家庭寄宿、私人大学生公寓、企业职工宿舍和留学生园区等其他住宿方式,令留学生感到可选范围狭窄。其中,奖学金生更是缺乏选择住宿的权利,因为根据有关规定,他们可以享受高校提供的免费宿舍,但若想在校外居住,则需自己付费。一些奖学金生在问卷中指出,"被迫"住在校内是其留学上海的最糟糕体验。此外,高校提供的留学生宿舍多与中国学生隔离,为留学生与中国学生交往带来了不便。

(N=384)

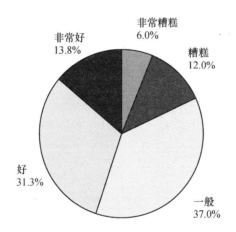

图 4.2 对目前住宿的评价

留学生对住宿满意度较低的另一个原因可能是,我国高校很少为他们提供住宿方面的信息与帮助,特别是在他们离开自己的祖国之前。研究一致指出,留学生对住宿信息的需求量极大。例如,英国的调查多次发现,留学生需求量最大的是住宿信息(Council for International Students,2004:5)。新加坡指出,一些留学生受户主欺诈,说明有必要为留学生提供更多、更好的房屋租赁市场信息(Education Workgroup of the Economic Review Committee's Services Sub-Committee,2003c:3)。在澳大利亚,

---

① 但17%的德国留学生对住宿表示不满或非常不满。

留学生教育行业领导团体已在门户网站上,罗列了各种住宿信息,但研究依然发现,留学生有时因为不了解各种不同房屋的不同价格,没法租到合适的住所。澳大利亚教育就业和劳动关系部的参考委员会因而建议,在门户网站上对租赁权作出解说,提供地方租赁联合会的链接,并让留学生知晓到哪里寻求建议或提出申诉。委员会还建议各院校在可能的情况下,提供更多当地的住宿信息(Education, Employment and Workplace Relations References Committee, 2009:33;37—38)。在上海,大多数高校虽然在面向留学生的网页上介绍了本校的留学生宿舍,有时还设有网上预订服务,但如前所述,这些网页在高校的首页上很少有清晰的链接。而且,尽管约40%的留学生住在校外,但高校没有为这些学生提供有关私人房屋租赁市场的有用信息,如校园周边有哪些可靠房产中介,租住双方有什么样的权利与义务,签署租赁合同时需要注意哪些事项,以及房租大约是多少。结果,不少留学生抱怨上海的住宿费太高,这也是他们留学上海的另一个最糟糕体验。

第三节 人身安全

留学生(特别是初来乍到的新生)身在异乡,不了解当地的治安形势,不懂得如何保护自己(比如夜间避免在哪些路段单独行走),很容易成为犯罪受害者。所以,保障留学生人身安全是开发留学生市场的重要环节。澳大利亚政府指出,留学生的安全和安全感是其留学体验的关键组成(Minister for Education, Minister for Employment and Workplace Relations, & for Social Inclusion, 2009)。英国也承认,安全是留学生新生最关心的问题之一(British Council, 2007b:3)。在我国,留学生们同样对安全问题甚为关注,他们说,一座危机四伏的城市无法吸引外国学生。

> 来到国外,最担心的事好像是安全……如果在安全方面发生了问题,那么留学生回到自己的国家,肯定会说上海市不太安全。这样,别的人就不想来上海了。
> (C/student/02/p.12)

为了提高留学生的安全感,许多国家和院校纷纷采取措施。美国的一些院校为晚上在图书馆学习之后,必须步行回家的学生提供免费的护送服务。[①] 新西兰更是以法律的形式,规定了院校在保障留学生安全方面的责任。《行业规则》要求院校记录留学生的姓名、护照首页和学生签证复印件、当前住宿类型、地址、联系电话和紧急情况

---

① 资料来源:http://www.educationusa.info/pdf/study/chinese4.pdf。

下的联系人。如果院校认为留学生遭到（或可能遭到）不公正的对待、伤害、虐待或怠慢，必须向警察局或其他相关政府部门报告（新西兰教育部，2003：10；15）。

不过即便如此，留学生有时还是会遇到伤害，进而影响有关国家在留学生市场上的声誉。2008—2009 年，来自印度的留学生在澳大利亚频频遇袭，造成澳大利亚在印度的留学生市场急剧萎缩。2009 年 7—9 月，申请澳大利亚签证的印度学生人数同比下降 46%。为挽救其印度的留学生市场，澳大利亚派出由教育部长茱莉亚·杰拉德、联邦政府代表、新南威尔士和维多利亚这两个案件多发省份的政府官员、维多利亚警局官员等组成的代表团出访印度，与印度有关部门官员、学生及家长会谈，倾听他们的意见，并再三保证澳大利亚是安全的留学之地（Education, Employment and Workplace Relations References Committee, 2009：25）。与此同时，澳大利亚加大了在各交通枢纽地带打击犯罪的力度，警力也越来越多地深入社区。① 澳大利亚政府还意识到，单靠加强警力还远远不够，学生在离开祖国之前，必须了解各类安全信息，特别是院校及周边地区的安全形势（Minister for Education, Minister for Employment and Workplace Relations, & for Social Inclusion, 2009），增强自我保护意识。但澳大利亚政府承认，其院校很少为留学生提供这类信息，也普遍缺乏这方面的服务经验，没有什么好的做法可供借鉴。

与澳大利亚不同，英国有着为留学生提供安全信息的丰富经验。全英学生联合会编撰了一本安全手册，告诉留学生如何照看自己的物品，如何租赁私人房屋，维护家庭安全需要注意哪些事项，在街上行走又要注意些什么等。② 英国文化协会也出版了一本名为《安全第一——留学生个人安全指南》的小册子。院校和警署有时亦为留学生开办安全讲座。2007 年，英国文化协会专门就留学生的安全感作了调查，在奖学金生和自费生间分别回收了 662 份和 1044 份问卷，得到了一些有趣的发现。首先，留学生在校园内和校园外的安全感大相径庭。90% 以上的留学生觉得在校园里非常安全或相当安全，但在校园外，特别是在夜间，留学生的安全感明显降低，认为夜晚的社区非常安全或相当安全的不足一半。其次，14% 的留学生说自己遭遇过偷盗等犯罪行为的侵害，但该比例在奖学金生中仅为 7%。英国文化协会认为，奖学金生之所以安全度较高，是因为他们在离开祖国之前，得到了《安全第一》等手册，有些还参加过专门为他们开办的安全讲座，所以得到的安全信息比自费生多。调查指出，75% 的奖学金生看到过《安全第一》这本册子，但在自费生中，该比例低于三分之一（British Council，2007b）。

---

① 资料来源：http://www.dzwww.com/rollnews/guoji/201001/t20100111_5427347.htm；http://www.coag.gov.au/coag_meeting_outcomes/2009-07-02/index.cfm?CFID=53093&CFTOKEN=85421708&jsessionid=0430a89378d241ee6512103932443197653d///////liss#iss。

② 资料来源：http://www.officeronline.co.uk/international/articles/272444.aspx。

我国高校对留学生的人身安全极为关注，因为这些学生身份特殊，牵涉到对外事务，所以大多数高校在保障其安全方面做足了工夫。在所有的高校，留学生一旦遭受任何侵害，学校有关方面的负责人必须第一时间抵达现场，了解情况，制定对策。一些高校还在留学生出入的所有场所（教室内除外）安装监控系统，以便在留学生遭遇突发事件时，及时搜寻证据。

如果中国学生发生意外，那根本不是什么大事。但如果是留学生发生意外，那就是一件大事，可以说这所学校从校长到主管老师，每条线上的每一个人都跑不掉……我们有一句话叫做"外交无小事"……我们这儿一旦发生问题，方方面面马上介入，主管领导的责任可大啦。

(A/teacher/03/p.6)

我们压力很大的。留学生发生任何问题，比如我们这里的留学生宿舍发生了失窃事件，那么半夜里我也得赶过来……根据规定，我们必须第一时间赶到现场，第一时间向责任人报告。如果真的出了大事，就要向学校党办汇报……中国学生的宿舍里也会发生失窃，但是留学生被窃，那就是涉外事件了，就比较敏感。

(D/administrator/01/p.4)

类似的措施突显了高校对留学生人身安全的重视程度，有利于在第一时间搜集证据和解决问题。但有时候，它们给高校施加了太大的压力，造成高校为了保证留学生安全，而采取了一些与学生意愿相悖的措施。此时的安全保障以一系列"禁令"为特征，如A大学在学生遭遇突发事件后，不再组织留学生外出旅游，并禁止其参加校际活动。该校留学生会会长对此表示不满：

我们遇到了一个很大的问题，就是现在不可以出去旅游。我问老师为什么，他说因为有一名学生人在旅游的时候被车撞死了……从此我们就不可以出去旅游了。很多留学生问我，什么时候可以一起去苏州、周庄、杭州，但现在我们不可以去……我觉得留学生一起出去玩很有意思，但是现在学校不让我举办这样的活动……还有一个问题是，我们不可以举办大学之间的校际活动，因为我们大学的留学生在与其他大学留学生踢足球的时候打架了，所以我们以后就不能再举办这样的活动了。我在××大学（上海的另一所高校）有很多朋友，他们想与我们大学举行足球比赛，但这里的老师说不行。

(A/student/01/p.1；10)

在C大学，访客过去一律不得进入留学生公寓，包括一楼的接待大厅，令留学生接待来访亲友极为不便。在留学生与管理人员多次交涉甚至激烈冲突后，访客现在虽可进入留学生公寓，但管理人员的紧盯严防让他们极不自在。有教师明言，高校给予留学生的保护"过度"了。

> 以前我不住在留学生公寓，偶尔来这边，管理人员根本不让我进来，连一楼的大厅也不可以进来。如果我要与住在这里的人见面，就要在公寓外面等。所以那时候，我感觉不太好。这里是留学生公寓，上面的房间当然不可以上去，但为什么一楼也不能进？
>
> (C/student/02/pp.11—12)

> 留学生公寓的管理很严，你如果现在走进留学生公寓，管理人员马上就会知道你不是那里的住客，会让你进行登记。当然这也是对的，但是这样一来，搞得气氛很可怕的。在外国，学生宿舍也要求访客进行登记，但不像我们这里这么可怕。有时候我们去留学生公寓办事，管理人员马上就盯住你问："你是谁啊？你找谁啊？你要登记。"这当然是了留学生的安全考虑，也防止有人去推销。但是我觉得，我们对留学生的保护过度了。
>
> (C/teacher/02/p.17)

这种以"禁令"为标志的管理方式，虽然不一定符合留学生的需要，但对行政人员来说却是最"安全"的，因为它将行政人员可能承担的风险降到了最低。这意味着安全保障的主要目的发生了异化，它不再是改进学生留学体验的手段，而是完成行政指令的必须。

> 如果你过于强调把留学生的安全看成外交上的大事，那么无形中会给有关主管部门的领导和老师带来很大的压力。如果同样有几个方案，那么他们会挑选一个最最保守、最最安全的方案。但是对这个方案，留学生未必感到愉快。
>
> (A/teacher/03/p.6)

我国高校安全保障目的异化的另一个特征是，由于行政人员只对校内发生的事件负责，所以安全保障措施仅局限于高校内部，没有顾及留学生在校外可能遇到的安全问题。澳大利亚和英国的经验表明，仅仅保障校园安全还不足够，因为留学生在校外的安全感远低于在校内的安全感。问卷数据显示，一部分留学生认为上海是安全之地，"警车在城里巡逻，帮助每一个人"，"白天、黑夜可以去任何地方，不用担心受到攻击","在深夜也不会有安全问题"。但更多的留学生在上海有了坐黑车和被盗等糟糕的经历,因而批评上海治安不佳。

> 有一天我去七浦路买东西,回来的时候想打车。有一个小伙子看见我行李很多,就说可以送我回去,但他开的不是出租车。我说没问题。我们跟他讲好价格,但上车的时候车门拉不开。他说他来为我们开门,结果门一拉就掉下来了。他说是我把门弄坏的……他们有很多人,用很难听的话骂我们。
>
> (E/student/04/p.21)

为切实保障留学生的人身安全,提高其安全感,我国急需改变高校安全保障目的异化的局面。在此,政府和高校至少可以采取三种措施。一是大力宣传留学生安全保障工作,将之作为提高我国留学生教育吸引力的重要手段,推动高校安全保障的"去行政化"。二是扩大留学生安全保障的范围,通过校内外相关机构(如地方警署和居委会)联手,为留学生创造更安全、更广阔的活动空间。三是为留学生——特别是新生提供充分的安全信息。英国文化协会的调查表明,更多的安全信息确实能减少留学生的受害率,提高其安全感。我国政府和高校可以借鉴英国等国家的做法,通过网络、宣传册和入学教育等多种渠道,向留学生介绍我国及相关省市和社区的安全注意事项,如出租车与黑车有哪些区别,出行需要注意些什么,提高留学生的自我防护意识。

第四节 签 证

签证是留学生合法身份的表征,也是学生出国留学不可或缺的证明。签证程序的严密程度反映了一国保卫国土的决心,其繁简程度则在一定程度上影响到学生对留学目的国的选择。

一、其他国家:国土安全与门户开放

本研究选取的八个国家在设计签证制度时,主要围绕两个目标:第一个目标是加强对留学申请人的资质审查,因为软弱无力的签证要求很可能使国家遭受恐怖袭击和非法移民的侵害。例如,哈巴·塔哈(Rihab Taha)是伊拉克生物武器工程的首领,却也是英国高等教育体系的产物(McDowell,2002:349)。日本的一所大学因为招收了26名从未露面上课、却在非法打工的留学生,而受到全国关注(McNeill,2008)。

澳大利亚的一些院校把学生签证贩卖给外国人,使因违反签证条款而被取消学生签证的案例,在1998—1999年间猛增了56%(Khan & Hancock,2005:214)。如今,经费压力可能迫使院校招收更多动机不明的"留学生"。在此情形下,加强资质审查便成为保卫国土安全的必要措施。第二个目标是简化签证程序,为真正的合格留学生提供方便,从而在竞争激烈的留学生市场上站稳脚跟。

为了保卫国土安全和吸引更多留学生这两个看似矛盾的目标融为一体,美国国土安全部和国务院联合成立了一个名为"边境安全与门户开放"(Secure Borders and Open Doors)的咨询委员会,为两部门相关提供建议(Secure Borders and Open Doors Advisory Committee,2008:5)。英国内务大臣查尔斯·克拉克也称:"英国需要世界一流的移民体系,来吸引世界各地最聪明、最优秀的人才,同时更有力地打击对该体系的滥用。"(UK Home Office,2006:Forword)同样,澳大利亚移民部门宣布加强对学生签证申请的审查,同时为真正的留学生提供方便、高效的服务。①

(一)加强资质审查

目前,各国普遍加强了对留学申请人的资质审查,美国和英国还进一步提高了对来自特定国家、修读特定专业的留学申请人的审查要求。不少高校和留学生教育研究者担心,严厉的审查会导致留学生人数减缩,但实证研究得出的结论并不一致。

1. 加强对所有留学申请人的审查

美国是加强对所有留学申请人入境审查的典型代表。"9·11"事件后,美国迅速提高了对所有外来人员的戒备,留学生亦不例外。其中最关键的变化是,从2003年8月开始,除极个别特例之外,每名14—79岁的签证申请人(包括来自英国等"友好国家"的申请人)均要到当地领事馆接受面试。② 而在过去,这样的面试仅在少数几个风险度较高的国家进行。由于安排面试需要花费一段时日,所以大多数申请人虽然最终仍可获得学生签证,但等待的时间大为延长(Henson,2004)。

英国紧随美国之后,提高了对留学申请人的资金要求,以证明其就读期间可以维持自己和家人的生活,从而降低非法打工的风险。具体而言,课程时间超过一年的申请人必须能支付第一年的学费,外加第一年9600英镑的生活费。若有子女陪读,则每名子女每月至少有535英镑的生活费。一些高校批评说,政府设定的这一资金要求太高,可能把许多留学申请人拒之门外(Anonymous,2008b:12)。2009年,英国留学生事务委员会对留学申请人作了网络调查,回收有效问卷2777份,发现49%的申请人在提供资金证明方面遇到了困难。委员会指出,英国过去允许申请人使用工资单等

---

① 资料来源:http://www.immi.gov.au/students/student-visa-checks-strengthened.htm。
② 资料来源:http://travel.state.gov/visa/temp/types/types_1268.html#sevis。

固定收入证据,资金证明的手段更加灵活(UK Council for International Student Affairs,2009b:19)。

与英国一样,澳大利亚、德国和新西兰都抬高了留学申请人的资金门槛。2010年1月,澳大利亚对留学申请人的最低资金要求从原先的每年12000澳元上升到每年18000澳元,外加陪读家属每人每年2700—6300澳元不等的抚养费。澳大利亚政府称,此举是为了更真实地反映澳大利亚的生活成本(Australian Department of Immigration and Citizenship,2010a)。德国与英国一样,要求留学生至少能负担第一年的所有费用,这大约相当于7716欧元。一些州或院校还可能在此基础上,进一步提高经费要求。① 新西兰对不同课程申请人的资金要求有所不同:学习时间不足36周的申请人,每月必须有1000新西兰元的资金,学习时间超过一年的申请人,每年必须拥有一万新西兰元。此外,申请人还要有足够的钱支付回国的旅费。②

2. 加强对特定留学申请人的审查

在加强了对所有留学申请人的资质审查后,美国和英国还针对来自特定国家、修读特定专业的申请人,增设了审查关卡,严防恐怖分子偷习敏感技术。美国的"签证螳螂"(Visa Mantis)与SEVIS同步启动,由联邦调查局等情报机构对修读生物化学、海洋技术、传感技术和航空航天学等敏感科技专业的申请人施以特别审查(Alberts,2007:144)。同样需要经历额外审查的还有来自26个中东和伊斯兰国家的留学申请人。伊朗、利比亚、朝鲜、叙利亚、苏丹和伊拉克被视为支持恐怖主义的国家,对出生于这些国家的留学申请人,美国的审查制度更为冗长。

英国早在1994年就启动了留学申请人审查制度——"自愿核查计划"(Voluntary Vetting Scheme),不过当时审查是自愿的,院校可以拒绝加入。95所参加此计划的高校参照政府建议,决定是否录取来自伊拉克、伊朗和巴基斯坦等国家、修读生物和计算机科学等专业的申请人。有调查发现,许多设有敏感专业的高校没有参与此计划,比如在设有微生物系的院校中,有近三分之一因为不喜欢过多的文书工作而游离在该计划之外(McDowell,2002:349)。这让政府认识到,自愿参与的审查制度不足以应对恐怖主义的威胁。所以它于2007年11月实施"学术技术审核计划"(Academic Technology Approval Scheme),对所有来自欧洲经济区和瑞士以外,申请生物、物理、化学和数学等41个敏感专业研究生课程的外国学生开展强制审查。申请人需要完成一份网上问卷,介绍自己的家庭背景、以往的学习和工作细节以及发表的论文等。填写后的问卷必须经过审核,并得到英国安全部门的批准。学生递交签证申请之前,

---

① 资料来源:http://www.daad.de/deutschland/wege-durchs-studium/rechte/06108.en.html#。
② 资料来源:http://www.minedu.govt.nz/educationSectors/InternationalEducation/ForInternationalStudentsAndParents/LivingAndStudyingNZ/StudyingInNZ/StudentVisaAndPermit.aspx。

院校必须向有关部门提供一份相关专业的课程简介，包括课程名称、单元名称和研究选题。① 对此，有人质疑说，研究生一般要在正式入学后，通过与导师的反复磋商，才能确定具体的研究方向，所以课程计划充满变数（Brumfiel，2007），让院校预先递交课程简介的做法可能不会有什么成效。与美国不同，英国政府保证说，"学术技术审核计划"的实施不会延长签证时间，绝大多数申请人可以在七至十天内获得签证结果。

澳大利亚虽然不像美国和英国那样经常受到恐怖主义威胁，但常被非法移民和非法就业等问题困扰。所以它根据不同生源国和不同类型院校的风险程度，制定了一个共分五级的学生签证审核体系。第一级针对移民风险最低的国家和院校，第五级则针对移民风险最高的国家和院校。等级越高，申请人需要递交的证明文件就越多。例如，我国内地学生申请入读英语语言学校或研究生课程，审核级别为三级，若申请入读职业技术院校或高等院校，审核级别提升为四级（Australian Department of Immigration and Citizenship，2010b：2）。为使审核级别更准确地反映真实的风险程度，澳大利亚政府依据留学生是否遵守学生签证条款等情况，定期评估不同国家和院校的风险，并据此调整审核级别。②

3. 资质审查对留学生流向的影响

加强资质审查是否会影响学生对留学目的地的选择？对此，美国在"9·11"事件之后作了大量研究。这些研究发现，1955年以来，美国高校留学生的数量几乎每年都在增长，2001—2002学年，留学生人数比上一年增加了6.4%（Association of International Educators，2003：7）。但此后，这种持续增长的势头发生了明显的逆转，2002—2003学年，美国的留学生人数在持续多年的高速增长后，仅上升了0.6%。之后两年，留学生人数更是分别下跌2.4%和1.3%，成为美国留学生教育史上的首次负增长（Association of International Educators，2006b：5）。在受"签证螳螂"控制的专业中，留学生人数的下降更加明显。2001—2003年，物理专业的外国研究生减少了15%（Armstrong，2003：23）。许多人把这种下降归因于严格的签证控制，他们说，其他国家都在积极吸引留学生，而美国签证制度传递的是"留学生不受欢迎"的信息，从而导致学生流向其他国家（Grose，2006：17；Hindrawan，2003）。2003年，美国国际教育协会对留学生工作者作了网上调查，结果59%的参与者认为，新出台的国家安全程序是引起留学生人数下跌的原因之一（Farnsworth，2005：7）。一些留学申请人也说，现在的美国比过去更令人生畏，他们害怕自己在美国读书会遭到歧视，或被无端逮捕（Katz，2006：54）。

---

① 资料来源：http://www.fco.gov.uk/en/about-us/what-we-do/services-we-deliver/atas/atas-faq/faqs-universities。

② 资料来源：http://www.immi.gov.au/students/student-visa-assessment-levels.htm。

也有少数研究得出了相反的结论，指出学生的流向与签证制度关联不大。一项研究发现，2000—2005年间，美国留学生人数下降最多的专业是数学与计算机科学（下降25.25%）、文科和工商管理（分别下降18.0%和5.6%），而后者很少涉及敏感技术。在接受"签证螳螂"审核的专业中，留学生人数增减不一。此外，尽管来自中东的留学生减少了15.2%，但来自欧洲的留学生同样下降了11.1%（Alberts，2007：145—149）。另一项研究发现，早在"9·11"事件之前，美国的留学生市场就已经开始萎缩。1970—1995年，美国在留学生市场上的份额从36.7%下降至30.2%。该研究认为，"9·11"事件不是美国留学生教育的转折点，但在新的签证制度影响下，美国要扭转留学生市场萎缩的趋势，可谓难上加难（Anderson，2007b：2—3）。还有一项研究指出，学生的流向更多地受地区经济与就业形势的影响。在印度，申请到美国留学的学生人数之所以减少，是因为美国的就业机会越来越少，而亚洲的经济持续上扬。同样，中国学生在国内接受研究生教育的机会多了，市场对研究生的需求也在上升，所以想去美国读书的学生减少了（Mervis & Malakoff，2004：1281）。

总之，对于加强资质审查与学生流向的关系，已有研究没有得出一致的结论。

（二）简化签证程序

无论签证程序是否会改变学生流向，它确实影响到学生的留学体验，所以这八个国家都把简化程序作为签证制度改革的关键。例如，日本"30万留学生接收计划"的主要内容之一，便是简化入境和居留审查程序，缩短审查时间。[1] 美国自留学生人数下跌之后，也采取了一系列简化措施，确保不失去任何一名潜在留学生（Harty，2007：35）。这些措施取得了一定的效果。2006—2007学年，美国高校留学生人数比上一学年增加了3%，是"9·11"事件后留学生人数的首次明显增长（Anonymous，2008c：8）。

简化签证程序的措施之一是延长签证有效期。过去，受"签证螳螂"控制的学生签证有效期为一年。2005年，美国政府将这些签证的有效期延长至四年，覆盖学生的整个学习期间，方便其自由进出（Bhattacharjee，2005a：1023）。即便学生的签证过了期，只要他还是一名全日制学生，便仍可留在美国学习。[2] 英国和法国分别于"首相行动计划"和2009年间，改革签证程序，将签证有效期延长至整个学习期间（British Council，2007a：30；Council on Education，2009：7）。在新加坡，私立院校留学生的签证有效期过去多为半年或一年。2003年，经济检讨委员会对此提出批评，认为这增

---

[1] 资料来源：http://www.cn.emb-japan.go.jp/jihua.pdf。
[2] 资料来源：http://www.educationusa.info/faq.php?id=6&iq=499&language=7#formgo；http://travel.state.gov/visa/temp/types/types_1268.html#sevis。

加了私立院校留学生的不确定感，让他们产生了自己是"二等公民"的想法（Education Workgroup of the Economic Review Committee's Services Sub-Committee，2003c：2）。如今，新加坡也像其他国家那样，延长了高校留学生签证的有效期，使之覆盖整个学习期间。①

简化签证程序的措施之二是开发电子签证，方便申请人通过网络上传各种材料，节省传递时间。一些电子签证程序还设有多种辅助功能，供申请人处理面试预约等手续，并可提供咨询。美国于2003年采用电子手段，在有关机构之间传递申请材料（Brumfiel，2004：231）。2009年，它开始采用完全电子化、网络化的申请程序，申请人可以在网上填写多个不同语言版本的申请表，上传数字照片，预定面试时间，支付申请费用（Jacobs，2009）。在法国，电子签证程序不仅可以信息化处理申请人的全部资料，还可供其创建个人页面，在线管理每一道手续，包括填写和查询表格，注册法语考试和选择面试时间等。申请人也可以通过电子签证程序，向法国教育服务中心提问，以便中心在48小时之内作出答复。② 新加坡从2005年1月起，全面推广电子签证，所有高校的留学申请人都必须通过"学生签证网上申请与注册"（Student Pass On-Line Application and Registration，SOLAR）系统递交申请（Education Services Division of Singapore Tourism Board，2006：61）。获得录取的留学生在此系统上，登陆最新的住宿地址等信息，院校则通过此系统，上传学生姓名、出生日期和国籍等基本信息，以及专业细节和学习起止日期等数据。③ 德国和英国也都开通了电子签证服务。

澳大利亚和新西兰的电子签证系统只提供给符合特定要求、并获得授权的院校，使电子签证成为政府加强签证管理的手段之一。在澳大利亚，只有得到澳大利亚移民与公民事务部许可的院校和中介，才可为留学申请人提供电子签证服务。这些院校和中介必须保证签证申请的批准率达到90%，确保学生须遵守签证条款，否则其使用电子签证的权力可能会被取消（Australian Department of Immigration and Citizenship，2007：16）。新西兰的电子签证系统启动于2004年7月，也仅供得到授权的院校使用。通过这一系统，院校可以为留学申请人办妥一切手续，然后将申请传递给移民局。移民局在48小时之内，就可将盖了章的签证返还给院校。开通此服务的院校须与移民局签写谅解备忘录，且每年新招收和续签的留学生人数得超过300名。到2007年9月，开通此服务的院校共41所。

---

① 资料来源：http：//www.ica.gov.sg/page.aspx? pageid=325&secid=182。
② 资料来源：http：//chine.campusfrance.org/page.ip? id=5_1&locale=zh_CN；http：//chine.campusfrance.org/page.ip? id=5_2&locale=zh_CN。
③ 资料来源：http：//www.ica.gov.sg/page.aspx? pageid=320&secid=182#eligibility；http：//www.ica.gov.sg/page.aspx? pageid=325&secid=182。

简化签证程序的措施之三是增强透明度，以便申请人有的放矢地准备材料。2008年6月，英国针对欧洲经济区和瑞士以外的国家，实施"记点积分制"，明确签证所需的条件，并为每一项条件附加分值。只要申请人的总分达到规定分值，签证便可获得批准。如此，签证结果便不再受签证官好恶的影响。这项制度将原先八十多种入境途径归结为五类，其中第四类便是留学生。要想获得学生签证，申请人必须得到40分，其中30分附加给由获得许可的院校发放的入学许可确认函，10分附加给有效的资金证明（British Council，2009b：2）。

措施之四是取消担保人制度。过去，日本、新加坡和英国都要求留学申请人拥有担保人，现在这一制度或被取消，或得到极大的改革。日本早在1996年底就废除了留学申请担保制度，不过留学生在日本租房、办理入学手续、申请奖学金和学费减免时，仍需出示担保证明。为了给留学生提供方便，许多日语学校充当了在校生的担保人，有些地区的国际化协会也为留学生提供担保。新加坡从2008年年底开始，不再要求私立院校、新加坡公民或新加坡永久居民为私立院校的留学申请人作担保，而是由申请人自行签署担保函，并提供担保金。英国以前规定由留学生本人或其资助人扮演担保人的角色，现在，"记点积分制"强制院校承担这一职责（British Council，2009b：2）。英国政府相信，从留学生教育中获益的不仅有国家，还有院校，所以院校应该担负一部分责任，确保留学生教育不被他人滥用（UK Home Office，2006：19）。

措施之五是简化居留手续。在德国、法国和日本，签证只是留学生进出边境的凭证。他们在当地居住的时间若超过一定期限，还须到住地附近的移民部门，办理居留许可证。德国学生签证的有效期一般为三个月，学生入境后，必须到居住地所在的移民局申请居留许可，除非他们来自欧盟或欧洲经济区。居留许可的有效期大多为一年至两年，到期后还要续签。2007年8月，德国修订《入境法》，第一次规定签证本身就是居留许可，只要签证仍然有效，留学生就不用再多经历一道办理居留许可的手续。① 法国原先也规定来自非欧盟国家、学习时间超过三个月的留学生申请居留许可。2009年6月起，它向学习时间超过三个月的高校留学生颁发一种新的签证，免除其办理居留许可的义务。②

措施之六是提供多种签证类型，方便潜在留学生到感兴趣的院校，进行面对面的咨询。例如，德国为尚未获得入学许可的学生，设计了有效期为3—6个月的"入学申请签证"，供其到德国进行咨询。学生若在此期间被高校或大学预科录取，便可直接申

---

① 资料来源：http://www.auswaertiges-amt.de/diplo/en/WillkommeninD/EinreiseUndAufenthalt/Zuwanderungsrecht.html.

② 资料来源：http://editions.campusfrance.org/guides/choisir/choisir_en.pdf.

请居留许可[①]，无须回国重新办理入境手续。英国也有"预备学生"（prospective student）签证，有效期为半年，帮助那些希望来英国留学，但还没有选定院校或专业的学生，进行前期的实地考察和咨询。学生若在此期间被院校录取，也可直接转为学生签证（British council，2007a：26—27）。

二、中国：管理与服务的简陋

在学生签证方面，我国并没有提出加强审查、开放门户之类的政策宣言或导向。在某种程度上，这意味着签证程序对留学生教育发展的重要性尚未获得充分认识，有关部门还没有考虑如何改进相关的管理与服务方式。

根据出入境方面的有关规定，学习时间超过半年的留学生须申请学生签证（也称X签证），其他学生可申请访问签证（也称F签证）。此外，我国仍保留着在华事务担保人制度和居留许可制度，所有自费留学生均需提供在华事务委托人和经费担保证明，学习时间超过半年的留学生还需到居住地的公安机关办理居留证（中国教育部，2000a），并在每年的指定时间缴验证件。[②] 至于签证和居留证的有效期，一般取决于留学生的类型与所交学费数额。奖学金生因为有较充分的经济保障，所以签证和居留证的有效期可以覆盖整个学习期间。自费留学生证件的有效期，一般等同于其已交学费所覆盖的学习时间，如学生甲交付了半年学费，则证件有效期为半年，学生乙交付了两年学费，则证件有效期为两年。

> 居留许可的有效期可以是半年、一年，甚至三年、四年。一般，留学生交了一年的学费，那我们就为他办理一年的居留许可；他如果交了两年的学费，我们就办两年的居留许可；他如果交一个学期的学费，那我们就办一个学期的居留许可。
>
> （F/administrator/03/p.11）

不过访谈数据表明，这些出入境管理方面的规定未能得到一贯的执行，公安机关和高校有时会为留学生提供"特别帮助"，如免除学生因签证过期而应承担的罚款。这虽然有利于留学生个人，却使我国的出入境管理在人为因素的影响下，显得不那么严肃和规范。

> 有时候，可能你会带有感情色彩，觉得应该帮一下学生，所以有时候就不太能把

---

① 资料来源：http://www.daad.de/deutschland/deutschland/leben-in-deutschland/06166.en.html#。
② 资料来源：http://www.mps.gov.cn/n16/n84147/n84181/1272187.html

握这个度。现在在签证上就经常就发生这种情况：你告诉学生应该去办签证延期，但他没去办，拖了很长时间。从感情上讲，你也不愿意学生因为没有按时办理延期手续而受这么大的损失，总想尽量帮他一下，但实际上，你知道帮了他其实是支持他违反我们国家的法律法规……但是如果公安局问我们："你看还要不要帮这名学生？"那我们还是尽量在可能的范围内帮他，因为他也不是成天在这儿做坏事的人。

(A/administrator/02/pp. 1—2)

有一些攻读学位的留学生签证过期了，应该要罚款。但在这个事情上，可能不同的警官会有不同的处理结果：有的也许睁一眼闭一眼算了，有的可能一定要罚款。我们大学就发生过这样的情况，留学生问，为什么另一名签证过期的学生就没罚钱，他却要罚钱。按照规定，签证到期以后你多停留一天，就要罚 500 块钱。可能有些警官比较仁慈，签证过期一天就算了，但有些警官就按规章办事。

(D/administrator/02/p. 15)

出入境管理规定执行不力的最典型表现是，由于我国高校和教育部的留学生数据库未与出入境管理部门相连，所以一些持其他类型签证的外国人，也在高校开展学习。F 大学有两名来自美国高校的交换生，持的是旅游签证（也称 L 签证）。D 大学的留学生管理人员则承认，一些高校在短期课程中招收了大量旅游签证的持有者。

如果你到××大学去，我敢保证那里有很多留学生拿的是 L 签证……因为办 X 签证很麻烦的，要去体检，还要办很多手续，不仅在经济上要多花钱，而且要多费一些时间。按理讲，留学生既然是来学习的，就应该申请学生签证，但其实很多学生不是用学生签证入境的。从政策的执行上来讲，可以说各个学校的执行方式都不一样。

(D/administrator/02/p. 15)

除国家规定未得到严格的实施之外，另一个值得注意的问题是留学生对签证服务的评价。为方便留学生办理相关手续，高校一般与当地公安和卫生部门合作，每学年开学初邀请其工作人员来校，或组织留学生前往这两个部门，统一办理身体检查、签证延期和居留手续。对此，留学生普遍表示欢迎。他们在问卷中写道："办理签证的时候，学校的老师为学生提供帮助，公安机关来学校办各项手续，我觉得这种态度比较积极"；"身体检查很好，服务迅速。"不过抵校晚于规定时间的留学生，以及学校未提供上述服务的留学生，则需自行至各部门办理手续。其中，不少学生对公安部门的签证服务提出批评。他们纷纷写道："签证人员的服务态度非常不好。""办理留学生签证与居留登记过于复杂,要跑来跑去,超级麻烦,还经常听到服务人员的恶劣话语。我们远道而来,本来就什么都不懂,还受到如此恶劣的对待,让人伤心。这是对留学生的侮辱。""我对办理留学生签证非常不满,我不懂为什么他们的态度那么恶劣。""留学生签证人员的态度非常恶劣。他们在墙上写着'笑脸相迎',可是他们不但没有笑脸,还粗声粗气地与我们讲话。"在办理签证的过程中被恶语相向,是他们留学上海的又一个糟糕体验。

三、小结与反思

表4.2总结了近年来其他国家留学生签证制度的改革,并将中国的现行规章与之

表4.2 留学生签证制度概要

	加强审查		简化程序					
	对所有留学生的审查	对特定留学生的审查	延长签证有效期	开发电子签证	增加透明度	改革担保人制度	简化居留手续	提供多种签证类型
美国	除极个别例外,所有申请人均需接受面试	签证螳螂	涵盖整个学习期间	是				
英国	提高资金要求	学术技术审核计划	涵盖整个学习期间	是	记点积分制	院校担保		预备学生签证
德国	提高资金要求			是			以签证代替居留许可	入学申请签证
法国			涵盖整个学习期间	是			以签证代替居留许可	
澳大利亚	提高资金要求	五级签证审核体系		是				
新西兰	提高资金要求			是				
日本						废除担保人制度		
新加坡			涵盖整个学习期间	是		留学申请人自行担保		
中国	无	无	取决于留学生类型和缴费额度	是	有时受主观因素的影响	需要提供在华事务委托人和经费担保证明	取决于留学生类型和缴费额度	无

作一比较。可以看到，当其他国家纷纷采取多种措施，一方面严防恐怖袭击和非法移民，另一方面吸引更多的合格留学生时，我国还没有意识到签证制度改革的重要性。在资质审查上，我国现行的规定显得较为简单、粗糙；在程序上，有时又多出几道手续（如担保人制度和有效期有限的居留证制度），为留学生带来了不便。这种改革上的滞后，可能是因为与其他国家相比，我国的留学生人数还不多，签证制度尚未成为制约留学生教育发展或影响国家安全的瓶颈。

更重要的是，我国的签证规定未能得到一以贯之的实施，签证管理受人为因素的影响较大，缺乏透明度、稳定性和规范性。此外，虽然大多数院校为留学生提供了较好的签证服务，但公安机关一些人员的态度引起了留学生的不满。留学生希望公安机关改进服务态度，开发电子签证等平台，令签证程序更加方便、快捷。本研究没有在问卷中征询留学生对签证服务的满意度，不过英国这方面的研究为我们提供了一面镜子。在这个延长了签证有效期、开发了电子签证、加强了签证审批透明度和客观性、改革了担保人制度、提供多种签证类型的国家，近六成的留学申请人认为签证申请程序快捷、高效（UK Council for International Student Affairs，2009b）。在31%的需要办理签证延期的留学生中，三分之二的留学生说延期程序简单明了（Council for International Students，2006：7）。

第五节 在学期间打工

在学期间打工是留学生涯的重要组成。在新西兰，35%的留学生兼职打工（Deloitte，2008：5）；在德国，兼职打工的留学生比例从2003年的40%上升到2006年的55%（Federal Ministry of Education and Research，2008：34）；英国的相应比例与德国接近，略高于50%（Council for International Students，2004：11）；而在日本，兼职打工的留学生比例高达84%。

留学生打工的最主要目的是减轻自身的经济压力。如前所述，经济问题是困扰留学生的首要难题。在各国大力扩大自费留学生规模，奖学金生比例日趋降低的今天，留学生感受到的经济压力更为巨大。英国23%的留学生没有足够的资金维持生活（Council for International Students，2004：11）。德国只有11%的留学生每月能从父母那里得到足以应付生活所需的经费，约四成留学生经济极为拮据（Federal Ministry of Education and Research，2008：4）。此外，留学成本中还有许多不确定因素，比如学费和物价的上涨以及汇率的变动（Minister for Education，Minister for Employment and Workplace Relations，& for Social Inclusion，2009）。这更迫使留学生在学习之余寻找工作机会，缓解经济上的窘迫。

也有不少留学生希望通过打工，积累工作经验，为今后谋职打下基础。德国有26%的留学生希望在打工中积累实践经验，以利于未来职业发展（Federal Ministry of Education and Research，2008：36）。新西兰也有26%的留学生希望通过打工，积累与所学知识有关的工作经验（Deloitte，2008：5）。在英国，29%的留学生找到了与其所学专业或未来职业有关的兼职工作（Council for International Students，2004：8）。

打工还有助于留学生提高语言能力。2004年和2006年，英国先后对留学生作了两次调查，发现分别有61%和77%的兼职打工学生说，打工帮助他们提高了英语水平（Council for International Students，2004：11；Council for International Students，2006：7）。新西兰则有6%的留学生为了提高语言能力而外出打工。

由于打工能为留学生带来经济、就业和语言等方面的裨益，是吸引留学生的因素之一，所以本研究选取的八个国家都对打工持开放态度，相继出台了一些有利政策。不过研究指出，打工确实会影响学生用于的学习时间。德国将打工和不打工的留学生作了比较，发现前者每周用于学习的时间为32小时，后者为36小时。这一差距在研究生之间更加醒目，打工的研究生每周比不打工的研究生少学习13个小时（Federal Ministry of Education and Research，2008：16）。无独有偶，英国职业咨询服务联合会（Association of Graduate Careers Advisory Services）[①] 建议学生每周打工时间不要超过15小时，因为它发现超过此限度有损学生的学业（Cappuccini, Harvey, Williams, Bowers-Brown, McCaig, Sagu, & MacDonald，2005：63）。为防止学生因打工过多而影响学习，同时严防其以留学之名行打工之实，八个国家都对学生的打工时间作了限制，都规定打工收入只能作为补充，不得成为留学生唯一的收入来源。学生申请签证之前，必须证明自己有足够的经济能力支付留学成本。

需要说明的是，对来自不同国家的留学生，各国的打工规定有时有所不同。特别是在欧洲，随着一体化进程的加快，允许来自欧盟和欧洲经济区的学生不受限制地自由打工已是普遍趋势。下文仅针对那些不享受自由打工权利的留学生，因为这方面的规章制度对我国更具借鉴意义。

一、美国等国家：实施工作许可制度

美国、日本和新西兰都要求留学生在打工（特别是在校外打工）前获得正式的许可，有时对学习成绩和工作种类也有一定要求。

在美国，留学生打工被分为两类：校内打工和校外打工。根据有关规定，学习语言的留学生不得打工，一年级学生只能在校内打工。这时，留学生不需申领工作许可，

[①] 苏格兰职业咨询服务联合会是高校职业咨询师的专业团体。

一般从事服务性工作，如图书馆管理员、食堂和书店职员。其余留学生若想到校外打工，须申办特别的许可证，还要符合一定的条件，如已完成第一年的学习，成绩达到一般标准，得到院校批准，并在移民局或劳工部认可的机构工作。

校外打工又有两种形式：课程实习训练（Curricular Practical Training）和选择性实习训练（Optional Practical Training）。课程实习训练是专业学习的必要组成，从事此种工作只需得到院校的认可，不必经移民局批准。选择性实习训练不是专业学习的一部分，因而需要得到院校和移民局的双重批准。[①] 与其他国家相比，美国最特别、最严格的一条规定是，留学生无论从事何种训练，均需与所学专业直接相关，因为美国政府允许留学生打工，是为了让他们获得与专业有关的实践经验（U.S. Immigration and Customs Enforcement, 2008: 8）。

留学生在校内和校外打工，时间均受到限制：上课期间每周打工不超过 20 小时，假期不超过 40 小时。此外，校外打工时间总共不能超过 12 个月，如果学生半工半读，即每周打工不超过 20 小时，则可减半折算为全职工作时间。[②] 学生若从事全时课程实习训练，且时间超过 12 个月，则不可再申请选择性实习训练。

在日本，留学生要想打工，必须确保一定的出勤率、学分数和成绩标准，因为学生在申请工作许可时，要先征得院校的同意，取得院校签署的保证书。该保证书向法务部大臣承诺，学生即使打工也不会耽搁学习。[③] 有了这份保证书，学生才能向当地移民部门申请工作许可。至于专业学习规定的实习是否需要工作许可，取决于实习是否带薪，带薪实习必须获得许可。

在打工时间方面，日本针对不同类型的学生，设计了不同的上限。全日制留学生和预科生每周工作时间不可超过 28 小时，假期可全职打工。旁听生和以旁听为主的研修生每周工作时间减半，假期可全职工作。在日语学校修读语言课程的留学生（预科生除外）任何时候都不可全职工作，每天最多只能工作 4 小时。[④]

在新西兰，留学生打工之前也须事先获得工作许可。过去，新西兰移民局对打工有着严格的限制，只有那些因专业学习要求而必须掌握实际工作经验、正在就读全日制学位课程或至少为期两年的证书课程的留学生，才可向移民局提出工作申请。而且这些学生每周最多工作 15 小时，圣诞和新年假期每周最多工作 40 小时（新西兰教育

---

① 资料来源：http://www.ice.gov/sevis/students/cpt.htm；http://www.ice.gov/sevis/students/opt.htm。

② 资料来源：http://www.educationusa.info/faq.php?id=6&iq=497&language=7#formgo；http://www.uscis.gov/portal/site/uscis/menuitem.eb1d4c2a3e5b9ac89243c6a7543f6d1a/?vgnextoid=e34c83453d4a3210VgnVCM100000b92ca60aRCRD&vgnextchannel=e34c83453d4a3210VgnVCM100000b92ca60aRCRD；http://www.ice.gov/sevis/students/index.htm。

③ 资料来源：http://www.jpss.jp/china/life/contents-page.htm。

④ 资料来源：http://www.jasso.go.jp/study_j/sgtj_chi.html。

部，2004：42）。2005 年 7 月，新西兰政府放宽了这方面规定，学生每周打工时间增加到 20 小时，可提出工作申请的留学生范围有所扩大，不修读学位和证书课程的全日制高校学生也可以申请打工。暑假期间，所有学习时间不少于 12 个月的留学生，都可申请全天打工。[①]

二、英国等国家：取消工作许可制度

在英国等其他五个国家，留学生打工虽然也受时间和工种等方面的限制，但手续大为简化，只要符合一定条件，便无须申领工作许可。

英国原先不允许留学生打工，但后来发现想获得工作经验的留学生越来越多，所以从 1999 年开始，它允许留学生在上课期间兼职打工，并在假期全职工作（UK Council for International Student Affairs，2008a：25）。"首相行动计划"期间，英国注意到美国和澳大利亚等竞争对手允许的打工时间都比自己长，所以它也将留学生上课期间的打工时间延长到每周 20 小时，并继续保持假期全职打工的规定（British Council，2003：17）。但修读本科层次以下课程（不包括预科课程）的留学生，每周最多只能工作 10 小时。留学生若开展专业学习所规定的实习，则不受每周 20 小时的时间限制。不过除非专业有特殊要求，实习时间不可超过专业学习时间的 50%（British council，2009c：7）。调查发现，英国的留学生平均每周工作 16 小时[②]，其中来自欧盟、不受打工限制的留学生，每周的平均工作时间高达 22 小时（Council for International Students，2006：7）。

前文提及，英国高度重视学生组织的国际化，所以在设计打工制度时，它为留学生在学生会就职提供了便利。英国的学生会干事属全职的带薪工作，全部经选举产生，每届一般为一年。留学生最多可在学生会连任两届[③]，且就职时间不被计入打工时间。换句话说，留学生在承担学生会工作的同时，还可兼职打工（National Union of Students，2010）。

为了减少申请程序，英国在"首相行动计划"期间，取消了留学生打工须获工作许可的约制。一般来说，留学生的学习时间如果超过六个月，签证上就会注明允许其打工的字样。这样，签证本身就成为留学生的工作许可。学习时间不满六个月的留学生仍需另行申请工作许可（British Council，2007a：77）。

澳大利亚过去采用的是与美国相似的打工许可制度，留学生只有在从事专业学习

[①] 资料来源：http://www.immigration.govt.nz/migrant/stream/study/canistudyinnewzealand/all-aboutvisasandpermits/。

[②] 资料来源：http://www.ukba.homeoffice.gov.uk/sitecontent/newsarticles/2010/255022/tier4-visa-applications；http://www.britishcouncil.org/zh/china-educationuk-working-in-the-uk.htm。

[③] 资料来源：http://www.ukba.homeoffice.gov.uk/studyingintheuk/adult-students/conditions/。

所必需的实习时,才可免除申请工作许可的要求。上课期间,留学生每周打工不得超过 20 小时,假期可全天工作。留学生若参加志愿工作,则工作时间不被计入每周的工作时限(Education, Employment and Workplace Relations References Committee, 2009:40)。2008 年 4 月,澳大利亚转而采用英国的制度,以学生签证取代工作许可。① 政府认为,这可以减少繁文缛节,在方便留学生的同时,帮助澳大利亚缓解劳动力的紧缺(Dessoff, 2009)。

德国也与美国一样,将留学生打工分为校内打工和校外打工。校内打工指在高校担任研究助理等工作,或者在与高校有关的机构(如后勤部门经营的学生宿舍)从事与所学专业相关的学术工作。校内打工没有时间上的限制,也不必获得移民部门的许可,留学生只需向移民部门汇报,由其决定这份工作是否可以定性为校内打工。校外打工分为专业学习所要求的打工(即强制实习,compulsory internship)和一般打工,前者不受相关规定的制约,后者的时间限制不是按周计算,而是按年计算,即每年最多工作 90 个全天或 180 个半天。之所以按年而不是周计算工作时间,是因为在不同的时段,留学生工作时间的分配并不均衡。按年计算可以方便学生把工作时间集中起来,在假期全职打工,在考试期间全力学习。

从 2005 年起,留学生校外打工若不超过上述时间限制,便不需得到特别的工作许可,因为居留许可中已经写明其工作的权利。若超过上述时限,留学生首先要得到学校的认可,然后向当地的劳动事务所和移民局申请每周增加 10 小时工作时间。② 学生的申请能否得到批准,往往取决于劳动力市场的状况,因为德国首先要确保本国公民的就业率。只有在找不到合适的德国或欧盟公民从事某项工作时,留学生的申请才可能被批准(German Academic Exchange Service, 2007:7—8)。

留学生在法国打工须遵循极为严格的规定,不仅需事先申请临时工作许可,而且不可享受任何奖学金。要申请临时工作许可,留学生首先得找到一份工作,递交由雇主签署的劳动契约,写明工作地点、时间以及每月或每小时的毛工资,且数额不得低于政府的最低工资标准。工作许可的有效期最多为 9 个月,假期工作许可的有效期最多只有 3 个月,到期后可以展延。取得许可证后,留学生每年累计的工作时间不可超过 884 小时。③ 学生若从事专业学习所要求的实习,则不受相关时限的约束。2007 年 7 月,法国修订法律条文,像德国一样把工作许可纳入居留许可。只要学生一年的带薪工作时间不超过有关规定,打工便无须政府批准。④

在新加坡,留学生打工虽然必须得到移民部门的书面批准,但作为特例,新加坡国立

---

① 资料来源:http://www.studyinaustralia.gov.au/Sia/zh/StudyCosts/Working。
② 资料来源:http://www.study-in-germany.de/chinese/1.166.376.html。
③ 资料来源:http://chine.campusfrance.org/page.ip?id=2_7_2&locale=zh_CN。
④ 资料来源:http://editions.campusfrance.org/guides/choisir/choisir_en.pdf。

大学、南洋理工大学和新加坡管理大学等18所大学和理工学院的全日制学生，无须此书面批准，便可经所在高校同意，上课期间从事每周不超过16小时的兼职工作。放假期间，以上三所大学及另39所大学和理工学院的全日制学生，也无须书面批准，便可全职工作。[①]

三、中国：法规与现实的冲突

我国是少数未正式允许留学生在学期间打工的国家之一。《中华人民共和国外国人入境出境管理法》和《中华人民共和国外国人入境出境管理法实施细则》规定，留学生未经劳动部门允许，不得在中国就业[②]，而劳动部门对留学生打工尚未制定任何规则。这使得留学生打工很难得到政府部门的认可，往往被戴上"非法就业"的帽子。与出入境管理部门相反，教育部颁布的《高等学校接受外国留学生管理规定》允许留学生"按学校规定参加勤工助学活动"（中国教育部，2000a）。结果，留学生打工便成为介于"非法就业"与"勤工助学"之间、合法性难以判断的一种活动。

当留学生打工在法理上游走于"灰色地带"的时候，在现实中，相当一部分留学生已经加入了打工的行列。问卷数据表明，16.3%的留学生目前正在打工，5.5%的学生曾经打工。这些数字虽远低于其他国家，却突显了法规与现实的冲突。就打工时间而言，目前正在打工的留学生中，11.1%的学生每周打工时间少于20小时，3.1%每周打工20—40小时，每周打工40小时以上的占2.1%（图4.3）。值得注意的是，在76.9%的未曾打工的留学生中，高达50.5%的学生希望自己能够打工。

（一）打工目的

与其他国家的留学生一样，来华留学生也希望通过打工，获得经济、职业发展和语言等方面的裨益。在经济方面，图2.3显示，自费生约占上海高校留学生总数的70%。此外，由于我国提供的奖学金数额不高，所以不少奖学金生也需要通过其他途径获取生活开支。问卷调查发现，上海高校留学生最主要的经济来源是父母及亲友，奖学金虽是第二大经济来源，但所占比例不到前者的一半，大约四分之一的学生留学期间需要动用自己的积蓄，还有部分学生通过打工赚取生活费（图4.4）。有时候，留学生的打工需求受经济形势的影响：金融危机时期，父母能够提供的资金大为减缩，留学生于是更希望通过打工，减轻家长的经济负担。

---

① 资料来源：http：//www.singaporeedu.gov.sg/cn/doc/res/Studying_Living_Chinese.pdf；http：//www.mom.gov.sg/publish/momportal/en/communities/work_pass/other_passes/employment_of_foreign.html#for。

② 资料来源：http：//www.mps.gov.cn/n16/n84147/n84181/398647.html；http：//www.mps.gov.cn/n16/n84147/n84181/1272187.html。

(N=424)

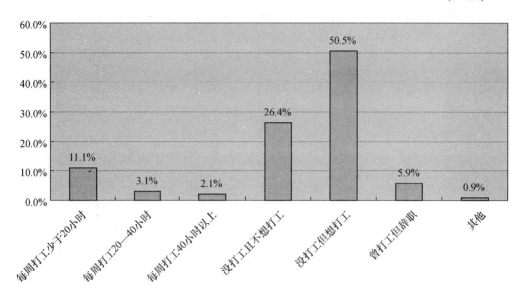

图 4.3 留学生打工情况

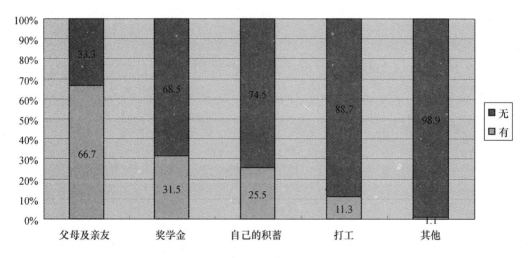

图 4.4 留学生经费来源

我们是奖学金生,每个月也有生活费。按理来说,生活费应该是够用的。但是留学生与中国学生毕竟有一些区别,中国同学可以天天在食堂吃饭,生活圈子很小,留学生就不一样了。在我们的宿舍里,来自好几个国家的同学住在一起,你在跟其他国家的朋友交流的时候,有时候可能出去吃饭或者看电影,这中间会产生一些消费。我们在这些方面可能比中国同学花得多一些。如果我们要减轻家里的负担,可能就要找一些工作。不是所有留学生都是有钱人家的孩子,有一些学生家境一般或者很贫困。如果有机会工作的话，大家肯定都想去的。

(B/student/04/p. 4)

我记得（以前）100美元可以兑换八百多元人民币，但现在只能兑换不到700元，这对我家造成了一定的负担。另外，我的年龄也不小了，所以我想打工……我爸爸在中国做生意，但是失败了。

(A/student/05/p. 2)

在职业发展方面，几乎所有受访的留学生都认为，打工是积累工作经验的重要途径，缺乏这样的经验对毕业后的求职极为不利。不少留学生选择来中国留学，是因为其祖国与中国的外交和贸易往来日益频繁。他们希望在打工的过程中了解中国的工作环境，以便回国后从事与中国有关的工作。还有一些留学生指出，上海作为中国的金融中心之一，应该为他们提供与所学专业（如工商管理和市场营销）相关的实践机会，否则留学上海便失去了应有的价值。

你在大学学习四年，如果没有找到一份兼职，真的不利于你以后的发展。因为你大学毕业后，人家不仅要求你拿到证书，还要求你有工作经验。如果你没有出去打工，怎么会有工作经验呢？

(B/student/02/p. 6)

我们政府公布了新的政策，使得中国和我们国家成为了好朋友，建立了良好的政治关系、外交关系和经济关系。和其他国家一样，我们国家也送学生到中国学习，试图学习（中国的）新技术，看看中国人在做什么，建立一些商业关系。这是我为什么来中国学习的原因。

(B/student/03/p. 1)

我对这所大学的教学，95%是满意的，唯一的希望是这里能加强培训，让我们到外面参加实习。我是学金融与会计学的，在我的祖国，从事这方面工作的公司很少。但是上海有很多这样的公司，还有金融和股票市场。如果我不能在这里实习，那与我在国内读书又有什么差别呢？而且我们以后要参加工作，公司会问我们有没有工作经验，而我们的工作经验是零。

(A/student/02/p. 1)

在语言方面，留学生指出，高校所教的汉语较为有限。但在打工的过程中，他们可以更多地与当地人接触，锻炼汉语听力与口语，还可以学习和使用课本上没有的词汇，进而提高汉语水平。

> 我觉得学汉语，除了要在上课的时候学，还要在生活中学……我觉得要找份工作，一边赚钱，一边练习汉语，特别是口语。
>
> (E/student/02/pp. 7—8)

> 我想打工的目的不是要赚钱，而是（与他人）多交流，提高自己的语言能力，同时了解一些中国的企业文化。
>
> (F/student/02/12—14)

问卷数据显示，弥补生活开支、积累工作经验和练习中文是留学生打工的最主要目的。此外，亦有不少留学生希望借助打工，了解中国社会与文化，结识更多的当地人（图 4.5）。

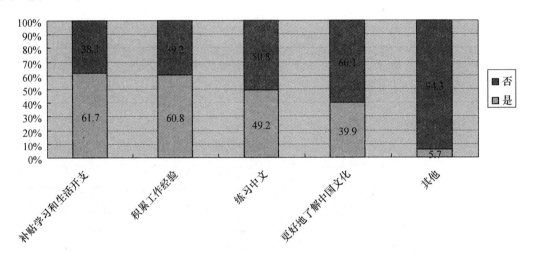

图 4.5　留学生打工目的

值得一提的是，上海留学生中，希望通过打工积累工作经验和提高语言水平的学生比例，远高于其他国家。这也许是因为中国的经济腾飞吸引了越来越多想与中国进行贸易合作的外国人，掌握汉语、了解中国和中国企业，成为留学生未来谋职的有利条件。

由于弥补生活开支不是留学生打工的唯一促动因素，所以绝大多数留学生对打工时间有较好的控制（参见图 4.3）。他们表示，自己不会为了打工而耽误学习。

> 我只在周末上两天班。其实（我打工的地方）很喜欢我去加班，但是我不加班，

因为我还要学习，而且我也想尽早完成学业。所以我不可能加班，周末上两天班就可以了。

(B/student/02/p.6)

我在外面作翻译，这对我的学习影响不大，因为我一个月最多只工作一两天，我不贪钱。我每月有上海市政府发放的生活费1100元，加上打工赚到1000元，总共是2000元。我不用交房租和学费，不用交教材费，对我来说，这2000元够吃够喝够玩了。我觉得只要能维持我的生活就行，如果我再贪心的话，就会对学习产生影响，我不愿意这样。

(F/student/04/p.16)

事实上，不少留学生因为学业紧张而未外出打工，或者放弃了已有的工作。对他们来说，按时完成学业是首要任务，因为学习时间的延长意味着需要添加额外的留学成本。

我没有打过工。我觉得打工也不错，但是我要学习，还要参加各种各样的活动，这些对我来说更重要……如果你一边学习一边打工，就会影响学习，我觉得这样不太好。

(A/student/01/p.8)

我第一学期的时候（在另一所大学）教过韩国语。但是从我们大学到那所大学距离很远，我坐轻轨也要花大概一个小时，而且博士生的学习压力很大。所以从第二学期开始，我就不去教书了。因此我现在专心学习，没有打工。我觉得博士的课程真的很难，所以我没时间在外面做别的事情。

(G/student/03/pp.5—6)

（二）对打工规定的了解

那些曾经打工、正在打工和希望打工的留学生是否了解我国的相关规定呢？前文提及，高校的入学教育以宣传我国及院校的规章制度为重，留学生不得非法打工也是其中之一。在一些高校，这一禁令被反复强调，令留学生印象深刻。

学校在入学教育中非常强调这一点，就是说，如果你是全日制学生，拿的是学生签证，你就不能打工。如果你是兼职学生，那没有问题。如果你拿着学生签证去打工，那就会让学校遇到大麻烦……学校着重说了这一条，这对学校很重要。

(B/student/05/p.8)

不过在其他高校，虽然教师在入学教育中也提到了这一点，但绝大多数留学生表示自己对此知之甚少。这至少说明高校入学教育的有效性值得关注和研究。

我不知道（政府对打工有什么样的规定），我不了解这方面的情况。如果我找到一份工作，我会把这事告诉我的导师。如果导师认为这么做不对的话，我想他会给我一些建议。

(D/student/02/p.7)

我不知道政府对留学生打工有哪些规定。你能告诉我有什么样的规定吗？

(F/student/02/p.14)

更重要的是，留学生即便对我国的打工规定有所知晓，解读起来也纷呈差异。最起码，许多学生认为自己获取报酬的行为不属打工之列。他们对此提出多种解释，比如工作不以赚钱为目的，也没影响学习，甚或教他人外语不能被视为打工。由此推断，上海高校留学生打工的实际比例，应该高于问卷中表现出来的16.3%。

我不算是打工，因为我的目的不是赚钱。有的时候朋友需要我帮忙，教他们韩国语，我就收了一点点报酬。

(C/student/02/p.11)

我在外面公司上班不算是打工……因为这份工作对我的学习没有什么影响。

(E/student/02/p.8)

我不算是打工，因为我只是教英语……据我所知，很多留学生在外面教英语。

(C/student/01/p.8)

除留学生之外，教师对"打工"一词的理解也各不相同。有的认为留学生自己创业不是打工，有的说为朋友工作不是打工，还有的认为打工特指在校外兼职，在校内工作则属勤工俭学。

我有一位罗马尼亚学生，他已经开始了自己的事业，有一家很小的公司，做贸易生意。我觉得自己做生意不能算打工,因为他自己在创业。

(F/teacher/02/pp. 7—8)

全日制的注册学生是可以不打工的。但是如果留学生认识一个朋友,这朋友请他做点事,给他点报酬,这我们怎么管呢?

(D/administrator/01/p. 4)

我知道有留学生做兼职工作,其实学校对此并不支持。留学生如果自己出去打工,用人单位是非法用工……留学生可以在校内勤工俭学,但不可以到校外兼职工作。

(G/administrator/03/p. 17)

可以看到,我国虽然针对留学生打工制定了一些条规,但很多情况下,由于入学教育的有效性存疑,所以留学生对这些条规一般所知不多。此外,这些条规极为简略,对何谓"打工"与何谓"勤工俭学"缺乏具体、精确的界定,不同部门发布的文件之间也非完全吻合,从而为留学生打工提供了较大的政策余地。

(三)打工规定的实施

我国在处理留学生打工的现象上,一方面缺乏明确、细致的制度框架和有效的法规宣传途径,另一方面,高校在实施有关规定时,几乎总是不那么严格。这主要是因为教师对留学生打工心存同情与理解,知道留学生出于经济和职业发展等方面的考虑,对打工具有较高的需求,认为这些需求并非全然不合情理,何况打工对吸引外国学生来华留学不无裨益。

开学的时候,我们接到通知,不允许我们介绍留学生去公司打工。其实我觉得,有很多学生希望在读期间能够去一些公司工作。上海毕竟是个大都市,外企很多,可以让学生去这些单位参观、实习。我觉得这样很好,还可以吸引学生留在上海继续学习。学生去参观、实习以后,如果觉得自己的知识还不够,那么还会继续来学习,对吧。

(G/administrator/01/pp. 12—13)

有些专业需要大量的在中国本土实践的机会,要不然毕业后学生还是无法胜任这样的工作。比如金融、航运和航空制造专业,假如留学生来读这些专业,必须熟悉和适应相关行业在中国的实际情况,特别是相关的运作和体制,要融入这样的本土化环境,要不然你读完书只能回国就业。你如果想回国就业,就没有必要到中国来读书啦。

(G/teacher/02/pp. 7—8)

一些决策者担心，允许留学生打工会减少中国公民的工作机会。不少教师对此提出质疑，认为这两者之间没有必然的联系。他们说，留学生承担的许多工作是中国人难以胜任的，比如利用自己的母语优势，担任外国公司或旅游团的翻译，或者利用自己的外形，为企业做形象代言，表征企业的国际化水平。

有些人提出，如果允许外国人打工，那我们这么多劳动力怎么办？我们的劳动力是富余的。其实不是这样，外国人不会去做这种端盘子的事情，不会在饭店里拿几百块钱的工资。所以说，这些人还是不了解留学生的情况，不了解劳动力市场……比如说，有些比较大型的饭店，希望聘用一些欧美人做服务生，哪怕欧美人只是在那儿站着，也可以吸引顾客……不要觉得我们自己有那么多人下岗，没工作做。在有些事情上，思想还是要解放一点。

(C/administrator/03/p. 4)

总之，几乎所有的教师都认为，留学生打工具有合理性，又不一定影响中国人的就业机会，所以只要不影响学习，他们一般会对打工"睁一眼闭一眼"。而现行制度框架中有关"打工"与"勤工俭学"的矛盾规定和模糊界定，为他们放松这方面的管制提供了理由。他们说，现行制度中的矛盾表明，我国政府虽不鼓励留学生打工，却也未明令禁止，所以他们不必对打工现象插手过多。

我们国家不鼓励留学生打工，但也没有明文规定说不可以。留学生确实在外面打工，我们自己也知道，但我觉得他们自己的学习还是能够应付得过去，学得挺好。他们利用自己所学的专长，到外面去做点事情，一方面可以接济他们的生活，另外一方面如果工作表现好，今后就可能留在这儿工作。他们都想在上海找工作。所以我觉得，其实我们也没有必要反对。但我们首先要跟他们讲好，一定要处理好学习和工作的关系，这是肯定的，你不能连课都不上，这是不行的。

(D/administrator/02/p. 11)

有一份专门的文件，它说留学生应该学习，意思就是不能打工，但是没有明确说不能打工。所以现在留学生打工，如果公安局去查，可以说他们是非法打工。但如果公安局不查，那一般可能没人去管。

(F/administrator/03/p. 9)

留学生对教师们的宽容态度心知肚明。他们说，条文与现实不是一回事，只要安排好学习，不在外面闹事，教师不会依照条文禁止他们打工。正因如此，不少留学生不会向教师隐瞒自己在外打工的事实。他们与教师一起分享自己的打工经历，并从教师那里获取支持。

> 据我所知，留学生不可以工作，这我知道。在中国生活那么多年，我还是知道这一条的。但这只是规定，只要你在外面好好地工作，不闹事，应该没问题。制定这条规则的人肯定了解留学生的情况，知道有时候学生也会有经济困难。而且就算留学生去打工，基本上也不会出什么事。他们不让留学生打工，肯定不是不想让我们赚钱，可能是担心会耽误我们学习。但是如果能在外面好好地工作，不闹事，同时好好学习，我想大概不会有问题。
>
> (E/student/01/p.15)

> 老师都知道（我在外面打工），是我自己告诉他们的。我说，我在外面很疯狂，作了这事那事。他们比较喜欢我（在外面打工），他们说："你在中国生活孤单，这样打工也很好。"
>
> (E/student/01/p.16)

少数留学生对中国的制度与体制更为通达，他们明白，虽然教师理解他们的打工需求，虽然既有的规定不一定得到严格的实施，但让教师知道他们在外面打工，难免会让教师陷入"明知故犯"的窘境。所以他们更多地对自己的打工情况保持沉默。

> 我估计，为了能更好地管理留学生，政府可能规定留学生不可以打工，这是我的估计。不过那只是书面的规定，它的操作性并不是很强。中国人都比较讲感情，知道从越南、老挝等落后国家来的留学生需要钱来维持生活，而且打工不会影响他们的学习进度，所以老师还是睁一只眼闭一只眼，让我们去打工。我了解这些，所以我从来没有向老师汇报过我的打工情况，因为汇报会让老师尴尬。
>
> (F/student/04/p.17)

教师和留学生对打工的态度是如此默契，事实上，不少学生正是通过教师的直接或间接介绍，才找到了工作。所谓直接介绍，就是教师直接向留学生推介工作岗位。

> 我在一家外企工作……这家企业与老师联系，问有没有留学生想找工作，老师就

推荐我去面试。

(G/student/04/p. 2)

所谓间接介绍,就是教师为避免与政府禁令发生冲突,并不直接将企业介绍给留学生,而是为企业张贴招聘广告,以便学生了解就业信息。

如果有公司想找留学生打工,我们一般不直接在两者之间进行介绍。你有什么广告,有什么要求,你写在纸上,我帮你贴一下,让留学生自己联系。

(F/administrator/03/p. 9)

四、小结与反思

在其他国家,留学生在学期间打工是较为普遍的现象,也得到政府的认可。不过,为了防止学生因过度打工而影响学习,这些国家都对打工时间作了具体规定,有时还设定了工作类型和学业成绩等方面的要求。更重要的是,这些规定的实施极为严格,留学生一旦逾矩,学生签证便会被取消,连同陪读的家人一起被递解出境。在严格管理的同时,为了更好地服务于留学生,一些国家简化了打工手续,在一定条件下取消了工作许可制度。只要留学生的签证或居留许可依然有效,打工时间也不超过规定限额,打工便无须申请额外的批准。

我国在管理留学生打工时,无论是制度上还是操作上都存在不小的漏洞。就制度而言,我国不同部门发布的规定并不统一,对"打工"和"勤工俭学"等关键词也缺乏清晰的说明。在操作上,高校在宣传有关法规方面,缺乏有效的方式与渠道,造成相当数量的留学生不了解相关的规定。此外,由于教师和留学生对"禁止打工"一说缺乏认同,所以违规行为不仅未受处罚,一般还得到教师的认可与支持。

面对政府禁令被频频打破的现状,许多教师指出,我国目前的打工规定既不利于吸引外国学生,也因得不到切实的执行而损害了法律的严肃性。他们呼吁政府直面留学生的打工需求,及时修改相关条文。市教委有关工作人员也指出:

(打工是)大家明明都在做、完全可以合法化的事情。我们可以像国外一样规定,你如果拿学生签证,那么可以在假期全时打工,在上课期间每周工作多少小时。留学生都在打工,这就使得我们的相关法律缺少严肃性,让留学生觉得中国的法律一文不值,没有什么作用。你规章制度都摆在那儿,但都没用。

(Shanghai/administrator/01/p. 10)

在留学生打工的合法化方面，北京市已经先行一步。为了不违背国家出入境管理法规，它避开"打工"一词，从教育部认可的"勤工俭学"入手，于2003年出台"外籍学生勤工助学"政策，允许留学生利用课余时间，到市内其他学校担任外教等工作。① 这实际上为留学生打工开通了渠道，未尝不是一种有益的尝试。

第六节 毕业后的居留与就业

当留学生教育主要属于政府间的援助行为时，为了防止非法移民和受援国人才外流，接收国一般要求留学生完成学业后尽快离开。当时的移民法往往将入境的外国人分为两类——移民和非移民，前者希冀在当地居留，后者只是为了某个特定目的而在当地停留一段时间，目的达成之后须返回自己的祖国（Johnson，2009：5），留学生便属于后者。如今，留学生市场硝烟弥漫，学生在选择留学目的地时，往往综合考虑多种因素，比如高校和相关专业的国际排名，被成功录取与获得奖学金的可能性，签证程序的简明程度以及院校服务的丰富性等，毕业后能否在当地居留和就业也是其中之一。此外，知识经济时代，学成毕业的优秀学生是各国竞相争夺的宝贵资源。正如美国国际教育工作者协会所言："全世界最好、最聪明的人才现在是一种吃香的产品，他们能在许多卓越中心之间进行挑选，并在那里发挥他们的创造才能。"（Association of International Educators，2006b：1）2009年，英国对一百七十多家不同类型的企业开展网上调查，并对16家企业作了访谈，结果发现，虽然国际化程度较高的企业聘用留学生的可能性最高，但大约半数聘用留学生的企业并未开展任何国际业务。它们聘用留学生，是因为留学生比当地学生更胜任相关工作，更积极上进，还可以提高员工的多样化程度（Connor & Brown，2009）。可见，在全球化进程日益加快、各种形式的跨国合作日渐增多、高端人才流动性不断加大的情况下，"移民"和"非移民"这种二分法已经不符合国家发展的需要。于是，各留学生接收大国纷纷修订移民政策，吸引留学生毕业后留在当地工作。

我国经济的持续高速增长受到世界各国的共同关注，许多学生希望通过来华留学，在中国寻找就业和发展机会。上海作为我国的金融中心和国际化大都市之一，也吸引着不少想在中国就业的外国学生。问题是，我国的相关规定仍然坚持旧有的"移民"与"非移民"二分法，要求留学生在完成学业或退学后，于规定时间内离境（中国教育部，2000a），使得外国毕业生在华谋职困难重重。结果，尽管55%的留学生承认，毕业后在中国就业是他们选择来上海留学的一个重要或很重要因素（图4.6），但

---

① 资料来源：http://www.shmec.gov.cn/web/wsbs/webwork_article.php?article_id=5756。

真正打算毕业后在中国就业的仅 11.3%。加上准备继续在上海和其他省市求学的学生，毕业后打算留在中国的学生比例不足三成（图 4.7）。

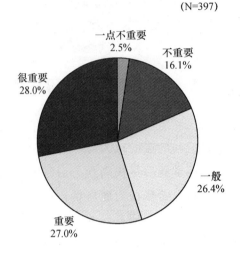

图 4.6 毕业后在中国就业对选择来上海留学的影响

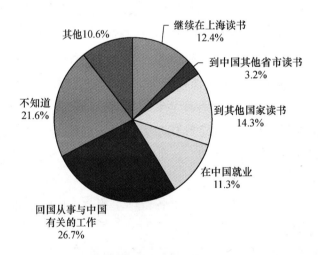

图 4.7 留学生毕业后的打算

一方面，《中国中长期人才发展规划纲要（2010—2020 年）》提醒说，"我国人才发展的总体水平同世界先进国家相比仍存在较大差距"，提出通过"海外高层次人才引进计划"等，实现人才强国的目标[①]；另一方面，在现行制度下，我国高校自己培养的高层次留学生毕业后难以在中国就业。要解决这一矛盾，我国急需借鉴他人的成功

---

① 资料来源：http://wenku.baidu.com/view/0a29341ca300a6c30c229f44.html。

经验，同时结合自身的人才发展规划，调整外国毕业生的居留与就业政策。下文对八个留学生接收大国的相关政策与实施结果作一分析。

一、日本：严格的管制

本研究的八个国家中，日本对外国毕业生在当地的居留与就业管制最为严格。虽然47.3%的留学生因为对日本社会感兴趣、想在日本生活，而选择赴日留学，但由于日本过去不鼓励外国毕业生留在当地工作，所以每年获得工作签证的外国毕业生人数一直停留在2000—3000名左右。2004年，日本修订了相关政策，允许在日本高等院校学习的留学生，毕业后在日停留90天，寻找工作机会。留学生若在此期间未能成功就业，则可到自己毕业的高校开具推荐信，然后到出入境管理部门申请多停留90天。这一政策出台后，获得工作签证的外国毕业生数量迅速上升，当年即突破5000人，到2007年已超过1万人。[①]

不过，留学生在日本申请工作签证，无论是其本人还是就职的单位，都要满足一系列条件。首先，留学生必须找到接收单位，因为在申请工作签证时，学生必须提供就职企业开具的多种材料，其中包括写明就业详细内容、雇用期限和报酬金额的雇佣合同。其次，留学生所获报酬不可低于日本员工。再次，雇用留学生的企业必须向出入境管理部门出示营业执照、资产负债表、损益表和企业宣传册等。最后，日本对大专院校的外国毕业生设定了专业限制，护理、美容和美发等专业的毕业生以及工作与所学专业无关的毕业生，一般得不到工作签证。[②] 此外，日本企业对雇用留学生似乎兴趣不大。2007年的一项调查显示，在三千多家日本企业中，聘任留学生的企业不到10%，且其中有20%不打算再多聘留学生。在这一连串的政策控制和企业限制下，虽然想留日工作的留学生超过40%，只有25%的学生实现了自己的愿望（Otake, 2008）。

值得一提的是，为了改进外国员工在日本的就业经历，厚生劳动省向企业发布了指南，要求企业为外国员工创造安全、健康、适宜的工作环境。指南对人员聘任和解聘、工作环境、安全与保健、社会保险、人员管理与培训、外国员工管理人员的委任等，作了详细的规定。以人员聘任为例，它要求企业向外国员工明确说明工作的地点、内容、工资、工作时间、劳动合同条款及相关法律规定，并特别指出，企业在聘用应届毕业生时，应对外国毕业生一视同仁。它提醒企业，外国毕业生可以凭借自己独特

---

① 数据来源：http://www.jasso.go.jp/study_j/sgtj_chi.html。
② 资料来源：http://www.jpss.jp/china/life/contents-page.htm；http://www.studyjapan.go.jp/ch/inj/inj04c.html。

的文化和教育背景,为企业注入新的活力,帮助企业开拓全球视野。企业如因业务减缩而解聘外国员工,必须为那些希望在日本寻找其他工作机会的员工给予必要的帮助,提供职业培训和就业信息等。① 这份指南对保护留学生在日本的就业权利和环境,吸引学生赴日留学具有一定的吸引力。

二、澳大利亚和新西兰:开放的门户

澳大利亚和新西兰是外国毕业生就业政策最为宽松的国家,在利用移民政策吸引留学生、弥补劳动力缺口方面,彰显出勃勃雄心。

21世纪以来,澳大利亚的外国毕业生就业政策几经调整,虽然有时略有紧缩,但总体上仍然有着其他国家无法比拟的快速、简便、开放的优势。从1998年起,澳大利亚就为留学生申请成为永久居民提供优惠,在移民资格评估中给予其额外的加分。不过当时,留学生毕业后先要回到自己的祖国,然后再提出移民申请,办理起来较为不便。2001年,澳大利亚改革移民政策,为留学生提供更多便利。根据规定,接受澳大利亚援助奖学金的留学生毕业后一般须回国效力(Council on Education, 2009: 8),其他留学生毕业后六个月内,可在澳大利亚直接申请技术移民(Banks, Olsen, & Pearce, 2007: 37),而不必先回到自己的祖国。想成为技术移民的留学生无须拥有相关工作经验,也无须得到企业的录用,但年龄必须不满45周岁,拥有一定的英语能力,完成CRICOS上学习时间不少于92周的课程,并获得澳大利亚认可的学位或证书(Tremblay, 2005: 210; Education, Employment and Workplace Relations References Committee, 2009: 17)。

为使技术移民政策更紧密地配合劳动力市场需求,澳大利亚制定了"技术职业清单"(Skilled Occupation List),将可以申请技术移民的职业划分成四个大类:管理人员、专业人员、助理专业人员以及技工和相关工人。每个大类又包含众多子类,如管理人员包括公司秘书、建筑项目经理和看护主任等。相关职业领域的评估机构会对技术移民申请人进行技术评估,并给予一定的分值。

技术移民申请要获得批准,必须在资格测评中获得120分,其中持有澳大利亚学历学位的申请人可获额外加分。最初,留学生的加分额度仅为5分。2003年,澳大利亚加大了对留学生的优惠力度,根据学生所获学位的高低,加分值最高为15分(Tremblay, 2005: 221),使得赴澳留学成为移民澳大利亚的捷径。2004年,3.7万名外国人获得了永久居民身份,比上一年增加了52%。而在1999年,这一数字仅为1.5万。在这近四万名新移民中,约40%拥有澳大利亚颁发的学位和证书(Australian

---

① 资料来源:http://www.mhlw.go.jp/bunya/koyou/gaikokujin12/english.html。

Government，2008：99）。2007 年，澳大利亚再出新政，无论留学生是否申请技术移民，都可于毕业后在澳停留 18 个月，寻找工作和就业。博士、硕士和荣誉学位获得者在资格测评中的加分进一步上升，最高可达 25 分（Department of Education, Employment and Workplace Relations & Department of Immigration and Citizenship，2009：13）。此政策出台后一年内，澳大利亚共向两万多名外国毕业生发放了居留证（Ruby，2009：2）

宽松的移民政策为澳大利亚赢得了大批留学生，政府也承认说："近来留学生人数的增长大多可归因于澳大利亚永久居住权的魅力。"不过它注意到，这样的移民政策也带来了不小的风险。一批专门满足移民需求的院校应运而生（Australian Government，2009：8），不但质量无从保障，而且往往集中于技术评估中可获高分的少数专业，如烹饪、酒店管理和社区服务，一旦倒闭，难以通过"教育信托保障计划"为留学生寻找合适的替代课程。此外，学习这些专业的留学生虽然能够在资格测评中得到所需的分数，但不一定真的会从事与专业对口的工作（Department of Education, Employment and Workplace Relations & Department of Immigration and Citizenship，2009：21）。有鉴于此，澳大利亚从 2010 年 1 月开始，引入"工作准备度"（Job Ready）测试，对准备从事专业技术工作的毕业生进行考察（Department of Education, Employment and Workplace Relations & Department of Immigration and Citizenship，2009：8）。

新西兰的移民政策与澳大利亚如出一辙，也通过开放门户，扩大留学生市场，缓解劳动力紧缺。它于 2003 年年底允许留学生永久移民，亦制定了像"技术职业清单"那样的"技术移民类目"（Skilled Migrant Category），通过对申请人的资格测评，留住那些拥有新西兰所需技能的毕业生。申请人在资格测评中至少需要获得 100 分，那些拥有新西兰认可的证书、并至少在新西兰学习两年的申请人，可以获得 5 个加分（Tremblay，2005：213）。

留学生申请技术移民，如能事先找到工作单位，且岗位与所学专业有关，当然可以获得不小的优势。但所学专业隶属于"技术移民类目"、却尚未找到合适单位的留学生，也不会被拒之门外，他们可以申请为期六个月的"毕业生求职许可"（Graduate Job Search Permit），完成从学习到就业的转换。[①]

与澳大利亚一样，新西兰的这些政策也对留学生产生了强大的吸引力。2004 年的一项调查发现，大约 53% 的留学生决定毕业后留在新西兰，继续深造或参加工作（Ward & Masgoret，2004：10）。到 2008 年，这一比例大幅上升，16% 的留学生毕业后打算继续在新西兰读书，61% 的留学生准备申请成为永久居民，两者相加高达 77%。

---

① 资料来源：http://www.visabureau.com/newzealand/study-in.aspx.

三、美国等国家：在管制与开放间谋取平衡

美国、英国、法国、德国和新加坡制定的外国毕业生居留与就业政策，基本上介于日本和澳大利亚与新西兰之间，既不像日本那样要求毕业生出具企业聘用合同，又不像澳大利亚和新西兰那样允许毕业生永久移民，而是力图在严格管制和门户开放间谋取平衡。其中，新加坡的留学生就业政策在上文中已有涉及，即接受政府学费减免补助的留学生毕业后须为新加坡企业工作三年。此外，在新加坡大学和理工学院学习的留学生，毕业后都可申请一年的签证，以便留在当地寻找工作机会。① 下文着重介绍美国、英国、法国和德国的外国毕业生就业政策。

(一) 美国

前文提及，赴美留学生享有 12 个月的校外打工时间。这 12 个月既可在就读期间使用，也可在毕业之后使用。也就是说，留学生就读期间校外打工时间若不满 12 个月，毕业后便可利用剩余时间在美国就业。这种就业也被称为选择性实习训练。2008 年 4 月，为了缓解高科技人才的紧缺，美国放宽了对部分留学生校外打工的时间限制。留学生若修读科学、技术、工程学和数学领域中若干指定专业②，选择性实习训练时间可延长 17 个月，共达 29 个月（Anonymous，2008d）。考虑到留学生寻找工作需要一定时间，工作期间还可能跳槽，美国允许毕业生有 90 天的失业期，科学、技术、工程学和数学领域毕业生的失业期延长至 120 天。③ 留学生毕业后开展选择性实习训练，其身份仍为留学生，须遵守留学生在学期间的打工规定，如工作必须与所学专业直接相关。此外，学生每周至少要工作 20 小时，才能被视为"就业"（U. S. Immigration and Customs Enforcement，2008：16—17）。据统计，2007 年美国有七万名留学生毕业后从事选择性实习训练，比上一年激增 36.3%，约占留学生总数的 9%，其中三分之一获得了科学、技术、工程学和数学领域的学位（Department of Homeland Security，2008：18950；McMurtrie，2008）。

留学生在选择性实习训练期满后，如果想继续在美国就业，可以申请技术工人签证。美国每年可以发放的技术工人签证数量由国会限定，2009 年为 6.5 万。问题是，期望得到技术工人签证的留学生和愿意聘用留学生的企业如此之多，以致这些名额每年都被早早地一抢而空，不少留学生只能等待下一年的签证名额。在等待之际，留学

---

① 资料来源：http://www.ica.gov.sg/page.aspx?pageid=325&secid=182。
② 目前共有十个专业被列为指定专业，包括计算机科学应用、生物与生物医学、精算科学和军事技术等。
③ 资料来源：http://www.educationusa.info/faq.php?id=8&iq=544&language=7#formgo。

生往往由于学生签证期满而不得不回到自己的祖国，待获取新签证后再重返美国。这为毕业生留美带来了极大的不便，也增加了赴美工作的成本。为解决这一问题，美国于 2008 年 4 月出台新规定，允许等待下一年技术工人签证的外国毕业生留在美国，继续保留学生身份，直至其技术工人签证生效（Department of Homeland Security, 2008：18944—18945）。

毕业生等待技术工人签证时的身份问题虽然得到了解决，但要成功申领签证，至少还须越过三重阻碍。首先，毕业生的工资必须高于同等职位的美国人。其次，企业每雇用一名持技术工人签证的员工，就需向政府支付约 6000 美元的费用，若要为员工申请永久居民身份，还需另付一万美元，从而大大增加了企业聘用外国毕业生的成本（National Foundation for American Policy, 2007：1）。最后，如果毕业生想要从事的不是高端技术工作，也不属于自主创业，便须得到美国劳工部的认可，证明没有足够的美国人能够或愿意从事这项工作。[1]

总而言之，美国的技术移民政策比澳大利亚和新西兰严格得多，不仅要求毕业生从事与所学专业直接相关的工作，而且对收入水平和移民数量作了限制。这虽然可以避免澳大利亚"所学非所用"的问题，却也引来一连串的批评。反对者指出，美国对技术工人签证设置年度限额的做法已经过时，澳大利亚等国家正利用美国的这一弱点，为留学生建立快速的"公民身份通道"，吸引留学生为其知识经济服务。与此同时，中国和印度等留学生输出大国也在鼓励留学生回国工作，为他们提供最先进的设备和快速晋升的前景。于是乎，美国培养的一大批人才流向了其他国家（Johnson, 2009：5）。2007 年的调查发现，留学生在办理工作许可及其他各种法律手续中遇到的问题，是其留美就业的主要障碍。大约 40% 的留学生因为申请程序过于繁复费力，而迟迟未提出工作申请（Connor & Brown, 2009：8）。还有研究者称，美国的移民政策降低了其在留学生市场上的竞争力，大约 5% 的留学申请人在得到美国院校的入学通知后，没有前来报到，而很可能流向了其他提供永久居民身份的国家（Bhattacharjee, 2005b：957）。批评者纷纷要求美国借鉴其他国家的经验，延长留学生毕业后在美国的工作时间，解除对技术工人的签证限制（Anderson, 2007b：4；Connor & Brown, 2009：8）。他们指出，虽然政府设限的目的是保护美国公民的就业率，但每年的技术工人签证数仅占美国劳动力总量的 0.07%，对劳动力市场根本没有大的影响。而且限制外国高端技术人才赴美工作，实际上很可能使他们无法在美国创业，难以为美国公民提供工作机会（National Foundation for American Policy, 2007：2—3）。

---

[1] 资料来源：http://www.uscis.gov/portal/site/uscis/menuitem.eb1d4c2a3e5b9ac89243c6a7543f6d1a/?vgnextoid=24b0a6c515083210VgnVCM100000082ca60aRCRD&vgnextchannel=24b0a6c515083210VgnVCM100000082ca60aRCRD。

美国政府已经注意到这些问题。教育部在报告《领导力的考验：规划美国高等教育的未来》中，建议联邦政府改进移民政策，不再要求留学申请人证明其毕业后无意留美，并为获得科学、技术、工程学和数学领域高级学位、在美国找到工作的留学生建立"绿卡快速通道"（U. S. Department of Educatioin, 2006：27）。但到目前为止，这些建议还仅停留在书面，没有付诸实施。

（二）英国

英国认为，留学生选择来英国留学，不仅希望英国的文凭能够带来更好的就业前景，还想在学习期间或毕业后获得在当地的工作经验。[①] 所以 21 世纪之后，英国出台了不少具有吸引力的全国和地方性计划，为外国毕业生提供留英工作的机会。不过与其他国家相比，这些计划大多设定了较为严格的时间限制，只允许毕业生在当地停留一两年。

2002 年，英国启动"高新技术移民计划"（Highly Skilled Migrant Programme），根据教育资质、工作经验、以往收入和个人成就等，允许杰出的高新技术人员在英国居住一年，无须事先获得企业聘用（Tremblay, 2005：216）。但这项计划往往要求申请人具有相当的工作经验，留学生很少能满足这一要求。2004 年 10 月，英国推出"理工科毕业生就业计划"（Science and Engineering Graduates Scheme, SEGS），允许某些物理、数学和工程学专业的留学生毕业后在英国停留一年。留学生即便已经学成回国，也可在毕业后 12 个月内提出申请。2005 年，苏格兰通过了为期三年的"招贤纳才计划"（Fresh Talent Scheme），使得所有在苏格兰院校获得学士及以上学位以及完成学位课程的留学生，都可以在当地居留两年。这在一定程度上影响了学生对留学目的地的选择，有研究者称，"招贤纳才计划"出台后，中国学生纷纷涌向苏格兰，使留学苏格兰的中国学生数从 600 人增加到近 3600 人（Grose, 2006：17）。2007 年，英国又制订"国际毕业生计划"，取消了对留学生的专业限制，只要留学生在获得认可的院校学习，毕业后均可在英国工作，但可停留的期限仍为一年（UK Council for International Student Affairs, 2008a：28—29）。

2008 年 6 月，英国废除以上种种计划，转而启用统一的"记点积分制"，为希望在英国工作的毕业生提供更加简洁、明晰的移民途径。凡在测评[②]中达到所需积分的留学生，毕业后六个月内，不需要得到企业聘用，均可获得"毕业工作类签证"，在英国享受不超过两年的自由就业权利。两年期满后，毕业生如果想继续留在英国，可以

[①] 资料来源：http://www.britishcouncil.org/eumd-pmi2-employability.htm。
[②] 测评的内容包括所获学历、年龄、留学期间的学习态度、文凭颁发时间、院校等级、英语水平以及是否拥有三个月的生活费（约 800 英镑）等（British council, 2009c：15）。

转而申请其他类型的签证。此时，毕业生从事的若非人才短缺行业，用人企业需首先在全国刊登招聘启事，证明来自英国和其他欧盟国家的公民不愿意承担此项工作。

（三）法国和德国

近年来，法国与德国相继放宽了外国毕业生的居留与就业政策，允许其在当地停留一段时间，以便在解决本国劳动力不足的同时，占领更多的留学生市场。

法国的居留与就业政策主要面向硕士及以上学位的持有人。2006年7月，法国简化移民程序，留学生在拿到硕士或相当于硕士的文凭（如工程师文凭和高等商学院文凭）后，若得到企业聘用，便可在当地居留两年（Siganos，2008）。后来，法国进一步改革移民政策，留学生在拿到硕士或相当于硕士的文凭后，无论是否有企业聘用，均可获得为期六个月的临时居留许可，在保留学生身份的同时，寻找与其所学专业匹配的带薪工作。留学生在此期间如果与企业签约，且收入不低于法定最低工资的1.5倍，就可以把学生签证转为工作签证。[①]

留学生持有的若非硕士或相当于硕士的文凭，毕业后也可以留在法国工作，但必须出示法国企业的聘用合同，由出入境管理部门根据企业聘用外国人的理由、毕业生档案、在法留学时间等，决定是否批准其工作申请。

德国从2005年起，允许所有拥有必要生活资金的留学生，申请为期一年的居留许可，寻找与其学位匹配的工作。不过在求职时，为了应付国内的高失业率，来自德国、瑞士、欧洲经济区和欧盟的公民具有优先权。留学生一般只能在若干行业内就业，还要事先得到劳动部门的批准。[②]与法国一样，留学生求职期间仍保留学生身份，若能成功就业，居留许可将被更改为有偿就业居留许可，而这种更改在旧的移民法中属被禁止之列（German Academic Exchange Service，2007：8；3）。在德国工作满五年之后，留学生便可成为德国的永久居民。[③]

2007年8月，德国召开内阁特别会议，决定进一步放宽留学生的就业规定，赋予所有德国大学的外国毕业生与欧盟公民同等的就业权，从而极大地改善了来自非欧盟国家留学生的就业环境（German Academic Exchange Service，2007：3；German Academic Exchange Service，2009b：39）。

---

① 资料来源：http://editions.campusfrance.org/guides/choisir/choisir_en.pdf；http://chine.campusfrance.org/page.ip?id=3_1_5&locale=zh_CN；http://www.campusfrance.org/en/a-etudier/sejour01-6.htm。

② 资料来源：http://www.auswaertiges-amt.de/diplo/en/WillkommeninD/EinreiseUndAufenthalt/Zuwanderungsrecht.html；http://www.auswaertiges-amt.de/diplo/en/WillkommeninD/LernenUndArbeiten/ArbeiteninD.html。

③ 资料来源：http://www.internationale-studierende.de/en/finishing_your_studies/staying_in_germany/。

四、小结与反思

对于留学生毕业后的居留与就业,各国都根据留学生市场与劳动力市场的变化,制定了相应的政策,并不断予以调整,力图在吸引留学生、缓解国内某些行业劳动力短缺的同时,防止非法打工和非法移民。总体而言,那些移民政策较为宽松的国家(如澳大利亚),对留学生的居留与就业提出了更为严格的要求,而那些移民政策原本较为严谨的国家(如德国与法国),则放松了某些方面的管制。但无论何者,都将留学生(至少是某些专业的留学生)视为"我国所需的智力资本。"(U. S. Department of Educatioin,2006:27)表4.3归纳了这八个国家的外国毕业生居留与就业政策。

表4.3 外国毕业生居留与就业政策概要

	可居留的毕业生类型	是否需获企业聘用	正式就业前的停留时间	就业范围	其他条件
日本	高等院校毕业生	是	90天	与所学专业有关,非护理、美容和美发等行业	薪酬不低于日本员工
澳大利亚	不接受澳大利亚援助奖学金的毕业生	否	可在毕业后六个月内,直接申请技术移民	"技术职业清单"所列工种	不满45周岁,拥有一定的英语能力,完成CRICOS上学习时间不少于92周的课程,获得澳大利亚认可的学位或证书,在技术移民测评中获得120分,通过"工作准备度"测试
新西兰	所有留学生	否	可在毕业后六个月内,直接申请技术移民	"技术移民类目"所列工种	在技术移民测评中获得100分
美国	所有留学生	否	选择性实习训练的剩余时间	与所学专业直接相关	遵守留学生在学期间的打工规定,每周至少工作20小时
英国	所有留学生	否	六个月	任意	在测评中达到所需积分
法国	所有留学生	硕士及硕士以上文凭持有人无须获企业聘用,其他毕业生需出示企业聘用合同	硕士及硕士以上文凭持有人可停留六个月	硕士及硕士以上文凭持有人的工作需与所学专业匹配	遵守留学生在学期间的打工规定

续表

	可居留的毕业生类型	是否需获企业聘用	正式就业前的停留时间	就业范围	其他条件
德国	所有留学生	否	一年	与学位匹配	遵守留学生在学期间的打工规定
新加坡	大学和理工学院毕业生	否	一年	任意	无

在我国，由于部门之间条块分割明显，留学生教育政策的制定与实施基本全由教育部门负责，与主管移民事务的出入境管理部门以及主管就业事务的劳动部门鲜有沟通与合作。结果，我国的留学生教育政策一般只涉及与教育有关的事项，未考虑留学生的就业需求以及劳动力市场对国外人才的需求。此外，我国更多地将国外人才视为本国劳动力的竞争对手，尚未认识到其在创建多元文化、开拓国际视野以及通过创业提供就业机会等方面可能作出的贡献，因此对吸引外国毕业生在华就业并无太大的积极性。这既使得相当比例的留学生难以实现其在中国就业的期望（见图4.6），损害我国留学生教育的吸引力，又不利于建设我国经济发展所需的人力资源，提高劳动力的国际化程度。

第七节 职业咨询

虽然本研究选取的八个国家都在不同程度上允许留学生在学期间打工，并给予毕业生在当地居留和工作的权利，但是如果没有适当的职业咨询辅助，留学生很难找到实现这一权利的机会。

为帮助学生（包括留学生和当地学生）寻找合适的工作，这八个国家的高校一般设有专门的职业咨询机构。例如，德国的许多高校成立了职业介绍所，英国的院校也多有就业服务处或求职站，为学生提供招聘信息和面试技巧，帮助其撰写个人履历和求职申请，协助其选择职业等（British council，2009c：4）。一些国家还成立了地区性乃至全国性的学生职业咨询机构，如法国的"伯纳德·格雷戈里协会"（Association Bernard Gregory）和新西兰的"学生就业搜索"（Student Job Search）。伯纳德·格雷戈里协会成立于1980年，是专门帮助新近毕业的博士生和博士后在商业和企业界谋职的非营利组织，成员与合作伙伴包括法国教育部、法国外交部、巴黎大区议会、50家公司、15家研究机构以及诸多大学、工程院校和全国性协会等。它提供七百五十多家公司的求职信息，并在履历撰写和职业生涯规划等方面，给予毕业生个别化的支持。

它开辟的网站（http：//www.abg.asso.fr）每月访问量达到40万人次。[①] 学生就业搜索成立于1982年，是由新西兰高校学生会拥有并管理的非营利性职业介绍机构，运行资金来自政府、高校和学生会。企业可以在这里公开各种短期和长期、兼职和全职的岗位空缺信息，供学生免费查询。[②]

然而，这形形色色的职业咨询机构虽然为全体学生（包括留学生）提供多种服务，但研究一致认为，留学生的职业咨询需求不同于当地学生。首先，留学生不熟悉当地的劳动力市场，很难找到自己感兴趣的工作（Bikos & Furry，1999：32），所以对职业咨询的要求更高。其次，留学生远离自己的祖国，难以与祖国的企业联系，所以在建立企业关系时需要更多的帮助。最后，那些想留在当地工作的留学生，可能对当地的企业文化和求职文化感到陌生，不知道怎样撰写合适的个人履历和求职信，以及怎样回答面试官的提问，所以需要更多的求职技能培训。而对当地学生来说，他们更需要的是职业选择方面的咨询与指导（Gibson，2005：20；Cappuccini，Harvey，Williams，Bowers-Brown，McCaig，Sagu，& MacDonald，2005：49）。为满足留学生独特的职业咨询需要，各国院校纷纷开展革新，通过设立专门的留学生职业咨询岗位，充分运用网络技术等方式，为留学生提供服务。

在我国，面向留学生的职业咨询还是一片尚未开垦的处女地。高校及政府急需学习其他国家的经验，建立并不断改进相关服务，提高我国留学生教育的国际竞争力。下文总结八个留学生接收大国普遍采取的四项措施，供我国高校与政府参考。

一、设立留学生职业咨询岗位和机构

在那些留学生规模较大的院校，设立专门的留学生职业咨询岗位或机构，满足留学生特有的打工和就业需求，已经是一种日益普遍的做法。2002年，澳大利亚昆士兰科技大学增设了"国际职业咨询师"（International Career Counsellor）一职，帮助留学生寻找就业机会，开展就业准备。为了与国外企业建立合作关系，并确保国外的就业信息准确可靠，国际职业咨询师每年至少访问一次有关国家，与当地政府和企业会面（Gibson，2005：19—21）。

美国密苏里大学哥伦比亚分校成立了留学生职业咨询中心，其特色是采用同伴咨询，让修读咨询心理学和职业发展专业的外国研究生，为留学生的就业出谋划策。在这里，想继续求学深造的留学生可以获得高校研究生院及入学考试的信息，想参加工作的留学生可以查询国内外各种兼职、全职和实习岗位，了解美国的工作许可制度，

---

① 资料来源：http：//www.abg.asso.fr/display.php? id=359。
② 资料来源：http：//www.sjs.co.nz/content/about/landing.aspx。

学习各种求职技巧和礼仪。留学生还可以在咨询师的帮助下，测评自己的职业倾向，据此决定未来的专业或职业选择（Yang，Wong，Hwang，& Heppner，2002：204；208）。2006年秋季的数据显示，该学期中，三分之一以上的留学生到留学生职业咨询中心寻求帮助，对所获服务的满意度达到8.24分（满分为10分）。[①]

在日本，一些大学把留学生的职业咨询外包给专门机构。例如，2008年10月，明治学院大学与大型人才派遣公司保圣那集团株式会社签约，由后者为大学的四十多名三年级留学生提供职业咨询，包括怎样撰写个人履历，怎样准备面试，以及介绍日本和全球的就业市场（Otake，2008）。

在英国，27%的继续教育学院或提供专门针对留学生在学期间打工的咨询服务，或将这类服务承包给外部的专业机构。在留学生毕业后的深造和就业方面，提供这类服务的继续教育学院比例为47%（UK Council for International Student Affairs，2008f：24）。在高校中，有34%提供留学生打工咨询，42%提供毕业后的深造和就业咨询（Council for International Students，2007：24）。其余院校虽未将当地学生与留学生的职业咨询区分开来，但多半会为留学生编撰专门的职业咨询资料（Cappuccini，Harvey，Williams，Bowers-Brown，McCaig，Sagu，& MacDonald，2005：55）。

除高校外，一些原先主要面向当地公民和学生的职业咨询机构，也开始设立专门的留学生服务窗口，一些地区则新建了留学生就业组织。例如，日本厚生劳动省在全国各大城市设有584家"公共就业保障办公室"（Public Employment Security Office），并通过网络（http：//www.hellowork.go.jp）将这些办公室连接在一起，共享岗位空缺信息。其中，位于东京和大阪的公共就业保障办公室成立了"外国人雇用服务中心"，专为留学生及具有特殊技能的外国人提供招聘信息和职业咨询，帮助其了解居留和移民政策。[②] 苏格兰国际联盟（Scottish Networks International）是一个新建的组织，旨在帮助外国研究生与当地企业建立联系。它不定期地召开企业网络会议、研讨会和企业见面会，安排即将毕业的外国研究生到当地企业实习（British Council，2007a：161）。

二、开设工作坊

为了提高留学生的求职技能，几乎所有高校的留学生职业咨询师或咨询机构都开办各类工作坊，在实践操作中对留学生进行培训。美国密苏里大学哥伦比亚分校每年

---

① 资料来源：http：//education.missouri.edu/orgs/cmrtc/services/iscs.php。
② 资料来源：http：//www.mhlw.go.jp/bunya/koyou/gaikokujin12/english.html；http：//www.tfemploy.go.jp/en/info/info_1.html。

根据留学生的需要,举办大量的求职工作坊,内容涉及校内求职、美式履历和求职信的撰写、美国人才招聘会、面试技巧、工作签证与移民法规等。一些工作坊还留出时间,帮助留学生修改履历和求职信等。分校亦组织即将在六至八个月内毕业、想在美国工作的留学生成立"求职联系"(Job Search Connections)小组,加强同伴之间的联络,共享求职信息与经验。小组每周会面一次,就制订个人求职计划、自我推销、查找职位空缺、参加人才招聘会、撰写业务书信和待遇协商等进行讨论,并交换个最新的个人信息。① 美国中西部地区的一所大学以行为学习理论为基础,建立了留学生求职俱乐部(Job Search Club),通过讲解和角色扮演等,示范恰当的求职行为,供留学生模仿。结果显示,参加此俱乐部的留学生,求职技能和自信心均有显著提高(Bikos & Furry,1999)。澳大利亚昆士兰科技大学的国际职业咨询师每两周举办一次工作坊,每次工作坊都围绕一个国家,以提供就业机会为核心,根据该国雇主提出的要求,分析求职和就业趋势,并提供雇主的联系方式(Gibson,2005:21)。

一些地方性和全国性的专业组织也为提高留学生的求职技能作了不少工作。例如,成立于1999年的英国国家学生就业服务协会(National Association of Student Employment Services)在"首相行动计划第二期"的资助下,开展了"留学生导师项目"(International Students Mentoring Programme),利物浦大学、利物浦霍普大学和边山大学(Edge Hill University)均参与其中。近六十名留学生与当地企业负责人、大学职员以及目前正在打工的留学生结对,其中与企业负责人结对的超过50%,与大学职员结对的占41%。在两个月的项目试验期中,留学生与导师会面两次,讨论个人履历和求职申请的撰写、面试技巧、自荐方法和可能的实习机会等。项目评价结果表明,94%的留学生对申请兼职工作有了更充分的准备,96%的导师希望继续参加这一项目(National Association of Student Employment Services,2009)。

三、利用现代通信技术

前文多次提及,如今的留学生属于"网络代",如何利用现代通信技术,加强对留学生的服务,是众多高校关注的焦点。英国所有高校的职业咨询中心都开发了网上资源库,提供职位空缺清单,并可链接到企业以及伦敦大学网上职业资料室等网站。大约60%的留学生通过这些网上资源,查找就业信息(Cappuccini, Harvey, Williams, Bowers-Brown, McCaig, Sagu, & MacDonald,2005:44)。英国还有一个全国性的"国际就业网"(International Job Online)(http://prospects.thecareersgroup.co.uk/),收集了

---

① 资料来源:http://career.missouri.edu/ISCS/services/workshops.php;http://career.missouri.edu/ISCS/services/groups.php。

国内外企业的求职信息。该网站开发了搜索引擎，留学生可以按照工作种类、企业名称和申请截止日等，查找自己感兴趣的职位。① 在提供就业信息的同时，一些机构还利用网络提高留学生的求职技能。2008年，英国国家学生就业服务协会为留学生开发了名为"不只是工作"（Morethanwork）的网站，介绍留学生的就业权、国民保险号码、澳大利亚和中国等15个国家的就业趋势及求职建议，以及五个成功就业的留学生案例。② 英国纽卡斯尔大学的职业咨询中心开发了大量针对留学生的网络资源（http://www.ncl.ac.uk/careers/），其中既有国内外职位空缺搜索引擎、相关的签证规定和链接，还介绍了面试技巧等求职技能，并提供网上心理测试。③

除以上服务之外，不少高校也利用网络，提高职业咨询的个别化程度。一些研究发现，受语言障碍和文化差异等因素的影响，留学生有时不愿意与职业咨询师面对面地交流。此时，网络便成为走近留学生的主要渠道。在澳大利亚的昆士兰科技大学，留学生可以通过电子邮件与国际职业咨询师交流，在网上查看"外国毕业生去向调查"数据，在电子论坛中提出和探讨各种问题，向教师发送电子履历和求职信，并在24小时内得到教师的修改建议（Gibson，2005：21）。

随着通信技术的飞速发展，网络的功能如今又得到进一步开发，留学生与职业咨询师和企业的远距离虚拟互动成为现实。英国布鲁内尔大学（Brunel University）发现，该校38%的留学生希望毕业后回国就业，更多的留学生希望在读期间有机会回国实习。不过，跨国招聘对留学生和企业来说都困难重重，成本也较为昂贵。为解决这一问题，布鲁内尔大学设计了一整套网络工具。利用这套工具，国外企业可以在网上发布面试问题，留学生可以挑选若干问题作出回答，将此制作成视频文件，发送给职业咨询师，并在听取其反馈意见后，对视频文件作出修改。企业可以查看修改后的文件，从中了解留学生的个性、职业知识和就业动机等。这套工具中还有一个内置程序，可以让企业为列入候选名单的留学生提供反馈（UK Council for International Student Affairs，2009a：27）。与此相似，英国职业咨询服务联合会为来自英国各地的企业、院校和留学生开辟了共享的网络会议空间，并利用此空间举办国际虚拟人才招聘会。④

四、开展教师和企业培训

为留学生提供职业咨询对相关教师提出了更高要求，因为职业咨询师不仅要熟知

---

① 资料来源：http://nases.org.uk/files/PMI2_Employability_Projects_2007_09_overview2010.pdf。
② 资料来源：http://www.nases.org.uk/students/content/index.php?page=234963。
③ 资料来源：http://www.ncl.ac.uk/careers/jobs/applications/index.php。
④ 资料来源：http://nases.org.uk/files/PMI2_Employability_Projects_2009_11Overview2010.pdf。

本国的就业市场,还必须了解其他国家的就业信息,如各种职业对教育资历的要求、就业前景、工资和福利。不过现实不容乐观,调查显示,一些职业咨询师感到自己没有得到这方面的充分培训,无法获取其他国家的就业市场信息。在英国,仅8%的留学生向教师咨询英国以外的就业信息,其中只有约三分之一认为咨询服务有所助益(MacDonald,2005:84)。此外,随着留学生人数的增多,学生对职业咨询服务的需求量越来越大,但很少有院校增加职业咨询部门的经费和人力,职业咨询师常抱怨时间不够用(Cappuccini, Harvey, Williams, Bowers-Brown, McCaig, Sagu, & MacDonald, 2005:84;89)。面对这些问题,一些国家的职业咨询组织开始对相关教师进行在职培训,以便调整其知识结构,提高工作效率。

英国职业咨询服务联合会是高校职业咨询师的专业组织。在"首相行动计划"的资助下,它开发了面向新入职的职业咨询师的虚拟学习平台,供其了解有关国际化的入门知识,知晓留学生面对的困难,并在电子论坛上讨论自己的职业咨询体验。它通过组建网络社区和举办职业咨询师交流会,让教师分享成功经验,共同开发相关资源。迄今为止,联合会已经出版了七本职业咨询指导手册,内容涉及就业能力的国际化、英国的就业与深造机会、其他国家的就业信息、与企业合作的方法以及跨文化交流等。它还组织职业咨询师赴中国和印度等留学生输出大国考察,探访当地的企业、高校和职业咨询人员。[①]

在培训职业咨询师的同时,一些地区还开始为企业提供培训,因为有研究发现,留学生之所以找不到工作,原因之一是企业不愿意给他们工作机会,或者不知道政府允许留学生在当地就业(Council for International Students,2004:7)。于是,一些高校的职业咨询机构为企业提供个别化服务,帮助其了解聘用留学生能够带来的裨益,掌握本国的相关法律与政策(Cappuccini, Harvey, Williams, Bowers-Brown, McCaig, Sagu, & MacDonald, 2005:vi)。2007年,英国职业咨询服务联合会、高等教育就业服务局(Higher Education Careers Services Unit, HECSU)、国家学生就业服务协会和国家工作实践委员会(National Council for Work Experience)结成联盟,采取一系列措施改善留学生就业,其中之一便是对企业进行培训,传播聘用留学生的裨益和相关规则。[②]

五、小结与反思

良好的职业咨询可以提高留学生的就业能力,帮助留学生实现文凭的价值。就此

---

① 资料来源:http://nases.org.uk/files/PMI2_Employability_Projects_2007_09_overview2010.pdf;http://www.agcas.org.uk/agcas_resources/20-Going-Global;http://nases.org.uk/files/PMI2_Employability_Projects_2009_11Overview2010.pdf。

② 资料来源:http://www.britishcouncil.org/eumd-pmi2-employability.htm。

而言，职业咨询是留学生教育中不可或缺的一环。一些国家认识到了这一点，将职业咨询纳入留学生教育的国家政策。例如，英国"首相行动计划第二期"的重点之一，是提高留学生的就业能力。日本在"30万留学生接收计划"中，明确要求高校设置专业组织，强化留学生就业服务。①

在政府的推动下，国外不少高校设立了专门的留学生职业咨询岗位或机构，通过工作坊和网络等，为留学生提供就业信息，提高其求职技巧，高校职业咨询师的专业培训也已初露头角。这些举措都提高了留学生对职业咨询服务的满意度。在英国高校，近60%的留学生使用了校内的职业咨询服务，其中82%的本科生和75%的研究生与预科生对此感到满意（Council for International Students，2004：6）。

当然，由于针对留学生的职业咨询是一种相对较新的服务，所以不少方面还有待改进。例如，英国的调查发现，留学生对高校职业咨询服务的知晓程度偏低（Council for International Students，2006：5），学生更多依靠个人和校外职业中介寻找工作。许多高校的首页上没有留学生职业咨询的网页链接（Cappuccini，Harvey，Williams，Bowers-Brown，McCaig，Sagu，& MacDonald，2005：），为留学生使用网络服务带来了不便。此外，如前所述，多数职业咨询教师对国外的劳动力市场所知甚少，无法给予回国就业的留学生太多的帮助。

不过，尽管留学生职业咨询目前存在这样或那样的不足，这些国家终究迈出了这崭新的一步。相比之下，我国对"留学生教育"的界定较为狭隘，没有将提高留学生的就业能力和就业机会包含在内，使得我国的留学生教育失色不少。

第八节 校 友 会

留学生毕业并不意味着他们与留学目的地的关系终结了，相反，它意味着一段新关系的开始。各国政府都意识到，与国际校友保持长久的联系可以带来政治、科研和经济等方面的收益。就政治而言，国际校友往往对留学目的国抱有好感，可以宣传留学目的国的文化与制度，推动祖国与留学目的国的友好关系。就科研而言，那些活跃在高校与研究机构的校友——特别是经过精挑细选的奖学金获得者，可以与母校开展学术交流和科研合作，共同推动知识创新。就经济而言，国际校友可以发挥的作用更多。其一，他们可以为留学目的国的企业及其海外分支服务，创造经济财富。其二，他们可以加强祖国与留学目的国之间的贸易往来。其三，国际校友可以用自己的留学经验，为祖国的潜在留学生提供咨询，从而帮助有关国家拓展留学生市场。其四，校

---

① 资料来源：http://www.cn.emb-japan.go.jp/jihua.pdf。

友之间的人际关系网可以帮助他们获得更多的工作及开拓业务的机会,更好地实现文凭的价值。在认识到国际校友的作用之后,除院校之外,各国政府亦纷纷出资,组建国际校友会,发展对本国态度积极的人际网络。例如,德国的 350 个校友会遍布世界各地;日本在 104 个国家建立了 312 个校友会,并指定 22 个亚洲国家的 55 个校友会对外开放,作为日本在亚洲的信息基地,推广日本教育。① 我国也希望借助国际校友,塑造和提升国际形象。

> 根据中国政府的说法,我们希望能够借助来华留学的毕业生,特别是优秀的毕业生,在更大的范围内宣传中国的形象。
>
> (G/administrator/03/p.12)

但是在建立国际校友网络的途径方面,我国与其他国家差距颇大。

为了保持与国际校友的联系,各国政府与留学生教育行业领导团体合作,采取了一系列措施。第一,出版国际校友刊物,加强信息沟通。德意志学术交流中心每年出版三期《通信》(Letter)杂志,免费向国际校友发放,介绍德国高等教育、科学与研究政策的发展和趋势,以及德意志学术交流中心的活动与项目。② 同样,日本学生支援机构编撰了简讯,每月以电子邮件的形式发送给想来日本留学、正在日本留学和已经毕业回国的学生。校友可以在这里找到获得日本政府资助的机会和贸易机会,或者为打算赴日留学的学生提供建议 (Japan Student Services Organization, 2009:15)。

第二,举办形式多样的国际校友活动,促进校友之间以及校友与留学目的国的联系。这些活动有的属休闲性质,如英国驻外使领馆每年为当地的志奋领校友举办多种闲暇活动,如户外烧烤、电影展览和体育活动③,有些则较为正式。例如,日本学生支援机构为国际校友举办求职准备研讨会,帮助校友寻找与其职业发展规划相匹配的工作 (Japan Student Services Organization, 2009:15)。英国文化协会每年在不同城市,为校友开办人才招聘和职业发展研讨会,以助校友了解祖国的就业市场,提供职业规划辅导和就业机会。它同时推出"网上招聘会",促进国际校友与企业和人力资源专家开展网上对话。④ 德国的校友活动更注重推动国际校友的学术发展,如德意志学术交流中心与德国外交部门合作,每年在不同国家组织针对某一学科的校友研讨会,

---

① 资料来源:http://www.deutsche-kultur-international.de/en/themen/study/alumni-associations.html; http://www.studyjapan.go.jp/ch/ath/ath01c.html。
② 资料来源:http://www.daad.de/alumni/en/4.4.1.html。
③ 资料来源:http://www.britishcouncil.org/zh/china-education-scholarship-chevening-return.htm。
④ 资料来源:http://www.educationuk.net.cn/alumniuk/pdw/intro.html。

并资助一百二十多个校友会自主举办与学科相关的小型研讨会。① 一些国家还邀请活跃在祖国各界的校友回访，建立友好关系。如日本外务省在中国、韩国、印度和巴基斯坦等17个亚洲国家，常年组织校友回访团，邀请回国后表现突出的校友到日本访问一周。② 在我国，应教育部邀请，由四名校友组成的韩国留华博士毕业生代表团曾于2005年来我国作了短期回访，探访了教育部和部分高校，参观了中韩合资企业。③

第三，开发国际校友网站，扩大国际校友参与度。校友活动只在固定的时间和地点举行，这在某种程度上限制了校友的参与程度。为了让校友能随时随地开展交流，了解相关信息，不少国家利用现代通信技术，开发了国际校友网站。"德国校友门户网站"（Alumniportal Deutschland，http：//www.alumniportal-deutschland.org/）由联邦经济合作与发展部出资，德意志学术交流中心等五大机构共同开发。网站设有包括中文在内的四种语言版本，是国际校友交往、求职和学习的平台。它开发了能够自我生成和更新的校友数据库，公布招聘和培训信息，提供网上语言课程（German Academic Exchange Service，2009a：64—65），并开辟了网上论坛，供校友探讨问题，互发短信。④

法国的国际校友网名为"联系法国"（France Contact，www.francecontact.net/），专为艾菲尔奖学金获得者而设，除便于校友交流之外，还提供国内外各种最新的科技信息、法国报刊内容、重要的研究中心新闻以及网上科学杂志。非奖学金生可加入法国驻外使馆在当地的校友网站，如中国的"留法学友俱乐部"网站（Club France，www.clubfrancechine.org），查询网上招聘信息和校友名录，参加网上论坛。其中，校友名录设有搜索引擎，校友可以按照院校、城市、国籍、姓名和专业等，寻找昔日同窗。为了鼓励校友加入俱乐部，网站向会员提供法国航空公司和多家法资企业的消费折扣。⑤

与法国一样，英国没有开发像德国那样面向所有国际校友的门户网站，而是按照国籍和是否获得奖学金，对校友作了区分。志奋领奖学金获得者自动成为志奋领网上社区的一员，旨在打造一个对英国态度友好的各国未来领袖网络。目前该社区成员数超过三万名。非奖学金校友可以加入各国自己开发的校友网站，如在中国的"留英同

---

① 资料来源：http：//www.daad.de/alumni/en/4.4.1.html。
② 资料来源：http：//www.studyjapan.go.jp/ch/faq/faq09c.html。
③ 资料来源：http：//www.moe.edu.cn/edoas/website18/01/info17601.htm。
④ 资料来源：http：//www.deutsche-kultur-international.de/en/themen/study/alumni-associations.html；http：//www.daad.de/alumni/en/4.3.html。
⑤ 资料来源：http：//www.francecontact.net/gb_b/accPDT.html；http：//chine.campusfrance.org/page.ip?id=8_1&locale=zh_CN；http：//www.clubfrancechine.org/zh-hans/%E6%88%91%E4%BB%AC%E7%9A%84%E6%9C%8D%E5%8A%A1；http：//www.clubfrancechine.org/zh-hans/。

学网"（http：//my.educationuk.cn/alumniuk.do）上，校友可以撰写日志、交流经验、学习面试技巧等求职技能。[①]

在我国，教育部委国际合作与交流司设立了"留华毕业生联络处"，为在读留学生和国际校友组织活动，提供交流平台。联络处没有自己独立的网站，只是在教育部留学服务中心的"留学中国网"中编写了若干网页，发布联谊活动信息、住宿信息和招聘信息，供校友分享留学体验，以及在网上论坛中讨论自己感兴趣的话题。不过联谊活动和住宿信息实际上面向在读留学生，而招聘信息、网上论坛和留学体验又均为空页。[②] 换句话说，"留华毕业生联络处"为国际校友提供的信息几乎为零。

第四，提供学术指导与信息，为国际校友的职业发展助一臂之力。在这方面，最值得关注的是日本。它为来自发展中国家、在日本获得硕士和博士学位的校友，设计了"归国外国留学生短期研究制度"和"归国外国留学生研究指导事业"，为高端人才提供继续发展的机会。"归国外国留学生短期研究制度"针对年龄不超过45岁，回国三年以上，活跃在大学等教育机构及政府部门，从事教育、学术研究和行政工作的校友。每年，日本从符合资质的国际校友中选取约60人，资助其返回日本的大学，与留学时的导师一起，开展60—90天的研究。"归国外国留学生研究指导事业"面向回国不到三年，在大学和研究机构从事教育和研究，或在政府部门工作的校友。日本政府出资派遣其留学时的导师（每年约20名），前往校友所在地，给予7—10天的指导，提高其教学和研究水平，同时在校友所在的机构开办讲座和专题报告等，宣传日本的教育与科研（Japan Student Services Organization，2009：15）。

综上所述，国际校友是一种的宝贵资源，可以为一国的政治和经济作出贡献，还可以帮助宣传留学生教育，为潜在留学生提供咨询。本研究选取的八个国家中，美国院校历来重视校友文化，各校一般已经有了良好的校友网络。这也许是美国政府没有像其他国家那样，为建设国际校友会而采取进一步措施的原因。新西兰与美国相反，对校友会的态度一直较为淡漠，国际校友与新西兰基本上没什么长期的联系（New Zealand Ministry of Education，2007b：20）。不过，在其他国家的影响下，新西兰正在逐渐转变其一贯的做法。2005年5月，新西兰—中国校友网在北京举办第一次校友活动，时任新西兰首相的海伦·克拉克和中国教育部长周济等250人与会。当年12月，新西兰的第二次中国校友活动在上海举行，新西兰驻中国大使宣读了克拉克首相的贺信（Fancy，2006），充分显示出新西兰政府对国际校友的重视。

除美国和新西兰外，其他六个国家都在政府的资助下，在世界各国建立了校友会，

---

① 资料来源：http：//www.chevening.com/what-chevening；http：//www.chevening.com/scholarships。
② 资料来源：http：//www.cscse.edu.cn/publish/portal19/tab789/。

并通过多种渠道,加强与校友的联系,为校友提供就业和学术发展等方面的服务,从而保持校友对本国的忠诚度。这些做法在一些国家虽然成效显著,在另一些国家有时则效果不尽如人意。有调查指出,英国43%的国际校友觉得自己与就读院校互不相关(Brown, Archer, & Barnes, 2008: 26)。

在我国,国际校友文化还处于初建阶段,高校很少有意识地收集毕业生信息,为其提供多种多样的服务,国际校友与母校基本上相互隔离,鲜有交流。

> 其实很多留学生留在上海工作了,甚至找了比较好的工作。但是除非他们自己对母校还有点感情,会回来看我们,一般很少有留学生回到母校。就是说,我们与他们之间没有很有效的联系途径。
>
> (G/administrator/01/p. 3)

我国教育部已经注意到了国际校友的重要性,开始邀请校友访问中国,编写校友网页。但与其他国家相比,我国与国际校友联系的途径较为单一,基本上没有为校友提供就业和学术发展方面的服务,建立国际校友网络的成效并不理想。与此相对,来华留学生大多希望毕业后加强与母校及中国的联系,与中国有更多的往来。事实上,建立与中国的联系是他们选择来中国留学的目的之一。

> 我不想读完博士就与这里断了关系,因为我的目标之一就是保持与这里的关系。我想如果我割断了与这里的关系,那么在这里读博士就没有意义了。
>
> (D/student/02/p. 3)

> 毕业以后的事情我还没想好,但是如果可以的话,我还是想从事教育工作。在韩国教书也可以,在中国教书也可以,这没有关系,但是我想做韩国与中国之间的桥梁。这是我的一个大梦想。
>
> (G/student/03/p. 5)

可见,留学生对国际校友会有着较强的需求,但这种需求目前在我国没有得到满足,基本上也没有得到应有的重视。

第五章 结论与建议

本研究借鉴市场营销学中的产品分类理论，将留学生教育的产品分为四类：一是与教学直接相关的一般产品；二是与教学间接相关、能促进留学生学习的期望产品；三是能帮助留学生更好地生活、更好地实现文凭价值的附加产品；四是具有多种可能性的潜在产品。前三章分别以上海市高校为个案，分析了我国留学生教育的一般产品、期望产品和附加产品，并与八个留学生接收大国作了比较。潜在产品的种类受留学生教育研究水平、用户对留学生教育的期望、留学生接收国经济与文化背景等诸多因素影响，目前为止尚未形成统一的框架，也不是本研究分析的重点。不过在下文相关处，本研究将对潜在产品的开发提出一些初步的设想。

在本书的最后这一章中，我们参照留学生教育的产品分类，首先在国内外比较的基础上，分析我国留学生教育的国际竞争力，然后借鉴其他国家的经验，对改进我国的留学生教育制度提出若干建议

第一节　我国留学生教育的国际竞争力

根据前三章的描述，表 5.1 概括了我国与八个国家留学生教育产品的主要特征。

表 5.1 留学生教育产品概览

留学生教育产品		美国	英国	法国	德国	澳大利亚	新西兰	日本	新加坡	中国
一般产品	院校质量建设	统一的质量保障机制	统一的质量保障机制，"英国教育"品牌	统一的质量保障机制	统一的质量保障机制	统一的质量保障机制，"留学澳大利亚"品牌	统一的质量保障机制，"留学新西兰"品牌	统一的质量保障机制，提出品牌战略	统一的质量保障机制，"新加坡教育"品牌	仅针对英语授课医学本科教育的质量保障机制
	招生标准与经费资助	留学申请人须通过语言考试，有时还要参加全国统一的入学考试，递交个人陈述和推荐信	留学申请人须通过语言考试，对英语成绩的要求有所提高	留学申请人须通过语言考试	留学申请人须通过语言考试和学历认证，有时还要参加全国统一的留学生入学考试	留学申请人须通过语言考试	留学申请人须通过语言考试，以成绩达到一定标准，有时还要参加入学考试	留学申请人须通过语言考试，多数情况下要参加全国统一的留学生入学考试	留学申请人须通过语言考试	高校自定入学标准，入学门槛普遍较低，个别高校组织入学考试，加大了资质审核力度
		研究生课程申请人须参加入学考试		博士课程申请人须直接与具有招收博士生资格的教授联系	博士课程申请人须直接与具有招收博士生资格的教授联系			部分研究课程申请人在报名前须获得导师首肯		研究生与导师的专业匹配程度不高
		竞争性较强的奖学金与贷款	竞争性较强的奖学金与困难补助基金	竞争性较强的奖学金，为奖学金生提供从入学前到毕业后的各种服务	竞争性较强的奖学金，各类补助与贷款	竞争性较强的奖学金	竞争性较强的奖学金和博士生优惠	竞争性较强的奖学金与物资援助	竞争性较强的奖学金、学费减免补助、贷款与助学金	奖学金竞争性较弱，中国政府奖学金质量不高

续表

留学生教育产品		美国	英国	法国	德国	澳大利亚	新西兰	日本	新加坡	中国
	教学过程	出勤率和学业进展与学生签证直接相关	有效帮助学生应对语言障碍 出勤率和学习成绩与学生签证直接相关	开设英语授课专业 出勤率学习成绩与居留许可直接相关	有效帮助学生应对语言障碍；开设英语授课专业 出勤率和学习成绩与居留许可直接相关	有效帮助学生应对语言障碍 依法鼓励院校为教师提供跨文化教学培训 出勤率和学业进展与学生签证直接相关；对可能不达标的学生给予帮助	依法鼓励院校为教师提供跨文化教学培训 出勤率与学生签证直接相关	开设英语授课专业 出勤率与居留许可直接相关	出勤率与学生签证直接相关	少数高校有效帮助学生应对语言障碍；开设英语授课程；基本不能满足留学生的汉语学习需求 学分割和插班制日益普及；课程有时过于简单，教材开发和教学方法亟待改善；普遍缺乏基本的教学设施；多数教师对留学生印象不佳，所有教师一致同意降低评价标准，而留学生对此有不同看法 出勤率标准由高校自定，且任任凭学生签证无关，得不到切实的执行

续表

留学生教育产品		美国	英国	法国	德国	澳大利亚	新西兰	日本	新加坡	中国
入学前期望产品	的信息提供	不依靠中介，由官方机构提供留学信息	开展中介培训；公布中介信息	不依靠中介，由官方机构提供留学信息	不依靠中介，由官方机构提供留学信息	立法保障留学申请人的知情权	立法保障留学申请人的知情权		立法保障私立院校留学申请人的知情权	高校发布的留学信息较不完整，有时存在误导
						立法保障中介的规范性；开展中介培训；为信誉良好的中介提供增值服务	立法保障中介的规范性		立法保障私立院校中介的规范性；开展中介培训；公布中介信息	与中介合作不足，且缺乏相应的监管
		通过行业领导团体发布留学信息	通过行业领导团体发布留学信息	通过行业领导团体发布留学信息	通过行业领导团体发布留学信息	通过行业领导团体发布留学信息	通过行业领导团体发布留学信息	通过行业领导团体发布留学信息	通过行业领导团体发布留学信息	尚未建立行业领导团体；官方发布的留学信息较不完整

续表

留学生教育产品		美国	英国	法国	德国	澳大利亚	新西兰	日本	新加坡	中国
	入学后的适应辅导	入学教育内容多样	入学教育内容多样，且延展至整个学习阶段	工程类院校开设入学教育课程；入学教育延展至整个学习阶段	入学教育延展至整个学习阶段	入学教育延展至整个学习阶段	入学教育内容多样，且延展至整个学习阶段	入学教育延展至整个学习阶段	立法规定私立院校入学教育的内容；入学教育延展至整个学习阶段	入学教育内容较为单一，仅集中于开学初几天甚至几个小时
		多种方式促进留学生与当地学生互动	多种方式促进留学生与当地学生互动		多种方式促进留学生与当地学生互动	多种方式促进留学生与当地学生互动		多种方式促进留学生与当地学生互动	多种方式促进留学生与当地学生互动	多种方式促进留学生与当地学生互动与调查，效果不甚理想
			提供专业的心理咨询			提供专业的心理咨询	依法提供专业的心理咨询	提供专业的心理咨询	依法提供专业的心理咨询	缺乏专业的心理咨询
			学生参与课余活动的积极性不高			丰富的课余活动		丰富的课余活动		学生对课余活动的积极性和评价不高
			大力推动学生社团的国际化；增加留学生在决策中的发言权							留学生参加中国学生社团障碍重重；留学生社团分担部分行政职能，但缺乏决策权

续表

	美国	英国	法国	德国	澳大利亚	新西兰	日本	新加坡	中国
留学生教育产品		一站式招生服务	艺术类院校提供一站式招生服务	一站式招生服务	利用现代通信技术,及时传达各类信息				
行政管理	加强管理人员的能力建设	加强管理人员的能力建设	加强管理人员的能力建设	依法加强管理人员和相关教师的能力建设	依法加强管理人员和相关教师的能力建设	加强管理人员的能力建设	加强管理人员的能力建设	加强管理人员的能力建设	行政管理结构随留学生规模而有所变化,但两者有时不相匹配;机构其他部门和专业院系的管理能力有待加强;留学生与高校其他管理部门缺乏合作;有时会加深留学生与中国学生的隔离 中国政府奖学金申请人可网上报名,但不提供其他服务 院校规则多变,但未能通过有效渠道,及时告知留学生 管理人员数量不足,且有时态度不佳;在职培训者考虑留学生和受训者的需要;缺乏信息共享的渠道

续表

留学生教育产品		美国	英国	法国	德国	澳大利亚	新西兰	日本	新加坡	中国
	申诉机制	院校自定标准	依法建立学生申诉机制			依法建立学生申诉机制	依法建立学生申诉机制		依法建立私立院校学生申诉机制	没有建立外部的学生申诉机制；留学生较为集中的院系征询留学生对本院系的教学意见，但不对外公开；同卷和访谈信息的真实度不高，个别高校设立了留学生代表
	学生费用保护					依法明确退费标准 留学生可入读替代课程 学生费用保险	依法明确私立院校退费标准 私立院校留学生可入读替代课程 多种形式保障私立院校学生费用		依法明确私立院校退费标准 私立院校留学生可入读替代课程 多种形式保障私立院校学生费用	没有任何学生费用保护措施
附加产品	医疗保险	留学保险	留学时间为六个月及以上的学生及其家属免费享受公共医疗保险	符合一定标准的留学生购买公共医疗保险，其余购买私人保险	符合一定标准的留学生购买公共医疗保险，其余购买私人保险	所有留学生均购买学生医疗保险	依法购买医疗保险	留学时间为一年及以上的学生购买公共医保险，并享受医疗费补助	私立院校依法购买医疗保险	中国政府奖学金享受免费医疗保险，学习时间超过六个月的学生在一家高校指定的保险公司购买保险，但实施中存在医疗保险中不含疗保险；医疗保险中不含少漏洞；实用性较差 门诊险

续表

留学生教育产品		美国	英国	法国	德国	澳大利亚	新西兰	日本	新加坡	中国
住宿		提供多种住宿选择	提供多种住宿选择；发展优质的家庭寄宿计划	提供多种住宿选择；鼓励社会参与宿舍建造和管理；政府出资建造宿舍	提供多种住宿选择；鼓励社会参与宿舍建造和管理	提供多种住宿选择	提供多种住宿选择；依法管理家庭寄宿	提供多种住宿选择；鼓励社会参与宿舍建造和管理；政府出资建造宿舍	提供多种住宿选择；发展优质的家庭寄宿计划；政府出资建造宿舍	住宿选择不多；留学生宿舍与中国学生隔离，管理与服务有待改善
			提供住宿辅助	提供住宿辅助和政府补贴	提供住宿辅助	提供住宿辅助	依法提供住宿辅助	提供政府补贴		住宿辅助不足
人身安全		晚间护送	提供安全信息			依法保障留学生安全；加大打击犯罪的力度	依法保障留学生安全			高度重视留学生在校内的安全，发布一系列"禁令"，校外安全及相关信息的传递未得到关注
签证		加强对所有留学申请人的审查；对敏感专业申请人进行特别审查	加强对所有留学申请人的审查；对敏感专业申请人进行特别审查		加强对所有留学申请人的审查	加强对所有留学申请人的审核；实施五级审核	加强对所有留学申请人的审查			对留学申请人的审查较为宽松
		延长签证有效期；开发电子签证	延长签证有效期；开发电子签证；增强透明度；改革担保人制度；提供多种签证类型	开发电子签证；简化居留手续	开发电子签证；简化居留手续；提供多种签证类型	开发电子签证	开发电子签证	取消担保人制度；简化居留手续	延长签证有效期；开发电子签证；改革担保人制度	尚未简化签证与居留程序；电子签证制度实施有时不太严格；部分签证人员态度不佳

续表

留学生教育产品	美国	英国	法国	德国	澳大利亚	新西兰	日本	新加坡	中国
打工	符合条件的留学生可打工	允许留学生打工	允许自费留学生在一定条件下打工	允许留学生打工	允许留学生打工	符合条件的留学生可打工	符合条件的留学生可打工	允许留学生打工	不允许留学生打工，但此规定因教师和学生的认同度较低而难以执行
	对打工时间有所限制	对打工时间有所限制	对打工时间有所限制	对打工时间有所限制	对打工时间有所限制	对打工时间有所限制	对打工时间有所限制	对打工时间有所限制	未经批准非法打工
	有时需得到批准	有时需得到批准	有时需得到批准	有时需得到批准	无须得到批准	需得到批准	有时需得到批准	有时需得到批准	
	工作需与所学专业对口								

续表

留学生教育产品	美国	英国	法国	德国	澳大利亚	新西兰	日本	新加坡	中国
毕业后的居留与就业	毕业后可停留一定时间寻找工作；部分专业的留学生可延长停留时间	满足一定条件的毕业生可停留两年，以寻找工作	满足一定条件的毕业生可停留两年，以寻找工作；其余毕业生需事先找到接收单位，并得到许可	满足一定条件的毕业生可停留一年，以寻找工作	毕业生可停留18个月，以寻找工作	毕业生可停留六个月，以寻找工作	部分毕业生可停留90天，以寻找工作		毕业生需在规定期限内离境
	申请工作签证有额限制，但需事先找到接收单位	申请工作签证时需要求得许可，且需事先找到接收单位	申请工作签证需事先找到接收单位	申请工作签证需事先找到接收单位	制定技术移民政策，允许永久移民；无须事先找到接收单位	制定技术移民政策，允许永久移民；需事先找到接收单位	申请工作签证需事先找到接收单位		
							制定改善外国人就业环境的管理指南		

续表

留学生教育产品		美国	英国	法国	德国	澳大利亚	新西兰	日本	新加坡	中国
	职业咨询	设立留学生职业咨询岗位或机构 开设求职工作坊	设立留学生职业咨询岗位或机构 开设求职工作坊 开发网络职业咨询资源 开展职业咨询师培训			设立留学生职业咨询岗位或机构 开设求职工作坊 开发网络职业咨询资源		外包留学生职业咨询服务 开发网络职业咨询资源		没有专门面向留学生的职业咨询服务
	校友会	院校校友文化历史悠久	举办多种校友活动 开发校友网站	开发校友网站	出版校友刊物 举办多种校友活动 开发校友网站			出版校友刊物 举办多种校友活动 提供学术指导与信息		曾邀请韩国留华博士毕业生回访 校友网站内容较少

从表5.1中可以看到，本研究中八个国家提供的留学生教育产品，基本上囊括了从入学前到毕业后的方方面面。换句话说，它们提供的是包含一般产品、期望产品和附加产品在内的一整套产品。其中，有些产品在各国的形式与内容较为相近，如通过筛选度较高的程序，为成绩优秀的留学生提供奖学金，将出勤率与学生签证或居留许可直接挂钩，通过行业领导团体发布权威的留学信息，加强留学生管理人员的在职培训，为留学生提供多种住宿选择，简化签证程序，并在一定条件下允许留学生在学期间打工。但另一些产品并非为所有国家共有，如英国、澳大利亚、新西兰和新加坡创设了留学生教育的国家品牌，日本提出了相关的品牌战略，而美国、法国和德国在这方面没有什么举动。再如，各国对留学申请人的筛选程序有简有繁，留学生申诉和学费保护机制也不尽相同。这说明各国在提供留学生教育产品时，侧重点有所不同，从而在市场上形成一定的区分度。

大体而言，美国长久以来实施教育分权，由各州管理自己的教育事务，所以联邦政府迟迟未出台留学生教育的国家政策，而是依靠院校自身的努力以及外国学生对美国教育的认同度，拓展留学生市场。只有当留学生教育关系到移民问题时，联邦政府才会采取行动，如对招收留学生的院校进行认证，加紧对留学申请人的审查，以及根据留学生的出勤率和学业进展，决定其签证状态。换句话说，美国在提供留学生教育产品时，更看重保护国土安全，所以与其他国家相比，它发布的限制性条款较多。但由于美国在教育方面享有极高的国际声誉，又是世界第一大经济体，所以仍可吸引大批外国学生。

英国教育的国际声誉可以与美国媲美，同时极其注重提高各类留学生教育产品的质量。它不仅出台了世界上第一个留学生教育的国家政策——"首相行动计划"，第一个树立了留学生教育的国家品牌，而且第一个提出增强留学生的就业能力，第一个力图实现学生组织的国际化，赋予留学生参与决策的权利。这使得英国成为留学生教育发展的领头羊，其措施往往得到其他国家的仿效。

法国和德国在教育领域也有较高的声望，但留学生教育政策的取向较为保守，提供的期望产品和附加产品不多，不仅不鼓励院校使用留学中介，而且对毕业生的就业管制较为严格。但它们都强调留学生与当地学生地位同等，所以两者享受同样的公共医疗保险，其中法国留学生还可以获得政府的住房补贴。相比之下，法国对奖学金生更为重视，为其提供额外的附加服务，以此培养和吸引对法国态度友好的优秀人才。日本与这两个国家一样，也把注意力集中在优秀学生身上，为优秀外国毕业生的学术发展提供指导和信息。此外，它给予留学生的资金补助种类也许是最多的，除奖学金外，还有物资援助、医疗补助、住宿补贴和毕业生短期研究资助。不过要得到这些资助，学生多数情况下必须参加统一的留学生入学考试。

澳大利亚和新西兰作为相对新兴的留学生接收大国，通过制定留学生教育法，大力开发期望产品和附加产品,以此弥补一般产品的不足,彰显了其扩大留学生市场份额的决心。它们依法确保中介的合法性,为留学生提供专业的心理咨询,建立学生申诉和学费保护机制,保障留学生的人身安全,并制定了最为宽松的移民与就业政策。从某种意义上讲,这两个国家提供的期望产品和附加产品最富吸引力。

新加坡正在从留学生输出大国转变为留学生接收国。目前,其注意力主要集中于私立院校,在对私立院校的规管中,选择了一条与澳大利亚和新西兰相近的道路,但在外国毕业生的居留和就业方面,管理较为严格。

表5.1还显示,我国提供的留学生教育产品相比之下极不完善,几乎所有产品的质量都有待提高。例如,就一般产品而言,我国尚未设计统一的院校质量保障机制,对留学申请人的筛选也不够严格。就期望产品而言,无论是高校还是官方机构,发布的留学信息都极不完整,对留学中介鲜有管控。就附加产品而言,我国提供的住宿选择极为有限,签证程序既简陋又不够简化。此外,一些其他国家普遍提供的产品,我国迄今为止尚未开发,如学生申诉、在学期间的打工、毕业后的居留与就业,以及专门面向留学生的职业咨询。还有一些产品的提供取决于高校,缺乏统一的制度设计,如入学教育的内容与延续时间。

由于我国留学生教育产品的类型不够多样,质量也不如人意,所以学生对来华留学的满意度不高。在前文中,问卷数据显示,留学生对上海高校的教学、信息传递、行政管理和住宿等方面存有诸多不满。下文的分析将表明,留学生对留学上海的总体满意度与其他国家差距较大。在本研究选取的八个国家中,英国、澳大利亚、德国和日本都开展了留学生满意度调查。英国于2004年和2006年分别对高校和继续教育学院的留学生进行调查,发现高校留学生中,87%的学生对所学专业感到满意或非常满意,89%的学生对留学英国感到满意或非常满意。他们说自己获得了学术上的成长,英语水平有了提高,变得更加独立,还能与来自其他国家的人交流,了解不同文化(Council for International Students, 2004: 4; 12)。在继续教育学院的留学生中,88%的学生对所学专业感到满意或非常满意,82%的学生对留学英国感到满意或非常满意。29%的学生指出,虽然他们来英国留学主要不是为了增强独立性,但变得独立自主也是他们放弃在国内升学的理由之一,还有12%的学生把独立性的增强视为留学英国的一个最佳体验(Council for International Students, 2006: 3—4)。英国的另一项研究分析留学生的就业与职业发展状况,指出外国毕业生寻得全时工作的比例为76%,略高于英国毕业生的73%。无论毕业生是留在英国还是回国工作,表现都非常出色,担任高级职位和管理职位的比例为29%,远高于英国毕业生的16%。45%的留学生认为,作为英国高校的毕业生,他们能够在自己选定的职业中更快地晋升,67%的留学生承认,英国证书是提高其就业机会的重要因素(Brown, Archer, & Barnes, 2008: 21; 25)。这项研究说明,在英国的学习经历为留学生的职业发展打下坚实的基础。

澳大利亚最近一次对高校留学生的满意度调查启动于2007年。结果显示，83%的留学生对自己在澳大利亚的学习和生活经历感到满意，77%的学生对所学专业感到满意。大多数留学生毕业后选择继续留在当地工作或深造，约90%的留学生说自己的英语水平能够满足就业或继续深造的需要。83%的留学生会把澳大利亚作为留学目的地推荐给自己的亲友，68%的学生会推荐亲友来学自己学过的专业，71%的学生会推荐亲友入读自己所在的高校（Australian Education International，2008a：3—5）。这些比例尽管都不算低，但与以前相比已经有了一些退步。曾有学者调查过澳大利亚1999年的应届外国毕业生，发现当时91%的留学生对澳大利亚的教育质量感到满意或非常满意，88%的学生对所学专业表示满意或非常满意，92%的学生会推荐或强烈推荐亲友来澳大利亚留学（Harman，2004：109—110）。2009年，澳大利亚又调查了留学生毕业后的就业情况，发现在聘用外国毕业生的企业中，83%的企业表示满意或非常满意，低于企业对当地毕业生的满意度（91%）。一些企业指出，留学生的英语不如当地学生流利，工作经验也相对较少。就返回自己祖国的留学生而言，约80%的企业对其表示满意或非常满意，并尤为赞赏其解决问题的能力（Australian Education International，2009b）。

在德国，留学生评价最高的是德语课程，对此表示非常满意的学生比例达到65%，其次为与专业相关的辅导（57%）和入学教育（51%），再次为住宿辅助（47%）和行政程序（如办理签证和居留证）方面的辅助（44%）。69.8%的留学生会推荐或强烈推荐亲友来德国留学，19.8%的学生则明确表示不会把德国作为留学目的国推荐给他人（Federal Ministry of Education and Research，2008：45—47）。与英国和澳大利亚相比，留学生对德国的满意度相对较低，这可能是因为该国提供的留学生教育产品不如另两个国家丰富。

日本与德国一样，也非常重视为奖学金生提供优质服务，不过它同时给予各类留学生医疗和住房等方面的资金补贴，降低其留学成本。所以84.4%的日本校友对留学日本有好的印象，65.5%的校友愿意推荐他人来日本留学。①

相比之下，外国学生对留学上海的满意度要低许多。对于"总体而言，我对这所学校感到满意"这一陈述，表示同意或完全同意的只有54.2%；对于"总体而言，我对在上海留学感到满意"这一陈述，57.4%的留学生表示同意或完全同意；对于"我会把上海作为留学目的地推荐给祖国的朋友"这一称述，仅52.6%的留学生表示同意或完全同意（图5.1、图5.2和图5.3）。

---

① 资料来源：http://www.jasso.go.jp/study_j/sgtj_chi.html。

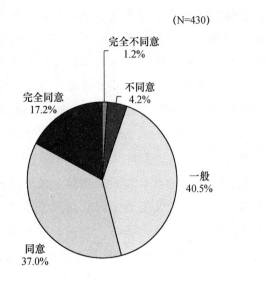
图 5.1 "总体而言，我对这所学校感到满意"

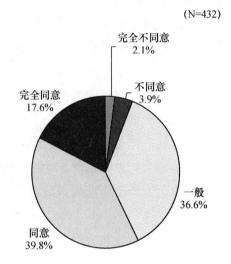
图 5.2 "总体而言，我对在上海留学感到满意"

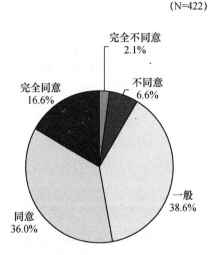
图 5.3 "我会把上海作为留学目的地推荐给祖国的朋友"

72.2%的留学生在来上海之前，把上海作为首选的留学目的地（N=453），但在来到上海之后，一些学生改变了意愿，使得愿意把上海作为留学目的地推荐给他人的留学生降低到52.6%，说明上海没有满足相当一部分留学生的期望。

我不会推荐我的朋友来这里读书，因为这里的相关环境还没有建设好，外国人来了会遇到很多麻烦。

(G/student/01/p. 2)

> 我不会推荐我的朋友来这里读书，对女孩子肯定不会推荐，对男孩子可能会推荐。因为我觉得女孩子来这里读书，一是会遇到很大的语言困难，二是会在生活上遇到比男孩子更多的困难，因为我感觉女生不够独立。而且，我的朋友如果学文科，我可以推荐他们过来，读医学也没有问题，因为读医学的留学生很多，留学生都有师兄师姐。如果读我所在的专业，只有两名留学生，那我不会推荐他们来这里。最关键是，在这里如果没有师兄师姐，（学习和生活）会非常困难。
>
> (C/student/01/pp. 17—18)

总之，与其他国家相比，我国的留学生教育缺乏足够的竞争力，在诸多方面亟待与国际接轨。

另有两点值得注意。第一，与英国的调查结果相似，上海的问卷数据显示，非学业方面的因素是最佳留学体验的重要组成。几乎所有回答了开放题的留学生都指出，他们在留学生活的中获得了个人的成长，培养了独立生活的能力，习得了一种新文化。"学会独立"，"学会自己解决困难"，"挑战自我"，"找到自我"，"学习新的文化"是他们最常用来描述自身最佳体验的词。此外，上海是一座国际化大都市，"经济的发展很快，环境很美，城市规划和建筑很伟大"，留学生可以在这里"体验都市生活"和"具有特色的城市化"生活，"使用先进的交通系统及其他基础设施"，享受"高效的银行服务"，"购买来自世界各地的商品"，观看"国际性运动比赛和博览会"，并通过"多国人民的聚集"，"与来自不同国家和地区的人相处"，"学习很多别的地方的文化"，"积累文化体验"。这些都增强了留学生对上海的满意度。在访谈中，也有不少留学生谈到上海作为大都市，对他们选择留学目的地产生了不小的影响。

> 其实，上海对留学生来说是一座很好的城市，因为这里什么东西都有，什么国家的人都有。如果你在上海需要什么东西却找不到，那不是因为上海没有这样东西，而是因为你自己没有找对地方。大家都知道上海。
>
> (F/student/03/p. 10)

> 上海是非常繁华的城市，而且非常国际化。我从小就很喜欢看到很多外国人不停地奔忙，所以我选择来上海留学。
>
> (F/student/01/p. 1)

个人的独立与成长以及国际化、多元化的都市生活虽然构成了留学生的最佳体验，但在我国全国范围及上海地区的教育国际推广中却未得到充分展现，这不能不说是一种缺憾。

第二，尽管上海对许多留学生来说是一座充满魅力的城市，但仍有不少留学生对上海市民表示了不满。他们批评上海市民不遵守交通规则，购物或乘车时插队现象严重，不愿意为有需要的人让座，卫生习惯差，在公共场合吸烟、吐痰、乱扔垃圾和大声喧哗的现象时时可见，服务人员（如出租车司机、医生和商场营业员）态度不佳。他们写道，留学上海最糟糕的体验是"交通很可怕，卫生太糟糕"，"斑马线形同虚设"，"在绿灯亮起时通行并不保证你不被轿车甚至公交车撞倒"，"走在人行道上没有安全感"，"很多人在路上吐痰，讲话大声，穿睡衣出门"，"买东西和上下车不排队，随便扔垃圾"，"公交车上不给老人让座"，"没有节制的抽烟和不卫生的吐痰，乱扔烟蒂"。一些留学生表示，因为存在这些现象，所以他们对推荐亲友来上海留学持保留态度。

> 红灯变绿灯了以后，汽车是停下来了，但是摩托车和自行车根本就不停。这样会撞到人的，但是骑车的人不觉得自己不对……那些在路边开店的人，把垃圾和脏水随便往外倒，我在路上走着，就有一股怪味传来……上海在中国已经是很先进的城市了，但还是有这样一些不守规矩的人在影响上海的声誉……我回到日本以后，也许会推荐别人来上海留学，但我要事先向他们说明有这样一些情况存在。如果他们不介意的话，可以来上海留学，不要来了以后又后悔。
>
> (G/student/04/pp.5—6)

留学生希望上海市民改变行为方式，成为上海这座发达城市的"国际公民"。此外，上海的英语氛围不浓，不少市民英语水平不高，公共场合的许多标识牌（如公交车站牌）没有英语对照，让初来乍到、不懂汉语的留学生在与当地人交往和出行方面遇到了难题。他们希望上海加强对市民的英语教学，把上海真正建设成国际化大都市。有鉴于此，我国可以考虑强化公民行为规范教育，推广包括语言教学在内的跨文化理解教育，制作更多英语标牌和指南，从而在提升我国国际形象和国际化程度的同时，将之作为留学生教育的潜在产品，改善留学生在我国的生活体验。

第二节 提升留学生教育产品质量的政策建议

我国目前仍然是世界上最大的留学生输出国之一。作为正在兴起的留学生接收国，我国提供的留学生教育产品与其他国家差距颇大，未能满足相当一部分留学生的期望和需要，使得愿意把上海作为留学目的地推荐给他人的学生比例不高。在"口口相传"、"亲友推荐"对潜在留学生影响显著的今天，这既有损于我国留学生教育的未来发展，也不利于树立我国的国际形象。

我们回去以后，会成为自己国家与中国之间的使者。如果我们在这里学得不开心，那我们也不可能成为好的使者。

(A/student/02/p. 1)

开展留学生教育，本来是培养对中国有好感的人……但如果你做得不好，那么留学生对你了解得越多，反而印象越差……他们如果不来上海留学，只是看看有关中国的书，会觉得中国挺好的；他们来了以后……反而对中国人有了成见。

(Shanghai/administrator/01/p. 9)

要提高留学生的满意度，改善我国留学生教育的形象，制度设计是关键。我国急需在了解留学生及一线工作人员需要的基础上，改进已有的相关政策，并采取一些新的举措，弥补留学生教育服务中存在的某些空白。同时，鉴于留学生教育是一项系统工程，涉及与教学、行政和生活有关的诸多方面，政府也许应该借用某种模型（如本研究提出的留学生教育产品分类），将这各个方面有机地结合起来，使我国提供的留学生教育服务更加系统、完整。

不仅是我国，即便是那些学生满意度较高的留学生接收大国，也都在努力寻找自身的不足，以便改善相关的政策与服务。它们发现，留学生教育已经进入了一个新的发展阶段，各国之间竞争加剧，没有哪所院校或哪个国家可以确保自己在市场上享有长久的声望。只有"采取比过去聪明得多的、更具战略性的举措"（British Council，2003：29），才能在竞争中胜出。

我国作为新兴的留学生接收国，在市场竞争中既有不利也有优势。不利之处是，与留学生接收大国相比，我国相关制度的设计在各个方面都显得不够成熟，不少地方还存在空白。优势是，我国可以学习其他国家的成功经验，极大地缩短试验和探索的时间（Verbik & Lasanowski，2007：23）。下文以前述对各类留学生教育产品的分析为基础，借鉴本研究中八个国家的做法，为我国完善留学生教育政策提供若干建议。前文（特别是各章节的"小结与反思"部分）已经针对各个具体的留学生教育产品，反思了我国在相关方面的不足，有些提出还了改进建议。为避免重复，下文将重点从留学生教育产品的整体设计出发，作一些全局性的思考。

一、明确目标，准确定位留学生教育产品

相对于其他国家，我国留学生教育走的一直是一条以数量扩张为主的发展道路。在2003年确立的十六字留学生工作思路中，"扩大规模"被放在首要位置。近年来，虽然政府多次强调质量提升的重要性，并出台了《来华留学生医学本科教育（英语授

课）质量控制标准暂行规定》和对中国政府奖学金生进行预科教育等规定，但数量扩张仍然是我国留学生教育发展的主要目标。前不久出台的《国家中长期教育改革和发展规划纲要（2010—2020年）》中，"进一步扩大外国留学生规模"再次被放在了首要位置。在《上海市中长期教育改革和发展规划纲要（2010—2020年）》中，"扩大高等教育阶段学历教育留学生的规模与比例"也被置于首位，并确立了相应的指标，即到2020年，"普通高等学校在校生中留学生所占比例达到15%左右"。再如，虽然中国政府奖学金的竞争性很弱，但政府依然决定大幅增加奖学金名额，而没有在提高奖学金申请标准、改革奖学金发放方法等方面，作出大的改变。同样，上海为了扩大留学生规模，不断增加享有留学生招收资格的高校和研究机构数量，却没有仔细探究某些高校和研究机构在获得招生许可后，留学生人数为何始终未超过15人。此外，教育部每年在其网站上，公布我国留学生教育的发展状况。这些公报聚焦于留学生的数量增长，很少涉及数量之外的领域。

> 我们在市教委开会的时候，市教委也说我们目前的状况很有中国特色，还处在追求量的过程中间。从某种角度来讲，现实就是如此，每所学校都在这样做。上海自己也很着急，因为我们与北京相比，留学生的数量毕竟比较少。
>
> （D/administrator/02/p.16）

但留学生们对此有不同的看法，如前所述，他们认为质量是数量的前提，只有好的教育服务，才能吸引更多的外国学生来华留学。大多数教师们对留学生的这一看法表示赞同，他们说，虽然从当前来看，将工作重点转向质量提升可能会在一定程度上影响规模扩张，但从长远来看，提高质量是发展留学生教育的必经之路。

> 我觉得从长远来看，提高教学质量和发展内涵肯定是非常重要的。我们可能对提高质量这种说法不太理解，因为大家都在扩大规模，都在抢生源。但是从长远来看，提高质量肯定是大势所趋。
>
> （A/teacher/02/p.10）

> 我想（留学生教育的发展）也会经历大浪淘沙的过程。虽然这几年大家看到很多外国学生到中国来留学，但他们也是有选择性的。一开始，他们可能不太了解我们的教育质量，但是时间长了，他们也会知道哪所学校的品牌更好，哪所学校的教学质量更高，他们会有选择的。
>
> （E/teacher/03/p.10）

前文多处引用国外的研究,证明质量对学生选择留学目的地的重要性。此处再引用英国的两项研究,进一步佐证这一观点。第一项研究由英国高等教育就业服务局于2005年进行,发现声望是留学生选择院校的最重要因素,紧随其后的是他人推荐(Cappuccini, Harvey, Williams, Bowers-Brown, McCaig, Sagu, & MacDonald, 2005:27)。第二项研究由英国大学校长联盟(Universities UK)于2005—2007年间开展,指出83%的留学生把英国作为首选的留学目的地,而决定其留学选择的三个最重要因素依次为研究质量、声望和教学质量。[①]

遗憾的是,在我国,师生们以质量为重的看法以及研究得出的质量优先的结论,并没有得到决策层的认可,或者说在数量扩张和质量提升的天平上,决策者依然为前者添加了太多的砝码。这种决策取向往往造成高校留学生教育目标的异化。访谈数据显示,几乎所有的高校都把人数的逐年递增视为留学生教育的最终目标,只要这一目标得以实现,高校很少仔细研究留学生教育的质量,反思如何提高留学生的满意度。换句话说,留学生教育在很大程度上只是一串简单的数字,而不是一整套教学与生活服务。它虽然从某个侧面体现了高校的国际化程度,但往往只是高校发展过程中的一种点缀,缺乏可持续发展的基础以及对前景的思考,留学生在开拓中国学生的国际视野、丰富校园的多元文化、扩大中国的国际影响等方面的益处也没有得到充分的体现。所以迄今为止,留学生教育仍处于高校决策与日常管理的边缘,没有得到足够的重视。这是高校留学生管理部门与教务处、财务处等其他管理部门缺乏合作的原因之一。

> 现在我们的高校还是要看着数据的。(如果留学生人数少了,)领导就会想:"哦哟,我这个数字很难看啊。"……好像我这所学校没有留学生也不行,但是留学生太多呢,管理的压力比较大,事情比较多,领导可能就觉得牵扯的精力很多,比较麻烦,没什么意思。
>
> (Shanghai/administrator/01/p.6;12—13)

> 对一所高校来讲,留学生教育绝对不是领导脑子里一直在考虑的事情……它是一种点缀,在每年的总结报告或者工作规划里面,总会点到这一方面,因为国际化是一种潮流……这个时候,校领导会想到留学生教育。至于平时,领导脑子里考虑得更多的是整个学校的学科建设,一流人才的引进,与国际知名大学的合作等等。我想他们绝对不会来问一下:"哎,今年你们留学生招了多少啊?"不要说校领导,即便是学院的领导和老师,如果不是分管留学生工作的,也不会来过问这

---

① 资料来源:http://www.universitiesuk.ac.uk/PolicyAndResearch/PolicyAreas/QualityAssurance/Statistics/Pages/InternationalPerspective.aspx.

方面的情况。至少到现在没有人来问过我:"哎,马上要开学啦,今年留学生的招生情况好不好?"

(E/teacher/02/pp. 11—12)

我也不知道学校领导怎么想的,可能觉得有没有留学生教育都差不多,最多就是觉得今年招了这么多留学生,校长脸上有光,是他的一种荣耀……领导太忙了,没办法集中精力思考留学生教育,觉得有一点留学生就可以了,提高我们的国际知名度,不一定要做得怎么好。

(G/administrator/01/p. 9;15)

事实上,即便是对政府而言,留学生教育有时也未能融入其日常工作。至少,在市教委网站公布的各项教育事业统计数据中,留学生没有被纳入其中。

在增加留学生人数、为高校的国际化发展增色的同时,不少高校还期望通过留学生教育,获得更多的经济收益。

有的高校把留学生教育当做一种创收或者教育产业,所以领导可能觉得,留学生教育与其他旨在创收的培训班和进修班差不多。

(A/administrator/01/p. 8)

它们尽力降低留学生教育的成本,很少为改善留学生的学习和生活环境、开发教材和开展师资培训等投入必要的资金。这时的留学生教育更像是一种不需要投资的无成本或者低成本生意。

我看现在留学生教育的质量是不行的,偷工减料很普遍。学校先把留学生的钱收进来再说,然后留学生就跟着听听课……反正在留学生教育方面,学校看重的一个是名,另一个是利。所谓"名",就是说出来好听,你看,我们有多少名外国研究生,好听吧。所谓"利",就是留学生人数越多,钱就越多。我看学校对这两方面考虑比较多。

(G/teacher/02/pp. 7—8)

在不少高校,留学生教育的成本不到学生所付学费的一半。例如,根据 D 大学的测算,在留学生单独编班授课的情况下,一个班级只需五名留学生,便可保持收支平衡。从第六名留学生开始,其所交学费便成为净收益。G 大学对外汉语系收取的学费,一半以上上交给了学校。C 大学国际交流学院的上交比例更高,达到 65%。为了压缩成本，不少高校减少留学生工作人员和教师的数量，令诸多教师因工作量太大而无暇参与在职培训、教材开发和教育研究等活动。

> 我们现在要核算成本，比如说我们（国际交流学院）多招一名老师大概要多花多少钱……我们有些老师每周差不多要上 18 节课，这在其他系里是难以想象的……你一个星期上 20 节课和一个星期上 12 节课，教学质量肯定是不一样的，因为人的精力是有限的，对吧……我们现在交给学校这么多钱，其实也就是被用来应付学校这个庞大的体制，我们自己应该得到的投资太少。如果我们得到更多的投资，我们可以让班级人数少一点，提高一下老师的工资，多设一些科研项目，开发一些不同的东西，比如说适应个别需要的教学。现在学校给我们的钱这么少，我们不可能做这些事。
>
> （C/teacher/02/p. 2；13；16）

于是我们看到，就留学生教育的一般产品而言，我国无论在课程开发、教师培养还是硬件配置上，都无法满足留学生的需要。只有在个别高校（如 B 大学），当留学生教育被纳入学校质量提升的整体规划，成为学校发展不可或缺的一部分时，它才会得到经费和师资等方面的资源投入。

以数量为重的留学生教育产品定位不仅造成高校留学生教育的目标异化，还带来了法律规章难以执行的问题。严格的规范虽然可能有利于保障质量，却会引起一部分留学生的不满，从而导致生源流失。前文述及的有关出勤率、医疗保险和签证的规定，便是明显的例证。

> 在追求量的过程中间，有些时候你的政策不得不比较松，不可能那么严格，因为严格会导致一些生源的流失。所以我们希望给留学生一个比较宽松的环境。
>
> （D/administrator/02/p. 16）

> 现在中国的高校这么多，大家都处于竞争状态，导致大家都怕学生流失，所以在教学和管理上，可能有很多方面没有办法做到位。比如说，我不让留学生参加考试，那么这名学生下学期可能就不在我这里读了，转到别的学校去了。大家都害怕出现这种状况。我想把留学生管理好，但是又担心失去他……这个问题让大家都很头疼。
>
> （G/teacher/03/p. 1）

与其他国家相比，我国有关留学生教育的法律和规章原本就比较单薄，而执行不力使得这些规章基本上仅停留于书面文本。也就是说,在实际操作中,我国的留学生教育供给缺乏有效的制度约束。

概言之,我国政府虽然多次呼吁提高留学生教育质量,但在相关的政策和规划中,仍以数量扩张为重点,省市之间和高校之间的数量竞争也远胜于质量竞争。在此情形下,绝大多数高校在发展留学生教育时,偏离了应有的目标,过于看重人数和经济收益,很少花费精力和资源,开发更多、更好的留学生教育产品。加上留学生对高校各方面服务的满意度都相对较低,我国的留学生教育很可能被贴上"低成本、低质量"的标签。当务之急是由政府明确以质量为重的发展导向,将之作为我国留学生教育产品的定位,并在此基础上设计一系列制度改革。比如,政府可以开发一套留学生教育发展的新指标,以质量为核心,涵盖一般产品、期望产品和附加产品,并根据质量评估的结果,划拨政府资源。

可喜的是,《上海市中长期教育改革和发展规划纲要(2010—2020年)》虽以数量扩张为首要目标,但也提到了不少改进留学生体验的措施,如建设留学生服务中心和国际化的品牌专业与课程,发展中国文化体验基地。不过,这些措施的具体实施及效果还有待时间的检验。

二、整合资源,在各有关机构间形成合力

留学生教育牵涉教育、外交、出入境、医疗、劳动和科技等诸多政府部门,还有各相关院校与非政府组织,在这些机构之间形成合力至关重要。只有当它们目标和步调一致时,有关的政策和措施才能取得预期的效果。

本研究中的八个国家大多制定了留学生教育发展的国家政策,如英国的两期"首相行动计划"、日本的"30万留学生接收计划"、澳大利亚的《通过教育融入世界》、新加坡的"环球校园计划"和新西兰的《新西兰教育出口:发展教育出口业的战略途径》等。这些政策将各相关机构纳入其中,根据留学生教育发展的总体设想,规划了机构之间的分工与合作。例如,在《通过教育融入世界中》,澳大利亚政府决定成立由教育部门领导,由外交与外贸部门、移民部门、工业与旅游部门等共同组成的小组,为制定留学生教育政策提供建议,并监督政府动议的执行情况(Australian Government,2003:35)。英国的"首相行动计划"也由教育部门领导,贸易部、国防部、移民部、英国文化协会、院校和各种非政府组织均参与其中。[①] 英国认为,"首相行动计划"是世界上第一个把政府、各类院校及其他相关部门联合起来的典范(British

---

① 资料来源:http://www.britishcouncil.org/eumd-pmi2-history.htm。

Council，2003：16），正是这种联合，使得该计划提前实现了既定目标。① "首相行动计划第二期"延续了这一成功经验，成立了由各方代表组成的特别联合工作小组，商讨与留学生有关的各种事项，比如积点积分制的管理（UK Board Agency，2008）。同时，它围绕留学生教育的目标，在不同机构间作了分工，如英国文化协会主管海外宣传，英国留学生事务委员会负责改善学生的留学体验，英国职业咨询服务联合会和国家学生就业服务协会重点提高留学生的就业能力。

就国家政策的制定而言，美国是一个例外。作为一个实施教育分权的国家，美国联邦政府很少干涉各州和院校的教育活动，留学生教育的发展主要取决于院校的主动性和州政府的意愿。不过，克林顿总统在位期间，确实有过制定国家国际教育政策的念头。2000年4月，他签署了一份给各部门和机构主管的备忘录，声明"支持国际教育是联邦政府的方针"，而国际教育的核心内容之一，便是"鼓励其他国家的学生来美国学习。"他接着说，单靠联邦政府无法实现这一目标，外交部和教育部要与院校、非政府组织和商界一起，采取能够吸引合格留学生的措施，解决学生国际流动中的各种障碍。他指定美国副总统协调国际教育政策，要求各机构主管向副总统和他本人汇报相关进展（Clinton，2000）。只是后来很快发生了"9·11"事件，美国立刻收紧了签证制度，备忘录也被束之高阁。

"9·11"事件后，美国的留学生人数迅速萎缩，而其他国家则在政府的推动下迎头赶上，留学生规模不断扩大。一些学者担忧道，英国和澳大利亚的留学生政策为两国赢得了超过20%的留学生年均增长率，美国可能会失去原有的竞争优势（Bain & Cummings，2005：20）。美国国际教育工作者协会也批评说，留学生要进入美国高等院校，面临着四大障碍，第一个障碍便是政府对留学生教育支持力度不足，没有制定相应的国家政策，使得各相关机构只能各自为战（Hindrawan，2003）。它呼吁联邦政府担负起领导职责，制定全面的国际教育政策，树立明确的导向，指引各机构为同一个目标奋斗（Association of International Educators，2006c）。与此同时，一些美国院校开始相互合作，吸引留学生到其所在的城市、州或地区就学。这让人们意识到，院校之间、政校之间以及各级政府之间可以相互合作，共同推动留学生教育的发展（Council on Education，2009：13）。2008年，国土安全部与外交部联合成立"边境安全与门户开放"咨询委员会，提出美国应该为吸引留学生制定全面的国家政策，并指派一名白宫官员统管政策的实施（Secure Borders and Open Doors Advisory Committee，2008：9）。美国商务部已经采取行动，通过国内外的一百多个"出口支持中心"（Export Assistance Center），免费为院校提供与国外大学和企业合作的信息。院校如

---

① 资料来源：http：//www.britishcouncil.org/eumd-pmi2-history.htm。

果支付一定的费用,出口支持中心还可以帮助它们参加国际教育展,挑选潜在合作方等。① 可以说,美国联邦政府正在为全面介入留学生市场作准备。

在形成合力的过程中,行业领导团体的作用不容忽视。它融合了院校的力量,有时也有各政府部门和非政府组织参与其中。本研究中的八个国家都成立了留学生教育的行业领导团体。对内,它们研究留学生及相关教育市场的期望、需求和变化,传播好的实践与经验,对相关人员进行培训,开展行业内部的自我监管;对外,它们用统一的声音开展海外推广,为留学生提供一站式的信息咨询,并向政府传达业界的声音。当行业领导团体隶属于政府时,政府与其他各类相关机构的关系更为紧密。但不利之处是,政府既是留学生教育规则的制定者,又是留学生教育的宣传者,还要对行业进行自我监管,难以做到公平、公正。所以在澳大利亚,人们提议将国际教育处的管制功能从其他功能中分离出去,使之地更多向院校负责,推动行业的自我发展(Australian Government,2008:95)。

相比之下,我国首先缺乏留学生教育发展的国家政策。虽然政府制定了留学生教育的大政方针,如前文提及的十六字方针和扩大规模的发展方向,却没有设定明确、具体的目标与有效、可行的措施。而且,这些方针仅限于教育内部,与其他领域的机构鲜有协作。结果,高校的学业监控对留学生身份的合法性没有任何影响,出入境部门严禁留学生非法打工的条文与教育部鼓励留学生勤工俭学的规定互相矛盾,劳动部门对"非法打工"和"勤工俭学"均无进一步解释,留学生的校外安全没有得到充分的重视和保护,出入境部门对留学申请人的资质也缺乏严格的审核。

其次,我国没有留学生教育的行业领导团体,各相关机构数量繁多,却缺乏明确的分工与合作。目前,仅教育部内部与留学生事务有关的机构就有国家留学基金委员会、中国教育国际交流协会和教育部留学服务中心。如前所述,这些机构看似面向不同类型的留学生,但有时又职能重叠。最起码,它们都承担着对外推广中国教育的任务。然而在推广过程中,它们很少相互合作,令资源的使用不够经济。此外,它们都附属于教育部,是教育部留学生教育政策的执行者,很少代表院校发出声音。

在上海,高校留学生教育的发展状况基本上取决于高校自身的品牌、专业和积极性,缺乏行业领导团体的统筹协调,学校之间也很少互通有无,分享经验。在行业领导团体尚未成立的情况下,留学生管理人员和教师都希望政府有所行动,多组织相关的交流会和工作坊,推动行业内部的能力建设,共同开发上海高等教育的留学生市场。例如,在海外推广方面,上海高校大多参加了教育部相关机构组织的海外教育展。高校普遍认为,单靠这些会展远远不够,因为它们集结了来自全国各地的各级各类院校,

---

① 资料来源:http://www.aacc.nche.edu/Resources/aaccprograms/international/Pages/recruitmentresources.aspx。

无法突显出上海独特的优势。一些高校虽然每年派员赴海外宣传和招生,但仅凭一己之力,人力和物力均受局限,招生效果不够理想。部分留学生管理人员提出,上海市政府在此应有所作为,集合本市高校的力量,共同对外宣传上海高等教育,展示上海这一现代化国际大都市的特色。这与上文提到的留学生对留学上海的非学术因素评价较高的发现相互吻合。

> 我上次去韩国的时候,发现北京自己组团去那里作教育推广。我觉得上海也可以采取这样的形式,因为上海对外国人来说,是很有魅力的。不要让我们学校一个一个自己出去宣传,这样无法形成一种很强大的团队感。
>
> (B/administrator/03/p.10)

可见,在明确了以质量为核心的留学生教育产品定位后,我国教育部应该打破部门界限,对内推动各相关处室的合作,对外加强与出入境管理部门和劳动部门等的联系,并与地方行政部门、院校、企业及其他相关机构一起,制定留学生教育发展的国家政策与规划,明确各机构的目标和职能分工,提高政策的实际效能。此外,现有的国家留学基金委员会、中国教育国际交流协会和教育部留学服务中心可以联合起来,脱离与教育部的隶属关系,成为我国留学生教育的行业领导团体,在教育部及其他政府部门的指导下,统领我国留学生教育事业的发展。

不过,单靠全国性的行业领导团体无法解决所有问题,因为各地的社会、经济和教育差异如此显著,以致留学生教育的目标、重点和手段可能大相径庭。有鉴于此,各地或相邻地区可以建立一些地方性行业领导团体,在全国性行业领导团体的指引下,立足于本地区的特点和情况,制定自身的发展战略和相应措施。

三、开展调查,提供消费者所需的产品

产品分类理论的特点之一是,强调企业以消费者的需要为出发点,生产消费者所需的产品。留学生教育产品的设计亦是如此。上文分析了提高留学生教育产品质量和形成合力的重要性,但什么样的留学生教育产品才是优质的?国家政策的目标和重点应该是什么?行业领导团体需要采取哪些措施?要回答这些问题,必须对留学生进行深入的调查研究,从而提供留学生所需的产品,制定留学生所需的政策。

前文多次提及,在我国,留学生的快速增长是近年来新出现的现象,在上海,这一现象也只是在21世纪初才刚刚显现。其他国家亦不例外。英国高等教育政策研究所在报告中提到:"国际高等教育市场目前应该被视为不成熟的市场,因为数量的激增是如此新近的事情。"(Higher Education Policy Institute,2006)澳大利亚教育部门也指

出:"任何在十年之前甚或五年之前预测的人,都不会想到这个国家的留学生人数会达到 50 万之多。"(Education, Employment and Workplace Relations References Committee,2009:85)。在这个尚未成熟的市场中,各种因素都在迅速变化。就留学生教育的供给而言,澳大利亚和新西兰等新兴对手在市场中迅速崛起,经济变迁也重塑了新加坡和中国等传统的留学生输出国(British Council,2003:5)。就留学生的构成而言,随着全球化的加速,劳动力市场对人才国际化程度的需求进一步提高,德国、法国、日本、芬兰、美国和韩国等都开始要求或鼓励本国学生具有在其他国家学习和实习的经验,交换生的人数急剧增加。同时,终身学习的理念在世界各国得到一致认同,使得年纪较大、拥有一定工作经验的留学生比例不断提高。凡此种种,加上"网络代"的兴起,意味着留学生的期望、需求、所学专业及入读的院校类型正在改变。以澳大利亚为例,2002 年以来,该国职业教育培训院校的留学生人数大增。2009 年,这类院校的留学生人数已占留学生总数的 37%,首次超过高校留学生人数,成为澳大利亚最大的留学生群体。同时,招收留学生的公立院校数从 115 所减至 107 所,私立院校数却从 914 所增至 1066 所(Education, Employment and Workplace Relations References Committee,2009:13),对政府的监控方式提出了挑战。抛开这些因素,即便是单纯的数量激增,也会带来留学生管理手段的变化,因为留学生人数的多寡往往决定了何种管理模式更为有效,这在前文中已有具体分析。

总之,留学生市场不是静止不变的,曾经行之有效的做法今后不一定继续有效,这也是各国极为重视留学生教育研究的原因。澳大利亚政府在《澳大利亚高等教育审查》报告中写道:"关键问题是,我们推广和管理国际教育的方式,是否需要根据澳大利亚国际教育产业当前所处的发展阶段以及国际竞争对手采纳的策略,而作出改变。"(Australian Government,2008:87)英国文化协会提醒说:"我们不能够停滞不前。不仅对国际教育的需求正在上升,而且整个招生市场的性质正在迅速变迁。我们传统的竞争对手加大了投入,包括非英语国家在内的新对手正在进入这一市场。"它接着要求采取新的行动,完善现有的政策架构(British Council,2003:2)。日本政府则将约五分之一的留学生教育预算用于相关研究(文部科学省高等教育局学生支援科,2006:40)。

(一)留学生教育研究的多样性

留学生教育研究的类型多种多样,其中最受关注的大致有三类——数量分析、体验调查和政策反馈,此外还有不少其他类型的研究正在发展之中[①]。

[①] 下文引述的各项研究结果,绝大多数在前文已有所提及。

1. 数量分析

所谓数量分析,即监测本国(及其他国家)留学生教育在人数、来源国和专业分布等方面的变化。美国国际教育协会是这方面的领头羊,它从1954年开始每年出版《门户开放报告》(Open Doors Report),分析赴美留学生和美国学生的流动状况,在世界上引起极大的反响。随着报告影响力的增大,美国国务院从1972年起为其提供财政资助。[①] 近年来,国际教育协会在福特基金会的资助下,启动了"地图册工程"(Project Atlas),通过在线信息库,为付费用户提供其他留学生接收大国的同类信息,并辅以相关的经济和社会发展数据(Anonymous,2005:14)。美国还有一些其他专业团体,专门记录某一特定类型的留学生数量。如美国研究生院委员会(Council of Graduate chools)[②] 每年在成员院系中开展三阶段调查:二月调查留学申请人数量,六月分析院系的录取人数,九月考察留学生入学情况(Council of Graduate schools, 2007:2)。

在留学生市场竞争加剧的影响下,不少国家借鉴美国的做法,也开始对本国的留学生数量进行监测。例如,德意志学术交流中心从2001年起,在专门的网站上(http://www.wissenschaft-weltoffen.de/)用德、英两种语言,发布年度报告《德国学习与研究的国际化事实和数据》(Facts and Figures on the International Nature of Studies and Research in Germany),统计留学生的相关数据。法国教育服务中心从2008年起用双语出版《国际学生流动》(International Student Mobility),公开法国高等教育部与教科文组织的相关统计(Campusfrance,2009c:1)。

有了这些数据,政府、研究机构和高校可以展开进一步的分析,如留学生教育的经济收益和留学生市场预测,为制定政策措施提供依据。澳大利亚国际教育开发署三次出版《全球学生流动》(Global Student Mobility),预测输出国在未来五年内对澳大利亚高等教育的需求(Banks, Olsen, & Pearce,2007:3)。英国文化协会从2008年起,对重要的留学生输出国进行市场预测。[③] 美国国际教育工作者协会每年都分析留学生及其家属对美国经济的影响。美国研究生院委员会则发现,早在1980年,中国和印度并不是像今天这样受人瞩目的留学生输出大国。它问道,未来又有哪些国家会成为新的留学生输出大国呢?(Council of Graduate schools,2006) 此外,留学生数量分

---

① 资料来源:http://opendoors.iienetwork.org/file _ depot/0-10000000/0-10000/3390/folder/78747/Fast+Facts+2009.pdf;http://www.iie.org/Template.cfm? section = Research _ and _ Evaluation。

② 该委员会成员包括美国和加拿大的475家从事研究生教育的机构。在美国,其成员颁发的硕士学位证书占硕士学位证书总数的75%以上,颁发的博士学位证书则超过总量的90%(Council of Graduate schools,2007:8)。

③ 目前预测的国家包括中国、印度、马来西亚、尼日利亚和美国(资料来源:http://www.britishcouncil.org/eumd-information-forecasting-student-mobility.htm)。

析为相关资源（如教师、场地和教学设备）的配置提供了依据，也可以及时发现留学生构成的变化，提醒政府调整政策。例如，日本发现，该国的许多大学与国外大学签订了学生交流协定，使得短期交换生人数不断扩大。有鉴于此，它于2008年创设"短期外国留学生支援制度"，为外国交换生提供每月八万日元的奖学金和15万日元的一次性留学准备金（文部科学省高等教育局学生支援科，2008：37）。

我国教育部每年都在网站上公布来华留学生的人数、来源国和地区、所学专业以及中国政府奖学金生的数量。但由于我国留学生统计口径不同于国际通用标准，所以数据的国际可比性不强。此外，政府、研究机构和高校没有很好地利用这些数据，开展进一步的研究和预测。在上海，留学生数据仅限市教委内部使用，其他人员无法分析相关的变化与趋势。可以说，与其他国家相比，我国留学生数据的精确度不高，使用效率有待加强。

2. 体验调查

要提高留学生教育产品的质量，首先须把握留学生的期望和需求，了解其留学体验，进而寻找现有产品的不足，有的放矢地设计改进措施。为此目标而开展的研究即为留学生体验调查。本研究中的八个国家大都通过大规模问卷调查和访谈，分析留学生对各类教育产品的满意度和需要。有些国家更定期进行体验调查，以便开展纵向比较。

德国从1951年开始，每三年调查一次当地学生的情况，包括年龄、社会出身、所学专业和学位层次等背景资料，以及资金来源与开支、学习和打工时间、住宿及对住所的满意度等。[①] 1997年的第十五次调查中，留学生首次被纳入调查范围，三年一度的留学生调查由此成为一种常规。从2003年的第十七次调查开始，留学生和当地学生分别使用不同的书面问卷，其中留学生问卷涉及专业、以往教育经历、生活状况、学生食堂与营养、月收入、打工、家长情况以及对德国作为留学目的地的看法等。最新的第十八次调查于2006年夏季展开，1870名留学生通过随机抽样参与其中，约占当年高校留学生总数的1％，调查报告则于2008年公布（Federal Ministry of Education and Research，2008：3；10）。

英国的留学生体验调查由留学生事务委员会、英国文化协会和各类高等教育团体共同承担，参与的留学生总数超过6000名。根据调查结果，一系列题为《开拓我们的视野》（*Broadening Our Horizons*）的调查报告先后问世，反映留学生在英国的学习和生活经历（UK Council for International Student Affairs，2008a：28）。

新西兰在2002—2003年间，抽样调查了留学生的基本情况、对新西兰教育的满意度以及与当地学生的互动（New Zealand Ministry of Education，2001：47—49）。2003

---

① 资料来源：http://www.sozialerhebung.de/english.html。

年和2007年，教育部又两次委托德勒（Deloitte）咨询公司，了解留学生选择新西兰的原因、在新西兰的住宿安排、教育和工作体验、对院校服务和设备的满意度、社会关系、生活满意度和未来打算，参与调查的留学生人数接近2700名。为比较两次调查的结果，德勒公司使用的问卷基本相同，但2007年的问卷也应时作了微调，增加了一些就业方面的问题（Deloitte，2008：1）。

一些调查以当地学生为参照组，比较留学生与当地学生在学习和生活等方面的体验差异。2005年年底，澳大利亚政府委托独立机构，开展留学生满意度调查，并选取一部分当地学生作为控制组。参与调查的学生总数达到14946人（Australian Education International，2008a：1；3）。

一些调查聚焦于留学生在某一方面的体验。如英国文化协会曾对约1700名奖学金生和自费留学生作了问卷调查，统计两者在安全感上的差异，分析背后的影响因素，进而为政府营造安全的留学环境提供建议（British Council，2007b）。2009年年底，英国留学生事务委员会通过网上问卷，对那些曾在祖国申请过签证的留学生进行调查（UK Council for International Student Affairs，2009b：7），为提高签证服务质量出谋划策。

新加坡尚未开展全国性的留学生体验调查，但它要求所有招收留学生的私立院校调查学生的满意度，并定期更新调查问卷，改进调查方法。根据私立教育委员会的规定，私立院校的调查内容至少要包含以下几个方面：留学生是否认为院校有充足的设备和基础设施，学术资源是否充足而优质，环境管理体系、教学质量、服务质量和学业评估方法是否令人满意，交流渠道是否有效，中介及其他机构的咨询服务是否优质，以及学校生活总体而言是否令人满意（Council for Private Education，2009c：39）。

除把握目前正在就读的留学生的状态与看法外，一些体验调查还将调查对象扩展到潜在留学生和毕业生，以便了解什么样的市场推广方式更为有效，留学经历是否有助于学生的职业发展等。就潜在留学生而言，新西兰对韩国和日本这两个重要生源国的潜在留学生作了问卷调查和访谈，帮助院校和中介调整宣传策略。① 2007年起，英国文化协会对潜在留学生开展持续性的网络调查，把握其出国留学的原因和期望，以及查找所需信息的途径，以便院校和中介了解其服务对象的旨趣，进而调整宣传方式。当年，这项调查吸引了来自三十多个国家的3.2万名潜在留学生。2008年，又有4万名潜在留学生加入其中。②

就毕业生而言，澳大利亚在2005年开展留学生满意度调查后，于2007年对其中的2150名学生作了追踪调查，了解其毕业一年之后，对澳大利亚高等教育的态度和满

---

① 资料来源：http://educationnz.org.nz/indust/eeidf/ENZExportlevyfinalReport2006.pdf。
② 资料来源：http://www.britishcouncil.org/eumd-information-student-decision-making.htm。

意度是否有明显的变化,及其在多大程度上实现了自己的志向(Australian Education International,2008a:1)。2009 年,澳大利亚又委托独立机构,调查外国毕业生在国内外的就业情况,以及那些聘用了这些学生的国内外企业的看法(Australian Education International,2009b)。英国的"首相行动计划第二期"也委托独立机构,统计外国毕业生的就业、晋升和工资收入,分析学生在英国的留学经历对其就业能力及早期职业发展的影响,并与同年毕业的英国学生进行比较(Brown,Archer,& Barnes,2008:21)。在新加坡,法律要求招收留学生的私立院校不仅要开展学生满意度调查,而且调查对象包括入学申请人、在校学生和毕业生(Council for Private Education,2009c:39)。

在我国,无论是留学生还是教师,都认识到体验调查的重要性。留学生希望通过这些调查,反映自己的心声;教师希望在这些调查的基础上,完善政府的相关政策。

> 学校和政府应该常常来听听我们的意见,知道我们想做什么……如果有人来问我,我会说我们想举办篮球比赛。我还希望政府为我们举办会议,邀请各校的留学生一起,就某个主题开展讨论和交流。这可以开阔我们的视野,让我们认识更多来自其他国家的朋友。
>
> (A/student/02/p.1)

> 留学生教育是一项非常系统、非常细致的工程。一个国家要办好留学生教育,就一定要为留学生作比较全面的考虑。
>
> (A/teacher/02/p.11)

但到目前为止,基于大样本之上的留学生体验调查在我国尚属空白,使得决策者对留学生的期望和感受缺乏深入的把握。受此影响,我国政府和高校制定的措施,不一定能符合留学生的需要,有些措施虽本意良好,却可能与留学生的意愿背道而驰,如开发英语授课的课程和聚焦于人身安全的行政管理。

3. 政策反馈

数量分析和体验调查为政策制定提供了大量素材,不过有时候,政府还需要针对具体的政策议题,从用户和相关机构那里收集反馈信息,直接用于政策的制定和调整。通过这样的政策反馈,政府不仅可以集思广益,使政策更为合理,而且可以让用户和公众对相关政策有更加深入的了解,使新措施更容易获得认同和推行。

澳大利亚和新西兰都制定了留学生教育法案。为了根据国内外留学生教育的最新发展,及时调整相关条文,它们都频频委托独立机构,开展大规模调研,了解留学生、院校、政府机构和民众对现有条文及其实施情况的看法。2004 年 5 月,澳大利亚对

《2000年海外学生教育服务法》的执法情况进行独立调查，举办了50场咨询会，收集了59份书面意见，参与者分别来自联邦与州政府有关部门、教育和培训机构、学生社团以及学费保障计划的有关方面。调查发现，虽然大多数人对留学生教育的法律框架持肯定态度，但是条文与现实之间仍存在许多冲突（PhillipsKPA and LifeLong Learning Associates，2005：ix；xxii）。在此基础上，调查组为后续修订案的出台提供了大量建议。迄今为止，《2000年海外学生教育服务法》在政策反馈的基础上，共经历了七次修订，最近一次修订于2007年7月完成。

随着《教育服务法》的持续更新，《国家规范》也不断调整，最新的《国家规范》于2007年7月生效。同年，政府还发布《2007年国家规范解释指南》（*National Code 2007 Explanatory Guide*），对各种术语作出界定，并提供有用的网站、电话和邮件地址等，辅助院校在日常工作中遵循《国家规范》。《2007年国家规范解释指南》只在网络上公开，并每两年更新一次。[①]

2009年，澳大利亚启动新一轮政策反馈调查，教育部长茱莉亚·杰拉德委托布鲁斯·贝尔德（Hon Bruce Baird）审查《2000年海外学生教育服务法》，以便进一步调整现有的法律设计，确保澳大利亚继续提供世界一流的留学生教育服务。这次调查组织了约200人参加学生论坛和院校论坛，访谈了各学生团体、行业团体、执法机构、州政府官员和大使馆人员，并呼吁社会各界通过电子邮件或网上论坛，递交书面意见。[②] 为了加强与用户的沟通，调查组还分别在墨尔本、悉尼和堪培拉举行了三场公开听证会（Education，Employment and Workplace Relations References Committee，2009：5），并在国会大厦召开了为期三天的留学生圆桌会议，讨论影响留学体验的各种问题。一千三百多名留学生申请参加圆桌会议，最后依据其代表留学生提出意见的能力，以及与其他留学生合作、共同识别和解决问题的能力，选取了31名来自各级各类院校、修读不同证书和专业学位的学生代表。[③] 可以预计，澳大利亚政府将根据调查组的报告，对《教育服务法》和《国家规范》作出第八次修订。

在新西兰，政府多次委托独立机构，访查留学生教育法案的实施情况。2002—2003年，奥克兰大学接受委托，在八十多个访谈的基础上，分析《行业规则》的强制施行是否有助于提高教育出口的质量，是否有助于实现政府的教育出口政策（Peddie，2003）。2003年《行业规则》修订之后，教育部又对修订案的实施情况作了调查。对《行业规则》的第三次调查始于2006年，旨在探究《行业规则》是否能有效地照顾和

---

① 资料来源：http：//aei.gov.au/AEI/ESOS/NationalCodeExplanatoryGuide/default.htm。

② 资料来源：http：//aei.gov.au/AEI/GovernmentActivities/InternationalStudentsTaskforce/ReviewESOSAct.htm。

③ 资料来源：http：//www.aei.gov.au/AEI/GovernmentActivities/InternationalStudentsTaskforce/InternationalRoundtable.htm。

关怀留学生。根据此调查结果修订的《行业规则》于 2008 年生效（New Zealand Ministry of Education, 2007b: 22）。

在英国，国土安全部为了在防范恐怖袭击的同时，方便合格的留学生入境，专门组成了由学术界、私营部门和非政府组织参加的"边境安全与门户开放"咨询委员会，研讨出入境事宜。委员会最后提出了 44 项政策建议（Secure Borders and Open Doors Advisory Committee, 2008: 9）。

除改进现有政策外，政策反馈也是制定新政策的基石。2003 年，新加坡政府决定制定全国性的教育出口产业规划。它为此成立了专门的咨询小组，与新西兰贸易发展局（New Zealand Trade and Enterprise）等一起拟写规划草案，并向业界公布，征询修改意见。2007 年 3 月，咨询小组召集业内领袖和其他相关人员，就战略文本进行研讨，并在此基础上提出了新的战略草案。①

相比之下，我国政府在出台与留学生有关的措施之前，很少询问留学生、院校和地方政府等相关人员与机构的意见，留学生及相关机构在决策过程中没有充分的发言权。这既造成决策在很大程度上脱离了留学生的现实需要，也使得有关机构和人员难以就政策的合理性与必要性达成共识，从而影响到政策的实施效果。

> 说实话，我们是从事第一线教学的老师。从我个人的角度讲，我们其实在第一线接触留学生，有很多感悟。但是真正制定政策的，可能还是管理层面的人士。我想，他们可能需要更多地了解老师的看法。起码在我看来，好像没有哪个管理层的人来问过我有关留学生的问题……但其实，管理层应该不定期地向老师采集一些信息，也应该不定期地向留学生采集一些信息，从而让政策一年比一年更加成熟，更加完善。

(E/teacher/03/p.16)

4. 其他研究

除以上三类研究外，各国政府、非政府组织、院校和研究人员还开展了大量其他类型的研究。一是国别研究，即分析其他国家对留学生教育的需求，了解其市场组成与特点等，以便有针对性地开展海外推广，设计相关产品。德意志学术交流中心多年来坚持对各国的教育市场进行调查，进而根据不同市场的需求，设计不同的教育推广方案（German Academic Exchange Service, 2009a: 63）。英国文化协会也开展过大量的国别研究。2009 年，它调查了新加坡的创意产业及其为教育带来的新机遇，发现新

---

① 资料来源：www.educationnz.org.nz/policy_strategy.html。

加坡政府正积极干预创意产业的发展,对包括教育在内的各个部门产生了显著影响。①

二是教师专业发展调查,即探查在留学生人数不断增多、期望不断提高的情况下,教师如何通过专业发展,应对不断增大的工作压力。英国留学生事务委员会在政府的资助下,分析了留学生工作人员和教师的职业发展需要。四百多名教师完成了问卷,还有部分教师参加了小组访谈(UK Council for International Student Affairs,2008e:4;8)。

三是总结好的实践,供业内人士分享。澳大利亚和新西兰都在政府网站上公布《国家规范》和《行业规则》指南,指导院校遵循留学生教育法案,提高服务质量。这些指南以调查研究为基础,并定期更新与修订。例如,2008年,澳大利亚政府与澳大利亚大学教育质量保障署(Australian Universities Quality Agency)签订合同,要求后者总结各大学在提高留学生英语熟练程度方面的成功经验(Australian Universities Quality Agency Limited,2009:16)。新西兰政府则委托独立机构,研究院校在能力建设方面的好的做法,供其他院校借鉴。② 英国亦是如此,它利用政府资金,实施"试点项目奖励计划"(Pilot Projects Awards Scheme),鼓励院校递交旨在改进留学生体验的革新方案。设计良好的方案可以得到经费资助,并通过个案研究,分析实施效果,进而将有益的经验传递给其他院校。英国政府还曾拨款给两位独立研究人员,寻找企业(特别是小公司)为留学生提供更多实习与就业机会的途径(Connor & Brown,2009:5)。

当然,好的实践不局限于国内。一些国家通过比较研究和实地考察,学习和传播其他国家的经验。英国的"海外学习考察计划"(Overseas Study Visits Scheme)为经过挑选的人员提供经费,供其到主要竞争国学习好的政策与实践(British Council,2008:8)。新西兰也设立了研究项目,专门考察澳大利亚、美国和英国等主要竞争国的有益尝试。③

(二)专业调查公司的出现

留学生研究的种类如此多样,涉及的内容和对象如此繁多,政府和高校等对留学生研究的需求又是如此高涨,以致近年来出现了一家专业的留学生市场调查公司——"国际毕业生见解小组"(International Graduate Insight Group,i-graduate)。公司本部设在英国,并在其他国家成立了办公室和业务处(Verbik & Lasanowski)。它开发了多种多样基于网络的问卷,供来自世界各地的相关人士使用,了解其对留学生教育的

---

① 资料来源:http://www.britishcouncil.org/eumd-information-research-creative-industries-singapore.htm。
② 资料来源:http://educationnz.org.nz/indust/eeidf/ENZExportlevyfinalReport2006.pdf。
③ 资料来源:http://educationnz.org.nz/indust/eeidf/ENZExportlevyfinalReport2006.pdf。

满意度和看法。①

根据调查对象的不同,"国际毕业生见解小组"的网络问卷大致可分为五类。一是针对在校生的"留学生晴雨表"(International Student Barometer)和"学生晴雨表"(Student Barometer)。这两张问卷从六十多个侧面,分别考量留学生和当地学生对入学前的咨询、抵校报到、入学教育、学习与生活经历、职业期望和学习压力等的看法,并征询其整体满意度及相关意见和期望。其中,"留学生晴雨表"已经成为世界上参与者最多的留学生研究工具,每年都有来自英国、澳大利亚、新西兰、爱尔兰、荷兰、南非、美国和新加坡等国二百七十多所院校的15万名留学生填写此问卷。根据问卷数据,院校可以追踪本校留学生的变化,也可以比较留学生与当地学生之间的差异(Bush,Tzourou,& Archer,2007:5)。"晴雨表"还附有一份简短的问卷,名为"反弹调查"(Bounceback),针对在某一方面感到不快的学生,作进一步的探访。②

二是针对毕业生(包含外国毕业生和当地毕业生)的"校友晴雨表"(Alumni Barometer),内容包括校友对母校的评价和期望,是否愿意向母校捐赠,是否参与校友活动,与母校联系的频率,目前的就业与晋升情况,工资收入及对工资的看法,对母校学习的评价,是否愿意向他人推荐母校,以及未来的规划等。③

三是针对潜在留学生的"学生脉搏追踪"(StudentPulse Tracking),分析主要目标市场对留学生教育品牌的看法,如对品牌的知晓程度,对品牌声望的评价,以及影响留学动机的因素。这些数据可以帮助院校和有关国家了解留学生品牌的变化,评估其教育的国际声望。2009年,"学生脉搏追踪"共收到来自199个国家1.1万名潜在留学生的答复,其中多数学生来自中国和印度等亚洲国家。④

四是针对留学申请人的"国际拒绝者"(International Decliners)问卷,征询其为什么选择或拒绝某所大学或某个专业。该问卷于2010年年初投入使用。⑤

五是针对各地教育中介的"中介晴雨表"(Agent Barometer),评估中介对留学生市场和各院校的看法,分析它们眼中最有效的教育推广方法和最热门的留学目的地,了解它们希望院校提供哪些帮助和支持。这份"晴雨表"还收集一些基本的事实性数据,如中介向哪些服务收费,通过中介录取了多少学生,分别就读哪些专业。⑥

"国际毕业生见解小组"经常接受政府和其他机构的委托,利用自己数据来源多样

---

① 资料来源:http://www.i-graduate.org/about/。
② 资料来源:http://www.i-graduate.org/services/student_barometer.html;http://www.i-graduate.org/services/isb_extra.html。
③ 资料来源:http://www.i-graduate.org/services/alumni_barometer.html。
④ 资料来源:http://www.i-graduate.org/services/student_pulse.html。
⑤ 资料来源:http://www.i-graduate.org/services/future_student.html。
⑥ 资料来源:http://www.i-graduate.org/services/agent_barometer.html。

化的优势,开展决策咨询研究。例如,它曾接受委托,为英国多项获得"首相行动计划"资助的研究收集数据,比较不同国家留学生的满意度,了解雇主对留学生的看法。它也曾接受英国商业、革新和技能部的委托,调查外国毕业生的流向及职业类型,以便知晓留学生毕业后在做什么,今后想在英国做些什么以及在英国学习的体验。除此之外,"国际毕业生见解小组"还在收集数据的基础上,为提高留学生教育质量出谋划策。英国高等教育国际署(The UK Higher Education International Unit)就曾委托该公司,利用"留学生晴雨表"数据,为高校改善留学生的体验撰写指南。①

显然,与其他国家相比,我国的留学生教育在任何一方面的研究都极为欠缺。现有的相关研究多由个人发起和承担,政府对此投入不多,很少有意识、有针对性地组织科研机构等开展实证调查。其实,作为新兴的留学生接收国,我国对留学生教育研究的需求远大于其他国家,急需通过研究,了解现有措施的成效与不足,分析留学生的需要与不满,学习其他他国的经验与教训。访谈资料表明,高校的留学生管理人员和教师对这类研究有极大的需求,他们对不少问题持有疑惑,希望通过调查分析,找到明确的解答。

> 我招收了留学生以后,到底要把他们培养成什么样?他怎么样才算合格?留学生的培养机制和中国学生的培养机制等有什么差异?留学生如果开展非语言的专业学习,把他们与中国学生放在一个课堂里到底合不合适?……是不是可以接收插班生?对插班生,各个高校(的做法)都不一样,这方面是不是可以有一些政策规章?但是要制定政策规章,确实需要更多地去作调研,看看这些培养出来的插班生质量到底怎么样。
>
> (A/teacher/02/pp.14—15)

> 上海市教育主管部门能不能针对留学生的学历教育、非学历教育或者语言学习,找出一些共性问题,然后打破学校的界线……组织相关的学科专家,设立一个课题……我们更需要在留学生的实际需要和目前各个学校管理现状的基础上,针对各校存在的通病,(探究)怎么解决这些问题。
>
> (E/teacher/02/p.8;15)

也许在建立了全国和地方性的留学生教育行业领导团体之后,政府和高校等可以委托该团体,根据国家和地方留学生教育的发展规划与目标,以及高校自身的需要,

---

① 资料来源:http://www.i-graduate.org/services/international_student_tracking_study.html;http://www.i-graduate.org/news/。

开展各类相关调查。此外,我国也可以学习"国际毕业生见解小组"的经验,联合行业领导团体和研究机构,建立专门的留学生调查小组,定期开展留学生及相关人员调查,建立留学生教育数据库,对数据进行横向和纵向分析,为政府、高校及其他有关机构提供决策依据。

值得注意的是,留学生不是一个统一的群体,国籍、文化背景和年龄等因素往往会影响其留学期望和体验。如前文提到,外国研究生与外国本科生在社会交往方面遇到了不同的困扰,欧洲和北美学生比亚非学生更能适应异国文化。此外,不同类型的留学生(如学历生、语言生和交换生)的教育期望和满意度也可能有所差异。所以在开展留学生研究时,需要仔细收集个人背景信息(如国籍、学历层次和课程类型),以便在必要时开展相关分析。

四、设立基准,明确留学生教育产品的基本质量

为各类留学生教育产品设定一个得到普遍认同与遵守的基准,是确保留学生教育质量的关键。它实际上是该行业的准入标准,明确院校应该达到的最起码的招生、收费、教学和服务水平。综观其他留学生接收大国,无不确立了(至少是部分确立了)想要招收留学生的院校必须达到的质量标准、入学前的信息提供标准、留学生的招生标准、入学后的出勤和学业进展标准、在学期间的打工标准和医疗保险标准等。澳大利亚、新西兰和新加坡更是以法律的形式,对入学初的适应辅助、教育中介、学费保障与申诉、住宿、职业咨询和校友会等事项,一一提出要求。

我国的情况截然相反,绝大多数留学生教育产品缺乏最基本的质量准则,已有的少数准则也往往因为得不到师生支持等原因,无法令行禁止。在院校准入和教学质量方面,我国仅就英语授课的医学本科教育制定了详细的规定,但这一规定涉及的高校数和留学生数较少,影响不大,而且没有把留学生应该享有的生活服务也纳入其中。由于对留学生教育产品应该达到的基本标准未作统一规定,高校中普遍存在为争夺生源而降低标准的现象,如降低招生标准、出勤率标准和学业评价标准。

> 从这两年的情况来看,留学生的整个生源质量在下降。什么原因呢?我也作过分析,第一个原因是,现在上海地区各所学校在生源上实际上有竞争。因为留学生总量就是这些,不是到你那里就是到我这里。如果有个别学校不坚持一定的入学标准,那么就意味着我这里拒绝接收的(留学申请人),别的学校可以接收……这就使得坚持入学标准的学校也要考虑为了增加生源而降低入学标准。
>
> (E/teacher/02/p.3)

有时，高校也会为节约成本而减少硬件投入和教师配置，从而影响教学质量。在访谈中，留学生工作人员和教师普遍要求制定行业基准，为各校的教学与服务提供明确的准绳。A大学某留学生行政管理人员的以下看法在高校教师中具有一定的代表性：

> 留学生教育也是一种无烟贸易嘛，它其实应该有一个行规，是吧……就是我们都按同一个标准来运作。否则的话，就会出现恶性竞争，大家都降低自己的标准，这样不好……有了这样一个标准，大家就都知道自己的底线，知道标准可以放宽到什么程度。
>
> （A/administrator/02/p.9）

在设立留学生教育基准的起步时期，政府宜把注意力集中到一般产品上。期望产品和附加产品虽然具有产品增值和市场分化的功能，但在我国留学生教育尚未成熟的时候，过度关注这两项产品，可能会分散政府和高校的注意力，不利于提高一般产品的质量。针对一般产品，政府可以制定全国或地方统一的留学生招生最低标准，同时在调查研究的基础上，出台有关院校的评估标准，并向社会公开评估结果。至于期望产品和附加产品，政府可选择其中的若干关键领域，提出含义明确的要求，以便各校有章可循。之后，政府可以在改进已有基准的同时，不断设立其他领域的新基准，逐渐将各类产品均包含在内。

此外，借鉴英国和澳大利亚等国家的做法，政府可在上述基准之外，再设定一个评优标准，将未达到基准、达到基准和达到优秀标准的高校区分开来，根据其不同的风险程度，开展分类管理。例如，未达到基准的高校将被暂停或取消招收留学生的资格，达到基准的高校每年或每两年接受一次专业机构的评估，达到优秀标准的高校不但可以延长评估的有效期，而且可以得到政府的表彰和大力宣传。同时，优秀高校也有责任与其他高校一起，分享成功经验。

需要注意的是，留学生教育产品的基准不可过于繁多。这是因为首先，留学生的类别纷呈差异，对教育和服务的期望不尽相同。基准太过细致，反而无法反映留学生的需要。其次，各校提供的留学生教育层次和专业设置不尽相同，过多的统一基准难以适应高校及专业本身的特性，很可能束缚院校的手脚。所以留学生教育产品的基准应该少而精，必要时还可以根据教育层次和专业类型，分门别类为某些产品设定基准，以便分类管理。

五、提高能力，填补留学生教育产品中的空白

提高从业人员的专业能力是留学生教育可继续发展的基础。前文指出，我国对留

学生管理人员的在职培训多以宣讲国家政策为重,没有为他们了解和满足留学生的需要提供信息和解决方案。而且,我国的培训制度没有把活跃在教学第一线的教师纳入其中,使得教师对留学生可能遇到的问题缺乏充分的了解,从而将其学习困难归因为学习态度不认真、学习能力差等,引起师生之间的矛盾。前文提到的师生在降低学业标准方面的不同看法,教师对留学生的较差评价,以及不适应留学生教育背景的教学方法等,均是这方面的例证。要解决这些问题,必须对留学生管理人员和相关教师进行跨文化培训,让教师更多知晓学生在异国求学和生活的处境。为鼓励留学生管理人员和教师参与在职培训,我国可借鉴其他国家的做法,委托有资质的高校或研究机构开发培训课程,并为受训者颁发证书,从而提高留学生管理与教学工作的专业化水平。类似的跨文化培训还可以作为留学生教育的潜在产品,扩大到中国学生和社区中,破除人们对留学生(特别是非洲学生)的偏见,了解留学生能够为校园和社区带来的积极变化,促使留学生更好地融入当地生活。除此之外,我国还可以在行业领导团体的带领下,为留学生管理人员与教师开辟网络论坛,定期举办留学生教育研讨会,供其探讨感兴趣的话题,交流好的经验与举措。

  在对从业人员开展能力建设的同时,我国现有留学生教育中的产品缺失必须得到足够的重视。如果不能提供其他国家普遍供应的产品,我国的留学生教育便失去了应有的经济价值和增值效应,进而在与其他国家的比较中处于劣势。根据留学生教育的产品分类,我国急需填补以下空白:一是建立留学生申诉与费用保护制度,保护留学生——特别是自费留学生——的消费权。二是在现有出入境管理法尚未修订的情况下,对"勤工俭学"作出明晰的界定,为留学生在学期间打工开一道方便之门。三是针对我国不同领域劳动力丰俭不均的状况,制定面向部分高端外国毕业生的居留与就业政策,吸引在指定专业获得硕士和博士学位的外国毕业生在华就业,并根据劳动力市场的变化情况,及时调整可留华工作的外国毕业生专业目录。四是在目前人力与资源较为短缺的情况下,扩大高校现有职业咨询机构的服务范围,将留学生职业倾向的测评、就业能力的提升和就业信息的提供也包含在内。条件成熟时,可探索建立专门的留学生职业咨询服务,并对咨询人员进行培训。在此,高校可以相互联合,也可以借助行业领导团体的力量,共同开发面向留学生的职业咨询中心和网站,提供国内外的职位空缺和就业市场信息。五是除高校自身的校友会之外,尽快建立国家(以及地方性的)国际校友会。通过为国际校友提供职位空缺和继续深造的信息等,吸引其保持相互之间以及与母校之间的联系,丰富校友文化,实现校友能够为留学目的国带来的政治、经济、科研和文化收益。

  英国在实施"首相行动计划"之前,曾对自己的留学生教育作了深刻的反思,提出了一系列必须解决的问题。正是这些问题的存在以及竞争国的追赶,促使英国制定了团结各相关部门和机构的国家留学生教育政策——"首相行动计划",实现了保持其在留学生教育中领先地位的目标。英国当时发现的这些问题,目前在我国同样存在。而"首相行动计划"的成功表明,政府完全可以在调查研究的基础上,制定合理的政策与规划,在各机构之间及行业内部形成合理的架构,实现留学生教育的持续快速发展。在本研究结束之际,我们将英国的这段反思性文字转引于此,供我国决策部门和高校借鉴。

> 在启动"首相行动计划"之前,已经出现了若干迹象,表明英国的教育部门需要变革。全球教育市场正变得越来越复杂,竞争也更加激烈。特别是澳大利亚,它正在夺取英国在东南亚以及在马来西亚和新加坡等传统市场中的份额。除此之外,1997—1998年的亚洲货币危机催化了马来西亚等关键市场的巨大变迁。这迫使英国院校更加清楚认识到,它们不再能想当然地占据市场。
>
> 但是,诸多根本性的缺陷削弱了英国有效竞争的能力,以及把自己建设成为国际教育市场中真正世界一流的参与者的能力。《实现我们的潜能》这份报告指出了这些缺陷,即:
>
> - 缺乏远见卓识和战略思考;
> - 对英国置身于其中的市场及其远景鲜有深入的理解;
> - 对客户或竞争对手鲜有细致的研究与分析;
> - 资金投入不足;
> - 低水平的市场知识,对相关员工鲜有或没有市场推广方面的培训;
> - 市场推广方案不明确,市场定位策略模糊或缺失;
> - 缺乏富于创造力的思考,倾向于固守被大家广为采用的市场推广模式;
> - 没有很好地利用网站;
> - 没有真正理解留学生的成本与贡献;
> - 对学生的过程管理不佳,对客户关心不足;
> - 签证申请中存在阻碍;
> - 没有认识到建立战略关系和扩大教职员交流可以为招生带来的长远利益;
> - 没有认识到——而且低估了——竞争国的威胁,特别是澳大利亚和北美国家;
> - 普遍存在的自满情结。
>
> (British Council,2003:5)

参 考 文 献

艾忻. 试论来华留学生管理国际化 [J]. 外国留学生工作研究, 2007, (1), 32—37.

安然, 张仕海、吴招胜. 非洲留学生教育需求与招生宣传模式 [J]. 高教探索, 2007, (5), 110—113.

陈慧, 常悦珠. 留学生适应问题的研究及政策探析 [J]. 外国留学生工作研究, 2007, (3), 63—70.

陈慧, 朱敏, 车宏生. 在北京高校的外国留学生适应因素研究 [J]. 青年研究, 2006, (3), 27—36.

宫兴林. 对当前留学生管理工作中几个突出问题的思考及对策 [J]. 外国留学生工作研究, 2007, (2), 40—43.

国家留学基金管理委员会秘书处 (2009). 关于开始使用奖学金来华留学网上报名信息平台的通知 [EB/OL]. http://www.csc.edu.cn/Laihua/207638b504004d358066b8279465a9c5.shtml, 2010-03-17.

贺向民. 数据与折射——对来华留学教育的思考 [J]. 外国留学生工作研究, 2007, (1), 19—27.

雷龙云, 甘怡群. 来华留学生的跨文化适应状况调查 [J]. 中国心理卫生杂志, 2004, (10), 729.

刘宝利. 来华留学工作面临的形势和任务——在外国留学生教育管理分会第四届第四次常务理事会上的讲话 [J]. 外国留学生工作研究, 2008 (2), 1—6.

孟蕾. 浅析跨文化视角下的来华留学生辅助项目 [J]. 外国留学生工作研究, 2007, (2), 76—80.

莫雪妮，邓远美. 东盟留学生学习中医情况的调查与分析［J］. 高教论坛，2010，（1），15—16，32.

上海市教育委员会（2006）. 上海市教育委员会关于印发《上海市外国留学生政府奖学金申请试行办法》的通知［EB/OL］. http：//www. shmec. gov. cn/attach/xxgk/2374. htm，2010-03-18.

天津市公安局出入境管理局，天津市教育委员会，天津市高校外国留学生教育管理学会. 天津市外国留学生勤工助学工作现状和思考［J］. 外国留学生工作研究，2007，（1），91—95.

文部科学省高等教育局学生支援科（2006）. 日本留学生制度概况：接收与派遣［EB/OL］. http：//www. mext. go. jp/a_menu/koutou/ryugaku/06082503/003. pdf，2010-01-29.

文部科学省高等教育局学生支援科（2008）. 日本留学生制度概况：接收与派遣［EB/OL］. http：//www. mext. go. jp/component/a_menu/education/detail/_icsFiles/afieldfile/2009/11/04/1222424_20_002. pdf，2010-01-31.

沃国成，张锡九，黄浩，杨增祥. 高校留学生思想和文化交流情况调查［J］. 外国留学生工作研究，2007，（2），12—19.

新西兰教育部（2003）. 关于对留学生的指导与照顾之行业规则（2003年修订）［EB/OL］. http：//www. minedu. govt. nz/web/downloadable/dl6809_v1/chinese-simplified. pdf，2007-12-10.

新西兰教育部（2004）. 留学新西兰学习与生活指南（中文版）［EB/OL］. www. minedu. govt. nz/web/downloadable/dl9468_v1/final-chinese-word-version-230604. doc，2007-12-10.

学历评审局（2004）. 学生费用保障政策［EB/OL］. http：//www. nzqa. govt. nz/for-providers/aaa/docs/studfeepol-chin. doc，2008-01-10.

于富增. 世界留学生流动的规律与我国外国留学生教育的发展［J］. 外国留学生工作研究，2007，（3），4—14.

于险波. 外国留学生教育中班主任工作探讨［J］. 边疆经济与文化，2010，（1），179—180.

张立军. 来华留学生"亚文化"管理研究［J］. 外国留学生工作研究，2007，（2），44—47.

张民选. 跨境教育中的学生利益保护［J］. 教育发展研究，2006，（7）：32—39.

张卓立. 预防为主，常抓不懈［J］. 外国留学生工作研究，2008，（2），86—90.

赵晓峰. 浅析影响我国留学服务贸易的经济因素［J］. 外国留学生工作研究，2007，（3），34—38页.

中国教育部（2000a）. 高等学校接受外国留学生管理规定［EB/OL］. http：//www. moe. edu. cn/edoas/website18/level3. jsp? tablename＝1263260667176395&infoid＝1263276158830444，2010-03-17.

中国教育部（2000b）. 教育部关于执行《高等学校接受外国留学生管理规定》有关问题的通知［EB/OL］. http：//www. moe. edu. cn/edoas/website18/level3. jsp? tablename＝1315&infoid＝12312，2010-03-17.

中华人民共和国教育部（2000c）. 中国政府奖学金年度评审办法［EB/OL］. http：//www. csc. edu. cn/Laihua/5008b675f6fb4f6cacea1932aeb45d39. shtml，2010-03-17.

中国教育部（2006）. 2005年度来华留学生统计数据［EB/OL］. http：//www. moe. edu. cn/edoas/website18/level3. jsp? tablename＝1215478497808192&infoid＝20133，2010-03-17.

中国教育部（2007a）. 2006年来华留学生人数又创历史新高［EB/OL］. http：//www. moe. edu. cn/edoas/website18/level3. jsp? tablename＝2038&infoid＝28683，2010-03-17.

中国教育部（2007b）. 来华留学生医学本科教育（英语授课）质量控制标准暂行规定［EB/OL］. http：//www. moe. edu. cn/edoas/website18/level3. jsp? tablename＝1263260667176395&infoid＝1263276850671451，2010-03-17.

中国教育部（2008）. 2007年来华留学生数量保持快速增长势头［EB/OL］. http：//www. moe. edu. cn/edoas/website18/level3. jsp? tablename＝2114&infoid＝1205456583492311，2010-03-17.

中国教育部（2009a）. 去年中央财政对来华留学生投入5亿［EB/OL］. http：//www. moe. edu. cn/edoas/website18/level3. jsp? tablename＝1236646894826308&infoid＝1238031091085205，2010-03-17.

中国教育部（2009b）. 教育部关于对中国政府奖学金本科来华留学生开展预科教育的通知［EB/OL］. http：//www. moe. edu. cn/edoas/website18/level3. jsp? tablename＝1262831114691256&infoid＝1262843863602267，2010-03-17.

中国教育部，中国财政部（2008）. 教育部，财政部关于调整外国留学生奖学金生活费标准的通知［EB/OL］. http：//www. moe. edu. cn/edoas/website18/level3. jsp? tablename＝1304&infoid＝1263276718599450，2010-03-17.

中国教育部办公厅（2007）. 教育部办公厅关于试行普通高等学校外国留学生新生学籍和外国留学生学历证书电子注册的通知［EB/OL］. http：//www. moe. edu. cn/edoas/website18/level3. jsp? tablename＝1318&infoid＝1259202652031113，2020-03-17.

中国教育部办公厅（2008）. 教育部办公厅关于公布《2008/2009学年度招收本科临床

医学专业（英语授课）留学生的高等学校名单及计划表》的通知［EB/OL］. http：//www. moe. edu. cn/edoas/website18/level3. jsp？ tablename＝1318&infoid ＝1259202406383111，2010-03-17.

中国教育部办公厅（2010）. 教育部办公厅关于公布2010/2011学年度招收本科临床医学专业（英语授课）来华留学生的高等学校名单及招生计划的通知［EB/OL］. http：//www. moe. edu. cn/edoas/website18/level3. jsp？ tablename＝603&infoid ＝1268124431861692，2010-03-17.

中国教育部国际合作与交流司（2004a）. 关于外国学生有条件免除汉语水平考试入学的通知［EB/OL］. http：//www. shmec. gov. cn/attach/xxgk/755. doc，2010-03-18.

中国教育部国际合作与交流司（2004b）. 关于建立全国来华留学管理干部培训制度暨2004年培训计划的通知［EB/OL］. http：//www. moe. edu. cn/edoas/website18/27/info1327. htm，2010-03-17.

教育部国际合作与交流司（2005）. 关于进一步推动全国来华留学生电子信息管理系统建设和使用的通知［EB/OL］. http：//www. moe. edu. cn/edoas/website18/80/info16480. htm，2010-03-17.

中国教育部国际合作与交流司（2007）. 关于印发《高等学校要求外国留学生购买保险暂行规定》的通知［EB/OL］. http：//www. shmec. gov. cn/attach/xxgk/2770. doc，2010-03-18.

Abe, Jin, Talbot, Donna M., & Geelhoed, Robyn J. (1998). Effects of a peer program on international student adjustment. *Journal of College Student Development*, 39 (6), 539—547.

Alberts, Heike C. (2007). Beyond the headlines: Changing patterns in international student enrollment in the United States. *GeoJournal*, 68, 141—153.

Anderson, Stuart (2005). America's future is stuck overseas. *New York Times*, November 16. Retrieved 5 February 2010, from http：//www. nfap. com/researchactivities/articles/NYT111605. pdf.

Anderson, Stuart (2007a). From international students to entrepreneurs. *International Educator*, 16 (4), 6—9.

Anderson, Stuart (2007b). *International Students and U. S. Policy Choice*. Retrieved 5 February 2010, from http：//www. nfap. com/researchactivities/articles/IS1005. pdf.

Andrade, Maureen Snow (2006). International students in English-speaking universities: Adjustment factors. *Journal of Research in International Education*, 5 (2), 131—154.

Anonymous (2002). Foreign-student tracking system faces hurdles. *Academe*, 88 (5), 9—10.

Anonymous (2003). Foreign students jailed for light course loads. *Academe*, 89 (2), 7.

Anonymous (2005). New online resource tracks trends in international student mobility. *Black Issues in Higher Education*, 22 (8), 14.

Anonymous (2006). Community College Initiative to Support Foreign Students. *International Educator*, 15 (4), 14.

Anonymous (2008a). Movement to end free tuition for foreign students in Sweden, Finland. *International Educator*, 17 (6), 10.

Anonymous (2008b). Tighter rules in UK for foreign students. *International Educator*, 17 (6), 12.

Anonymous (2008c). International Student Enrollments on the Rise. *Community College Journal*, 78 (4), 8.

Anonymous (2008d). Questions surround homeland security's OPT rule. *International Educator*, 17 (5), 6.

Armstrong, John A. (2003). The foreign student dilemma. *Issues in Science and Technology*, 19 (4), 22—23.

Association of International Educators (2003). *In America's Interest: Welcoming International Students. Report of the Strategic Task Force on International Student Access.* New York: NAFSA.

Association of International Educators (2006a). *Americans Call for Leadership on International Education.* Retrieved 3 February 2010, from http://www.nafsa.org/uploadedFiles/NAFSA_Home/Resource_Library_Assets/Public_Policy/americans_call_for_leadership.pdf?n=9018.

Association of International Educators (2006b). *Restoring U. S. Competitiveness For International Students and Scholars.* Retrieved 4 February 2010, from http://www.nafsa.org/uploadedFiles/NAFSA_Home/Resource_Library_Assets/Public_Policy/restoring_u.s.pdf?n=8823.

Association of International Educators (2006c). *An International Education Policy: For U. S. Leadership, Competitiveness, and Security.* Retrieved 3 February 2010, from http://www.nafsa.org/uploadedFiles/toward_an_international_1.pdf?n=9878.

Asteris, Michael (2006). British universities: The "coal xxporters" of the 21st century. *Journal of Studies in International Education*, 10 (3), 224—240.

Auletta, Alex (2000). A retrospective view of the Colombo Plan: Government policy, departmental administration and overseas students. *Journal of Higher Education Policy and Management*, 22 (1), 47—58.

Australian Department of Immigration and Citizenship (2007). *Access to Student eVisa AL 2-4 Trial: Agreement for Registered Migration Agents to lodge eVisa Applications*. Canberra: Commonwealth of Australia.

Australian Department of Immigration and Citizenship (2010a). *Student Visa Living Costs and Evidence of Funds*. Canberra: Commonwealth of Australia.

Australian Department of Immigration and Citizenship (2010b). *Overseas Student Program-Assessment Levels*. Canberra: Commonwealth of Australia.

Australian Education International (2006). *Comparison of the National Code (2001) and the Revised National Code (2007)*. Retrieved 24 October 2007, from http://aei.dest.gov.au/AEI/ESOS/NatCodeRevised_pdf.pdf.

Australian Education International (2008a). *2007 Follow-up International Student Survey: Executive Summaries-Higher Education and Vocational Education and Training*. Canberra: Commonwealth of Australia.

Australian Education International (2008b). *Refund Amendments: Sections 27 & 28 of the ESOS Act*. Canberra: Commonwealth of Australia.

Australian Education International (2009a). *Using Education Agents: A guide for providers of education and training to overseas students*. Canberra: Department of Education, Employment and Workplace Relations.

Australian Education International (2009b). *International student employment outcomes survey*. Canberra: Commonwealth of Australia.

Australian Government (2001). *Education Services for Overseas Students Regulations 2001 (Statutory Rules 2001 No. 96 as Amended)*. Retrieved 25 October 2007, from http://www.comlaw.gov.au/ComLaw/Legislation/LegislativeInstrumentCompilation1.nsf/0/59435EE7FA171B7ECA25730D00038A56/MYMfile/EduServOvseasStud2001.pdf.

Australian Government (2003). *Engaging the World through Education: Ministerial Statement on the Internationalisation of Australian Education and Training*. Retrieved 25 October 2007, from http://aei.dest.gov.au/AEI/AboutAEI/PoliciesAndPriorities/MinisterialStatement/Minstatement_pdf.pdf.

Australian Government (2007). *Education Services for Overseas Students Act 2000*

(*Act No. 164 of 2000 as Amended*). Retrieved 24 October 2007, from http://www.comlaw.gov.au/ComLaw/Legislation/ActCompilation1.nsf/0/947647C7A9B9EEA9CA2573080037454D/MYMfile/EduSerforOverStud2000_WD02.pdf.

Australian Government (2008). *Review of Australian Higher Education: Final Report*. Canberra: Commonwealth of Australia.

Australian Government (2009). *Review of the Education Services for Overseas Students (ESOS) Act 2000: Interim Report-September* 2009. Retrieved 14 January 2010, from http://aei.gov.au/AEI/GovernmentActivities/InternationalStudentsTaskforce/ESOS_Review_InterimReport_pdf.pdf.

Australian Universities Quality Agency Limited (2009). *Annual Report* 2008. Melbourne: AUQA.

Bain, Olga, & Cummings, William K. (2005). Where have the international students gone? *International Educator*, 14 (2), 18—26.

Banks, Melissa, Olsen, Alan, & Pearce, David (2007). *Global Student Mobility: An Australian Perspective Five Years On*. Sydney: IDP Education Pty Ltd.

Bhattacharjee, Yudhijit (2005a). New rules ease scientific exchanges. *Science*, 307 (5712), 1023.

Bhattacharjee, Yudhijit (2005b). Schools Cheer Rise in Foreign Students. *Science*, 310 (5750), 957.

Bikos, Lynette Heim, & Furry, Tinsley Smith (1999). The job search club for international students: An evaluation. *The Career Development Quarterly*, 48 (1), 31—44.

Binsardi, A., & Ekwulugo, F. (2003). International marketing of British education: Research on the students' perception and the UK market penetration. *Marketing Intelligence and Planning*, 21 (4/5), 318—327.

Böhm, Anthony, Follari, Marcelo, Hewett, Andrew, Jones, Sarah, Kemp, Neil, Meares, Denis, Pearce, David, & Van Cauter, Kevin (2004). *Vision 2020: Forecasting International Student Mobility: A UK Perspective*. London: British Council.

Bone, Drummond (2008). Internationalisation of HE: A Ten-Year View. Retrieved 8 February 2010, from http://www.dius.gov.uk/higher_education/shape_and_structure/he_debate/~/media/publications/I/Internationalisation-Bone.

Borjas, George J. (2005). Foreign-born domestic supply of science and engineering workforce: The labor-market impact of high-skill immigration. *The American*

Economic Review, 95 (2), 56—60.

Bourke, Ann (2000). A model of the determinants of international trade in higher education. *The Service Industries Journal*, 20 (1), 110—138.

British Council (2003). *Education UK: Positioning for Success*. Manchester: British Counicl.

British Council (2007a). *Studying and living in the United Kingdom*. Retrieved 8 March 2010, from http://www.educationuk.org/downloads/study_live_uk.pdf.

British Council (2007b). *Creating Confidence: International Student Safety Survey*. Retrieved 4 March 2010, from http://www.britishcouncil.org/creating_confidence_-_international_student_safety_survey_-_july_2007.pdf.

British Council (2008). *Making It Happen: The Prime Minister's Initiative for International Education*. Retrieved 4 March 2010, from http://www.britishcouncil.org/making_it_happen_-_the_prime_ministers_initiative_for_international_education.pdf.

British Council (2009a). *Annual Report* 2008-09. Retrieved 3 March 2010, from http://www.britishcouncil.org/files/documents/Annual%20Report%20Final2008-09.pdf.

British Council (2009b). *First Steps: A Pre-departure Guide for International Students Coming to Study in the UK* 2009-10. Manchester: British council.

British council (2009c). *Find Your Way to Work: International Students: Working in the UK* 2009-10. Rtrieved 8 March 2010, from http://www.educationuk.org/downloads/find_your_way_to_work_0910.pdf.

British Council, & English UK (2009). *Accreditation UK Handbook* 2010-11. Retrieved 5 March 2010, from http://www.britishcouncil.org/2010-11_accreditation_handbook-new.pdf.

Brown, Richard, Archer, William, & Barnes, Jennifer (2008). *Global Horizons and the Role of Employers*. London: Council for Industry and Higher Education.

Brumfiel, Geoff (2004). Security restrictions lead foreign students to snub US universities. *Nature*, 431 (7006), 231.

Brumfiel, Geoff (2007). Foreign students face extra UK security checks. *Nature*, 450 (8), 140—141.

Burke, Rachel (2006). Constructions of Asian international students: The "casualty" model and Australia as "educator". *Asian Studies Review*, 30, 333—354.

Bush, Simon, Tzourou, Chris, & Archer, William (2007). *Does the UK Lead the World in International Education?* Retrieved 12 March 2010, from http://www.cihe.co.uk/wp-content/themes/cihe/document.php?file=0711igradUKfwd.pdf.

CampusFrance (2009a). *Key Figures: CampusFrance Activity Indicators*. Retrieved 1 March 2010, from http://editions.campusfrance.org/chiffres_cles/brochure_campusfrance_chiffres_cles09.pdf.

CampusFrance (2009b). *Programs Taught in English*. Paris: CampusFrance.

Campusfrance (2009c). *International Student Mobility: Key Figures* 2009. Retrieved 1 March 2010, from http://editions.campusfrance.org/chiffres_cles/brochure_campusfrance_chiffres_cles_n4_09.pdf.

Cappuccini, Gill, Harvey, Lee, Williams, James, Bowers-Brown, Tamsin, McCaig, Colin, Sagu, Satya, & MacDonald, Morag (2005). *Careers Advisory Services and International Students (HECSU research reports)*. Retrieved 11 March 2010, from http://www.hecsu.ac.uk/hecsu.rd/documents/Reports/CASIS%20long%20report%20PDF.pdf.

CaseTrust Department (2008). *CaseTrust for Education: Information and Application Kit*. Retrieved 25 January 2010, from http://www.case.org.sg/downloads/casetrust/PEO.pdf.

Cemmell, James, & Bekhradnia, Bahram (2008). *The Bologna Process And the UK's International Student Market*. Retrieved 15 March 2010, from http://www.hepi.ac.uk/files/36Bolognaprocesssummary.pdf.

Clinton, William J. (2000). *Memorandum for the Heads of Executive Departments and Agencies*. Retrieved 4 February 2010, From http://Www.Nafsa.Org/Uploadedfiles/Nafsa_Home/Resource_Library_Assets/Public_Policy/President_Clinton_Issues_1.Pdf?N=173.

Connor, Helen & Brown, Richard (2009). *Global Horizons: Recruiting International Students and Graduates from UK Universities*. London: Council for Industry and Higher Education.

Council for Educational Research (2008). Global economic crisis may affect education exports. *ACER Newsletter*, Issue 71 (14 November).

Council for International Students (2004). *Broadening Our Horizons: International Students in Uk Universities and Colleges*. Retrieved 11 March 2010, from http://www.ukcisa.org.uk/files/pdf/BOHreport.pdf.

Council for International Students (2006). *New Horizons: The Experiences Of International Students In UK Further Education Colleges (Executive Summary). Retrieved 11 March 2010, from http://www.ukcisa.org.uk/files/pdf/new_horizons_summary.pdf.

Council for International Students (2007). *Benchmarking the Provision of Services for International Students in Higher Education Institutions.* Retrieved 10 March 2010, from http://www.ukcisa.org.uk/files/pdf/pmi/benchmarking_report.pdf.

Council for Private Education (2009a). *Guide to Application for EduTrust Certification Via Online Business Licensing Service (OBLS).* Retrieved 25 January 2010, from http://www.cpe.gov.sg/cpe/slot/u54/Publications/EduTrust%20Scheme/Guide%20on%20OBLS%20Application%20for%20Certification%20v2.pdf.

Council for Private Education (2009b). *Edutrust Certification Scheme Terms and Conditions.* Retrieved 25 January 2010, from http://www.cpe.gov.sg/cpe/slot/u54/Publications/EduTrust%20Scheme/EduTrust%20Terms%20&%20Conditions%20_Version%201.0_.pdf.

Council for Private Education (2009c). *EduTrust Certification Scheme Guidance Document.* Retrieved 25 January 2010, from http://th.app.wowlg.com/education/private-education/council-for-private-education/files/edutrust-guidance-document-draft.pdf.

Council for Private Education (2009d). *EduTrust "Fee Protection Scheme" (FPS) Instruction Manual (For Private Education Institutions (PEI) in Singapore).* Retrieved 25 January 2010, from http://www.cpe.gov.sg/cpe/slot/u54/Publications/Fee%20Protection/FPS%20Instruction%20Manual%20for%20PEI%20_ver%201.1_.pdf.

Council of Graduate schools (2006). *Data Sources: International Student Trends.* Retrieved 5 February 2010, from http://www.cgsnet.org/portals/0/pdf/DataSources_2006_06.pdf.

Council of Graduate schools (2007). *Findings from the 2006 CGS International Graduate Admissions Survey-Phase III: Admissions And Enrollment.* Retrieved 5 February 2010, from http://www.cgsnet.org/portals/0/pdf/R_Intlenrl06_III.pdf.

Council on Education (2006). *Students on the Move: The Future of International Students in the United States.* Retrieved 4 February 2010, from http://www.

acenet. edu/AM/Template. cfm? Section=Search&section=issue_briefs&template=/CM/ContentDisplay. cfm&ContentFileID=7276.

Council on Education (2009). *Sizing up the Competition: The Future of International Postsecondary Student Enrollment in the United States*. Retrieved 4 February 2010, from http://www. acenet. edu/AM/Template. cfm? Section=Search&section=issue_briefs&template=/CM/ContentDisplay. cfm&ContentFileID=7409.

Craft, Lucille (2007). Shaking things up. *ASEE Prism*, 17 (1), 19.

Cubillo, José María, Sánchez, Joaquín, & Cerviño, Julio (2006). International students' decision-making process. *The International Journal of Educational Management*, 20 (2), 101—115.

Deloitte (2008). *The Experiences of International Students in New Zealand: Report on the Results of the National Survey* 2007. Retrieved 13 May 2009, from www. educationcounts. govt. nz/publications/international/22971.

Department of Education, Employment and Workplace Relations (2009). *Examples of Good Practice in Assisting International Students to Integrate with Australian Students and the Wider Community*. Commonwealth of Australia.

Department of Education, Employment and Workplace Relations & Department of Immigration and Citizenship (2009). *Select Skills: Principles for A New Migration Occupations in Demand List—Review of the Migration Occupations in Demand List (Issues Paper No. 1.)* Melbourne: commonwealth of Australia.

Department of Education, Science and Training (2006). *The Bologna Process and Australia: Next Steps*. Retrieved 23 October 2007, from http://aei. dest. gov. au/AEI/GovernmentActivities/BolognaProcess/BolognaPaper_pdf. htm.

Department of Education, Science and Training (2007). *National Code of Practice for Registration Authorities and Providers of Education and Training to Overseas Students* 2007. Retrieved 25 October 2007, from http://aei. dest. gov. au/AEI/ESOS/NationalCodeOfPractice2007/National_Code_2007_pdf. pdf.

Department of Foreign Affairs and Trade (2005). *Education without Borders: International Trade in Education*. Retrieved 19 October 2007, from http://www. dfat. gov. au/publications/eau_education/education_without_borders. pdf.

Department of Homeland Security (2008). Extending period of optional practical training by 17 months for F-1 nonimmigrant students with STEM degrees and expanding cap-gap relief for all F-1 students with pending H-1B petitions. *Federal Reg-*

ister, 73 (68), 18944—18956.

Department of Labour (2007). *International Students: Studying and Staying on in New Zealand*. Retrieved 8 January 2008, from http://www.educationnz.org.nz/policy/InternationalStudentPathways.pdf.

Dessoff, Alan (2009). International enrollments up down under. *International Educator*. Retrieved 5 February 2010, from http://findarticles.com/p/articles/mi_7570/is_200901/ai_n32314042/.

Deumert, Ana, Marginson, Simon, Nyland, Chris, Ramia, Gaby, & Sawir, Erlenawati (2005). Global migration and social protection rights: The social and economic security of cross-border students in Australia. *Global Social Policy*, 5 (3): 329—352.

Dolby, Nadine, & Rahman, Aliya (2008). Research in international education. *Review of Educational Research*, 78 (3), 676—726.

Education, Employment and Workplace Relations References Committee (2009). *Welfare of International Students*. Canberra: Senate Printing Unit.

Education New Zealand (2009). *Request for Proposal: National Resource for International Student Support*. Retrieved 11 May 2009, from http://www.educationnz.org.nz/indust/eeip/RFP%20National%20Resource%20for%20International%20Student%20Support%200809.pdf.

Education New Zealand Trust (2008). *Contract Relating to Use of the New Zealand Educated Brand*. Retrieved 11 may, from http://www.educationnz.org.nz/Brand-Contract-2008.pdf.

Education Services Division of Singapore Tourism Board (2006). *Education Guide 2006/07 For International Students*. Retrieved 25 January 2010, from http://www.singaporeedu.gov.sg/cn/doc/res/eduguide0607.pdf.

Education Workgroup of the Economic Review Committee's Services Sub-Committee (2003a). *Developing Singapore's Education Industry*. Retrieved 28 January 2010, from http://app.mti.gov.sg/data/pages/507/doc/ERC_SVS_EDU_MainReport.pdf.

Education Workgroup of the Economic Review Committee's Services Sub-Committee (2003b). *Panel Recommends Global Schoolhouse Concept for Singapore to Capture Bigger Slice of USMYM2.2 Trillion World Education Market*. Retrieved 28 January 2010, from http://app.mti.gov.sg/data/pages/507/doc/DSE_recommend.pdf.

Education Workgroup of the Economic Review Committee's Services Sub-Committee (2003c). *Facilitating the Growth of the Education Industry*. Retrieved 28 January 2010, from http：//app. mti. gov. sg/data/pages/507/doc/ERC_SVS_EDU_FacilitationReport. pdf.

Fancy, Howard (2006). *International Education Update*, No. 3. Retrieved 13 December 2007, from http：//www. minedu. govt. nz/web/downloadable/dl11205_v1/ieu-21-4. pdf.

Farnsworth, Kent (2005). A new model for recruiting international students: The 2 + 2. *International Education*, 35 (1), 5—14.

Federal Ministry of Education and Research (2005). *Internationalization of Higher Education*. Berlin: German Federal Ministry of Education and Research.

Federal Ministry of Education and Research (2008). *Internationalization of Higher Education*. Berlin: German Federal Ministry of Education and Research.

Foley, Chris J. (2007). An opportunity for international cooperation. *International Educator* (*2007 Bologna Supplement*), 3—4.

Forrest, Susanne (2008). Staying competitive with Europe. *International Educator*, 17 (3), 88—91.

French Ministry of Foreign and European Affairs (2008). *A France That Is More Appealing to Foreign Students and Researchers*. Retrieved 2 March 2010, from http：//www. diplomatie. gouv. fr/en/france_159/studying-in-france_2192/campusfrance_5491/france-that-is-more-appealing-to-foreign-students-and-researchers_8808. html.

German Academic Exchange Service (2007). *Information on the Statutory Frameworks Applicable to the Pursuit of Gainful Employment by Foreign Students, Academics and Scientists*. Retrieved 24 February 2010, from http：//www. daad. de/imperia/md/content/en/deutschland/downloads/info_employment. pdf.

German Academic Exchange Service (2008). *The 10 Best International Master's Programmes at Germany's Universities*: 2006 · 2008. Bonn: German Academic Exchange Service.

German Academic Exchange Service (2009a). *Annual Report* 2008 (*Summary*). Bonn: German Academic Exchange Service. Retrieved 23 February 2010, from http：//www. daad. de/annualreport/annual-report_2008. pdf.

German Academic Exchange Service (2009b). *Study in Germany: A Practical Guide for International Students* (3rd Edition). Bonn: German Academic Exchange

Service.

Gibson, Ellen (2005). The development of career services for international students. *Australian Journal of Career Development*, 14 (2), 19—23.

Gomes, Liza, & Murphy, Jamie (2003). An exploratory study of marketing international education online. *The International Journal of Educational Management*, 17 (2/3), 116—125.

Goyal, Anita (2006). Consumer perception towards the purchase of credit cards. *Journal of Services Research*, 6 (Special Issue), 179—190.

Green, Madeleine F. (2005). *Internationalization in U. S. Higher Education: The Student Perspective*. Washington, DC: American Council on Education.

Gribble, Cate, & McBurnie, Grant (2007). Problems within Singapore's global schoolhouse. *International Higher Education*, (48), 3—4.

Grose, Thomas K. (2006). Fewer stay home. *ASEE Prism*, 15 (6), 17.

Grose, Thomas K. (2007). Enrollments on the upswing. *ASEE Prism*, 16 (7), 14.

Hall, John, Hamilton, Sheila, Hall, Stuart, & Pitcairn, Jamie (1998). *Institutional Support for Overseas Students in Scotland*. Edinburgh: Scottish Council for Research in Education.

Harman, Grant (2004). New directions in internationalizing higher education: Australia's development as an exporter of higher education services. *Higher Education Policy*, 17, 101—120.

Hart, Caro, Sheehy-Skeffington, Jenny, & Charles, Ingrid (2007). International students and local communities-a research project by HOST UK. *Worldviews*, Summer, 7—9.

Harty, Maura (2007). State department welcomes international students. *Community College Journal*, 77 (6), 34—36.

Henson, B. (2004). New hurdles for international students and scientists. *UCAR Quarterly*. Retrieved 5 November 2008, from http://www.ucar.edu/communications/quarterly/winter03/international.html.

Higher Education Bureau, Ministry of Education, Culture, Sports, Science and Technology (2009a). *Higher Education in Japan*. Retrieved 29 January 2010, from http://www.mext.go.jp/english/koutou/detail/_icsFiles/afieldfile/2009/12/03/1287370_1_1.pdf.

Higher Education Bureau, Ministry of Education, Culture, Sports, Science and Technology (2009b). *Quality Assurance Framework of Higher Education in Japan*.

Retrieved 29 January 2010, from http://www.mext.go.jp/english/koutou/_icsFiles/afieldfile/2009/10/09/1284979_1.pdf.

Higher Education Policy Institute (2006). *How Exposed Are English Universities to Reductions in Demand from International Students?* Retrieved 15 March 2010, from http://www.hepi.ac.uk/files/Exposuretointernationalstudentmarket.pdf.

Hindrawan, J. (2003). International student recruitment since 9/11. *World Education News and Reviews*, March/April. Retrieved 5 November 2008, from http://www.wes.org/ewenr/03March/PFFeature.htm.

Holliday, Jo (1998). *Internationalising Students' Unions*. London: UKCOSA. Retrieved 10 March 2010, from http://www.ukcisa.org.uk/files/pdf/about/internationalising_students_unions.pdf.

House, Ginevra (2010). *Postgraduate Education in the United Kingdom*. Retrieved 15 March 2010, from http://www.hepi.ac.uk/files/45%20Postgraduate%20education%20full.pdf.

Hyun, Jenny, Quinn, Brian, Madon, Temina, & Lustig, Steve (2007). Use of counseling services among international graduate students. *International Journal of Contemporary Hospitality Management*, 56 (2), 109—118.

Infometrics Consulting (2000). *Economic Impact Analysis of Foreign Fee-Paying Students (Executive Summary)*. Retrieved 11 May 2009, from http://www.educationnz.org.nz/policy/research/2000EconomicImpact-Summary.pdf.

Infometrics (2006). *The Economic Impact of Foreign Fee-Paying Students*. Retrieved 13 December 2007, from http://www.minedu.govt.nz/web/downloadable/dl11293_v1/economic-impact-report.doc.

Infometrics, NRB, & Skinnerstrategic (2008). *The Economic Impact of Export Education*. Retrieved 13 May 2009, from www.educationcounts.govt.nz/publications/international/35324.

International Education Appeal Authority (2004). *Report of the International Education Appeal Authority 1 October 2003 to 30 September 2004*. Retrieved 11 December 2007, from http://www.minedu.govt.nz/web/downloadable/dl6786_v1/moe-ieaa-book-oct-04-v4.pdf.

International Education Appeal Authority (2006). *Report of the International Education Appeal Authority 1 October 2005 to 31 December 2006*. Retrieved 12 December 2007, from http://www.minedu.govt.nz/web/downloadable/dl6786_v1/annual-report-2006.pdf.

Irwin, Judy (2008). *Recruiting International Students—An Overview*. Retrieved 2 February 2010, from http：//www. aacc. nche. edu/Resources/aaccprograms/international/Documents/recruitingstudents _ 022009. pdf.

Jacob, Elizabeth J. , & Greggo, John W. (2001). Using counselor training and collaborative programming strategies in working with international students. *Journal of Multicultural Counseling and Development*, 29 (1), 73—88.

Jacobs, Janice L. (2009). *Remarks to the Community Colleges for International Development Summer Institute* 2009. Retrieved 2 February 2010, from http：//travel. state. gov/law/legal/testimony/testimony _ 4545. html.

Japan SIG (2008). A plan for 300000 exchange students. *NAFSA：Association of International Educators*. Retrieved 8 February 2010, from http：//www. nafsa. org/uploadedFiles/NAFSA _ Home/Resource _ Library _ Assets/Japan _ SIG/plan _ for _ exchange. pdf? n=8523.

Japan Student Services Organization (2009). *JASSO Outline* 2009—2010. Retrieved 28 January 2010, from http：//www. jasso. go. jp/about _ jasso/documents/outline _ 2009. pdf.

Johnson, Marlene M. (2004). *Addressing the New Reality of Current Visa Policy on International Students and Researchers*. Retrieved 3 February 2010, from http：//www. nafsa. org/uploadedFiles/addressing _ the _ new _ reality. pdf? n=8950.

Johnson, Victor C. (2009). *A Visa and Immigration Policy for the Brain-Circulation Era：Adjusting to What Happened in the World While We Were Making Other Plans*. Retrieved 3 February 2010, from http：//www. nafsa. org/uploadedFiles/NAFSA _ Home/Resource _ Library _ Assets/Public _ Policy/visa _ immigration _ for _ brain _ circulation. pdf.

Katz, Eve (2006). Recruiting international graduate students today. *International Educator*, 15 (4), 54—58.

Kazuko, Sakai (1989). Chinese working students in Tokyo. *Japan Quarterly*, 36 (4), 409—416.

Khan, Anwar N. , & Hancock, Philip (2005). The new protective and regulatory regime for overseas students' education in Australia. *Journal of Law and Education*, 31 (2), 209—219.

Klafter, Craig Evan (2008). University internalization：Dreaming of a bygone age. *International Educator*, 17 (4), 56—59.

Krasocki, Jean (2002). *Education UK：Developing the UK's International Education*

Agent Network. Manchester: British Council.

Larsen, David C. (2004). The future of international education: what will it take? *International Education*, 34 (1), 51—56.

Lenton, Pamela (2007). *Global Value: The Value of UK Education and Training Exports*. Manchester: British Council.

Levitt, Theodore (1960). Marketing myopia. Reprinted in *Harvard Business Review*, July-August, 2004, 1—13.

Levitt, Theodore (1980). Marketing success through differentiation-of everything. *Harvard Business Review*, 58 (1), 83—90.

MacDonald, Morag (2005). *Careers Advisory Services and International Students (HECSU Research Reports)*. Retrieved 11 March 2010, from http://www.hecsu.ac.uk/hecsu.rd/documents/Reports/CASIS%20long%20report%20PDF.pdf.

Marginson, Simon (2007). Global position and position taking: the case of Australia. *Journal of Studies in International Education*, 11 (1), 5—32.

Maringe, Felix, & Carter, Steve (2007). International students' motivations for studying in UK HE: Insights into the choice and decision making of African students. *International Journal of Educational Management*, 21 (6), 459—475.

Maslen, Geoff (2009). Australia: Has the export education bubble burst? *University World News*, 19 July. Retrieved 12 March 2010, from http://www.universityworldnews.com/article.php?story=20090717092635418.

McDowell, Natasha. (2002). Britain failing to bar risky students. *Nature*, 420, 349.

McGuire, Harriet C. (1997). Strategies for reforming university/state relationships: Australia's experience sets example. *Journal of Studies in International Education*, 57—68.

McMurtrie, Beth (2008). Foreign students pour back into the U.S.. *The Chronicle of Higher Education*, 55 (13), A1, A22—A25.

McNeill, David (2008). Facing enrollment crisis, Japanese universities fight to attract students. *The Chronicle of Higher Education*, 54 (44), 17—18

Megarrity, Lyndon (2007). A highly-regulated "free market": Commonwealth policies on private overseas students from 1974 to 2005. *Australian Journal of Education*, 51 (1), 39—53.

Mervis, Jeffrey & Malakoff, David (2004). Is the U.S. brain gain faltering? *Science*, 304 (5675), 1278—1282.

Minister for Education, Minister for Employment and Workplace Relations, & for Social Inclusion (2009). International student roundtable, Parliament House, Canberra. *Communiqué*, 15 September.

Ministry of Education, Culture, Sports, Science and Technology (2007). 2007 *White Paper on Education, Culture, Sports, Science and Technology*. Retrieved 29 January 2010, from http://www.mext.go.jp/b_menu/hakusho/html/hpac200701/1283225_001.pdf.

Mori, Sakurako (2000). Addressing the mental health concerns of international students. *Journal of Counseling and Development*, 78 (2), 137—144.

Naidoo, Vikash (2006). International education: A tertiary-level industry update. *Journal of Research in International Education*, 5 (3), 323—345.

National Association of Student Employment Services (2009). *International Students Mentoring Programme*. Retrieved 11 March 2010, from http://nases.org.uk/files/PMI_2_Mentoring_programmefinal_report_Jan_09_(FINAL).pdf.

National Foundation for American Policy (2007). *Driving Jobs and Innovation Offshore: The Impact of High-Skill Immigration Restrictions on America*. Retrieved 5 February 2010, from http://www.nfap.com/pdf/071206study.pdf.

National Operations Division of Ministry of Education (2007). *Guidelines to Support the Code of Practice for the Pastoral Care of International Students*. Retrieved 13 May 2009, from http://www.minedu.govt.nz/~/media/MinEdu/Files/EducationSectors/InternationalEducation/ProvidersOfIntEd/COPGuidelines.pdf.

National Union of Students (2009). *Internationalising Students' Unions in Higher Education: A Strategic Framework and Audit*. Retrieved 10 March 2010, from http://resource.nusonline.co.uk/media/resource/NUS_InterReport_1Page.pdf.

National Union of Students (2010). *Policy Briefing: International Students as Sabbaticals*. Retrieved 15 March 2010, from http://resource.nusonline.co.uk/media/resource/SPB_2010IntSabz.pdf.

New Zealand Ministry of Education (2001). *Export Education in New Zealand: A Strategic Approach to Developing the Sector*. Retrieved 6 December 2007, from http://www.minedu.govt.nz/web/downloadable/dl6093_v1/export-education-in-nz-online3.doc.

New Zealand Ministry of Education (2003). *Guidelines to Support the Code of Practice for the Pastoral Care of International Students*. Retrieved 10 December 2007, from http://www.minedu.govt.nz/web/downloadable/dl6803_v1/final-guidelines-4web.pdf.

New Zealand Ministry of Education (2005a). *Strengthening International Education*. Retrieved 13 December 2007, from http://www.minedu.govt.nz/web/downloadable/dl10432_v1/next-steps.pdf.

New Zealand Ministry of Education (2005b). *Policy Statement: Domestic Status for New International PhD Students from 1 January* 2006. Retrieved 10 December 2007, from http://www.minedu.govt.nz//index.cfm?layout=document&documentid=10874&indexid=11319&indexparentid=6663.

New Zealand Ministry of Education (2006). *Export Education Levy Annual Report* 2005—2006. Retrieved 7 December 2007, from http://Www.Minedu.Govt.Nz/Web/Downloadable/Dl11730_V1/Annual-Report.Pdf.

New Zealand Ministry of Education (2007a). *Code of Practice for the Pastoral Care of International Students Newsletter*, No. 2. Retrieved 13 December 2007, from http://www.minedu.govt.nz/web/downloadable/dl7320_v1/code-of-practice-newsletter-may-2007.pdf.

New Zealand Ministry of Education (2007b). *The International Education Agenda: A Strategy for* 2007—2012. Retrieved 14 December 2007, from http://www.minedu.govt.nz/web/downloadable/dl11950_v1/11950-ie-agenda-final-download-100807.pdf.

New Zealand Qualifications Authority (2007). *Complaints Kit for Formal Complaints about Providers*. Retrieved 27 January 2008, from http://www.nzqa.govt.nz/for-providers/aaa/docs/complaints.pdf.

New Zealand Visa Bureau (2009). *New Zealand International Student Program Encouraging Emigrating to New Zealand*. Retrieved 8 February 2010, from http://www.visabureau.com/newzealand/news/15-04-2009/new-zealand-international-student-program-encouraging-emigrating-to-new-zealand.aspx.

Oakman, Daniel (2000). The seed of freedom: Regional security and the Colombo Plan. *Australian Journal of Politics and History*, 46 (1): 67—85.

Olaniran, Bolanle A. (1996). Social skills acquisition: A closer look at foreign students on college campuses and factors influencing their level of social difficulty in social situations. *Communication Studies*, 47 (1—2), 72—88.

Otake, Tomoko (2008). Foreign students to fill the halls: Japanese universities look abroad in hopes of upping the sagging enrollments. *The Japan Times*. Retrieved 8 February 2010, from http://search.japantimes.co.jp/cgi-bin/fl20081028a1.html.

Peddie, Roger (2003). *Evaluation Report on the Implementation of the Code of Prac-*

tice for the Pastoral Care of International Students (2002/03) (*Executive Summary*). Retrieved 12 December 2007, from http://www. minedu. govt. nz/web/downloadable/dl9079 _ v1/evaluation-report-on-the-implementation-of-the-cod. doc.

PhillipsKPA and LifeLong Learning Associates (2005). *Evaluation of the Education Services for Overseas Students Act* 2000. Retrieved 25 October 2007, from http://www. dest. gov. au/sectors/international _ education/policy _ issues _ reviews/reviews/evaluation _ of _ the _ esos _ act _ 2000/documents/evaluation _ report _ pdf. htm.

Pimpa, Nattavud (2006). Marketing Australian universities to Thai students. *Journal of Studies in International Education*, 9 (2), 137—146.

Poyrazli, Senel, & Lopez, Marcos Damian. (2007). An exploratory study of perceived discrimination and homesickness: A comparison of international students and American students. *The Journal of Psychology*, 141 (3), 263—280.

Ramsey, Philip, Ramsey, Deborah, & Mason, Robyn (2007). The Massey Kiwi Friend Programme. *Innovations in Education and Teaching International*, 44 (2), 109—118.

Rhee, Jeong-eun, & Sagaria, Mary Ann Danowitz (2004). International students: Constructions of imperialism in the *Chronicle of Higher Education*. *Review of Higher Education*, 28 (1), 77—96.

Robinson, Bruce (2009). International students help economy. *The Australian*. Retrieved 8 February 2010, from http://www. theaustralian. com. au/higher-education/opinion-analysis/international-students-help-economy/story-e6frgcko-1225696976293.

Rosenthal, Doreen Anne, Russell, Jean, & Thomson, Garry (2007). Social connectedness among international students at an Australian university. *Social Indicators Research*, 84, 71—82.

Rubin, Kyna (2008). Singapore's push for foreign students. *International Educator*, 17 (1), 56—59.

Ruby, Alan (2009). *"Mary, Mary, Quite Contrary, How Does Your Garden Grow?" The Uncertain Future for International Higher Education in the Asian Pacific*. Retrieved 3 February 2010, from http://www. nafsa. org/uploadedFiles/DRAFT%20Asia%20Paper-A%20Ruby%2004-09. pdf.

Russell, Marilyn (2005). Marketing education: A review of service quality perceptions among international students. *International Journal of Contemporary Hospitality*

Management, 17 (1), 65—77.

Sam, David Lackland (2001). Satisfaction with life among international students: An exploratory study. *Social Indicators Research*, 53 (3), 315—337.

Secure Borders and Open Doors Advisory Committee (2008). *Secure Borders and Open Doors: Preserving Our Welcome to the World in An Age of Terrorism*. Retrieved 4 February 2010, from http://www.tia.org/resources/PDFs/Gov_affairs/SBO-DAC_Report_01_14_08.pdf.

Sidhu, Ravinder (2002). Educational brokers in global education markets. *Journal of Studies in International Education*, 6 (1), 16—43.

Sidhu, Ravinder (2005). Building a global schoolhouse: International education in Singapore. *Australian Journal of Education*, 49 (1), 46—65.

Siganos, André (2008). *From EduFrance to CampusFrance (1998—2008)*. Retrieved 1 March 2010, from http://www.campusfrance.org/en/b-agence/10ans_01.htm.

Singapore Department of Statistics (2002). *The Education Industry in Singapore*. Retrieved 25 January 2010, from http://www.singstat.gov.sg/pubn/papers/economy/op-b17.pdf.

Singapore Ministry of Education (2008a). Press Releases: Enhancing Regulation of the Private Education Sector. Retrieved 25 January 2010, from http://www.moe.gov.sg/media/press/2008/03/enhancing-regulation-of-the-pr.php.

Singapore Ministry of Education (2008b). *FAQs on Terms and Conditions of Tuition Grant Scheme for Non-Singaporean Students Admitted To Institutes of Higher Learning (IHLs)*. Retrieved 25 January 2010, from http://sam11.moe.gov.sg/tass/menu/faq.pdf.

Sliwa, Martyna, & Grandy, Gina (2006). Real or hyper-real? Cultural experiences of overseas business students. *Critical Perspectives on International Business*, 2 (1), 8—24.

Smith, Leanne M., & Rae, Allan N. (2006). Coping with demand: Managing international student numbers at New Zealand universities. *Journal of Studies in International Education*, 10 (1), pp. 27—45.

Student and Exchange Visitor Program (2006). *SEVP Certification Process*. Retrieved 4 February 2010, from http://www.ice.gov/doclib/sevis/pdf/i17_process.pdf.

Student and Exchange Visitor Program (2010). *Student and Exchange Visitor Information System: General Summary (Quarterly Review For the quarter ending De-*

cember 31, 2009). Retrieved 2 February 2010, from http://www.ice.gov/doclib/sevis/pdf/quarterly_report_dec09.pdf.

Tremblay, Karine. (2005). Academic mobility and immigration. *Journal of Studies in International Education*, 9(3), 196—228.

UK Board Agency (2008). *Points-Based System: Making Migration Work For Britain*. Retrieved 9 March 2010, from http://www.ukba.homeoffice.gov.uk/sitecontent/documents/aboutus/workingwithus/stakeholders/jet/statement/statement/terms_of_reference.pdf?view=Binary.

UK Council for International Student Affairs (2008a). *Mobility Matters: Forty Years of International Students, Forty Years of UKCISA*. Retrieved 8 February 2010, from http://www.ukcisa.org.uk/files/pdf/about/mobility_matters.pdf.

UK Council for International Student Affairs (2008b). *Planning and Running Orientation Programmes for International Students*. Retrieved 9 March 2010, from http://www.ukcisa.org.uk/files/pdf/about/material_media/orientation.pdf.

UK Council for International Student Affairs (2008c). *Mentoring Schemes for International Students: A Practical Guide*. Retrieved 9 March 2010, from http://www.ukcisa.org.uk/files/pdf/about/material_media/mentoring.pdf.

UK Council for International Student Affairs (2008d). *International Students and Volunteering: A Practical Guide*. Retrieved 9 March 2010, from http://www.ukcisa.org.uk/files/pdf/about/material_media/volunteering.pdf.

UK Council for International Student Affairs (2008e). *Review of the Continuing Professional Development (CPD) Needs of Staff Working with International Students*. Retrieved 10 March 2010, from http://www.ukcisa.org.uk/files/docs/pmi/continuing_professional_development.doc.

UK Council for International Student Affairs (2008f). *Benchmarking the Provision of Services for International Students in Further Education Institutions*. Retrieved 10 March 2010, from http://www.ukcisa.org.uk/files/pdf/pmi/fe_benchmarking.pdf.

UK Council for International Student Affairs (2009a). *Reports of Pilot Projects and Overseas Study Visits*. Retrieved 10 March 2010, from http://www.ukcisa.org.uk/files/pdf/pmi/pmi_reports_2009.pdf.

UK Council for International Student Affairs (2009b). *Tier 4: Students' Experiences (Applying from outside the UK)*. Retrieved 9 March 2010, from http://www.ukcisa.org.uk/files/pdf/about/tier4_student_survey.pdf.

UK Home Office (2006). *A Points-Based System: Making Migration Work for Britain (Presented to Parliament)*. Retrieved 8 March 2010, from http://www.homeoffice.gov.uk/documents/command-points-based-migration?view=Binary.

UNESCO (2003). *Global Education Digest 2003: Comparing Education Statistics Across The World*. Quebec: UNESCO. Retrieved 19 March 19 2010, from http://www.uis.unesco.org/TEMPLATE/pdf/ged/GED_EN.pdf, pp.92—93.

UNESCO (2004). *Global Education Digest 2004: Comparing Education Statistics Across The World*. Quebec: UNESCO. Retrieved 19 March 19 2010, from http://www.uis.unesco.org/TEMPLATE/pdf/ged/2004/GED2004_EN.pdf.

UNESCO (2005). *Global Education Digest 2005: Comparing Education Statistics Across the World*. Quebec: UNESCO. Retrieved 19 March 19 2010, from http://www.uis.unesco.org/template/pdf/ged/2005/ged2005_en.pdf.

UNESCO (2006). *Global Education Digest 2006: Comparing Education Statistics Across the World*. Quebec: UNESCO. Retrieved 19 March 19 2010, from http://www.uis.unesco.org/template/pdf/ged/2008/GED%202008_EN.pdf.

UNESCO (2007). *Global Education Digest 2007: Comparing Education Statistics Across The World*. Quebec: UNESCO. Retrieved 19 March 19 2010, from http://www.uis.unesco.org/template/pdf/ged/2007/EN_web2.pdf.

UNESCO (2008). *Global Education Digest 2008: Comparing Education Statistics Across the World*. Quebec: UNESCO. Retrieved 19 March 19 2010, from http://www.uis.unesco.org/template/pdf/ged/2008/GED%202008_EN.pdf.

UNESCO (2009). *Global Education Digest 2009: Comparing Education Statistics Across the World*. Quebec: UNESCO. Retrieved 19 March 19 2010, from http://www.uis.unesco.org/template/pdf/ged/2009/GED_2009_EN.pdf.

U.S. Department of Educatioin (2006). *A Test of Leadership: Charting the Future of U.S. Higher Education (A Report of the Commission Appointed by Secretary of Education Margaret Spellings)*. Retrieved 15 March 2010, from http://www.ed.gov/about/bdscomm/list/hiedfuture/reports/final-report.pdf.

U.S. Immigration and Customs Enforcement (2007a). *How to Prepare for A Site Visit*. Retrieved 4 February 2010, from http://www.ice.gov/doclib/sevis/pdf/site_visit_32007.pdf.

U.S. Immigration and Customs Enforcement (2007b). *Fact Sheet: Maintaining Student Status When An SEVP Certified School Closes or Loses Its Certification to Enroll F-1 Nonimmigrant Students*. Retrieved 2 February 2010, from http://

www. ice. gov/doclib/sevis/pdf/school _ closed _ 17 _ student. pdf.

U. S. Immigration and Customs Enforcement (2008). *SEVP Policy Guidance: Updates to Post-Completion Optional Practical Training (OPT)*. Retrieved 4 February 2010, from http: //www. ice. gov/doclib/sevis/pdf/opt _ policy _ guidance _ 04062009. pdf.

van der Hout, Leonard (2007). Not a product, a process. *International Educator* (2007 *Bologna Supplement*), 5—11.

Verbik, Line, & Lasanowski, Veronica (2007). *International Student Mobility: Patterns and Trends. The Observatory on Borderless Higher Education*. Retrieved 15 March 2010, from http: //www. eua. be/fileadmin/user _ upload/files/newsletter/International _ Student _ Mobility _ - _ Patterns _ and _ Trends. pdf.

Vickers, Phil, & Bekhradnia, Bahram (2007). *The Economic Costs and Benefits of International Students*. Retrieved 12 March 2010, from http: //www. hepi. ac. uk/files/32Economiceffectsofinternationalstudents. pdf.

Ward, Colleen, & Masgoret, Anne-Marie (2004). *The Experiences of International Students in New Zealand: Report on the Results of the National Survey*. Retrieved 13 December 2007, from http: //www. minedu. govt. nz//index. cfm? layout=document & documentid=9939 & indexid=11330 & indexparentid=6663.

Weiss, Robert S. (1994). *Learning from Strangers: The Art and Method of Qualitative Interview Studies*. New York: The Free Press.

Wu, Su, Griffiths, Sylvia, Wisker, Gina, Waller, Sharon, & Illes, Katalin (2001). The learning experience of postgraduate students: Matching methods to aims. *Innovations in Education and Teaching International*, 38 (3), 292—308.

Yang, Eunjoo, Wong, Sing Chee, Hwang, Mae-hyang, & Heppner, Mary J. (2002). Widening our global view: The development of career counseling services for international students. *Journal of Career Development*, 28 (3), 203—213.

Yeoh, Brenda (2007). Singapore: Hungry for foreign workers at all skill levels. Retrieved 5 November 2008, from http: //www. migrationinformation. org/ Profiles/ display. cfm? ID=570.

附录　上海高校留学生问卷调查结果

本研究共在上海市四所高校发放问卷1000份，回收有效问卷457份。括号中的数字为选择相应选项的留学生数。

第一部分：背景信息——请介绍一下你自己

1) 性别
　　男（225）　　女（232）

2) 年龄
　　未满18岁（3）　　18—25岁（321）　　26—30岁（70）　　31—39岁（41）
　　40岁以上（21）

3) 国籍
　　巴布亚新几内亚（1）　巴基斯坦（2）　　巴西（6）　　保加利亚（1）　比利时（2）
　　波兰（1）　　　　　　布隆迪（1）　　　朝鲜（12）　　丹麦（1）　　　德国（11）
　　俄罗斯（9）　　　　　法国（10）　　　　斐济（1）　　哥伦比亚（1）　韩国（133）
　　哈萨克斯坦（8）　　　吉尔吉斯斯坦（1）　几内亚（2）　加拿大（10）　　柬埔寨（1）
　　喀麦隆（2）　　　　　科特迪瓦（1）　　　肯尼亚（2）　利比里亚（1）　马拉维（1）
　　马来西亚（18）　　　　马里（2）　　　　　毛里求斯（4）　美国（15）　　蒙古（5）
　　孟加拉（2）　　　　　缅甸（5）　　　　　摩尔多瓦（1）　摩洛哥（2）　　墨西哥（1）

尼泊尔（3）	日本（57）	塞拉利昂（2）	斯里兰卡（1）	泰国（64）
突尼斯（1）	土耳其（3）	西班牙（1）	新加坡（2）	新西兰（1）
叙利亚（1）	也门（3）	伊朗（2）	意大利（4）	印度（2）
印度尼西亚（10）	约旦（2）	越南（11）	赞比亚（3）	乍得（1）

4）我目前所在的院系是

经济系（21）　　法律系（6）　　文学系（123）　　理学系（8）

工学系（35）　　医学系（51）　　管理学系（57）

5）我修读的课程是

不超过一个月的短期课程（6）　　一至三个月的短期课程（4）

三至六个月的短期课程（32）　　六个月至一年的短期课程（60）

一年以上的短期课程（31）　　交换项目课程（18）

本科学位课程（221）　　硕士学位课程（40）

博士学位课程（14）　　其他（24）

6）关于 HSK 考试

我已达到 HSK 一或二级（9）　　我已达到 HSK 三或四级（39）

我已达到 HSK 五或六级（133）　　我已达到 HSK 七或八级（90）

我已达到 HSK 九级或以上（26）　　我未参加过 HSK 考试（140）

其他（5）

7）我是

中国政府奖学金生（55）　　上海市政府奖学金生（30）

我的国家的政府奖学金生（43）　　我不是奖学金生（298）

其他（22）

第二部分：留学上海

1）上海是我首选的留学目的地

是（327）　　否（126）

2）我的教学语言是

中文（385）　　英文（50）　　其他（19）

3）我觉得用这种语言学习

　　很困难（46）　　困难（140）　　还行（221）　　容易（37）　　很容易（13）

4）我希望用_____作为教学语言

　　中文（317）　　英文（99）　　其他（33）

5）对于我作出来上海留学的决定，以下因素所起的作用是

	5 很重要	4 重要	3 一般	2 不重要	1 一点不重要
中国文化	139	164	110	13	5
上海文化	81	141	144	49	9
中文	250	123	51	10	3
大学的声望	132	165	104	31	3
课程	169	168	76	9	4
能得到奖学金	111	107	105	64	10
毕业后在中国就业	88	117	137	47	20
受我祖国的指派	65	96	126	58	16
有家人在上海工作	37	36	101	92	43
他人介绍	36	96	166	60	16
未申请到去其他国家（包括我的祖国）学习的机会	38	75	123	48	27
学费低廉	84	118	114	42	15
其他	14	15	46	7	2

6）我希望与中国学生一起上课

　　是（294）　　否（57）　　不清楚（89）

7）我对以下信息渠道的评价是

	5 非常好	4 好	3 一般	2 糟糕	1 非常糟糕
教育会展	60	165	134	21	7
我祖国的老师与朋友	89	167	125	15	11
网上的一般信息	69	133	157	49	15
网上的课程信息	69	133	154	39	25
一般的书面材料	41	149	174	38	10
书面的课程指南	52	145	160	51	7
留学中介	38	99	158	45	20
其他	8	16	43	5	0

8) 我住在

学校里，而且不想搬到校外住（191）　　学校里，但想搬到校外住（67）

校外，而且不想搬到校内住（145）　　校外，但想搬到校内住（26）

其他（11）

9) 对于学校提供的服务和设施设备，我的评价是

	5 非常好	4 好	3 一般	2 糟糕	1 非常糟糕
入学前收到的信息与材料	53	139	146	60	27
入学前的联系	52	133	166	51	22
入学时的会面	52	131	170	47	21
入学教育	56	132	163	52	19
起始阶段的帮助	64	145	143	50	23
学期中的联系	66	131	157	58	16
网站信息	43	114	172	66	23
书面材料	40	157	178	39	13
非学术性的活动，如旅游和参观	55	121	139	58	25
电脑	53	131	141	58	19
图书馆	90	154	124	20	11
楼房与教室	86	177	133	28	9
住宿	53	120	142	46	23
其他	6	31	47	4	7
总体评价	34	115	138	33	3

10) 对于汉语教学的质量，我的评价是

	5 非常好	4 好	3 一般	2 糟糕	1 非常糟糕
老师的专业知识	116	236	60	6	0
课程设置	63	215	115	24	0
教学方法	62	195	131	22	6
学业进展监控	49	174	155	27	3
教师的跨文化知识	69	191	126	25	4
教材	58	192	147	16	4

11) 对于我的主修专业的教学质量，我的评价是

	5 非常好	4 好	3 一般	2 糟糕	1 非常糟糕
老师的专业知识	123	205	69	4	0
课程设置	60	198	122	20	1
教学方法	55	202	121	17	6
学业进展监控	44	180	143	21	2
教师的跨文化知识	65	195	109	22	4
教材	55	179	137	20	5

12) 我希望与_____一起住

    中国同学（48）   其他外国留学生（103）   中国家庭（19）

    自己住（192）   无所谓（53）   其他（17）

13) 我在上海学习和生活所需的钱来自（可多选）

    奖学金：   有（140）   无（304）

    父母及亲友：有（296）   无（148）

    打工：   有（50）   无（394）

    自己的积蓄：有（113）   无（331）

    其他：   有（5）   无（439）

14) 关于打工

    我每周打工不超过 20 小时（47）   我每周打工 20—40 小时（13）

    我每周打工 40 小时以上（9）   我没打工，也不想打工（请跳过第15题）（112）

    我没打工，但想打工（214）   我曾打过工，但现在辞职了（24）

    其他（4）

15) 我打工或者想打工是为了（可多选）

    赚钱：   是（185）   否（115）

    积累工作经验：是（183）   否（118）

    练习中文：是（148）   否（153）

    更好地了解中国文化：是（120）   否（181）

    其他：   是（17）   否（283）

16) 当我对学校的服务与教学有所不满时，我通常_____（可多选）
   通过正式渠道投诉：　　　　　　　　　是（49）　　否（378）
   与同学讨论：　　　　　　　　　　　　是（219）　　否（205）
   直接告诉老师或有关的办公室：　　　　是（203）　　否（224）
   通过电子邮件告诉老师或有关的办公室：是（44）　　 否（382）
   保持沉默：　　　　　　　　　　　　　是（99）　　 否（328）
   其他：　　　　　　　　　　　　　　　是（16）　　 否（411）

17) 当我在学习上遇到困难时，我通常_____（可多选）
   自己解决：　是（230）　否（212）
   向家人求助：是（48）　 否（395）
   向老师请教：是（249）　否（193）
   向同学请教：是（271）　否（172）
   其他：　　　是（20）　 否（423）

18) 当我在生活上遇到困难时，我通常_____（可多选）
   自己解决：　　　　　是（259）　否（180）
   向家人求助：　　　　是（147）　否（293）
   向老师求助：　　　　是（74）　 否（366）
   向同学求助：　　　　是（238）　否（202）
   寻求心理咨询：　　　是（14）　 否（425）
   向留学生办公室求助：是（78）　 否（360）
   其他：　　　　　　　是（10）　 否（430）

19) 关于医疗保险
   我在中国购买了医疗保险（180）　　我在自己的祖国购买了医疗保险（161）
   我没买医疗保险（67）　　　　　　 其他（23）

20) 毕业后我打算
   继续在上海读书（54）　　　　　　　到其他国家读书（62）
   继续在中国的其他省市读书（14）　　在中国就业（49）
   回国从事与中国有关的工作（116）　 不知道（94）
   其他（46）

21）我同意/不同意以下说法

	5 完全同意	4 同意	3 一般	2 不同意	1 完全不同意
我希望在学习专业之前，有更多的时间学习中文	103	153	120	32	7
我是学校中学生社团的一员	25	83	121	67	34
我希望成为学校中学生社团的一员	54	112	153	45	18
我从不无故缺课	109	129	139	31	14
在这所学校学习没什么难度	19	62	175	120	41
在这所学校学习物有所值	19	62	175	120	41
我全力以赴地学习	110	161	138	15	4
我没有几个中国朋友	55	93	138	88	37
我不需要与中国同学有更多的接触	22	49	96	142	102
学校的行政管理简明有效	49	92	200	50	26
我希望学校提供专业的心理咨询服务	76	111	158	42	13
我对自己在汉语学习方面的进步并不满意	36	92	159	120	21
我对自己在专业学习方面的进步并不满意	28	72	171	113	16
我希望老师降低对留学生的要求	41	65	148	115	48
我会把上海作为留学目的地推荐给我祖国的朋友	70	152	163	28	9
总体而言，我对这所学校感到满意	74	159	174	18	5
总体而言，我对在上海留学感到满意	76	172	158	17	9